康 德

純粹理性之批判

下

牟 宗 三 譯 註

臺灣 學 生 書 局 印行

下冊二版改正誌言

此下冊初版後，我從頭仔細檢閱一遍，覺得錯誤甚少，只有
兩處是注錯，另一處無錯只缺少一注明，又另處於主從句安排得不
對故理解有錯。兹乘此二版之機，將三處弄錯者一一予以改正，
將那缺少一注明者作一聲明於此。今將此改正者與注明者提出來
正式告讀者.

(1) 94頁:

> 下段論辯證的推理將移除此困難[2]。（下段論辯證的推
> 理表象理性……。）

此是改正文。初版"下段"譯爲"下章"非是，因此所加之注亦
錯。蓋因原文涉指不明，故有此錯。下段之段原文用 Abschnitt,
肯‧斯密士用 Section，但本誤推章並無節數之分，如後背反章
之所爲者；又我把辯證的推理誤解成背反中之推理，因此遂把下
段改爲下章。但全部背反章並無如何移除此困難之討論，因此遂
注明此後並無相呼應的交待。但經仔細檢閱一遍，此注是錯。須
知此處所謂"辯證的推理"即指"誤推"說，而所謂"下段"即指
下文"鑒於以上四種誤推對於純粹心理學全部作一考量"一大段
文說，實則只應籠統地說爲"下文"或顯明地直說爲下"考量"文，
如此人們便知你所指者在何處，而不至有誤解。

(2)　185頁：

　　　　　由於此前一情形違反我們的假定（即可移除之假定），
　　……

案（　）號中之注明語是改正文。原文只說"違反我們的假定"，
這是隱略語，扣的不緊，於上文中找不出字面的對應，人不知所
違反的假定，我們原初的假定，在那裏。初版我注明爲"即正題
中之所說"，此則非是，實則只是證明開始時所含的"組合可以
在思想中被移除"之假定。康德的表達不明，肯·斯密士之譯尤
其糊塗，此則已有兩注注明。

(3)　278頁：

　　　　　……可是它並不能被致使去應用於這樣一個所與的整全，
　　即"在此所與的整全中，……"

此處我聲明這是我依原文"所與的"是形容·"整全"者而譯，但
依肯·斯密士之譯，"所與的"轉爲形容"部分"的。依其譯是如
此：「可是它並不能被致使去應用於這樣一個整全，即"在此整
全中，諸部分，作爲被給與了的，早已是如此確定地互相分離以
至於此諸部分構成一不連續的量"這樣一個整全：……」。但是
Max Müller 依原文譯是如此："可是它並不應用于這樣一大堆
部分，即此一大堆部分早已依一定的方式在一所與的整全中 (in
den gegebenen Ganzen)爲各自分離的，並因而逐構成一不連

續量"。案此兩譯皆可。又案此句以及此下這一整段文甚爲重要，此可與羅素的現實的無限論（數學原理中所表現的）相比觀。康德是並不承認這樣的無限論的。

(4) 448頁：

　　只要當我們敢去思此某種東西為一特殊的對象，而並不寧願以理性底軌約原則底純然理念為滿足，亦不置思想底一切條件之完整於一邊而不顧（……），……。（上説亦不置思想底一切條件之完整於一邊而不顧，須知置之不顧這種辦法……。）

此是改正文，初版之安排不對，行文不達。這裏的改正是順肯·斯密士之譯而如此改正。"上説"句是注明語，當用（　）括起來，這都是說明"置之不顧"的。依原文實當如此：「只要當我們敢去思此某種東西爲一特殊的對象，而並不寧願以理性底軌約原則底純然理念爲滿足，亦不置思想底一切條件之完整於一邊而不顧（由於其對人類知性爲太大故而置之於不顧，但是須知這置之不顧乃是與我們的知識中的那種完整的系統統一卽"理性對之至少並沒有置下一限制或界限"的那種完整的系統統一之追求不相一致的，是故不能置之不顧），只要當我們是如此云云時，我們卽必須思此某種東西，而那依一眞實本體之類比之方法而思之實在說來卽是"我們之如何必須去思之"之方法。」由於肯·斯密士之譯把（　）號中"但是"句提出來另起句，亦未加括號，遂離散人之心思，因此遂令下段之起句中表示上下文之關聯者使人糊塗不明，迷失主從。

　　因此，449 頁：

　　　　旣然在那樣情形下，我們必須依一真實本體之類比之方法
　　　而去思某種東西，如是，則此一義卽是那如何必有以下這種事
　　　者，卽：……。

案此是改正文，初版所表示之上下文之連接非是。

　　此第二版只以上四處須提出告讀者。其餘錯字之改正處，只
是校對的事，不關譯事，不須一一聲明。總之望讀者以此第二版
爲準。

譯 者 之 言

　　超越邏輯分解分是眞理底邏輯, 辯證分是虛幻底批判之邏輯。
此後者中分三章。第一章是純粹理性之誤推, 乃批判理性心理學
中證明靈魂不滅中之虛幻者; 第二章是純粹理性之背反, 乃批判
理性宇宙論中正反衝突之命題之證明中之虛幻者; 第三章是純粹
理性底理想, 乃批判神學中證明上帝存在之證明中之虛幻者。此
辯證分所處理之問題大體是佛所不答者。箭喻經中說佛於十四難
不答。所謂十四難大體都可賅括在此三章中。佛之不答以"此事無
實, 故不答"; 以"非義相應, 非法相應, 非梵行本, 不趣智, 不
趣覺, 不趣涅槃", 故不答。但說實了, 答起來亦確不易; 而批
判的解答亦並非不必要。康德說此等問題皆出生自純粹理性之自
身, 不屬於對象, 故不得藉口人類理性之無能而推諉, 而且其應
有一解答乃是必然者, 此正是理性自身所能處理者: 解鈴還得繫
鈴人。此種批判的解答是超越的哲學之本分, 亦正見哲學家之殊
勝。佛是聖人, 是敎主, 但不必是純粹的哲學家。康德說無人敢
以哲學家自居。此所謂哲學家是指歸宗言, 亦可以指聖人言。但
是如果哲學家是指學着作哲學的活動說, 是指學着作理性的思考
說, 則此義的哲學家是可以黽勉爲之的。此義的哲學家是應當擔
當起此等問題之批判的解答的。此亦足見哲學名理與敎下名理之
不同。關此吾曾詳論之於才性與玄理第七章魏晉名理正名中。哲
學名理中之批判的解答指明思辨理性底辯證推理中之虛妄, 明其

不足以證明靈魂之不滅，上帝之存在，以及意志之自由，最後歸於由實踐理性以明之，如是，則亦不違佛意，而且正足以證成佛意，但卻並不以"此事無實"而不答。敎下名理可以不答，哲學名理則不能不答。

思辨理性有虛，　實踐理性歸實。　虛實之辨正是康德學之精髓。虛有其所以爲虛，蓋以其對象超出經驗之外，無直覺與之相應故。旣無直覺與之相應，而仍以思辨理性處之，單只通過辯證推理以證得之，　故終歸於虛而無實，　而且有種種刺謬存於其中也。實有異層異說。知識層之實，康德已言之備矣，如前分解分之所說。實踐層之實則見於實踐理性之批判。

通過此辯證分之翻譯，吾見出中國智慧方向之所以多趣實而少蹈虛，　正以其自始卽着重在實踐理性故也。　象山云："千虛不搏一實"。旨深哉此言也！中國智慧方向雖於哲學名理不甚足够，然其實踐理性下之敎下名理之趣實無虛卻甚充其極，此則足以使康德之實踐理性之批判百尺竿頭進一步也。

純粹理性之批判

下　册

目　　錄

第　二　分

超　越　的　辯　證

引　論

卷　一

純粹理性底概念

卷　二

純粹理性底辯證推理

超越辯證部份之附錄

超越的邏輯

第 二 分

超越的辯證

引　論

I　超越的幻象

　　我們早已名"辯證一般"曰幻象底邏輯。這樣名之並不意謂辯證是一"概然論"；因為"概然"還是眞理，惟只依不充分的根據而被知而已，而關於"概然"之知識，雖然它是這樣地有缺陷（不圓滿的），但它卻並不因此之故便是欺騙的；因此，關於"概然"之知識(1) 並不須與邏輯底分析部分割離開。我們更亦不能有理由視現象與幻象為同一。因為眞理或虛幻並不存在於對象，當此對象被直覺時，但只存在於關於此對象的判斷，當此對象被思想時。因此，去說感取不會錯，這自是正確的——其不會錯不是因為感取總是正當地在作判斷，但只因為它們根本未作判斷。因此，眞理與錯誤，因而以及那"引至於錯誤"的幻象，皆只是在判斷中被發見，卽是說，只在"對象之關聯於知性"這關聯中被發見。在任何"完全符合於知性底法則"的知識中，茲並無錯誤可言。在一感取底表象中，因為它不含有任何判斷，所以亦無錯誤可言。沒有自然的力量單以其自身卽能離開其自己之法則。這樣，旣非知性

以其自身(不被其他原因所影響)會陷於錯誤，亦非感取以其自身
會陷於錯誤。前者不會陷於錯誤，是因爲如果它只依照它自己的
法則而活動，則結果(判斷)必須必然地符合於其自己之法則；符
合於知性底法則是一切眞理中的形式成素。在感取中，沒有任何
判斷可言，旣無眞的判斷，亦無假的判斷。現在，因爲除知性與
感性這兩種知識源泉外，我們再沒有其他知識源泉，所以錯誤是
只因着那未被觀察出的"感性之影響於知性"這樣的影響而發生，
通過此種未被觀察出的影響，逐致判斷之主觀根據竄進來而與客
觀根據混而爲一，並且使這些客觀根據脫離其眞正的功能[a]，此
恰如一運動中的物體必會總是以其自身在同一方向中順一直線而
繼續其運動，但是如果它爲另一力量，卽在另一方向中活動着的
另一力量，所影響，它卽開始脫離直線而進入曲線的運動。要想
把知性底特有活動與那與它混雜在一起的力量區別開，則 "去視
錯誤的判斷爲兩種力量間的對角線（兩種力量是在不同方向中決
定判斷的兩種力量，那不同方向好像要圈成一個角度），並去把
這種組合活動化解成知性底單純活動與感性底單純活動"，這乃
是必要的。在純粹先驗判斷之情形中，這一步工作是要爲超越的
反省所擔負，通過此超越的反省，如我們所早已展示的（案見前
分析部附錄）， 每一表象是在相應的知識機能中而被指派其地
位，並且因着此超越的反省，此一表象之影響於另一其他表象亦
同樣可因而被區別開。

B 351

A 295

　　　(a)處，康德作底注云：

B 351　　　　　感性，當它隸屬於知性，而作爲一個對象，卽 "知性在其

上表現作用"的一個對象，則它便是諸真實知識之源。但是，這同一感性，當它影響知性之作用，並決定知性去作判斷，則它便是錯誤之根。

[譯註]：

(1)關於"概然"之知識，此依康德原文譯。肯·斯密士改譯為"概然論"不諦。

在這裏，我們並不是關心於經驗的幻象（例如視覺的幻象），經驗的幻象發生於知性規律之經驗的使用中（非然者，知性規律自是正確的），而通過經驗的幻象，判斷機能便為想像底影響力所誤引。我們在這裏只關心於超越的幻象，這超越的幻象發揮其影響力於那些"決無意於經驗中的使用"的原則上，在此情形中，我們至少也必有一"衡量這些原則底正確性"的判準。不顧一切批評之警告，這超越的幻像帶着我們完全超出範疇底經驗使用之外，並且以純粹知性底一種只是欺騙性的擴張來推宕或延擱我們。我們將名那些原則，卽"其應用完全限於可能經驗底範圍之內"的原則，曰 "內在的原則"；而另一方面，則名那些"宣布或聲言要去越過這些限制之外"的原則曰 "超離的原則"。在這些超離的原則之情形中，我並不是涉及範疇之"超越的使用"或"誤用"，此種超越的使用或誤用只是判斷機能底一種錯誤，當此判斷機能並未適當地為批評所抑制，因而也並未對於這樣的領域底界限，卽"只有在此領域內，純粹知性始被允許有自由的表現"這樣的領域底界限，予以充分的注意時。在這些超離的原則之情形中，我實並不涉

B 352

A 296

及此種誤用，我只意謂一些現實的原則，這些現實的原則激勵我們去拆毀一切藩籬，並且去攫取或佔有一完全新的領域，這完全新的領域是不承認有任何界限之限制的。這樣，"超越的"與"超離的"不是可互換的詞語。純粹知性底原則，如我們前分析部所開列者，B 353 只允許有經驗的使用，並不允許有超越的使用，即是說，並不允許有擴張至經驗底範圍以外的使用。另一方面，一個原則，它若取消了這些限制，或甚至命令着或指揮着我們實際去越過這些限制，則它便被名曰"超離的原則"。如果我們的批評在"揭露這幻象，即那些已被視為確實的原則中的幻象"這方面能够成功，則那些只屬於經驗使用的原則便可被名曰"純粹知性底內在原則"，以與其他原則（案即超離的原則）相對反。

邏輯的幻象，即 "存於理性底形式之純然的模倣中"的那邏A 297 輯的幻象（形式謬誤之幻象），完全由對於邏輯規律之不注意而發生。只要一旦對於擺在我們眼前的情形加以注意，則此幻象即完全消滅不見。可是，超越的幻象，縱使在它已被檢查之後，而其無妥效性已清楚地為超越的批評所揭露，它亦並不因而即停止（此如"世界在時間中必須有一開始"這命題中的幻象即是如此）。這種幻象底原因就是：在我們的理性（即主觀地視為人類知識之一機能的理性）之使用上有一些基本的規律與格準，而這些規律與格準完全有 "成為客觀原則"之象（Ansehen），因此，我們把我們的概念之一連繫底主觀必然性(此主觀必然性有利於知性)誤以為物自身底決定中的一種客觀的必然性。這一種幻象其不能B 354 被阻止恰似海面比海岸處現為較高的樣子之不能被阻止，其現為較高是因為我們通過一較高的光線而看它。或取一更好的例子，月亮初昇時現爲較大，此則天文學家亦不能阻止之，雖然他並不爲這種幻像所欺騙。

　　因此，超越的辯證將以"揭穿超越判斷底幻像並同時警告我們不要爲其所欺"，而滿足其自己。但是若說"這種幻像，就像邏輯的幻像一樣，必可實際地消滅不見而不再是一幻像"，這卻是超越的辯證所永不能達到的一種事。因爲在這裏，我們要處理一種自然而不可避免的幻像，這種幻像是基於主觀的原則上，但它卻把這些主觀原則矇混爲客觀的；而邏輯的辯證在其揭露欺騙性的推理中卻只要處理一種"遵守原則"中的錯誤(1)，或只要處理一種"模倣這樣欺騙性的推理"中的人爲造作的幻象。依是，玆存有一種純粹理性底自然而不可免的辯證，這一種辯證不是這樣一種辯證，卽"在其中，笨拙的人由於缺乏知識而困惱其自己"這樣的一種辯證，它亦不是一種"某些詭辯家技巧地發明之以混擾有思考的人"的辯證，它乃實是這樣一種辯證，卽，它是與人類理性不可分離的，甚至在其欺騙性被揭穿以後，它將仍然同理性開玩笑，並且繼續使理性陷入於一時的錯亂或越軌中，此錯亂或越軌永遠需要糾正。

A298

B355

　　[註(1)]：　"遵守原則中的錯誤"康德原文是 "einem Fehler in Befolgung der Grundsätze"。肯·斯密士譯爲"'由原則而來者'中的錯誤"(an error in the following out of principles)。

Ⅱ 純粹理性是超越幻象底所在地

A. 理性一般

一切我們的知識皆以感取開始，由此而進至知性，然後再以理性結束，理性以外，再沒有一個更高的機能可在我們心中被發見出來用之以從事於直覺之材料並把這直覺之材料帶至思想底最高統一之下。現在，既然我必須對於這個最高的知識機能（理性）給與一說明，我見出我自己有相當困難。理性，就像知性一樣，能夠依一純然形式的樣式，即邏輯的樣式，而被使用，在此樣式中，它把知識底一切內容皆抽掉。但是它亦能有一真實的使用，因為它在其自身內含有某種概念與原則之根源，它既不從感取假借得這些概念與原則，亦不從知性假借得這些概念與原則。理性之前一種能力（即形式使用中之能力）好久以來即被邏輯學家規定為"制作間接推理（有別於直接推理）"之能力；但是理性之另一能力（真實使用中之能力）之本性，即"其自身亦產生概念"這另一能力之本性，卻並不是依此界說而被理解。現在，因為在這裏我們要面對理性之區分為一邏輯的能力與一超越的能力，所以我們被迫着不得不去尋求關於理性這一知識根源之一較高的概念，此一較高的概念將包括那邏輯能力一義與超越能力一義這兩義以為隸屬於其自己者。依類比於知性之概念而言，我們可期望邏輯能力之一義將對於超越能力之一義供給一把鑰匙，而邏輯能力之一義底功能表將即刻把理性底概念（即理性自身所產生之概念即理念）之族系給與於我們。

在我們的超越的邏輯（辨物學）之第一部分中，我們視知性為"規律之能"；在這裏，我們將因着名理性曰"原則之能"而把理性與知性分別開。

"原則"一詞是曖昧而有歧義的，它通常只指表一種知識，此 A300
一知識可當作原則而被使用，然而此一知識依其本身而言，並就其恰當的根源而言，它卻不能是原則。每一普遍命題，甚至一個"通過歸納，從經驗而被引生出"的普遍命題，亦可用來充作一三段推理中的大前題；但其自身卻並不因此即是一原則。諸數學公理(例如兩點間只有一條直線)就是普遍的先驗知識底一些例子，因此，它們可以正當地被名曰原則，即相對於那些"能被歸屬於其下"的例案而正當地被名曰原則。但是，我並不能因此就說：我可由原則來了解一"直線一般"以及一"直線之在其自身"底這種 B357
特性（如幾何中所說者）；我只能在純粹直覺中了解之。

因此，由原則而來的知識唯是那種知識，即"在其中我通過概念依普遍者了解特殊者"的那種知識，這樣說來，每一三段推理皆是一種"由一原則而推演出知識"之模式。因爲大前題總是給與一概念，通過此概念，凡是可歸屬於這概念下就像歸屬於一條件下者皆是依照一原則由這概念而被知。現在，因爲任何普遍的知識皆可用來充作一三段推理中的大前題，又因爲知性以此類的普遍先驗命題呈現給我們，是故這些普遍的先驗命題在關涉於其可能的使用中亦可以被名曰原則。

但是，就純粹知性底這些基本命題而言，如果我們在關涉於 A301
其根源中依其自身而考慮它們，則它們自是有所是，但卻並不是基於概念上的知識。因爲，如果我們不被純粹直覺（數學中者）

所支持，或不被一"可能經驗一般"底條件所支持，則那些基本命題必甚至不會是先驗地可能的。"每一東西其發生皆有一原因"，此並不能只從"發生一般"之概念而被推斷出；正相反，乃正是這個基本命題它在關於那發生的東西中指示我們如何在經驗中去得到那"實際上是決定的"任何概念。(1)

[註(1)]：案此句，依康德原文當如此譯：正相反，乃正是這個基本命題它指示我們如何始能關於那發生的東西去得到一"決定性的經驗概念"。 *Max Müller* 依原文如此譯：正相反，乃正是這個原則（這個基本命題）它表明唯依什麼樣式我們始能關於那發生的東西形成一"決定性的經驗概念"。

依是，知性從未能提供任何種由概念而被引生的綜和知識；

B 358 而正是這種綜和知識才可以"無任何限制而恰當地"(1)被名曰原則。但是，一切普遍命題可依一比較意義而被說為原則。

[註(1)]：肯·斯密士注出原文是"schlechthin"。案此一副詞是率直，簡單明白等義。依是，此句可以如此譯：而正是這種綜和知識始可逕直地被名曰原則。"逕直地" Max Müller 譯為"絕對地"，不很恰。形容詞 "schlechthinnig" 才是絕對的，無條件的，全然的等義。

[案]：知性從不能只從概念之分析而提供綜和知識。從概念之分析所得的知識只是分析的知識，此是不落實的形式知識，或甚至只是概念的遊戲，而並無任何知識，不管是經驗科

學的，抑或是形式科學的。知性只有依據直覺始能提供先驗的綜和知識，亦即是先驗的綜和命題，惟此種命題始可恰當地逕直地説為原則。一切其他普遍命題其可以被説為是原則只是依一比較的意義而被説為原則。

　　時下城市法繁如牛毛，我們總能回到其一般的原則而不這樣無底止的繁複，這好久已來就是人們所願望者——這或許某時可以實現(但誰知是什麼時候!　)。因為只有在這些一般原則中，我們始能希望去找出我們所慣常名之曰"立法之簡單化"者之秘密。但是，在這領域內，法律只是一些置於我們的自由上的限制，藉以可使這樣的自由完全與其自己相諧和；因此，它們是指向於某種"完全是我們自己的工作"之事，而我們自己，通過這些概念，可以是那"完全是我們自己的工作"之某種事之原因。但是，若說"對象在其自身，　即事物之本性，　亦必須處於原則之下，而且必　A 302須依照純然的概念而被決定"，這一種要求，縱非不可能，亦至少完全與常識相違反（sehr Widersinnisches）。但是儘管是如此（這是一個我們仍須去討論的問題），從原則（眞正是原則者　）而引生出的知識是那　"完全不同於只通過知性而被得到的知識"者，　這至少是顯明的。後者，　即只通過知性而被得到的知識，實亦可有一原則之形式，而這樣，它遂可先於某種其他知識，但是自其自身而言之，只要當它是綜和的，它即不單只依靠於思想，它亦不能在其自身中含有一從概念而得到的普遍者。

　　知性可被視為"藉賴着規律而得到現象之統一"的一種機能，　B 359而理性則可以被視為"在原則下得到知性底規律之統一"的一種機能。依此，理性從不能把它自己直接地應用於經驗或任何對象，但只直接地應用於知性，其直接地應用於知性乃為的是想藉賴着概念去把一種先驗的統一，一種"可以被叫做是理性底統一"之統一，而且是一種"在種類上完全不同於「為知性所完成的任何統一」"之統一，給與於知性底眾多的知識（各種知識）。

這是關於理性機能底一個普遍的概念（即一般性的概念），只要當在完全無事例中，把理性機能弄清楚，這是可能的時候。〔即，只要當無事例而即可把理性機能弄清楚，則以上所說便是關於理性機能底普遍概念，即一般性的想法。〕事例將在我們的辯說經過中被給與（被舉出）。

A 303

B. 理性之邏輯的使用

人們通常在"直接地被知者"與"只是被推斷者"之間作一區別。在一為三條直線所界成的圖形中有三個角，這是直接地被知的；但是三個角之和等於兩個直角，這卻只是被推斷出的。因為我們經常要使用推理，因而我們亦因着成為完全習慣於推理而終止，所以我們不再注意這區別，並且我們時常如在所謂感取之欺騙之情形中那樣，視那實只是被推斷出者為直接地被覺知者。在每一推理過程中，首先有一基本命題，其次並有另一命題，即結論，此是從基本命題而抽引出者，而最後乃有一推斷（即邏輯的承續），因着此推斷，結論之真是不可分地與那基本命題之真相連繫的。如果這被推斷出的判斷是早已含在較前的判斷中以至於它可以無第三表象之媒介而即可從那較前的判斷中而被引申出，則此推斷即叫做是直接的推斷（consequentia im-

B 360

mediata)——我寧願名之曰"知性底**推斷**"。但是，如果除那被含在基本命題中的知識之外，還需另一判斷以去產生結論，則此推斷卽須被名曰 "理性底推斷"[1]。在 "一切人是有死的"這一命題中，早已包含有 " 有些人是有死的 "，" 有些有死的是人"，"沒有不是有死者而是人"，這些命題；因此，這些命題是 從"一切人是有死的"這一命題而來的一些直接結論。可是，另一方面，"一切有學問的存有是有死的"這一命題卻並不包含在那基本判斷中（因為 "有學問的存有" 這一概念實並未出現在那基本判斷中），它只能藉賴着一個有媒介作用的判斷而從那基本判斷中被推斷出。

[註(1)]: 關於"理性底推斷"，肯・斯密士注明云: 在這裏，有別於 "知性底推斷"（Verstandesschluss）的 "理性底推斷"（Vernunftschluss） 是康德的經常使用之詞以代替 "三段推理"者，故在其他文段中，例如下段文中，我卽以 "三段推理" 譯之。

[案]: 康德原文俱用"理性底推斷"以表示三段推理(syllogism) 。故讀者若見有三段推理字樣，心中卽須記住這是意謂"理性底推理"。

在每一三段推理中，我首先通過 "知性" 思考一規律（大前題）。其次，我藉賴着"判斷力"把某種已知的東西歸屬在這規律底條件之下（小前題）。最後，那因着小前題而被知者，我通過 規律之謂詞來決定之，因而也就是說，經由"理性"而先驗地決定之（結論）。因此，作爲規律的大前題所表象的"已知者"與"此已知者底條件"間的關係卽是不同類的三段推理之根據。結果，三段推理，就像判斷一樣，有三類，卽依照它們在知性中所依以表示"已知者（知識）之關係"的不同路數而有三類；它們或是定然的，或是假然的，或是折取的（選替的）。

如果，如一般發生者那樣，形成結論的那個判斷是當作一個問題而被安置，被安置下以便去看看它是否不從早已被給與的諸判斷而來，而通過那早已被給與的諸判斷是否一完全不同的對象被思想，則我就要在知性中尋求此結論之所以被肯斷，以便去發見在知性處是否它不被見出是依照一普遍的規律而處於某些一定的條件之下。如果我找到這樣一個條件，又如果這結論底對象能被歸屬於這所與的特定條件之下，則這結論便是從這規律而被推出，而這規律在其他知識對象上亦是有效的。從這一點，我們可以見出：在推理中，理性努力想去把通過知性而得到的種種知識還原到極少數的原則（普遍條件），並因着此極少數的原則而在推理中去達到最高可能的統一。

C. 理性之純粹的使用

我們能孤立起理性乎？而這樣孤立起來，它是概念與判斷底一個獨立的源泉乎？而所謂概念與判斷是這樣的，卽它們單從它那裏而湧現出，而藉賴着這些概念與判斷它可以關聯於對象，它是這樣一個獨立的源泉乎？抑或它只是一個副屬的機能，用來只把某種一定的形式，卽被名曰邏輯形式者，安置於所與的諸知識上，它只是這樣一個副屬機能乎？這樣一個副屬的機能乃實是這

A305

樣一個機能,卽通過它,那因着知性而被知的東西是依其互相關聯而爲被決定了的,而較低的規律亦通過它而被安置於較高的規律之下（所謂較高的規律就是那些規律卽其條件在其自己範圍內包括那較低規律之條件者）,只要當這置於較高規律之下之置能通過比較而被作成時。它只是這樣一個副屬機能乎? 以上的問題就是我們現在所要暫時專心去從事的問題。事實上, 諸規律之複多性以及諸原則之統一性皆是理性底一種要求, 要求之以達此目的, 卽"使知性成爲徹底的與其自身相一致"之目的, 此恰如知性把直 A306 覺底雜多帶至概念之下, 而因着此概念, 知性把雜多連結起來。但是, 這樣一個原則並不爲對象規定任何法則, 而且它亦並不含有 "如此對象之爲對象而知此對象或決定此對象" 這知之或決定之之可能性之一般根據;「它只是一個"有秩序地管理或支配我們的知性之所有物（儲藏物）"上的主觀法則,如是遂致: 因着知性底諸概念之比較, 它可以把知性之諸概念化歸到最少可能的數目; 它並不能使我們有理由從對象中要求這樣的齊一（劃一） 就如"將 B363 有濟於我們的知性之便利與擴張"這樣的齊一; 因此,我們並不可把任何客觀妥效性歸給那個格準」(1)。總之, 一句話, 這問題就是: 理性依其自身, 卽純粹的理性, 它實含有先驗的綜和原則與規律嗎? 如然, 這些原則可以存在於什麼東西中呢(2)?

[註(1)] : "那個格準"指什麼說呢? 譯文不顯。此一整長句, 依 Max Müller 譯是如此: "它只是一個主觀的經濟法則, 應用於我們的知性之儲藏物者; 它藉賴着知性概念之比較, 以「把這些知性概念之一般的使用化歸到最少可能的數目」爲其目的, 但卻並沒有給我們

一權利去對於對象自身要求這樣一種齊一就如‘可以有助於我們的知性之舒適便利與擴張’這樣的齊一，並去把任何客觀妥效性歸給那個格準”。此大體是依原文直譯，但“那個格準”仍不甚顯，此似指這主觀法則所有的或所表示的目的即“把這些知性概念之一般使用（原文是如此肯·斯密士譯略）化歸到最少可能的數目”這個目的而言，即以此目的作爲“格準”。這只是一個主觀的格準，我們並不能歸之以任何客觀的妥效性。又“它只是一個主觀的經濟法則”，此所謂法則即是“原則”義，嚴格講，此不可說爲“法則”。又“它只是一個主觀的經濟法則，應用於我們的知性之儲藏物者”，肯·斯密士譯爲“它只是一個有秩序地管理或支配我們的知性之所有物上的主觀法則”，此則較好。

Meiklejohn 於此長句，則如此譯：“它單只是‘知性底內容之恰當的安排’上的一個主觀法則。此法則之曰的便是：因着知性概念之比較，去把這些概念化歸到最少可能的數目，然而同時此目的卻並不能使我們有理由從對象自身去要求這樣的齊一就如‘可以有貢獻於知性範圍之便利與擴大’這樣的齊一，或去期望此目的之自身將因而從對象處接受到任何客觀的妥效性。”此大體是意譯。依此意譯，原文“那個格準”字樣便被化掉了，化而爲“此目的之自身”云云。然則，在另兩英譯中，那不顯明的“格準”指這主觀法則(原則)所表示的“目的”說，不算錯。可是在肯·斯密士的譯文中，格準指什麼說很難看出。

　　［註(2)］：依康德原文是：這些原則可以剽竊（取自）於何者之中呢？依另兩英譯：這些原則是什麼呢？

就“純粹理性之在其綜和知識中之超越的原則所要基於其上”的那根據而論，三段推理中理性底形式而邏輯的程序給予我們以充分的指導。

第一點，理性在三段推理中實並不關心直覺，關心之以便把直覺帶至規律之下（如知性以其範疇所作者），它但只關心於概念與判斷。依此，縱使純粹理性實關心於對象，它亦對於這些對象以及關於這些對象底直覺並無直接的關係，但只對於知性以及知性底判斷有直接的關係——知性以及知性底判斷首先處理感取以及感取所有的直覺，其處理之是爲 "決定感取之對象" 這一目的而處理之。因此，理性底統一並不是一可能經驗底統一，而是本質上不同於這種統一的，一可能經驗底統一乃是知性底統一。"每一事物其發生皆有一原因"，這並不是經由理性而被知的一個原則，亦不是經由理性而被規劃的一個原則。這個原則使 "經驗底統一" 爲可能，而且它亦並沒有從理性假借得任何什麼事，這所謂理性乃是這樣的，即它若離開了"關聯於可能經驗"之關聯，它決不能從純然的概念上就已設置了任何這樣綜和的統一。

第二點，理性，在其邏輯的使用中，想去發見它的判斷（結論）底普遍條件，而三段推理其自身亦不過就是一個判斷，此判斷是因着把此判斷底條件歸屬在一普遍的規律（大前提）之下而被作成。現在，因爲這個規律其自身亦須隸屬於理性底同樣必要條件之下，而因此，條件底條件必須被尋求（因着一上溯的三段推理 prosyllogism 而被尋求），只要當這是可實行的時，所以顯然那 "專屬於理性一般之在其邏輯使用中" 的原則就是：去爲通過知性而被得到的有條件的知識尋找那無條件者，因着此無條件者，那有條件的知識底統一可被帶至完整之境。

但是，這個邏輯的格準只能通過我們以下的認定始可成爲純粹理性底一個原則，即：如果有條件者已被給與，則互相隸屬的

A 307

B 364

A 308　諸條件底全部系列（卽其自身因而是無條件的那一個全部系列）亦同樣被給與，即是說，亦同樣被含在對象以及對象底連繫中：只通過這樣的認定，那邏輯格準始能成爲純粹理性底一個原則。

　　純粹理性底這樣的一個原則顯然是綜和的；有條件者是分析地關聯於某種條件，但卻並不是分析地關聯於無條件者。從這原則裏，必亦有種種綜和命題隨之而來，關於此類種種綜和命題，

B 365　純粹知性是一無所知的，因爲知性只須去處理一可能經驗底諸對象，關於此可能經驗底諸對象之知識與綜和總是有條件的。那無條件者，如果它的現實性已被承認，它須特別要就那些"足以使它與凡是有條件者區別開因而亦必須爲許多先驗綜和命題供給材料"的一切決定而被考量。〔案此句意卽：那無條件者，如果其現實性已被承認，它須特別要就這樣的一切決定而被考量，卽這一切決定足以使它與那凡是有條件者區別開，並且因而這一切決定亦必須爲許多先驗綜和命題供給材料。此等於說：這一切決定一、它們足以標識出那無條件者是無條件者而不是有條件者；二、它們必須爲依此無條件者而有的許多先驗綜和命題供給材料。〕

　　但是，從純粹理性底這個最高原則而發生出的諸原則就關聯於一切現象而言將是超絕的（超離的），即是說，對於此最高原則玆決不能有任何適當的經驗使用。因此，此最高原則將完全不同於一切知性底原則，一切知性底原則之使用完全是內在的，因爲一切知性底原則只有經驗底可能性作爲它們的論題(zu ihrem Thema)。試看"條件底系列（不管是現象底綜和中之系列抑或甚至是事物一般之思考中的系列)須擴張至無條件者"這個原則。它有客觀的可應用性乎？抑無客觀的可應用性乎？就知性底經驗

使用而言，它的諸函義是什麼呢？抑或不然，然則玆並無這樣客
觀地有效的"理性之原則"嗎？但只有這樣一個邏輯的規準，即
"因着上升至高而又高的條件這種上升而去進至完整之境並因而
去把最大可能的理性之統一給與於我們的知識"這樣一個邏輯的
規準嗎？能是如下所說的嗎？即：理性底這種需要(要求)，自其
被視爲純粹理性底一個超越原則而言，實已錯誤地被討論，而我
們在對象自身中設定條件系列底這樣無限制的（絕對的）完整性
實已是過於輕率或匆遽：能是這樣的嗎？設若實是如此，則有什
麼其他誤解以及虛幻曾偷偷混進如下所說的三段推理中，即此三
段推理底大前提（或許寧是一臆斷而不是一設準）是從純粹理性
而被引生出，而此三段推理則卻是從經驗而上升至經驗之條件，
這樣的三段推理中？去答覆這些問題，這將是我們的超越辯證中
的工作，關於此超越的辯證，我們將從它的人類理性中的深深隱
蔽的源泉中努力去把它發展出來。我們將把這辯證部區分爲兩
卷，第一卷是討論純粹理性底超絕的（超離的）概念，第二卷則
討論純粹理性底超絕而辯證的推理。

A310

超越的辯證

卷 一

純粹理性底概念

關於從純粹理性而引生出的諸概念之可能性，不管我們要如何去裁決，“此諸概念不是因着純然的反省回思而被得到，但只是因着推理而被得到”，這至少是眞的。知性底諸概念也是先於經驗而先驗地被思想，而且亦爲經驗之故而先驗地被思想，但是此等概念所含的不過就是“反省回思於現象”這反省回思之統一，只要當這些現象必須必然地屬於一可能的經驗意識時。只有通過知性之諸概念，知識以及一對象底決定才是可能的。知性之諸概念首先供給作推理時所需之材料，而此諸概念亦並不是爲任何其他先驗的 “對象之概念” 所先以便它們可由之而被推出。另一方面，知性之諸概念底客觀實在性只基於這事實，卽：因爲它們構成一切經驗底理智形式，所以“去展示它們的經驗中的應用”這必總是可能的。

“理性底概念”這個名稱早已給出一初步預先的指示，卽指示：我們是要處理那“不允許被限於經驗範圍內”的某種事，蓋因爲理性底概念有關於這樣一種知識，卽“任何經驗知識（或許甚至可能經驗底全部或可能經驗底經驗綜和之全部）只是其中之一部分”的那種知識。沒有現實的經驗可完全適合於這種知識，然而每一現實的經驗卻隷屬於這種知識。理性底諸概念使我們能去思議（去綜思），而知性底諸概念則使我們能去理解（［如其在涉及］知覺［中而被使用那樣而能使我們去理解]）。如果理性底諸概念含有無條件者，則此諸概念便是有關於這樣的某種東西，卽"一切經驗皆隷屬之，而其自身卻不是經驗底一個對象"的某種東西──這某種東西卽是理性在其由經驗而成的推理中所引至的那某種東西，而且依照這某種東西，理性來估計並衡量其經驗使用之程度，但是這某種東西其自身卻從未是經驗綜和之一分子。縱然 B 368
如此，如果這些概念具有客觀妥效性，則它們便可被名曰"合理的概念"（正當地被推出的概念 conceptus ratiocinati）；但是，如果它們沒有這樣的妥效性，它們是通過其至少有一種虛幻的現象卽那"屬於推理"的虛幻現象而偷偷地不正當地得到其被承認，則它便可被名曰"假合理的概念"（pseudo-rational concepts, conceptus ratiocinantes）。但是因爲此義只能在討論"純粹理性底辯證推理"的那一卷中來確立，所以我現在尚不能去討論它。同時，恰如我們已名知性底純粹概念曰範疇，所以我們將給純粹理性底概念一新名，而名之曰"超越的理念"。這一個名稱，我們現在將去說明之並去使之爲正當。

超越辯證底　第一卷 A 312

第　一　節

理　念　一　般

不管我們的語言如何豐富，思想家常覺其自己找不出那"準

確地適合其概念"的詞語，而因爲缺乏適當的詞語，他遂不能對

他人而成爲眞正可理解的，甚至對其自己亦不能成爲眞正可理解

B 369　的。鑄造新詞是想推進一種要求——要求於語言中之立法（是想

擅取語言之事中的立法之權），此則很少能成功；而在我們求助

於這種非常權宜之計以前，去巡視一下已廢棄而只爲學者所用的

語言，去看看是否這概念以及表達此概念的專屬詞語不是早已具

備在那裏，這是很適當的事。縱使一個詞語之古時的用法亦必已

通過引用此詞的人之不小心而變成不確定的，然而去握緊那專屬

於此詞的意義（雖然此詞是否原來卽準確地依此意義而被使用這

仍是可疑的），這總比"因着使我們自己爲不可理解而使我們的

意圖爲無效（徒費我們的勞力）"爲較好。

　　[譯者案]: 例如柏拉圖使用Idea（理型）一詞，據海德格
的希臘文之知識，便以爲他的使用不合此詞之原義。但儘管如
此，柏拉圖之使用此詞其意義却是很顯明的。康德所說卽影射
柏拉圖之"Idea"而說。

　　爲此之故，如果只有一個單字其已建立起的意義與某一特定

A 313　概念準確地相契合，則因爲此概念與其他相關的概念區別開乃是

最重要的事，所以在此字之使用中不浪費（有效地利用此詞），

而不是只爲變換之故，當作一代替某種其他詞語的同義語而使用

之，但只謹愼地去保持其自己的恰當意義，這乃是得當之事。非

然者，則由於此詞之不再在一特殊意義中引起注意，而迷失於其

他十分不同意義的字之繁多中，所以只有它所能保存的那種思想

亦遂之而迷失，這乃是很容易發生的事。

　　柏拉圖是依以下那種路數使用"理念"(Idea)這個字，卽他是 B370
十分顯明地要想以此詞意謂這樣的某種東西，卽此某種東西不只
是從不能從感取中假借得來，而且它甚至遠超過知性底概念（亞
里士多德專討論知性之概念），因為在經驗中沒有與之相合的東
西可被發見。依柏拉圖，理念是事物本身底基型，而並非如範疇
那樣，只是可能經驗之管籥。依他的觀點，理念是從最高的理
性而發出，而依據最高理性這個源泉，理念亦遂為人類理性所分
得，但是，人類理性現在卻不再是存在於其根源的狀態中，而是
被迫着要努力因着回憶之過程（此名曰哲學）去招還那舊有的理
念，此舊有的理念現在被弄成十分模糊了。我在這裏不想致力於
任何文獻上的研究，研究這有高致的哲學家所賦給此詞的意義。 A314
我只這樣解說，卽：試將一個作者就他的主題所表示的那些思
想，不管是在日常談話中或在寫作中所表示的，取而比觀之，則
去見出：我們了解他比他了解其自己為更好，這決非是不平常的
事。由於他不曾充分地決定他的概念，他有時在相反於其自己的
意向中說話或甚至運思。

　　柏拉圖很知道我們的知識機能實觸摸到一更高的需要，卽比
"只依照一綜和統一去拼綴出現象以便能夠去把這些現象解釋成
經驗"這樣的需要為更高的需要。他知道我們的理性很自然地把
它自己高舉到這樣的一些知識上，卽這些知識遠超過經驗底界限 B371
以至於沒有特定所與的經驗對象能夠與之相一致，但縱然如此，
這些知識亦仍須被承認為有其自己之實在性，而決不只是腦筋底
虛構。

　　柏拉圖在實踐[a]之領域中，卽是說，在那基於自由的東西中，

A315　（此自由轉而又基於那些"是理性底一特殊產品"的知識上），　見到他所說的理念之主要的例證。任何一個人，不管是誰，如果他想從經驗中引生出德行之概念，　並且（如好多人實際上所已作的），想把那"最多只能在一種不圓滿的解釋中充作一個事例"的東西作成一個模型由之以引生出知識，則他必至使德行成爲某種依照時間與環境而變化的東西，一種歧義叢生的怪物，此怪物不

B372　允許有任何規律之形成。反之，如我們所知者，如果任何一個人已被舉出作爲德行底模型，則那眞正的根源模型，卽我們用之以比較衡量這已被視爲確實的模型者，並且單用之以判斷此被視爲確實的模型之價值者，是只能在我們的心靈中被發見。這個根源的模型就是德行之理念，關於此理念，經驗底可能對象可以用來充作事例（充作例證以證明理性底概念所命令者在某種程度上是可實踐的），但卻不能用來充作基型。"沒有人能活動得適合於那被含在德行底純粹理念中者"，這是事實，但這一事實決不足以證明這個思想（卽德行之理念這個思想）在任何方面必是虛妄的或空想的。因爲只有藉賴着這個理念，任何關於"道德價值或道德價值之反面"的判斷才是可能的；因此，這個理念可以爲"接近於道德圓滿"的這種每一接近充作一不可缺少的基礎──不管人性中的障碍（障碍到無可指派的界限指派給它之程度）可以使我們遠離這種道德圓滿底完整成就（卽永不能達至道德圓滿之境）。

　　(a)處，康德作底注云：

　　柏拉圖實亦把他的概念作如此之擴張卽如要去包括思辨的

知識那樣的擴張，只要當這思辨的知識是純粹的而且是完全先驗地被給與的時。他甚至亦把他的概念擴張至數學，雖然數學底對象除在可能經驗中被發見外不能在任何其他處被發見。在這一點上，我不能遵從他，而在其關於這些理念底神秘推演方面，或在這樣的誇奢，即，如普通所說，他因這誇奢而把這些理念實體化，這樣的誇奢方面，我亦同樣不能遵從他。雖然如此，然而他在實踐這範圍內所使用的那高舉的語言，由於必須允許被使用故，實完全可有一"符合於事物之本性"的溫和解釋。

柏拉圖底理想國，「作為空想的圓滿（只能存在於閑散的思想家之腦筋中的空想的圓滿）之一所謂驚人的例證看」[1]，已成為諺語的（著名的）了；而布魯凱爾（Johann Jakob Brucker 1696—1770）則因這位哲學家肯斷一個君王只要當他參與理念他便能有很好的統治，而譏諷之。但是，我們若去繼續這種理念之思想，並且當這偉大的哲學家不能給我們以幫助時，而通過重新的努力，去把這思想置於一恰當的場所，而不以不可實踐之藉口（十分可慮而有害的藉口）把它當作無用而置之不理，則我們必應更為明智。一部這樣的憲法，即"允許依照法律而來的最大可能的人類自由"這樣的憲法，無論如何，是一必要的理念（所謂"依照法律而來的最大可能的人類自由"，這所依照之法律乃是這樣的，即因着它每一人底自由可以被致使與一切其他人底自由相一致，又我只說最大可能的自由，不說最大的幸福，蓋因為幸福將自然隨自由而來）。如此所說的憲法是一必要的理念，此必要

A 316

B 373

的理念必須被認爲是基礎，其被認爲是基礎不只是在開始設計一
憲法中而被認爲是基礎，而且亦在此憲法底一切法律中而被認爲
是基礎。因爲在開始時，我們需要去把實際存在着的障碍予以抽
掉(暫不計及)，此等障碍或可並不是不可避免地發生自人性者，
乃毋寧是由於一完全可治療或可糾正的原因而發生者，此可治療
可糾正的原因卽是在制作法律時純粹理念之忽略。實在說來，再
沒有什麼東西比卑俗的訴請，訴請於所謂"不利的經驗"(adverse
experience 逆反於理念的經驗)，更爲有害，或更爲不值得稱
A317 　爲一個哲學家。如果在適當時候裏，那些制度已依照理念而被建
立起，又如果理念不曾爲粗糙的概想所頂換(所錯置)，（此等
粗糙的概想，恰因它們從經驗中而被引生出，所以它們已淘空了
一切善的意向），則"訴請於不利的經驗"之訴請(2) 必不會存在。
立法與政府愈與上述的理念相諧和，則懲罰必愈少，因此，如柏
拉圖所主張的，去主張在一圓滿國家裏，沒有懲罰(不管是那一
種)是必要的，這必完全是合理的。這個圓滿的國家實可從未出
現過; 可是縱然如此，這並不影響這理念底正當性，這理念，爲
B374 　的要想去把人類底法定組織 (legal organisation, gesetzliche
Verfassung 法定的憲法) 帶至更切近於其最大可能的圓滿，它
預先定下這極峰(極高度)以爲一基型。因爲人類所可至而停止
於其上的那最高的程度是什麼，又理念與此理念底實現這兩者之
間有如何大的懸隔 (鴻溝) 可被留存下來，這些問題是無人能答
覆或應當去答覆的。因爲這論題是依靠於自由的; 而去越過任何
以及每一特殊化的限制，這乃正是存在於自由之力量中的。

　〔註(1)〕：此句依康德原文譯，肯‧斯密士譯爲：“作爲一設想地空想的圓滿（……）之一驚人的例證看”，不諦。

　〔註(2)〕：主詞當該爲“訴請於不利的經驗之訴請”，肯‧斯密士譯爲“這樣的經驗”，如是，成爲“這樣的經驗必不會存在”，此則不通。經驗總是有的，問題是在你訴不訴諸它。康德原文是個 “die”，指前文“訴請於不利的經驗之訴請”說，不會指“不利的經驗”說。另兩英譯較能顯出是指“卑俗的訴請”說。

　　但是，不只是在 “人類理性顯示眞正因果性” 的地方，以及 “理念是運作的原因(行動與行動底對象之運作的原因)”的地方，卽是說，在道德範圍內，柏拉圖很正當地辨識出 “一個由理念而成的根源” 之清晰的證明，而且就自然界本身說，柏拉圖亦看出 “一個由理念而成的根源”之清晰的證明。一棵植物，一個動物，宇宙之有秩序的排列——因而大概亦可說這全部自然世界——皆清楚地表示出：它們只有依照理念始可能，並亦表示出：雖然沒有一個被造物在其個體存在之情況中能與那最圓滿的東西（卽在其種類上爲最圓滿的東西）之理念相一致，然而這些理念卻是每一個皆當作一個個體物而且每一個亦當作不變者而在最高知性中爲完全被決定了的，而且它們亦是一切事物之根源的原因，此恰如一現實的人不能與“人之爲人”之理念相一致，雖不能與之相一致，然而此一現實的人卻猶把“人之爲人”之理念懷有之於其靈魂中以爲其行動之基型。但是〔就全部自然世界言〕，只有事物之綜體，卽“在其相互連繫中以構成宇宙”的那事物之綜體，才是完全地適合於理念者。假定我們把柏拉圖的表達法中的那些誇奢語置

A318

B375

之不理，則這哲學家的精神飛躍，卽從 "反射於物理世界秩序上底副本樣式 (ectypal mode) [1]" 飛躍到依照目的，卽依照理念，而成的世界秩序之建構的安排，這種精神的飛躍，實是一值得尊敬與模倣的事業。無論如何，在關涉於道德、立法，以及宗教底諸原則中，柏拉圖的主張顯示其完全獨特的功績，這卻是實情。（在道德、立法、宗教之原則處，經驗，在此等處，卽善底經驗，其自身只有因着理念始被致使成爲可能的，善底經驗，由於是理念之經驗的表示，是故它必須總是不完整的）。當柏拉圖的主張得不到承認，那是由於其被判斷確然是依照那些經驗規律而被判斷，而這些經驗規律，若視之爲原則，其無妥效，柏拉圖的主張本身已經把它證明了。因爲當論及自然時，經驗可供給規

律並且是眞理之源，可是就道德法則而言，咳！它卻正是虛幻之母！從那已作成的東西中去引生出那"規定應當被作的東西"的法則，或去把那"已作成者"所因以受限的限制置之於那"規定應當被作者"的法則上，這是最可受譴責的，再沒有比這更可受譴責。

[註(1)]：依康德原文當該是"物理世界秩序之副本式的觀察"(der kopielichen Betrachtung des Physischen der Weltord- nung)。肯·斯密士是意譯，但他已注出原文。"副本式的觀察"在中文是很通的，也許在英文不很通，故三英譯皆有改動。所謂"副本式的觀察"意卽把物理世界秩序當作一副本而觀察之。

但是，雖然隨這些考慮而來者就是那 "給與哲學以獨特的尊嚴" 者，可是我們必須同時盡力於一種較少炫耀而卻有功績的工

作，那就是說，去剷平這基地，並且使這基地對於"那些莊嚴弘 B376
偉的道德大廈"[1]爲充分地堅固可靠的。因爲這基地已因着地下發
掘工作而被弄成蜂窩狀（卽被弄成千瘡百孔），這地下發掘工作
就是理性以其有信心但卻無成果的尋求，尋求那隱藏的寶藏，而
在各方面所進行之者，而這地下發掘工作復亦威脅了上層建築之
安全。我們現在的義務就是去辨識純粹理性底超越使用，辨識純
粹理性底原則以及其理念，這樣我們便可有辦法去決定並去估量
純粹理性底影響力以及其眞正的價值。但是，在結束這些導引的
解說以前，我要對那些衷心對哲學有興趣（比一般大多數人更有
興趣）的人有所懇求，我懇求他們說：如果他們見到他們自己已
爲這些考慮以及下面的那些考慮所說服，則他們須當小心去保存
"理念"這個字之原義，這樣，理念這個字便可不變成那些字之
一，卽那些"通常被用來去指示任何以及每一類表象"的字之一，
所謂"通常被用來去指示"云云，這所謂去指示乃是在一種隨意所
之的混擾（a happy-go-lucky confusion）中去指示，這樣去
指示遂致引起對於學問的傷害。須知玆並不缺乏對某某類表象爲
適當的字眼（意卽對每一類表象皆分別地有適當的字眼以名之）， A320
這樣，我們決不需去侵佔這些字眼中任何一個字眼之各自的領
域。這些字眼底序列如下：

綜綱是"表象一般"。

隸屬於此綜綱者則是表象與意識（或覺識）俱，卽"知覺"。

一個知覺它若只關聯於主體而爲主體底狀態之變形，它卽是
"感覺"。

一個客觀的知覺則是"知識"。

B377　　　知識或是"直覺"，或是"概念"。

"直覺"是直接地關聯於對象，而且是單個的。

"概念"則是因着若干事物所共有的一種特徵而間接地關聯於對象。

概念或是一經驗的概念，或是一純粹的概念。

純粹的概念，當它單只在知性中有其根源（不是在感性底純粹形像(2)中有其根源）時，它便被名曰"綜念"。

一個"從綜念而形成而且超越了經驗底可能性"的概念便是一個"理念"，或曰"理性之概念"。

任何人他若熟習這些區別，他必見到：聽見顏色紅之表象被名曰"理念"（idea）(3)，這乃是不可容忍的。顏色紅之表象甚至亦不應當被名曰一知性之概念，即不應當被名曰一綜念。

[註(1)]："那些莊嚴弘偉的道德大廈"德文是"jenen majestäti-schen sittlichen Gebäuden"，肯・斯密士譯爲"moral edifices of these majestic dimensions"（這些莊嚴廣大的道德大廈），*Max Müller* 譯爲 "that majestic edifice of morality"（那種莊嚴的道德大廈），*Meiklejohn* 譯爲 "those majestic edifices of moral science"（那些莊嚴的道德學之大廈）。

[註(2)]："感性底純粹形像"指時空圖形說，數學中的純粹概念是在感性底純粹圖形中有其根源，此不得被名曰 "綜念"（notion）。

[註(3)]：此指柏克萊（Berkeley）說。但柏克萊把顏色等名曰 "idea"，此 idea 即不可譯爲"理念"，甚至亦不可譯爲"觀念"。康德是以柏拉圖意義的 idea 爲準，故柏克萊之使用乃不可容忍也。

　[譯者案]：此節，康德稱讚柏拉圖。理念，依康德，卽是
理性底概念，依柏拉圖，它是事物本身之基型，故亦曰"理型"，
亦卽理性之概念義。此詞決不可用來說聲音顏色等之表象，因
為這些只是感覺。巴克萊用此詞說聲音顏色等乃是不可容忍的
事。可是巴克萊有使用詞語底自由，他已用"idea"說聲色臭
味，擴大之，全部知覺現象了。大家亦知他使用此詞與柏拉圖
所使用者不同，故在中文通常以"觀念"譯之，其實只是感觸知
覺底覺象（知覺現象，可譯曰"覺象"或"覺相"，而不可譯曰"觀
念"）。柏拉圖使用"理念"，則是表示它們發自於最高的理性。
若以此為準，當然不可再用之說知覺現象了。可是人們亦指出
柏拉圖使用"idea"亦不合此詞之原義。此詞之原義正是指可
看見的相而言，乃是現出來的相，卽現象之相。柏拉圖則倒轉
之以為事物本身之基型，不是現象，而是實在。柏拉圖亦可保
存其為可見之相之義，但是心眼或慧眼所見之相，而不是肉眼
所見者。心眼所見者其客觀的根源卻是理性。名之曰理型者是
從客觀意義說。在此而譯曰"相"，雖能照顧到文字的原義，然
已不妥了。海德格說柏拉圖之倒轉，由此開啓一偉大的傳統，
乃實是一墮落，所以他要返回柏拉圖以前。這真是見仁見智
了。康德仍然遵守柏拉圖底傳統，視之為"精神的飛躍"。

　　聲色臭味等之表象不得名曰理念，可見康德所說時，空，現
象三者之"超越的觀念性"以及所說"超越的觀念論"，此中之觀
念性（Ideality 不譯為理念性或理想性）以及觀念論(Idealism
不譯為理念論或理想論）中之所以為"觀念"不是就現象之不離
感性而說甚顯，乃是就其超離感性便是"無"而說。超離感性便

是無，故在此譯曰觀念性或觀念論，言其無實也。超離感性而有正表，則曰理念，雖非知識之所及，然並非是無，只在此可曰理念。無論有正表或無正表（是無），皆就超離而言也，即吾所謂外指地言之，非內指地言之也。而巴克萊之使用"觀念"（idea 一詞移位便不曰理念，而曰觀念，實亦不應曰觀念，應當曰覺象或覺相）以及所謂經驗的觀念論或材質的觀念論（經驗的或材質的覺象論）則正是內指地言之也。故康德非之。若就idea 一詞之希臘文的原義而言，巴克萊之使用倒是對的。康德是以柏拉圖之使用為準也。

柏拉圖之使用理念甚為廣泛，上文康德注a中所謂擴張至思辨知識，乃至擴張至數學是也。並且還有些神秘的推演，即所謂誇誕，因之遂把理念實體化。康德追隨其風範，只把理念限於實踐範圍內，所謂道德，宗教，以及立法是。思辨知識只在知性之概念或綜念範圍內，此則永不能及於"理念"。在思辨理性上，理念並無客觀妥實性，即並不能實體化，如是，乃去其誇誕。又數學知識在感性範圍內，此處尤不能說理念。理念雖只限於實踐範圍內，然亦不是知識之對象，因感觸直覺既不能及，而吾人又無智的直覺故也。因為無智的直覺，故雖在實踐範圍內有客觀妥實性，　然亦只是一設準，　即只有主觀必然性，並無客觀必然性，故亦終於不能實體化也。

柏拉圖之理念，　雖如此高尚（就道德而言，　如康德之所取），然其表達卻常以知性概念之方式論之，故一般亦以定義之根據視之，此由其擴張至思辨知識與數學知識，高尚者而下委，與此後兩者平齊而觀，因而成為泛理念論也。因此，亞里

士多德遂專論知性之概念，而柏拉圖之 "超離說" 遂亦被轉為
"內在說"，而理念亦遂轉為廣泛之形式， 因而成為定義中之
本質。由此，柏拉圖之"精神飛躍"遂保不住而墜落矣。康德保
存其超離說，而又把理念專限於道德，與知性之概念分開而不
濫，則理念之高尚以及柏氏之精神的飛躍可以保住而不墜失。
吾人若再能講出智的直覺之可能，則此一理想主義之雅音可以
徹底透出矣。亞里士多德以後逐步向海德格所謂"表象的思想"
 (representive thought) 走， 固不能返本而透體，然如海
德格抹殺此一雅音而空頭論返本，則亦無根之論也。

　　[譯者又案]：康德說 "綜綱是表象一般"。表象，德文是
"Vorstellung"，拉丁文是"repraesentatio"。 我們的思議活
動所呈現的一切觀念或心識作用所呈現的一切活動相或了別相
客觀地說都是"表象"，故表象一般卽是綜綱 (genus)。但主
觀地說，它們又都表示我們的思議活動或我們的心識之了別活
動。故德文 "Vorstellung"一詞兼有主客兩面的意義。純粹理
性批判中使用此詞大體是"表象"義，故三英譯皆把它譯為"表
象"，而康德說"綜綱是表象一般"時，卽綴之以拉丁文 "repr-
aesentatio"，此同於英文之 "representation"（表象）。故
在此書中，Paton以 "idea"（觀念）譯之是不妥的（見他的經驗
底形上學一書，此書是解釋純粹理性批判分析部的）。他若取
Berkeley 使用 idea 一詞之意義， 則又太狹，因為康德使用
"表象"一詞是很廣泛的，故以之為綜綱。Berkeley 使用 idea
一詞亦取希臘文的原義，但不是柏拉圖義。他所取的 idea 實

只是覺象（知覺現象）義，從所，不從能，雖不離心，但却指呈現於心的現實物說，故不可譯為觀念。但德文 "Vorstellung" 一詞既有主觀面思議活動的意義，從此面把它譯為 "觀念" (idea) 亦未嘗不可。此所謂 "觀念" (idea) 卽是普通所謂思想，想法等義。查德文動詞 "vörstellen" 是介紹，提薦，提置某某於前，等義，此卽動詞義的表象或呈現，而名詞 "Vorstellung" 亦是介紹，提示，想像等義，此則偏重主觀面的活動，此實相當於易傳所謂擬議："擬之而後言，議之而後動，擬議以成其變化"。就吾人之思議活動說，就是 "擬議"，故一切皆是擬議，此是綜綱：在不同的分際上有種種不同的詞語：客觀地從成果上說皆是表象，主觀地從思議活動上說皆是擬議：合而為一就是擬議而表象之以成為各種的表象：擬議以成其變化，表達上成各種詞語之變化，存在上成萬事萬物之變化。但是，道德底形上學之基礎中有這麼一句："自然中每一東西皆依照法則以動轉。惟有理性的存有獨有一種「依照對於法則之想法，卽，依照原則，以行動」之機能，卽是說，它有一個意志"（[36]頁）。此中 "對於法則之想法"，德文就是 "der Vorstellung der Gesetze"，此處使用 Vorstellung 似不可譯為表象，故英譯皆不以表象譯之。"對於法則之想法" 卽是對於法則之擬議，簡單地亦可說為 "法則之觀念"，此處 *Paton* 譯為觀念是可以的。因為對於法則有想法有擬議，故因而有原則以立法則。此 "依原則以立法則" 之能力或機能卽是意志。物只依照法則以動轉，故法則皆是機械的法則或自然法則，**物之動轉是並沒有原則的**：有法則而無原則。因為物不會想，不會擬議。人會想，有"依照對於法則之想法以行動"之機能，卽有一意志。依什麼路數想法則並依其所想之法則以行呢？純理性地想之抑還是依幸福等以想之？如是前者，則成立道德法則（定然律令）；如是後者，則形成假然律令，審慎底規準。但皆有其實踐的原則，故亦可說有"依照原則以行"之機能。不管其所成的是定然律令，抑或是假然律令，皆是實踐的律令，而總不是機械法則或自然法則。實踐理性批判中亦常有"對於法則之想法，擬議，或觀念"等類的表示，康德所用的皆是"Vorstellung"一詞，故在此等處皆不可譯為表象。阿保特（Abbott）譯為 Conception，但有時和概念（Concept, Begriffe）相混。Conception 與 Concept 是不同的，前者表示思議作用，後者表示客觀的概念，卽中文所謂某某義，義理之義。拜克（Beck）譯為觀念（非理念），有時譯為思想，其實卽想法或擬議，同於"Vorstellungsart"。此等處須通其意，否則直成混亂，很難譯得出。又實踐理性批判 [236] 頁中有這麼一句：一切範疇被分成兩類：一類是數學的，此類範疇在對象之觀念中論及綜和之統一；另一類是力學的，此類範疇在對象底存在之觀念中涉及綜和之統一"。此中"在對象之觀念中"，"在對象底存在之觀念中"，"觀念"亦是"Vorstellung"之譯語，在此，只如此譯卽可，譯為表象亦可，想法，擬議，則不可用。

A 321

超越辯證底　第一卷

第　二　節

超 越 的 理 念

　　超越的分析部已展示給我們：我們的知識底純然邏輯形式其自身如何可以含有根源的純粹先驗概念，此等純粹先驗概念表象對象是先於一切經驗而表象之，或更正確地說，此等純粹先驗概念指示綜和的統一，單只這綜和的統一才使對象底一切經驗知識為可能。判斷底形式（卽轉成一個概念以綜和諸直覺的那判斷之形式）產生出範疇，這些範疇指導經驗中的知性之一切使用。判斷底形式旣如此，則同樣我們也可以預定：理性推理（三段推理）底形式，當其在範疇底指導下而被應用於"諸直覺"底綜和統一時，它將含有一些特別的先驗概念之根源，此等特別的先驗概念，我們可名之曰理性底純粹概念，或名之曰超越的理念，「它們將依照原則而去決定：知性在其依經驗之綜體而處理經驗時如何可被使用」。[1]

B 378

　　　[註(1)]：此句依康德原文是：它們將依照原則而去決定全部經驗之綜體中的知性之使用。

　　理性之在其推理中之作用（功能）卽存於其依照概念所產生

的知識之普遍性中，而三段推理其自身卽是一判斷，此一判斷是
依其條件底全部範圍而爲先驗地被決定了的。"凱烏士是有死的"　　A322
(Caius is mortal) 這個命題，我實能單因着知性而從經驗中
把它引生出來。但是，我現在是在追求一個概念（在此例中，卽
是 "人" 這個概念），此概念含有這條件，卽 "單在其下此判斷
底謂詞（卽對所肯斷的東西而爲通詞的那個謂詞）可被給與" 的
那個條件；而在我已把這謂詞歸屬在這個條件卽就其 全 部 外 延
（"凡人有死"）而觀之的這個條件之下以後，于是，我卽依照這
個條件進而去決定"我的對象"之知識（"凱烏士是有死的"）。

依此，在一三段推理底結論中，我們把一個謂詞限制于某一
特定的對象上，此一謂詞，我們已首先思之于大前題中，卽在一　　B379
特定所與的條件下就其全部外延而思之于大前提中，在這樣思之
以後，我們再把它限制于某一特定的對象上。在關聯于這樣一個
條件中的 "外延底這種完整的量" 卽叫做是"普遍性"。在"綜和諸
直覺"之綜和中，我們有 "條件底全部或綜體" 以相應于這普遍性
（外延之完整的量）。因此，理性底任一超越的概念不過就是對
任何所與的特定有條件的東西而言的 "條件底綜體" 之概念。現
在，因爲單只是這"無條件者"才使"條件底綜體"爲可能，而且，
反過來言之，"條件底綜體"其自身亦總是無條件的，所以理性底
一個純粹概念（亦卽超越的概念），一般地說來，可因着無條件
者之概念而被說明，這無條件者卽是被思議爲含有 "有條件者底
綜和"之根據者。

理性底純粹概念之數目將等于關係種類之數目，這所謂關係　　A323
種類卽是知性因着範疇（案卽關係範疇）而把它們表象給其自身

· 35 ·

者。因此，我們首先須去尋求一主詞(主體)中的定然綜和底無條件者，其次，須去尋求一個系列底分子底假然綜和之無條件者，最後第三，則須去尋求一系統中的諸部分底析取綜和之無條件者。

這樣說來，茲確有與關係種類之數目相同的三段推理（理性底推理）之數目，其中每一種三段推理皆通過後反的三段推理（prosyllogism）而進至無條件者：第一，進至這主體，卽"其自身從不會是一謂詞"的那主體；第二，進至這預設，卽"其自身不再預設任何進一步的東西"的那預設；第三，進至一個概念底區分中的分子之綜體（集合體），這綜體是這樣的，卽它不再需要什麼進一步的東西以去完整起這區分。這樣說來，理性底純粹**概念**（條件綜和中綜體之概念），由于其把"知性底統一，當可能時，擴展至無條件者"這種工作安置給我們，所以至少它們是必要的，而且它們皆基于人類理性底本性中。但是，這些超越的**概念在具體現實中**可並無任何適合的"相應的使用"（使用之以相應于什麼東西），因而亦可並無其他用處，其所有的用處不過就是如此這般地指導着知性，以至于當知性被擴張至極端時，此知性同時亦可被致使與其自身完全相一致。

[**案**]：意卽使知性自身一致。如果一旦使知性陷于自相矛盾，那必不是知性自身之過，而是理性在其推理以提出這些超越的概念時有毛病，此卽下第二卷所說之理性之誤推以及理性之背反。若把理性底這些超越概念歸還其消極的意義，則理性順而知性亦順。所謂知性亦順，意卽當盡其擴張之極時，它亦

並不陷于自相矛盾。

　　但是，當我們在這裏說及"條件底綜體"並說及"無條件者"以　A324
為一切理性底概念之共同名稱或等值名稱時，我們復碰見這樣一
種詞語，卽"我們不能不使用它，而由于經過長期的誤用而附隨于
它的一種模稜的歧義，我們又不能安全地使用之"，這樣一種詞
語。"絕對"一詞卽是如下所說的少數詞語中之一個，卽這些少數
的詞語依其根源的意義而言曾是適宜于這樣一個概念的，卽在同
一語言中沒有其他字眼可準確地適合之，這樣的一個概念。　"絕
對"一詞就是這樣少數字眼中之一個。因此，這個詞語底喪失，
或相當于此喪失者，如其使用中的鬆弛（不精確不緊嚴），必帶　B381
有此概念本身底喪失與之俱。而在此情形中，因為這概念是理性
所十分予以注意的一個概念，所以它不能若被放棄而無甚傷害于
一切超越的哲學。"絕對"一詞現在時常被用來只去指示：某種東
西在 "一物之就其自身而觀之" 上卽為眞，因而也就是說，去指
示：某種東西在 "一物之內在的本性" 上卽為眞。依此義而言，
"絕對地可能者"必是意謂那 "在其自身（內在地）是可能的"者
——這在其自身是可能的者， 事實上， 是對于一對象所能說的
"最少者"。另一方面，"絕對"一詞有時也被用來去指示：某種東
西是有效的，其為有效乃是在一切方面，無有任何限制，而為有
效，例如"絕對的專制"之絕對卽是如此，而依此義而言，則 "絕
對地可能者"必意謂那在每一關係中（一切方面）而為可能者——　A325
這在一切方面為可能者是對于一物之可能性所能說的"最多者"。
我們常見這兩個意義被結合在一起。例如， 凡是內在地不可能者

卽是在任何關係中爲不可能者，因而也就是說，是絕對地不可能者。但是，在好多情形中，這兩個意義是彼此無限地遠隔的（是彼此全然不同的），而我亦決不能推斷說：因爲某物在其自身是可能的，所以它也在每一關係中是可能的，因而也就是說，是絕對地可能的。實在說來，如我此下所表明的，絕對的必然性並不總是依靠于"內在的必然性"，因此，它必不可被視爲與"內在的必然性"爲同義語。如果某物之反面是內在地不可能者，則此反面自然是在一切方面爲不可能者，因而可反證此事物本身是絕對地必然的。但是，我不能逆反這推理而去推斷說："如果某物是絕對地必然的，則其反面是內在地不可能的"，卽是說，我不能推斷說："事物之絕對必然性是一內在的必然性"。因爲此"內在的必然性"在某些情形中是一完全空洞的詞語，我們不能把任何概念連屬于此空洞的辭語上，可是一物在一切關涉中（關涉于每一可能的東西之關涉中）而爲必然的這一必然性之概念卻包含有某種十分特殊的決定。因爲在思辨的學問上十分重要的一個概念之喪失對于哲學家決不會是一不相干的事，所以我確信：對于概念所依的詞語予以固定而謹愼的保存對于哲學家亦同樣並非不相干者。

A326 　　依是，我將依此廣義使用"絕對"這個字眼，使"絕對"一詞所表示的絕對者與那只是比較地爲有效者，卽在某一特殊方面爲有效者，相對反。因爲雖然後者爲條件所限制，然而前者卻無任何限制而爲有效的。

　　現在，理性之超越的概念總只指向于條件底綜和中的絕對綜體，而除在那是絕對地無條件者中，卽，在一切關係上是無條件

者中，它可以終止外，它決不能有終止。因為純粹理性把每一束
西皆留給知性，單只這知性始直接地應用于直覺底對象，或勿寧 　B 383
說，只直接地應用于那依想像力而形成的"對象之綜和"。理性其
自身則專有關于知性底概念之使用中的"絕對綜體"，並且它把綜
和的統一（在範疇中被思者）努力帶至完全地無條件者。我們可
以把現象底這種統一叫做是理性底統一，而那為範疇所表示的現
象之統一，我們可名之曰知性底統一。依此，理性其自身只有事
于"知性底使用"，其有事于知性底使用實不是當知性底使用含有
可能經驗之根據時而有事于知性底使用（因為條件底絕對綜體之
概念在任何經驗中不是可應用的，因為沒有經驗是無條件者故）；
它但只是為的要想去把"其指向于某種一定的統一，即知性自身
對之無任何概念的那某種一定的統一"，規劃給知性，並且是依
這樣式去把這種統一規劃給知性，即如"把知性底一切活動，在
關涉于每一對象中，統一成一絕對的整全"這樣式而去把這種統 　A 327
一規劃給知性：理性只是為的要想如此樣地去把"其指向于某種
「知性自身對之無任何概念」的統一"規劃給知性而有事于知性底
使用。因此，理性底純粹概念之客觀的使用總是超絕的（或超離
的），而知性底純粹概念之客觀的使用，依照這些純粹概念之本性
而言，以及因為這些純粹概念底應用是只應用于可能經驗之故，
則卻必須總是內在的（immanent）。

　　所謂"理念"，我理解其是理性底一個必然的概念，對此必然
的概念，沒有相應的對象可被給與于感取經驗中。這樣，理性底
諸純粹概念，現在所要考量者，即是諸超越的理念。它們是純粹 　B 384
理性底諸概念，蓋因為它們視經驗中所得到的一切知識為經由諸

條件底一個絕對綜體而被決定者。它們不是隨意地被發明出來的；它們是因着理性自身之本性而被安置，因此，它們和知性底全部使用有一必然的關聯（必然地關聯于知性之全部使用）。最後，它們是超絕的，並且越過了一切經驗底界限；沒有"適當于超越理念"的對象可被發見于經驗範圍內。如果我說及一理念，就它的對象而言，把其對象看成是純粹知性底一個對象，則我于說及一理念時便說得太多（因爲其對象不能是純粹知性底一個對象），但是，就其關聯于主體而言，卽是說，就其經驗條件下的現實性而言，則因此現實性之故，我于說及一理念時所說的又甚少，蓋因爲：由于理念是一極峯之概念，是故它從不能相應地在

A 328　具體現實中被給與。因爲在理性底純然思辨的使用中，此後者（卽所說的太少中理念從未能相應地在具體現實中被給與，非如肯·斯密士所注："在經驗條件下去決定理念之現實性"）[1]，實在說來，是我們的整個目的（意卽在理性底純然思辨的使用中我們的整個目的卽在表明此義），又因爲去求接近一個概念，而此概念又從不能現實地被達到，這種"接近一概念"之接近使我們的處境並不比"設想這概念完全無效"爲更佳，所以關于這樣一個概念，我們說：它只是一理念。因此，我們可以這樣說：一切現象底絕對整全只是一理念；此蓋因爲我們從不能把這整全表象之于影像（形像）中，是故此整全猶仍是一個"對之無解答"的問題。但是因爲另一方面，在知性[2]底實踐使用中，我們所唯一關心的

B 385　就是關心于"規律之貫徹或實行"[3]，所以實踐理性底理念總能在具體中現實地被給與，雖然只是部分地被給與；實在說來，理念是理性底一切實踐使用之不可缺少的條件。此理念之實踐總是

有限制的而且是不完全的（有缺陷的），但卻並不被封于可決定
的界限內，因此，此理念之實踐總處于"一絕對完整"之概念之
影響下。因此，這實踐的理念總是極高度地有成果的，而在其關
聯于我們的現實活動中，它又是不可缺少地必要的。在這裏，理
性實表現了因果作用，因爲它把其概念所包含的東西現實地產生
出來；因此，關于這樣的智慧，我們不能輕蔑地說：它只是一理
念。反之，恰因爲它是一切可能的目的底必然統一之理念，所
以它必須當作一個根源的條件，至少也當作一個有限制作用的條
件，而在一切有關于實踐者的事中充作"標準"(4)。

　　〔註(1)〕："此後者"，另兩英譯無注明，肯·斯密士加注明云：
"卽在經驗條件下去決定理念之現實性"。案此注明語非是，故改之。
"此後者"卽指上句中"說的甚少"一項而言。爲什麼說的甚少？"因爲
理念是一極峯之概念，所以它從不能相應地在其具體現實中被給與"。
是故"就其經驗條件下的現實性而言"，我們說理念便說得甚少，因
爲它根本無現實性。雖然說得甚少，然而"在理性底純然思辨的使用
中"，"這實在說來卻正是我們的整個目的"，意卽在理性底純然思辨
的使用中，我們的整個目的卽在表明此義。在思辨理性中，我們不能
說多。此雖說的甚少，卻是對的。前一項說得太多，便說過了頭。辯
證部之批判卽在表明此義。我們不能說"在經驗條件下去決定理念之
現實性"是我們的整個目的，思辨理性中的整個目的。依康德，在理
性底純然思辨的使用中，理性底概念只是一理念；但是在實踐理性
中，理性底概念（理念）不能輕蔑地被說爲"它只是一理念"。
　　〔註(2)〕：原文是"知性"，案當改爲"理性"，至少說"理性"更順。
　　〔註(3)〕：依原文當該是"依規律而實行"（依規律而成的實踐行

動）。另兩英譯即如此譯。

　　〔註(4)〕：原文是"規律"（Regel）。

A 329　　　　雖然對于理性底諸超越的概念，我們必須說：　"它們只是理念"，　然而此語卻決不可被認爲只表示：它們是多餘的而且是空洞的。　因爲縱使它們不能決定任何對象，　可是它們猶可依一基本而未被注意的樣式，當作知性底擴張而一致的使用上的一個規準，而服務于知性。知性實不能因其作爲其擴張使用之規準便得到關于任何對象底更多的知識，卽比因着其自己之概念所得到者爲更多之知識，但是對其欲獲得更多的知識而言，它卻因其作爲其擴張使用之規準而得到了較好而廣大的指導。又有進者，（在

B 386　此，我們所需要的不過只是一提，不詳解），理性底概念或許可以使"從自然之概念轉到實踐的概念"這一種過轉爲可能，而在這種過轉中，它們又可給予道德理念自身以支持，並可使道德理念獲得其與理性底思辨知識之相連繫。關于這一切，我們必須期待將來繼續說明。（案此將爲實踐理性批判中之事）。

　　　　依照我們的計劃，我們把實踐理念暫置不論，我們只在理性底思辨使用中，或毋寧更進一步限制我們自己，只在理性底超越使用中，來考量理性。在這裏，我們必須遵循我們在範疇底推證中所已取的途徑；我們必須考量理性知識（通過理性而成的知識）底邏輯形式，看看理性是否不可以因着此邏輯形式亦同樣是如下所說的諸概念底一種源泉，卽此諸概念能夠使我們去視對象依其自身卽爲先驗綜和地被決定了的，卽在關聯于理性底諸功能之此一功能或其他功能中而爲先驗綜和地被決定了的。

理性，若被視爲知識底某種一定邏輯形式之機能，它便是推 A330
理之機能，卽是說，它是"間接地作判斷"之機能（因着把 "一可
能判斷之條件"歸屬于 "一特定所與判斷底條件"下而間接地作判
斷：理性是這樣間接地作判斷之機能）。這特定所與的判斷是普
遍的規律（大前題如 "凡人有死"）。"把另一可能判斷底條件歸
屬在這規律底條件下"這種歸屬便是小前題（如"孔子是人"。"是
某某者是孔子" 是此處所說另一可能的判斷。此另一可能的判斷
底"條件"卽是成爲孔子這個個體的那某某者，把此成孔子的某某
者歸屬在規律底條件卽 "是人者"之下，卽成爲"是某某者（＝孔
子）是人"。）那"把規律底肯斷應用于這被歸屬（于人下）的例
案（孔子）"的現實判斷便是結論（孔子有死）。規律普遍地陳 B387
述某種東西（是人者），陳述之爲隸屬于某種一定的條件者（有
死者）。規律底"條件"（是人者）在一現實的例案（如孔子）中
可見其爲被滿足者。因此，那在該條件下被肯斷爲是普遍地有效
者（卽皆可眩括在"是人"這條件下者）亦可被視爲在此現實例
案（孔子）中亦是有效者（卽孔子亦可眩括在"是人"這條件下），
此現實的例案亦包含（遵從或滿足）那個條件（卽孔子亦符合"是
人"這條件）。因此，理性藉賴着知性底諸活動（卽構成一條件
系列的那知性之諸活動） 而達至于知識， 這是十分顯然的。 這
樣，如果我達到"一切物體是可變的"這個命題是因着以下之辦法
而達到，卽只因着開始于較爲更遼遠的知識，卽是說，只因着開
始于"凡是組合的每一東西皆是可變的"這命題所表示的更遼遠的
知識(在此更遼遠的知識中， 物體之概念尚未出現， 但縱然如此，
那遼遠的知識亦含有此物體之概念之條件）；因着如此開始已，

我復從"凡是組合的每一東西皆是可變的"這個命題進到另一個命題，此另一個命題是較小遼遠的，而且它亦處于適所說之命題之條件下，卽是說，我進到"物體是組合的"這個命題；而從 "物體是組合的" 這個命題最後我復過到一第三命題，此第三命題把更遼遠的知識（可變的）連繫于現實地擺在我眼前的知識（物體之知識），因而我歸結說："物體是可變的"：如果我只因着這種辦法而達到"一切物體是可變的"這個命題，則我之達至此知識（此一結論）是因着一條件系列（大小前題）而達到的。現在，每一系列，卽"其指數是在定然判斷或假然判斷中被給與"的那每一系列，皆可被連續下去；結果，理性底這同一活動便引至堆垛的三段推理，此堆垛的三段推理(連鎖推理)是諸推理底一種系列（一連串的推理），此一推理系列可以在"條件"一邊（後返的三段推理）或在"有條件者"一邊(前進的三段推理)而無限定地被拉長。

但是，我們立刻見到：後返三段推理底鍊子或系列，卽是說，依一特定所與的知識之根據或條件一邊而成的被推斷的知識之鍊子或系列，換言之，上升的三段推理之系列，其對于理性機能的關係必須不同于下降系列對于理性機能之關係，卽是說，必須不同于因着前進的三段推理在"有條件者"底方向中理性之前進對于理性機能之關係。何以故如此？這是因爲以下的緣故，卽：由于在前一情形中，知識（結論）是只當作有條件者而被給與，所以我們除假設 "條件邊的系列底一切分子被給與（卽前題系列中的綜體被給與）" 外，我們不能有別法因着理性而達到結論之知識；只有依據此假設，我眼前的判斷才是先驗地可能的：可是，在有條件者一邊，就諸歸結（後果）而言，我們只能思考一

· 44 ·

"成爲底過程"中的系列，而不能思考一個 "早已依其完整性而被
預設或被給與"的系列，因而也就是說，我們只能思考一種"純然
潛伏的" 前進。因此，如果知識被視爲是有條件的，則理性不得
不視上升線中的條件系列爲已完整了的，而且是依其綜體而爲被
給與了的。但是，如果這同一知識又被看成是另一知識之條件，
而此另一知識又被看成是在一下降線中構成一"後果之系列"，則   B 389
理性關于 "這前進在後繼邊能擴展至如何遠" 以及"一系列底綜體
是否畢竟是可能的" 這類問題可以是完全不相干的。因爲理性並
不需要有這樣一個系列（卽後繼邊完整的系列）以便能夠去引出
它的結論，蓋由于其結論是早已因着它的先在邊的根據而充分地
被決定了的並充分地被保證了的。條件邊的前題之系列可以有一
第一分子以爲其最高條件，它亦可以沒有這樣的分子，在此情形
中，它在先在邊是沒有限制的。但是不管有沒有，而且縱使承認
在領悟或掌握一"條件之綜體"中我們從未成功，可是縱然如此，
這系列（卽前題之系列）必須含有這樣一個綜體，而此全部系列
亦必須是無條件地眞的，如果 "有條件者"，卽那 "被視爲「由
全部系列而結成」的一個後果" 的 "這有條件者"，要想被認爲
是眞的時。此義是理性底一個必然的要求，此一必然的要求宣布
理性底知識爲先驗地被決定了的，並且宣布之爲必然的，其被宣
布爲先驗地被決定的並爲必然的或者是依其自身而被宣布爲先驗
地被決定的並爲必然的，在此情形中，它不需要有根據，或者，
縱使它是引生出的，當作這樣一個 "根據系列"，卽 "此一根據
系列其自身，作爲一系列，是無條件地眞的"，這樣一個根據系
列中之一分子看，它亦被宣布爲先驗地被決定的並爲必然的。

A 333⎰
B 390⎰

超越辯證底　第一卷

第 三 節

超越的理念之系統

我們現在並不和邏輯的辯證有關，邏輯的辯證抽掉一切知識底內容，並把其自己限制於去展示那"隱藏於三段推理底形式中"的諸謬誤，我們現在並不和這樣的邏輯的辯證有關，我們現在但只和一種超越的辯證有關，此超越的辯證必須完全先驗地含有"從純粹理性而被引生出"的某些知識之根源以及某些被推斷出的概念之根源，這些從純粹理性而被引生出的知識之對象以及這些被推斷出的概念之對象從不能經驗地被給與，因此，這些知識以及這些概念必完全處於純粹知性底能力範圍之外。從一種自然的關聯，（此自然的關聯乃是我們的知識之在推理方面以及在判斷方面之超越的使用和其邏輯的使用間所必有的一種關聯），我們推想：玆只能有三種辯證的推理，此三種辯證的推理相應於這樣的三種推理，即"通過之，理性能因着原則而達至於知識"這樣的三種推理，並推想：在一切這些辯證的推理中，理性之所有事便是從有條件的綜和（知性總仍被限制於這種有條件的綜和）上升至那無條件的綜和（知性從未能達至此無條件的綜和）。

那在一切我們的表象中普遍地被發現的關聯乃是：(1)"關聯於主體"之關聯；(2)"關聯於客體"之關聯，此客體或是作爲現象，

B 391⎰
A 334⎰

或是作爲"思想一般"之對象。如果我們把 "副屬區分"與"主要區
分"這兩者結合起來，則這樣的諸表象卽 "我們對之能形成一概
念或形成一理念"的諸表象之一切關係便有三重： ⑴對於主體的
關係之關係； ⑵對於現象領域中的客體之雜多的關係之關係； ⑶
對於"一切事物一般"的關係之關係。

現在，一切純粹概念一般皆有關於表象底綜和統一，但是[其
中那些是]純粹理性底概念（超越的理念）[者]則是有關於"一切
條件一般"底無條件的綜和統一。因此，一切超越的理念可依三
類而被排列，第一類含有思維主體底絕對統一（無條件的統一），
第二類含有現象底條件系列之絕對統一，第三類含有"思想一般"
底一切對象底條件之絕對統一。

思維主體是心理學底對象，一切現象底綜集（世界）是宇宙
論底對象，而那含有 "凡可被思的東西"底可能性之最高條件者
（卽一切存有底存有）則是神學底對象。這樣，純粹理性能爲一
超越的靈魂論（理性心理學）供給理念，爲一超越的世界學（理
性的宇宙論）供給理念，最後，並爲一超越的上帝知識學（超越
的神學）供給理念。知性決無法去產生出這些學問中的任何一個
學問，它甚至亦產生不出這些學問中任何一個學問之純然的設計，
縱使它爲理性底最高邏輯使用所支持，卽是說，爲一切可思議的
推理所支持（通過這一切可思議的推理，我們想從知性底對象中
之一對象卽一垷象進到一切其他對象卽其他現象，而達至經驗綜
和底最遼遠的分子： 縱使爲這樣可思議的推理所支持），它亦不
能產生出這些學問底任何一個學問，甚至這些學問中任何一個學
問之純然的設計它亦產生不出來。這些學問中之每一學問全然是

B 392

A 335

純粹理性底一個純粹而眞正的產品或問題。

理性底諸純粹概念依什麼準確的模式處於一切超越理念底這三個綱領下，此將充分被解明於下卷各章。理性底諸純粹概念遵循着範疇以爲指導線索。因爲純粹理性從未直接地關聯於對象，但只直接地關聯於"知性就對象所架起"的概念。同樣，那亦只因着"把我們的論證完整起來"這完整之之經過，以下三者始能被表明出來，卽：理性如何，只因着它所用之於定然三段推理中的那功能（方式）底綜和使用始必然地被帶至思維主體底絕對統一之概念，又如何被使用於假然的三段推理中的那邏輯程序可引至諸所與的條件底一個系列中的那完全無條件者之理念，最後，如何析取的三段推理底純然形式必須必然地包含着理性底最高概念，卽一切存有底存有之概念。這因着"把我們的論證完整起來"這完整之之經過而被表明的三者乃是這樣一種思想，卽"初看似乎完全是奇詭的"這樣一種思想。但因着"完整起我們的論證"之經過，它們卻被表明爲必須是如此。

B 393
A 336

嚴格言之，在這些超越理念之情形中，沒有客觀的推證，就像我們所能給與於範疇者，是可能的。恰恰因爲它們只是理念，所以事實上，它們並無這樣的關聯，卽"關聯於那任何「可被給與來以與它們相應合」的對象"這樣的關聯。實在說來，我們實能從我們的理性之本性中對於這些超越的理念作一主觀的"誘致"(1)；而此已具備於本章中（案如其標題當爲本卷）。

[註(1)]："誘致"德文是Ableitung，肯·斯密士譯爲"引生"（推原其所由生 derivation）。但康德寫成 Anleitung（指導），依

Mellin 改爲 Ableitung（誘致，引生）。

很易見出：絕粹理性所惟盼望者乃是條件邊的綜 和 之 綜 體
（條件不管是附着者之條件，依待者之條件，抑或是共生者之條
件）；它並不關心於有條件者邊的絕對完整。因爲要想去預設條
件底全部系列，並去把此條件底全部系列先驗地呈現給知性，單
只是條件邊的綜和之綜體才是必要的。一旦我們有了 一 完 整 的
（而且是無條件的）條件，則在此系列之［向下］繼續上便沒有理
性底概念是必要的；因爲在從條件到“有條件者”的向前方向中   B 394
的每一步皆爲知性自身所完成。這樣，超越的理念只爲“在條件
底系列中上升至無條件者，卽上升至原則”這種上升而服務。就
下降至“有條件者”而言，理性實可對於知性底法則作一十分廣泛   A 337
的邏輯使用，但卻作不出一種超越的使用；而如果我們要對於這
樣的一種綜和(卽前進的綜和)，例如世界中一切未來的變化底全
部系列之綜和，形成一絕對綜體之理念，這只是隨意被思想到的
一種心靈之創造 (ens rationis) ，而不是理性底一個必然的預
設。因爲“有條件者”底可能性只預設此有條件者底條件之綜體，
但卻並不預設此有條件者底後果之綜體。因此，“後果底綜體”這
樣一個概念不是超越理念中的一個概念；而單只是這些超越的理
念才是我們這裏所要去討論的。

最後，我們亦見到：在這些超越理念自身之間存有某種一定
的連繫與統一是甚爲顯明的，而藉賴着這種連繫與統一，純粹理
性遂把它的一切知識結合成一個系統。從“一個人自己”（靈魂）
底知識進到世界底知識，而復因着世界底知識再進到根源的存有

之知識，這種前進是如此之自然以至於它似乎很像 "理性之從前題進到結論" 這種邏輯的前進[a]。它之很像這種邏輯的前進是否是由於這類的隱藏關係即如潛存於邏輯的程序與超越的程序之間者這類的隱藏關係而然，這是一個有待於在這些研究底經過中來解答的問題。實在說來，對於這個問題，我們早已依一初步先導的樣式得到一解答，因為在討論理性底超越概念中（這些超越概念在哲學的學說中通常與其他概念相混擾，而並沒有恰當地與其他概念甚至與知性底概念區別開），我們已能够去把這些超越的概念從其模稜歧義的地位中拯救出來，去決定它們的根源，而且同時，在如此決定中，去固定它們的準確數目（不能再有所增加的準確數目），並且依一系統性的連繫去把它們呈現出來，因而為純粹理性標識出並範圍成一個特殊的領域。

(a)處，康德於第二版增加一底注云：

形而上學[1]只有三個理念以為它的研究底恰當對象，此即上帝，自由，以及靈魂不滅是。這三個理念是這樣地相關聯著，即：第二概念(自由)，當其與第一概念(上帝)相結合時，它必引至第三概念（靈魂不滅）以為一必然的結論。形而上學這門學問所可討論的任何其他事皆只是用來充作一工具或手段以達到這三個理念並建立這三個理念底實在性。形而上學並不為自然科學之目的而需要這三個理念，但只為要想去越過自然之外，始需要這三個理念。通檢或鑒別這三個理念必使神學，道德學，以及通過此兩者之聯合，再加上宗教，以及與宗教相連的我們的存在之最高目的，這一切皆為完全而專門地依待於思辨理性之能力者⑵。在對於這三個理念之系統性的表象中，上面那種排列次序，即那綜和的次序，必是最適當的；但是在那"必須必然地先於此綜和次序"的研究中，分析的次序，或者說，與綜和次序相逆反的那次序，乃是更適合於"完成我們的偉大計劃"之目的的，因為這分析的或逆反的次序能使我們從那直接地給與於經驗中的東西去開始往前進，即從靈魂論前進至世界論，再從世界論前進至對於上帝之知識。

⑴譯者案：此所謂"形而上學"是指"超絕的形上學"(transcendent metaphysics) 說。分析部所成者乃是 "內在的形上學"(immanent metaphysics)。

⑵通檢或鑒別這三個理念，所謂通檢或鑒別乃是思辨地通檢或鑒別，故使神學，道德學等皆為完全依待於思辨理性之能力者。通檢或鑒別德文是 "Einsicht"，此字是檢查，識別等義，英譯照例譯為 "insight into"（洞見于）。如此譯顏色較重，易引起誤會。此字固有此義，但在此則不適宜。故譯為通檢或鑒別，即譯為 "識別" 亦可。思辨理性之能力只是識別檢查而已，至於使此三理念有實在性則須有待於實踐理性，思辨理性固不能洞見於此三者之實在性也。

超越的辯證

卷　二

純粹理性底辯證推理

　　雖然一個純粹地超越的理念，依照理性之根源的法則而言，是理性之一完全必然的產品，然而我們猶仍可說：它的對象卻是某種"我們對之沒有概念"的東西。因為在關於一個"適合於理性之要求"的對象中，說我們一定能夠去形成一個知性之概念，卽，去形成一個概念它允許被展示於而且被直覺於一可能經驗中，這事實上並不是可能的。但是，如果我們說：雖然我們不能有相應於一個理念的對象之任何知識，然而我們對此對象猶可有一或然的概念，則我們一定是較爲明智的，而且必亦可較少被誤解。

　　理性底純粹概念之超越的（主觀的）實在性基依於我們之因一種必然的三段推理（理性之推理）而被引至如上所說的那樣的理念上。因此，玆將有一種三段推理，此三段推理不含有經驗的前題，而且因着此種三段推理，我們從我們所知的某種東西推至某種別的東西，對此某種別的東西，我們卻沒有概念，而且由於一種不可免的虛幻，我們卻又把一種"客觀的實在性"歸屬給此某種別的東西。如是，這些結論寧可被名曰"假合理的"結論，而不可被名曰"合理的"結論，雖然就它們的起源而觀，它們很可要求這後一名稱（卽合理的結論這一名稱），因爲它們不是虛構

A 339

B 397

的，而且它們亦並不是意外地（偶然地）發生出的，而是卽從理性之本性而湧現出。它們自是一些詭辯，但這些詭辯並不是人們的詭辯，而卻是純粹理性本身所有的詭辯。縱使最明智的人亦不能免於這些詭辯。在長期努力之後，最明智的人或可免於現實的錯誤；但他將決不能免於這種虛幻，卽那"不停止地誘惑他而且折磨他（困擾他）"的那種虛幻。

A340

B398

依是，玆只有三種辯證的三段推理——恰如只有三個理念，此三個理念乃卽是此三種辯證的三段推理底結論所結成者。在第一種三段推理裏，我從主體之超越的概念（此主體之超越的概念不含有任何雜多的東西）推結至此主體自身之絕對的統一（純一），可是，縱使如此推至，我卻對此主體自身之絕對的純一無任何概念。此種辯證的推理我將名之曰"超越的誤推"。第二種假合理的推理是指向於任何特定所與的現象上的"條件串系之絕對的綜體"之超越的概念。從這事實，卽："我的「條件串系之無條件的綜和統一之概念」，如依一定路數而被思者，總是自相矛盾的"這一事實，我歸結到：玆實存有另一種反面的統一，卽與此自相矛盾的統一相反的那一種反面的統一，雖然對此另一種反面的統一我亦同樣沒有概念。在這種辯證推理中的理性之處境我將名之曰"純粹理性之背反"。最後，在第三種假合理的推理中，從條件底綜體（此中所謂條件卽是"諸對象一般只要當它們可被給與於我時必須在其下被思"的那些條件，卽從這樣的諸條件之綜體），我歸結至"事物一般"底可能性底一切條件之絕對的綜和統一，卽是說，從這樣的事物，卽"我並不能只通過這些事物之純然地超越的概念而知之"這樣的事物，我推斷一個"一切存有之存有"(an ens entium)，對此"一切存有之存有"，我甚至不能通過任何超越的概念而知之，而關於此 "一切存有之存有"底無條件的必然性，我亦不能形成任何概念，不管是什麼概念。這種辯證的三段推理我將名之曰 "純粹理性之理想"。

超越辯證底　第二卷

第　一　章

純粹理性底誤推

　　一個邏輯的誤推是這樣一個三段推理，卽它在形式上是謬誤的，不管其內容是什麼。一個超越的誤推則是這樣一個三段推理，卽在此三段推理中有一超越的根據，此超越的根據迫使我們去引出一個形式地無效的結論。因此，這樣的一種謬誤是植基於人類理性底本性中的，它並且引起一種幻象，此幻象是不能被避免的，「雖然實在說來，它可被弄成是無害的」[1]。

　　(1)依康德原文是："雖並非是不可解消的"。案當以此原文為是。

　　現在，我們達到這樣一個概念，卽此概念並不包含在超越概念底名單中，但是它卻必須被算作隸屬於那個名單，其隸屬之並沒有絲毫改變了那個名單，或宣布那個名單有缺陷。這個概念卽是"我思"這個概念，或寧說"我思"這個判斷，如果喜歡"判斷"這個詞語時。如所易見者，這個概念（或判斷）是一切概念底車乘（傳達工具），因而它亦是超越概念底車乘，因而它亦總是被包含在對於這些超越概念底思議中，而且其自身亦是超越的。但是，它不能有特殊的派定（派定一名稱或意義），因為它只足以去引

B 400

出一切我們的思想，引出之以爲隷屬於意識者。同時，不管它是
如何不受經驗的混雜之羈絆(不受感取底印象之羈絆)，可是它猶
能使我們通過我們的"表象力"之本性去區別兩種對象。"我"，當
作"思維體"看，是內部感取底一個對象，且可被名曰"靈魂"。那
作爲外部感取底一個對象者便被名曰"身體"。依此，"我"這個
字，當作一思維的存有看，它指表這樣一種心理學底對象，卽那
"可被名曰理性的靈魂論"的心理學之對象，因爲在這裏，我並不
想就靈魂去學知任何較多的東西，卽比"從「我」這個概念(當它呈
現於一切思想中時)，獨立不依於一切經驗 (此經驗較爲更特殊
地而且更具體地決定我)，所能被推斷出者"爲更多的任何東西。

A 342

　　理性的靈魂論其所從事者實在就是"單從「我」這個概念而推
知任何事"這一類的一種工作；因爲如果在這門學問中，"我的思
想"底些微經驗成分或 "我的內部狀態"底任何特殊知覺眞是與知
識之根據混雜在一起，則此門學問便不再是一理性的靈魂論，而是
一經驗的靈魂論。這樣說來，我們在這裏便有那聲稱爲是一門"基
於「我思」這個簡單命題上"的學問者。不管這種聲稱(聲稱爲一門
學問之聲稱) 是否是有根據的抑或是無根據的，我們總可依照超
越哲學之本性十分適當地進行去研究之。讀者決不可 提 出 異 議
說： "我思"這個命題，表示自我之知覺 (覺識)者，它含有一內
部的經驗，並說： 基於此內部經驗上的 "理性的靈魂論"決不會
是純粹的，因而就其不是純粹的而言，它是基於一經驗的原則上
的。何以故不可如此提出異議？此蓋因爲此內部的知覺 (覺識)
不過就是"我思"這個純然的統覺，因着"我思"這個純然的統覺，
甚至超越的概念亦始可被致使成爲可能的；我們在這些超越的概

B 401
A 343

念中所肯斷的就是"我思常體"，"我思原因"等等。因爲內部經驗一般以及其可能性，或知覺（覺識）一般以及其關聯於其他知覺（覺識），（在此等內部經驗一般以及知覺一般中並沒有特殊的區別或經驗的決定可被給與），凡此皆不可被視爲是經驗的知識，但只可被視爲是"經驗一般者"之知識，而且須被算入於（或應屬於）"任何經驗以及每一經驗底可能性之研究"者，而其所屬的這種研究確然就是一超越的研究。些微的知覺對象（例如甚至快樂或不快樂），如果它被加於自我意識之普遍的表象上，它必會卽刻把理性心理學轉爲經驗的心理學。

因此，"我思"是理性心理學底唯一主題，全部理性心理學底義理皆須由"我思"發展出。顯然，如果"我思"這個思想要被關聯於一個"對象"（我自己），則它除含有那個對象底超越謂詞外，便不能含有任何事，因爲絲毫經驗的謂詞必毀壞了這門學問底理性的純淨性以及其獨立不依於一切經驗之獨立性。

A344
B402

在這裏，一切所需要的便是：我們須遵循範疇之指導，只是有這一點不同，卽：因爲我們的起點是一特定所與物，"我"，卽作爲一思維的存有的"我"，所以我們開始於"本體"這一範疇（因着本體這一範疇一物其自身之自體是被表象了的），然後再通過範疇之排列，逆反其序而行，但是，如此開始而逆行(後返而行)卻亦並沒有另樣地改變了所採用於範疇表中的那次序。依是，理性的靈魂論之論題（理性的靈魂論所含有的每一其他東西皆必須由此論題而被引生出）便如下列：

1

靈魂是一本體
（靈魂當作一本體而存在着）

2

就其性質而言，靈魂
是單純的。

3

就"靈魂所存在于其
中"的那不同時間而
言，靈魂是數目地同
一的，即是說，它是
純一（不是眾多）。

4

魂靈是在"關聯於空間中的可
能對象"之關聯中存在着[a]

[a]處，康德有底注云：

讀者若在猜想這些詞語即依其"超越的抽象性"而被取用
的詞語之心理學的意義覺得有困難，並在發見此最後所提到的
靈魂之屬性為何屬於"存在"之範疇亦覺得有困難，可在後文見
到其充分的說明以及其充分的證成。又，我須為所用的拉丁詞
語作辯說。這些拉丁詞語，相反於文體之蘊藉（正確寫作之正
規）者，曾在本節及全書中侵佔了德文之同義語之地位。我之
所以如此作，是因為我寧願喪失一點語言之優美（文雅），而
不願增加讀者之困難，那怕是最小程度的困難。

B 403

　　[案：　用拉丁詞語是取現成已有者，為歐西學者所習見。若用德文，須另造新詞，此或不免增加讀者之困難。但有時亦不見得有傷文雅。如序文中曾屢引拉丁典籍之成語以寄意。此在我們看起來反覺典雅，亦如荀子於引詩曰云云之後，必結之以"其斯之謂也"。又，在此，我亦須為拉丁詞語稍加注語，卽肯·斯密士於拉丁詞語皆不譯，阿保特譯實踐理性批判亦然。蓋老一輩的學者自幼皆習拉丁文也。拉丁文化為歐洲文化之共同遺產。唯對於非歐洲文化下的人士則不方便。]

A345}
B403}

　　純粹心理學中一切概念皆從這些成素（卽上列四項）裏發生出，其由之而發生出是只因着結合（結合這些成素之結合）之辦法而發生出，絲毫用不着去承認尚有任何其他原則之必要（卽無須有其他原則之參與）。　靈魂這個本體，　若只當作內部感取之「超越的」對象看，則給出"非物質性"之概念；若只當作單純的本體看，則給出"不可破壞性"之概念；它的自同性，當作理智的本體看，則給出"人格性"之概念；此三者合在一起，則給出"精神性"之概念；而"關聯於空間中之對象"則給出與身體相連繫之"交互相通"之概念，因而遂引我們去把這"思維的本體"表象為物質中的"生命之原則"，卽是說，表象為靈魂，並表象為動物性底根據。此最後一點，由於為精神性所限制，遂轉而又給出"不滅性"之概念。

　　在與這些概念相連繫中，我們有超越心理學底四個誤推，此一超越的心理學（錯誤地被視為一門純粹理性之學問者）乃卽是

B404

那"有關於我們的思維的存有之本性"的心理學。我們對於此門

學問之義理除以"我"這個簡單而在其自身亦完全是空洞的表象
為其基礎外，我們不能為之指定任何其他基礎；而且我們甚至亦
不能說"我"這個簡單而空洞的表象是一個概念，但只能說它是一
個伴同着一切概念的"赤裸裸的意識"。通過這個在思考着的我或
他或它（一物），再沒有什麼比"諸思想底一個超越的主詞＝Ｘ"
為更進一步的東西可被表象。此一"超越的主詞＝Ｘ"只能通過那
作為此主詞Ｘ底謂詞的"諸思想"而被知，而離開這些謂詞（諸思
想），我們對此主詞Ｘ亦不能有任何概念，不管是什麼概念，但
只能循環（旋轉）於一永久的繞圈子中，因為對於此主詞Ｘ所作
的任何判斷總是早已使用了此主詞Ｘ之表象。而這種困難(不便)
所以不可分離地與此主詞Ｘ結縛於一起之理由就是：意識依其自
身而言不是一個"能去區別或彰顯一特殊對象"的表象，它但只是
"表象一般"底一個形式，即是說，只要當這"表象一般"之表象可
被名曰知識時，它即是這種表象底一個形式；因為僅只對於知識
我始能說：我因着那赤裸的意識而思考某物[1]。

　　[1]**譯者案**：這個意思是說被名曰知識的一個表象可彰顯某
物為一個對象，而此表象一成為表象即預設"意識"以為其形式
（通式），而此為通式之意識它似乎永在被預設之超越的主體
之地位而不能彰顯其自己為一對象。而若要顯其為一被知的對
象，則須通過意識中作為其謂詞的諸思想，而此諸思想即是它
自己底些表象，意識亦被預設於其中而為其通式，是即無異於
通過其自己來表象其自己，是即所謂永遠在循環中。赤裸的意
識自己，所謂超越的主詞Ｘ，是一個普遍的而且作為形式或通

式的存有，而作為其謂詞的諸思想則是其自己底一些特殊活動（條件或特性），前者由後者而顯，而後者又在一切思考着的存有上皆有效，這似乎是一種很奇怪的關係，此如下文所說。

初看，那必似乎是奇怪的，卽："這條件，卽「單在其下我始能進行思考」的那條件，因而也就是說，那「只是作爲主詞的'我自己'之一特性」的那條件它必須同樣地也在每一思考着的東西或存有上皆是有效的"，這必似乎是奇怪的，卽是說，"我們能預定去把一個必然而普遍的判斷基於一個看起來似乎是經驗的命題上"，這似乎是很奇怪的，這也就是說，"那在思考着的東西在一切情形中皆必須這樣地被構成，卽如「自我意識之聲音宣布其須是依我自己的自我而被構成」那樣地被構成"，這似乎是很奇怪的。何以必須是如上之所云，其理由是如此，卽：我們必須必然地而且先驗地把一切構成這樣的條件的特性，卽構成 "我們單在其下以思考事物" 這樣的條件的一切特性，皆指派給事物而歸之於事物本身上。現在，我對於一個思維的存有不能通過任何外部的經驗而有任何表象，不管是什麼表象，但只通過自我意識始能對之有一表象。因此，凡屬於此類的諸對象皆不過是一種轉移，卽 "把「屬於我的」這個意識轉移到其他事物上" 這種轉移，這些其他事物只有在此路數中始能被表象爲"思維的存有"。

[案]：此不過是說在思考着的存有之思考活動本身同時卽把它所思的它自己對象化這對象化之之活動。此單就思維的存有自身之為能思與所思說，此其所以為循環也。

但是，"我思"這個命題，在此，只是或然地被取用，其爲或然地被取用不是當其可含有關於一存在的東西之知覺（笛卡爾之"我思故我在"）而或然地被取用，但只是就其"純然的可能性"而或然地被取用，其這樣或然地被取用爲的是要想去看一看有些什麼可應用於其主詞的特性（不管這主詞是現實地存在的抑或不是現實地存在的）可由像"我思"這樣簡單的一個命題而來。

如果我們的對於"思維的存有一般"之知識，因着純粹理性而有者，不只是基於"我思"上，又如果關於"我們的思想之表現"以及關於"由此等思想而被引生出的思維的自我之自然法則"，我們同時對之亦利用或有求於觀察以及之，如是，則必會出現一經驗的心理學，此經驗的心理學必應是一種關於內部感取底自然學，它或可能說明內部感取底現象，但決不能顯露這樣的特性，就像那"無論如何不屬於可能經驗"者這樣的特性（例如"單純"之特性），它亦不能給出關於"思維的存有一般"之本性的任何必然的知識。因此，它亦必不能是一"理性的心理學"。 B 406

因爲"我思"這個命題（或然地被取用者）含有知性底每一以及任何判斷之形式並伴有一切範疇以爲這些判斷之車乘，所以顯然從"我思"這個命題而來的諸推理只承認知性之一"超越的使用"。而又因爲這種超越的使用排拒任何"經驗之混雜"，所以經過上文所已被表明者後，我們不能就着此種使用之處置方法懷有任何良好的（有利的）預測。因此，我們想以批判的眼光，通過純粹心理學底一切斷言（predicaments），來追隨這種超越的使用。 A 348

（此下接A.B兩版中的"純粹理性之誤推"）。

＊第一版中的純粹理性之誤推

第一誤推：關於實體性者

凡這樣一個東西，卽"此東西之表象是我們的諸判斷之絕對主詞，因而它不能當作別的東西之決定而被使用"這樣的一個東西，便是本體。

"我"，作爲一思維的存有，就是一切我的可能判斷之絕對主詞，而此"我自己"之表象不能被用來作爲任何其他東西之謂詞。

所以，"我"，作爲思維的存有（靈魂），便是本體。

純粹的心理學底第一誤推之批判

在超越邏輯底分析部中，我們已表明：諸純粹範疇，以及其中"本體"這一範疇，其自身沒有客觀的意義，除當它們基於一直覺，並當它們作爲綜和統一之功能（方式）而被應用於此直覺之雜多。設無此雜多，它們只是一判斷之諸功能（諸方式），而並無內容。我們說任何東西以及每一東西是一本體，我之說它是一本體，其義是我能把它從事物之諸謂詞與諸決定中區別開而把它彰顯出來。現在，在一切我們的思想中，"我"是主詞，諸思想只當作諸決定而附着於此主詞；而此"我"不能當作別的事物之決定而被使用。因此，每一人皆必須必然地視其自己爲本體，並視諸思想只爲其存有上之偶然物（隨時發生者），並只爲其狀態上

A349

之諸決定。

但是，對此一本體之概念，我要去把它作什麼用處呢?"「我」，作為一思維的存有，對我自己而持續其存在，並且它亦不依任何自然的樣式而或生或滅"，這一層意思決無法從本體之概念而被推演出。"但是，於本體之概念，茲亦並無其他用處以便我能把我的思維的主體之實體性之概念委託給此其他用處，而若離開了'從本體之概念以推演上說那層意思'這樣的用處，我亦必很能去廢棄本體這個概念(1)。"

　　[註(1)]: 此句 Max Müller 依康德原文如此譯: "但是，從本體之概念而推演出這層意思必應是由我的思維的主體之實體性之概念所能得到的唯一好處，而若離開這好處，我很能用不着本體這個概念"。

既不能從本體這個純粹範疇去推演出這些特性（即上述那層意思中的特性），所以我們必須反之，以一個"當作常住者而被給與於經驗中"的對象之常住性作我們的起點。因為本體之概念只能被應用於這樣的一個對象（即當作常住者而被給與於經驗中這樣的一個對象），其被應用於這樣的一個對象是依那"是經驗地可服務者"之樣式而被應用於這樣的一個對象。但是，在上列的命題中（即上列第一誤推中的命題中），我們並未以任何經驗作為我們的基礎；那推理只是從關係之概念而作成，所謂關係即是"一切思想所有之以關聯於「我」"的那關係，而"我"即是作為公共主詞的"我"，一切思想皆附着於此公共的主詞。設若把一切思想 A350

基於經驗上，我們亦不能因着任何確實可靠的觀察去證明這樣的常住性。"我"實存在於一切思想中，但是在"我"這個表象中，玆並沒有一點直覺底痕迹足以把這個 "我" 與其他直覺之對象區別開。這樣說來，我們實能覺察到："我"這個表象是不可更變地呈現於一切思想中，但卻並不能覺察到： "我" 這個表象是一常住（挺立）而持續不變的直覺，在此常住而持續不變的直覺中，諸思想，由於是流轉的，故可來來去去，互相讓位。

因此，隨着而來者便是：超越心理學底第一個三段推理，當其把思想底定常的邏輯主詞推舉爲思想所附着的"眞實主體"之知識時，它乃實是拿那"是純然虛僞的新的洞見（貌似新的知見）"者來哄騙我們。我們對於思想所附着的那"眞實主體"實無任何知識，而且亦不能有任何知識，不管是什麼知識。實在說來，單只是"意識"它使一切表象成爲思想，因而一切我們的知覺（覺識）亦必須在此作爲超越的主體的意識中被發見；但是超出了"我"之這個邏輯的意義以外，我們沒有"主體在其自己"之知識，此 "主體之在其自己"卽是當作一基體而處於這個 "我"之基礎地位而爲其根據者，其居於"我"之基礎地位而爲其根據亦如其居於一切思想之基礎地位而爲其根據。但是，"靈魂是一本體"這個命題亦很可允許其有效（成立），只要知道這個 ［作爲本體的靈魂之］ 概念實不能使我們前進一步，因而亦不能給我們以假理性的靈魂論中之任何一個慣用的推演，例如在一切變化中甚至在死亡中人的靈魂之永恒延續，這樣的一個慣用的推演，只要知道這一點卽可，那就是說，只要我們知道這個概念只是在"理念"中指表一個本體，而不是在"實在"中指表一個本體，卽可。

A351

第二誤推：關於單純性者

凡這樣一個東西，卽 "其活動決不能被看成是若干活動着的事物之協力而成者"這樣一個東西，便是單純的。

現在，靈魂，或思維的我，就是這樣的一個存有。

所以，靈魂或思維的我是單純的。

超越的心理學底第二誤推之批判

這一個三段推理是純粹靈魂學中一切辯證的推理中之阿契利士（強有力者）。它決不是純然詭辯的遊戲，爲一獨斷主義者所設計，設計之以便把一表面的似眞性賦與於其肯斷，它乃實是這樣一種推理，卽此推理似乎甚至能去抵抗最敏銳的檢查與最小心地嚴格的研究。此推理如下所說。

每一組合的本體是若干本體底一種聚合，而一個組合物之活動，或不管是什麼東西，凡是當作組和者而附着於此一組合物中者，便是分布於諸多本體間的若干活動或若干偶然物底一種聚合。（案意卽就一組合物之活動而言，此活動便是分布於諸多本體間的若干活動底一種聚和；就附着於一組和物的諸組合者而言，此諸組合者便是分布於諸多本體間的若干偶然者底一種聚合。說實了，一組合物之活動是若干活動之聚和便是由若干活動協力而成的一種活動，而此由協力而成的活動亦可說是附着於一組合物中的諸組合者卽諸偶然者之聚和，故用"或"字另換一個說法表示。）現在，一個由許多活動着的本體之協力而發生出的結果實是可能的，卽是說，只要當這結果只是外在的（外部的）時，這樣發生

A352

出的結果便是可能的，此如一身體之活動便是此身體底一切部分［之活動］之結合起來的活動。但是，說到諸思想，由於它們是"屬於一思維的存有"的內在的（內部的）偶然物，所以情形完全不同。因爲若設想那在思想着的東西是一個組合物，則此一組合物之每一部分必應是思想之一部分，而只有這一切部分被集於一起始會含有這整全的思想。但是這一點不能一致地（無矛盾地）而被執持。因爲諸表象（例如一詩句中的諸單字），分配於不同的存有中者，從來不能構成一整全的思想（一詩句），因此，說一思想必附着於那"本質上是組合物"者中，這必是不可能的。因此，一思想之爲可能是只在一獨一的本體中才是可能的，此獨一的本體由於不是諸多本體之一聚合，所以它是絕對地單純的[a]。

(a)康德注云：

　　此一證明很易給與一通常的三段推理式的正確形式。但是只去把這證明之赤裸顯明的根據弄清楚（雖只依通俗的樣式把它弄清楚），這在我的目的上已足够。

所謂此論證之強有力（Nervus probandi）是寄於這命題，卽：如果眾多表象（諸思想）要去形成一整一的表象（一整一的思想），則它們必須被含在思維主體底絕對單一性（純一性）。但是，沒有人能單從"概念"證明此命題。因爲他將如何着手進行那"達成此命題"之工作呢？"一個思想只能是思維的存有底絕對單一性（純一性）之結果"這個命題不能被視爲是一分析命題。因爲思想之統一（思想之成爲一整一的思想），以許多表象而組

A353

成者，是集合的統一，而就純然的概念所能表示者而言，此思想底統一亦很可同樣關涉於一起活動着的不同本體之集合的統一（此如身體之活動是身體底一切部分之組合活動），一如其關涉於主體之絕對的單一（純一）。因此，在"一組合的思想"之情形中，"預設一單純的本體"這預設之必然性不能依照"同一性之原則"而被證明。任何人亦不能冒險去肯斷說：這個命題允許可由純然的概念而綜和地並完全先驗地被知，至少，如果他了解了如前所已說明的先驗綜和命題底可能性之根據時，他不能這樣說。

　　"想從經驗中去引生出這個主體底這種必然的純一性（單一性）以為每一思想底可能性之條件"，這同樣亦是不可能的。因為經驗不能給我們以"必然性"之知識，且莫說"絕對純一性"之概念完全外於經驗範圍。然則我們要從什麼地方去引生出 "全部心理學的三段推理所基依"的那個命題（卽"一思想只能是思維的存有底絕對純一性之結果"這個命題）呢？

　　顯然，如果我想把一思維的存有表象給我自己，我必須把我自己置於此思維的存有之地位，而這樣，我好像是以我自己的主體代替我想去考慮的對象（此對象不能出現於任何其他種研究中），而且我們之所以要求一個思想底主體之絕對純一性，只因為若不如此，我們便不能說 "我思"（不能說"我思一整一表象中的雜多"之 "我思"）。因為雖然思想之全體可被區分而且可被分布於許多主體間，然而這主觀的"我"卻決不能這樣被區分而且被分布，而就是這個"我"才正是我們在一切思維中所預設者。 A354

　　又，在這裏，亦如在前一誤推中那樣，"我思"這個統覺之形式命題（我思卽是一統覺而亦卽是一形式陳述）仍然是理性心理學所能請求的唯一根據，當理性心理學這樣冒險於其知識之擴大時。但是，這個命題其自身不是一個經驗，但只是統覺底形式，此統覺之形式屬於每一經驗而且先於每一經驗；而且卽如其爲如此，它必須總是在關聯於某種可能的知識中，作爲該知識之純然主觀的條件，而被理解。我們沒有權利把它轉爲一"對象底知識"之可能性之條件，卽是說，把它轉爲一"思維的存有一般"之概念。因爲我們除把我們自己，連同着"我們的意識"之通式，置於每一其他有智思的存有之地位，我們決無法去把這樣的存有（卽"思維的存有一般"之存有）表象給我們自己。

A355 又，卽我自己（作爲靈魂的我自己）底單純性實際上亦不是從"我思"這個命題而被推斷出；我自己之單純性早已被含於每一思想中。"我是單純的"這個命題必須被視爲統覺底一個直接表示，它事實上是一同語重複的命題（套套邏輯式的命題），恰如所謂"我思故我在"這個笛卡爾的推理，笛卡爾這個推理亦實是一同語重複的命題，因爲"我思"（思之存在）直接地肯斷我的存在。"我是單純的"不過是意謂："我"這個表象其自身並不含有絲毫的雜多，並亦不過是意謂："我"這個表象是絕對的單一（純一，雖然只是邏輯的單一）。

這樣說來，這個有名的心理學的證明只是基於一個表象底不可分的單一性（純一性）上，這一個具有不可分的單一性的表象只在動詞(1)之關聯於一人稱中指揮或管理這動詞。顯然，在把"我"縛繫於我們的思想中，我們只是超越地指出或標識出附着物(2)底主體，而卻並沒有於此主體中去指示出任何性質，不管是什麼性質，卽「事實上，並沒有因着直接的親知或因着其他辦法而去知道此主體底任何什麼事」[3]。 此主體意謂一某物一般（超越的主體），此"某物一般"之表象無疑必須是單純的，設只因為這理由，卽"其中並無什麼是決定者"這理由。實在說來，沒有什麼能被表象的東西是比那通過一"純然某物"之概念而被表象者為更單純的。但是，一個主體之表象之單純性事實上並不卽是這主體自身之單純性之知識，因為當我們只因着 "我" 這個完全空洞的字眼，這個 "我可把它應用於每一思維主體" 的字眼，而標識出這主體時，我們已完全抽掉了這主體底一切特性。

　　[註(1)]： "動詞"指"思"這個動詞說。只在動詞"思"之關聯於一人稱中來管理這動詞"思"，關聯於一人稱卽關聯於"我"。我是單純的，這個單純的我這個表象只在動詞思之關聯於"我"因而成為"我思"中來指揮或管理這動詞思，卽管理這思考活動。

　　[註(2)]： "附着物"卽指諸思想說。一切思想皆附着於"我"這個主體。超越地指出此附着物之主體，而對此主體卻無具體的知識。

　　[註(3)]： 此句，肯·斯密士注出康德原文： "oder überhaupt etwas von ihm zu kennen, oder zu wissen"。依此原文當如此譯："或說並沒有去辨識或去知道此主體底任何什麼事"。

　　因此,通過這個"我"，我總是心中存有"主體底一個絕對的，但卻是邏輯的單一性（單純性）"之思想[1]，這是甚為確定的。但是，我並不因此隨之就可說： 我因此絕對的但卻是邏輯的單一性就知道了我的主體之現實的單純性。"我是一本體"這個命題，如我們所已見者，它除意指一純粹範疇外，實不意指任何東西，關於此純粹範疇，我對之不能在現實中（經驗地）作任何使用；因此，我也可以合法地說："我是一單純的本體"，卽是說，我是一個這樣的本體，卽"此本體之表象決不含有一種雜多之綜和"這樣的一個本體。但是這樣一個本體之概念，亦如"我是一單純的本體"這個命題，在關於作爲一經驗之對象的"我自己"方面，實沒有告訴我們任何事，不管是什麼事，因爲這樣一個本體之概念其自身只當作一綜和之功能而被使用，而卻並無任何作爲其根據的直覺，因而也就是說，它並無一個對象。它僅只有關於我們的知識之條件；它實並未應用於任何可指定的對象（因無對象可指給之故）。〔這樣一個本體之概念旣如此，則"我是一單純的本體"這個命題亦然。〕(2) 我們將因着一種實驗之辦法來考驗這個命題之設想的用處。

[註(1)]：案此句依康德原文是："我總是念及或想及（gedenke）主體底一個絕對的但卻是邏輯的單一性（單純性）"。肯·斯密士把動詞 "念及或想及"（gedenke）譯爲 "entertain"（心中存有或懷有），旣如此，"單純性"後須加"之思想"三字。此譯亦達。

[註(2)]：此句是譯者補，原文無，英譯亦無。

每一人皆必須承認：靈魂底單純本性之肯斷之有價值是只當我因此單純本性而可以把這個主體與一切物質區別開，因而可以使它免於物質所應受的化解時，它才是有價值的。嚴格言之，這一點實是上面那個命題（卽"我是一單純的本體"這個命題）所意向的唯一用處，而這一點亦因而一般地總被表示爲 "靈魂不是有形體的東西（不是色體）"。依是，如果我能表示說：縱然我們 "在一只由純粹範疇而引生出的純然理性判斷之純粹意義中"[(1)] 把充分的客觀妥效性許給理性的靈魂學底這個基要命題（"凡在思考着者是一單純的本體"這個命題），可是我們對於這個基要命題仍然不能作絲毫使用，卽仍然不能就其不相似於物質之問題，或就其關聯於物質之問題，而對之作絲毫使用：如果我們能如此表示時，則這所表示的意思將同於我已把這個設想的心理學的洞見放逐於純然理念之領域，而無任何眞實的客觀使用。

[註(1)]：此片語依康德原文譯。肯·斯密士把此片語譯爲重說妥效性者，卽繫於客觀妥效性之後而重說這妥效性，卽「此妥效性乃卽是專屬於一個 "只由純粹範疇而引生出" 的純粹理性之判斷的那妥效性」。此既與原文不合，於義亦不達。*Max Müller* 譯更誤，而且全句混亂。

在超越的感性論（攝物學）中，我們已毫無問題地證明了身體是我們的外部感取底純然現象，而並不是物自身。因此，我們亦很有理由去作這樣的說法，卽：我們的思維主體不是有形體的東西（不是色體）；換言之，因爲此思維主體被我們表象爲內部感取之對象，所以只要當此思維主體在作思維時，它便不能是外部感取底一個對象，卽是說，它不能是空間中的一個現象。這樣的說法等於說：諸思維的存有，卽如其爲思維的存有而觀之，它們決不能被我們見之於外部現象之間，亦等於說：它們的思想，意識，欲望等等，不能外部地被直覺。凡此等等皆屬於內部感取。

事實上，這個論證似乎是如此之自然，如此之通俗，以至於甚至
A358　最通常的理解亦似乎總是已信賴了它，而且因而從最早的時期亦
似乎早已視靈魂爲完全不同於身體的東西。

　　但是，雖然廣延，不可入性，凝結力，以及運動，總之，外
部感取所能給與於我們的每一東西，它們既不是思想，情感，意
欲，或決心，復亦不含有思想，情感，意欲，或決心，凡此等等
皆決不是外部直覺底對象，可是縱然如此，那某種東西，卽 "居
於外部現象之基礎地位以爲其根據並且如此之影響我們的感取以
至於我們的感取可以得到空間，物質，形狀等等之表象"的那某種
東西，當其被看成是智思物時（或較好地言之，當其被看成是超
越的對象(1) 時），它同時猶仍可以是"我們的諸思想"底主體。這
模式或樣式，卽 "我們的外部感取於其中或所依以因着那某種東
西而被影響"的那模式或樣式不能給我們以關於意想（想像）(2)，
意志，等等之直覺，但只能給我們以關於空間(3) 以及空間之決定
之直覺，這一點不能證明那"某種東西"不同時卽是我們的諸思想
底主體。因爲此"某種東西"不是廣延的，亦不是不可入的或組合
的，因爲這些謂詞（卽廣延的，不可入的，組合的，這些謂詞）
只有關於感性以及感性之直覺（由感性而發的直覺），只要當我
們爲諸如此類的對象(4)（卽如廣延等此類的對象)所影響時(如不
爲其所影響，我們便不能知之，而它們便是不被知於我們者)。
但是，依如此之說法（卽此某種東西不是廣延的等等之說法），
我們不能被致使去知道那某種東西是什麼一種東西，但只能被致
使去承認（去知道）：如果此某種東西是依其自身而被考量，因
A359　而也就是說，是離開了任何關聯——關聯於外部感取之關聯，而

被考量，則這些外部現象底謂詞便不能被指派給它。另一方面，內部感取（現象）底諸謂詞，如意想(5)（想像）與思想等，亦並不是與那某種東西底本性不一致或相矛盾者。依此，卽使承認人的靈魂在本性上是單純的，可是這樣的單純性，就物質之基體而論，它亦不足以去把靈魂與物質區別開，那就是說，如果我們視物質爲純然的現象（由於我們實應當如此去視之），視之爲現象而就其基體而論，那單純性亦決不足以去把靈魂與物質區別開。

　　[註(1)]：案 "超越的對象" 嚴格言之當卽是"超絕的對象"，當依 "智思物"一詞去了解，此與第一版範疇之超越的推證中所說的 "超越的對象＝X"不同。該處所說的 "超越的對象＝X"，康德明說其不是"智思物"。關此吾曾有詳細的討論，見智的直覺與中國哲學一書。

　　[註(2)]：意想(想像)，康德原文是 "Vorstellungen"，兩英譯俱譯爲"表象"。案此詞在此不應譯爲表象，因爲外部感取所得者如物質，形狀等亦是表象。此詞在此與意志等連在一起說，這是屬於心靈活動方面的，外部感取不能給我們以關於此方面的直覺，是故在此，此詞非 "表象" 義，乃意想或想像等義,但此字之 "想像" 義亦非"Einbildung"之爲"想像"。此詞本有多義，觀念，想法，提示，擬議，表象俱不宜用。它在此只意在表示心靈底一種活動，屬於"心象"(mental states)者。故勉強譯爲"意想"而綴之以"想像"(字典中有此義)。如在此如英譯譯爲 "表象"，則立見剌謬。如果康德改寫爲 "表象力"也許較好。

　　[註(3)]：案"空間"在此實應是"屬於空間者"，而不是空間本身。"空間之決定"亦應是"屬於空間者"之決定。

　　[註(4)]：案 "諸如此類的對象" 依康德原文"dergleichen"譯，肯·斯密士譯爲"某些一定的對象"(certain objects)，非是。*Max*

　　Müller 譯爲"這些對象"即指廣延的等對象說，是。

　　[註(5)]: 同於[註(2)]:

　　又案: 此段文非常重要，是下文康德只承認經驗意義的二元論，不承認超越意義的二元論之根據。此中函義非常深奧。如順此線全部說出（根據中國哲學傳統），則須專論。吾將詳闡之於圓善論（吾所擬草之書）中。

　　如果物質眞是一"物自身"，則它，當作一組合的存有看，必完全不同於當作一單純的存有看的靈魂。但是，物質是一純然的外部現象，此物質之"基體"不能通過我們所能指派給物質的任何謂詞而被知。因此，我很能承認"此基體其自身是單純的"這個可能性，雖然由於這樣式，卽"此基體所依以影響我們的感取"的這樣式之故，它在我們之內產生了廣延物之直覺，因而亦產生了組合物之直覺。再進一步，我可認定: 那"在關聯於我們的外部感取中具有或得有廣延"的本體其自身就是諸思想之具有者或得有者，而此諸思想能因着此本體自己所有的內部感取而意識地被表象。依此而言，那"在某一關係中被名曰有形體的東西"者（被名曰色體者），在另一種關係中，必同時就是一思維的存有，此思維的存有所有的諸思想，我們不能直覺之，雖然我們實能在現象[之領域]中直覺到此諸思想之符號(徵象)。依此,"只有靈魂(當作特種的本體看)在思維着"這一表述或斷定 (Ausdruck, thesis) 必須被放棄; 我們一定要回到這通常的辭語，卽: "人在思維著"，卽是說，那"當作外部現象看是廣延的"這同一存有其自身內部地說來就是一主體，而且它不是組合的，但卻是單純的而且它在思

A360

維着。

設不欲就這類的假設來拘束我們自己，我們亦可作如下一般的解說。如果由靈魂一詞我理解一思維的存有之在其自身，則"靈魂是否在種類上同於物質抑或不同於物質（物質不是一物之在其自己，但只是在我們之內的諸表象之一類）"這一問題本身就已經是不合法的。因為一物之在其自己是與那"只構成此一物之狀態"的諸決定不同性質，這是甚為顯明的。

另一方面，如果我們不把思維的"我"與物質相比較，但只與那"居在我們所叫做物質的外部現象底基礎地位"的"智思物"相比較，則我們對於此智思物便無任何知識可言，不管是什麼知識，因而我們亦決無法去說靈魂在任何內部方面不同於此智思物（此作為被名曰物質的外部現象之基礎的智思物）。

因此，單純的意識並不卽是那種作為主體的自我之單純本性之知識，就像那"可以使我們去把這作為主體的自我與物質區別開，如同與一組合的存有區別開"這樣的知識。

因此，如果在"此單純性之概念於其中能有用"的那唯一情形中，卽是說，在把"我自己"與外部經驗底對象相比較這比較中，此單純性之概念不足以決定那在自我之本性中是特殊而顯著的東西者，則雖然我們仍可裝作知道："思維的我，卽靈魂（一個內部感取底超越對象之名），是單純的"，然而這樣一種說法（卽說其是單純的這樣一種說法）實無"應用於真實的對象"之應用，因而亦不能絲毫擴大我們的知識。

A361

這樣說來，理性心理學底全部是陷於其主要支持點之瓦解中。在這裏亦如在別處，我們很少能希望通過純然的概念（更不能希望因着一切我們的概念之"純然主觀形式"，即因着"意識"），在任何關聯於可能經驗這種關聯之缺無中，去擴大我們的知識。因爲[如我們所已這樣見到的]，甚至"單純本性"這一基本概念亦是這樣的，即：它從來不能在任何經驗中被發見，因而亦就是說，是這樣的，即：沒有一種辦法足以把它當作一客觀地有效的概念而達到之。

第三誤推：關於人格性者

那在不同的時間中意識到其自身之數目的同一性者，只要如此，它便是一人格。

現在，靈魂就是在不同的時間中意識到其自身之數目的同一性者。

所以靈魂就是一人格。

超越的心理學底第三誤推之批判

如果我要通過經驗去知一外在的對象之數目的同一性，則我將注意於現象中那個常住不變的成素，以此常住不變的成素爲主詞，每一別的東西皆當作一決定而被關聯於此作爲主詞的常住不變者，並且我亦將注意此常住不變者底通貫於全時間之同一性，時間乃即是"諸決定在其中有變化"的那時間。現在，"我"是內部感取底一個對象，而一切時間亦只是內部感取底形式。結果我把我的諸相續的決定之每一決定以及一切決定皆關涉到那數目地同一的自我，而我之把它們關涉到此同一的自我是通貫全時間而把它們關涉到之，那就是說，是在對於"我自己"底內部直覺這內部

A362

直覺之形式中而把它們關涉到之。這一點既如此，則靈魂底人格性卽不要被看成是被推斷出的，但須被看成是時間中自我意識底一個完全自同的命題；而這一點實在說來就是何故 "此靈魂底人格性是先驗地有效的" 之理由。因爲它所說的實不過是這一點，卽：在那 "我於其中意識到我自己" 的那全部時間中，我意識到這全部時間爲屬於 "我自己之單一性" 者；而不管我說這全部時間是當作一獨個的單一而存在於我之內，抑或是說 "我" 是在一切這種時間中當作數目地同一者而被發見，這皆是同一會事。

因此，在我自己所有的意識中，人格底同一性是確實地被發見了的。但是，如果我從另一人底立場來看我自己（看我自己爲另一人底外部直覺之對象），則正是這外在的觀察者他首先把我表象之於時間中，因爲在統覺中，嚴格地言之，時間是被表象於我中。因此，雖然他承認了這個 "我"，卽 "在我的意識中伴同着一切時中的一切表象，而實在說來，也就是以完整的同一時來伴同着一切時中的一切表象" 的這個 "我"，可是縱然他如此承認了，他亦將不能從這承認推斷到 "我自己" 底客觀的常住不變性。因爲恰如 "觀察者於其中安置我" 的那時間並不是 "屬於我自己" 的那時間（不是 "我自己" 底時間）[1]，但只是他的感性底時間（作爲他的感性之形式的那時間），所以那 "必然地與我的意識緊繫於一起" 的同一性也不是與他的意識緊繫於一起的那同一性，卽是說，不是與那 "含有「我的主體」之外部直覺" 的意識緊繫於一起的那同一性[2]。

A363

[註(1)]：案此時 "我自己" 是觀察者底對象，時間由他那裏出，在

他那裏作爲他的感性之形式，因而把我安置在時間中，並不客觀地存在於我處，嚴格說，我處並無自存的時間，此時說"我自己底時間"只是個觀念，此如感性論中之所說。

　　[註(2)]：案我的意識處之同一性並無對於主體我之直覺，而在那觀察者之意識處之同一性卻有對於"我的主體"之直覺，所以這兩方的同一性並不相同。

　　因此，在不同時間中的"我自己"底意識之同一性只是我的諸思想以及此諸思想底貫通性之一形式條件，它決無法證明"我的主體"之數目的同一性。縱使有"我"之邏輯的同一性，而那"不允許保持我的主體之同一性"這樣的一種變化仍可發生於我的主體中，而雖有變化可發生於我的主體中，我們猶仍可把這同一發音的"我"（同名爲我的我）歸給我的主體，此同一發音的"我"，在每一不同的狀態中，甚至在一個"包含着[思維的]主體之變化"的狀態中，仍可保持先行主體底思想於不墜，因而可以把這思想傳遞給後繼的主體(a)。

　　(a)關此，康德作注云：

　　一個有彈性的球依一直線撞擊另一個有彈性的球，這樣的一個有彈性的球，它把它的全部運動，因而也就是說，它把它的全部狀態（設我們只論及空間中的位置），傳給另一個球。如是，類比於這樣的球體，如果我們設定諸本體是這樣的，卽：其中任一個本體皆把"諸表象連同着對於此諸表象之意識"一起皆傳給另一個本體，則我們卽能思議諸本體底一個全部系列，此諸本體中的第一個本體把其所有的狀態連同着其所有的意識

A364

一起皆傳給第二個，第二個復把它自己的狀態連同着先行本體
底狀態一起皆傳給第三個，而此第三個轉而復又把一切先行本
體之狀態連同着其自己所有的意識並連同着那些先行本體所有
的意識一起皆傳給另一個。如是，最後一個本體必會意識到先
已變化的諸本體之一切狀態，其意識到之也是如其為其自己之
狀態那樣而意識到之，因為那些先已變化的諸本體之一切狀態
連同着對於這一切狀態之意識一起皆已被轉移給此最後一個本
體故。然而縱然如此，此最後一個本體却決不會已成為一切這
些狀態中的同一人格。

　　某些古代學派中有一金言 (dictum, Satz) 云：世界中每一
東西皆存在於一流變中，沒有東西是常住而不變的。雖然這一金
言不能與本體之承認相融洽，然而它却亦並不為"自我意識之統
一"所拒絕。因為我們不能從我們自己的意識去決定我們（當作
靈魂看）是否是常住的。由於我們只把那"我們所意識到"的東西視
為屬於我們的同一的自我，所以我們必須必然地判斷說：我們是
通徹我們所意識到的那全部時間而為這同一者。但是，我們不能
宣稱：這個判斷依一外在的觀察者之立場而言亦必是有效的。此
蓋由於以下的緣故而然，卽：「因為我們在靈魂中除碰見那"伴同
着一切現象並把這一切現象連繫於一起"的"我"這個表象是常住
的外，再不能碰見其他常住的現象」[1]，是故我們不能去證明：
這個"我"（只是一"純然的思想"的這個"我"）可不是如其他思想
那樣同存在於一流變之狀態中（這所謂其他思想乃卽是那"因着
這個「我」而互相鈎連起"的思想）。

〔註(1)〕：此句依康德原文譯。若依肯•斯密土之譯而譯則如此：
「因為我們在靈魂中所碰見的那唯一常住的現象便是那"伴同着它們一
切並把它們一切連繫起來"的"我"這個表象」。此中"它們一切"之它們
（多數）當指現象言，但在其造句中於文法上無所承，因為"唯一常住的
現象"之現象是單數故。查對原文並參考 *Max Müller* 譯改譯如文。

A365　　　實在說來，＂人格性，以及此人格性之所預設，卽靈魂之常
住性，因而亦就是說，靈魂之實體性，一定要在這個階段而不在
較早的階段被證明＂，這實是奇怪的事。因為設若我們已能預設
常住性與實體性，則玆自不能隨着就有意識之持續存在，然而至
少必會隨着就有一常住的主體中的一持續存在着的意識之可能
性，而此對人格性而言卽已是足夠了的。因為人格性其自身實並
不因為其活動可暫時中斷故而立卽中斷。但是，此常住性決無法
先於我們的自我之數目的同一性而被給與（此自我之數目的同一
性是我們從同一性的統覺而推出之者），但是正相反，此常住性
是首先由數目的同一性而被推出者。（如果這論證進行得很正確，
則本體之概念，只是經驗地可應用者，必在這樣的＂數目的同一
性之證明＂之後始被帶進來。）現在，因為此"人格底同一性"〔由
於它預設數目的同一性〕決無法從＂我＂之同一性而來（此"我"
之同一性是在"意識到這一切時間卽「我於其中知道我自己」的那
一切時間"這種意識到之意識中的"我"之同一性），所以我們不能
在論證上較早地便把靈魂之實體性建立於此人格底同一性上。（案
只能在此第三誤推之推證人格性這一階段中把靈魂之實體性建立
於人格之同一性上，由於人格之同一性必須預設靈魂之實體性而

建立此實體性。此實體性不能先於人格性而被給與或被證明。)

同時，我們仍可保留人格性之概念，一如我們已保留了本體之概念與單純者之概念，只要當它只是超越的時，卽是說，只要當它只有關於諸決定中的主體之純一性時（非然者，此主體是不被知於我們的），所謂諸決定乃卽是"通過統覺對之有一通徹的連繫"的那諸決定。此人格性之概念，若依此路而被理解（卽視之爲超越的，爲只有關於諸決定中的主體之純一性者），則它對實踐的使用而言是必要的，並且對這樣的使用而言亦是足夠的；但是我們決不能誇示或虛飾它爲一種通過純粹理性而來的"我們的自我知識"之擴大，亦決不能誇示或虛飾它爲足以把一種不破裂的主體之持續存在從"同一性的自我"之純然概念中展示給我們。因爲這個概念永遠旋轉於一個圈子中，而在關涉於任何一個"意在綜和知識"的問題上，它亦不能有助於我們。"物質，當作一物自身（超越的對象）看，它是什麼"這是完全不被知於我們的，雖然由於物質可被表象爲某種外在的東西之故，那當作現象看的物質之常住性實可被觀察。但是，如果我想在一切表象底變化中去觀察這純然的"我"，則在我的比對中，除復用我自己連同着我的意識之普遍條件外，我實並無其他"相關項"可用。因此，我對於一切問題除給予套套邏輯的答覆外，我實不能給出任何別的答覆，蓋因爲我是以我的概念以及此概念底單一性（純一性）來代替那些"屬於作爲對象的我自己"的諸特性，因而遂把那"發問者所想去知道"的東西視爲當然，假定爲自然如此，

A366

第四誤推：關於觀念性者

（就外部的關係而言）

　　凡這樣一個東西，卽 "其存在只能當作所與的諸知覺之一原因而被推斷" 這樣的一個東西，它只有一純然可疑的存在。

　　現在，一切外部現象就有這樣一種本性，卽：它們的存在不是直接地被覺知的，我們只能推斷它們為所與的諸知覺之原因。

　　所以外部感取底一切對象之存在是可疑的。此"不確定性"我名之曰外部現象底 "觀念性"，「而此種觀念性之主張，由於其與就外部感取之對象而肯斷一種"可能的確定性"這種被名曰二元論的相反之主張顯有別，是故它被名曰觀念論」[1]。

　　[註(1)]：此句依康德原文是如此： "而此種觀念性之主張則被認為觀念論，與此觀念論相比對，關於外部感取之對象的一種可能的確定性之主張則被名曰二元論"。此已甚明，不必改字。

超越的心理學底第四誤推之批判

　　設讓我們先考察此第四誤推之前題。［人們爭辯說］，我們很有理由主張：只有那存在於我們自身之內者始能直接地被覺知，並主張：我自己的存在是一純然知覺之唯一的對象。因此，一個 "外於我"的現實對象之存在（如果外於我之"我"這個字是依理智的意義而被理解，而不是依經驗的意義而被理解）從未直接地被給與於知覺中。知覺是內部感取之一變形，而外部對象之存在，

由於它是此知覺之外部原因， 因而亦就說， 由於它是被推斷出
的，是故它只能在思想中被增加到知覺上。爲此之故，笛卡爾很
有理由去把一切知覺（依知覺一詞之最狹的意義）限制於"我作
爲一思維的存有，是存在着的"這個命題上。顯然，因爲凡是外
部地存在着的不是存在於我之內的，所以我不能在我的統覺中碰
見那外部地存在着者，因而也就是說，亦不能在任何知覺中碰見
那外部地存在着者，此所謂"任何知覺"之知覺，恰當地視之，只
是統覺底決定。

　　因此，我無法去覺知外在的東西，但只能從我的內部知覺推
斷它們的存在，視我的內部知覺爲結果，而某種外在的東西則是
此結果底近似因。現在，從一所與的結果推斷一決定性的原因這
種推斷總是不確定的，因爲結果可由於多個原因而產生，不只由
於一個原因而產生。依此，就知覺之關聯於其原因而言，原因是
否是在內的抑或是在外的，這總仍是可疑的；那就是說，一切所
謂外部知覺是否不只是我們的內部感取之一純然的遊戲，或這樣
說，它們是否和那作爲其原因的現實外在對象有關係，這總仍是
可疑的。在一切事件上，外在對象底存在只是被推斷出的，而且
是要冒推理之危險的，可是內部感取底對象（我之我自己並連同
着一切我的表象）是直接地被覺知的，而其存在並不允許被懷疑。

　　依此， "觀念論者"這個字眼不是要被理解爲可應用於那些
"否認外在的感取對象之存在"的人們(1)，但要被理解爲只可應用
於那些 "不承認外在對象底存在是通過直接的知覺而被知，因而
遂歸結說，關於外在對象底實在性，我們決不能依任何可能經驗
之路完全地確定之"的人們(2)。

A368

A369

[註(1)]：案這些人康德心目中是指柏克萊派的人們說。

[註(2)]：這些人康德心目中是指笛卡爾派的人們說。

在依誤推之一切欺騙性的虛幻以展示我們的誤推之前，我須首先去提及這一點，即：我們必須必然地區別兩種觀念論，即"超越的觀念論"與"經驗的觀念論"。所謂超越的觀念論，我意謂是這樣的一種主張，即：現象須被視爲盡皆只是表象，而不是物自身，而時間與空間亦因而只是我們的直覺之感觸性的形式，不是客觀地被給與的一些決定，即如"依其自身而存在着"那樣而客觀地被給與的一些決定，亦不是那"被視爲物自身"的對象之條件。對於這種超越的觀念論，有一種"超越的實在論"與之相對反，此超越的實在論視時間與空間爲某種"依其自身，獨立不依於我們的感性，而被給與"的東西。這樣，超越的實在論者解釋外部現象（其實在性被認爲是當然的）爲物自身，這些物自身是獨立不依於我們以及我們的感性而存在着，因而它們亦是外於我們而存在着——此"外於我們"一片語是依照知性底純粹概念而被解釋者。事實上，正是這種超越的實在論者他此後扮演了經驗的觀念論者之身分。超越的實在論者，在"錯誤地設想感取底對象（如果這些對象要成爲外在的）必須以其自身而且獨立不依於感取而有一種存在"這種錯誤的設想之後，他見到：從此觀點來判斷，一切我們的感觸性的表象皆不足以去建立感取底對象之實在性。

A 370　　另一方面，超越的觀念論者可以是一"經驗的實在論者"，或如其所被稱，是一"二元論者"；那就是說，他可以承認物質底存在而無須走出他的純然的自我意識之外，或無須在 "他的表象底確定性"，卽"我思故我在"，以外，去假定任何更多的東西。因爲他視此物質以及甚至此物質底內在可能性只是現象；而現象，如若離開了我們的感性，它便是無（什麼也不是，一無所有）。因此，在他看來，物質只是一類表象（直覺），這些表象被名曰外在的表象，其被名曰外在的不是由於其和那 "依其自身而爲外在的" 諸對象有關係而被名曰外在的，而是因爲它們把知覺關聯於空間而被名曰外在的，在此空間中，一切東西皆是互爲外在的，然而空間自身卻是存在於我們之內。

從開始，我們卽已宣布我們自己是贊成或維護這種超越的觀念論；而這樣，我們的主張可依以下的路數而移除一切困難，卽：我們承認物質之存在是依據我們的純然自我意識之獨自的證據而承認之，或我們宣布物質之存在是因以上那樣的承認而被證明，其被證明所依之樣式同於作爲一"思維的存有"的我自己底存在之被證明所依之樣式：我們的主張卽依如此云云之路數而移除一切困難。我實意識到我的表象，這是不能有問題的；因此，這些表象以及得有這些表象的我自己的"我"皆存在着。但是，諸外在的對象（諸物體或色體）是純然的現象，因而亦不過就是 "我所有的諸表象"中之一類，我所有的這些表象底諸對象是某種"只通過這些表象而成"的東西。離開這些表象，此諸對象卽是無。這樣，外在的事物其存在着一如我自己的"我"之存在着，而實在說來，此兩者皆是依據我的自我意識之直接的作證而存在着。唯一的差別就是：作爲思維主體的我的 "自我" 之表象屬於內部感取，而標識"廣延的存有"的那些表象則同時亦屬於外部感取。要

A371

想去達到外部對象底實在性，我正亦不須依靠於推理，其不須依靠於推理亦恰如我在關於我的內部感取底對象底實在性方面，卽是說，在關於我的思想底實在性方面，之不須依靠於推理。因爲在這兩種情形中，內外對象皆同樣不過只是一些表象，關於這些表象底直接知覺（意識）同時卽是那些內外對象底實在性之一充分的證明。

因此，超越的觀念論者是一"經驗的實在論者"，並且他把一種實在性許諾給作爲現象的物質，其所許諾給物質的實在性乃是那"並不允許是被推斷出的，但卻是直接地被覺知的"的一種實在性。另一方面，超越的實在論卻不可避免地要陷於許多困難中，它並且見到它自己不得不屈服於"經驗的觀念論"，蓋因爲它視外部感取底諸對象爲某種有別於諸感取自身者，（有別於諸感取表象自身者），並且視純然的現象（視那只是現象者）爲自我潛存的實有，爲在我們之外（爲超越地在我們之外）而存在着者。依據像此種見解這樣的一種見解而言，不管我們是如何清楚地意識到這些事物之表象，可是這仍然不能是確定的，卽：如果表象存在，玆必也存有"相應於這些表象"的對象。另一方面，在我們的系統中，這些外在的事物，卽，物質，在一切它們的布置與變化中，皆不過是純然的現象，卽是說，皆不過是在我們之內的一些表象，而關於這些表象底實在性，我們是直接地意識及之的。

A 372

因爲，就我所知，一切採用"經驗的觀念論"的心理學家皆是超越的實在論者，所以在把一種很大的重要性歸給經驗的觀念論這一方面，他們確然已十分一致地在進行着，此所歸給經驗的觀念論的一種極大的重要性乃是當作這樣的諸問題之一，卽"人心

對之不知如何去進行"這樣的諸問題之一，而歸給之。因為如果
我們視外部現象為一些表象，即為這些表象底對象所產生於我們
之內的一些表象，又如果這些對象是"依其自身外於我們而存在
着"的東西，則"想去看出：除因着從結果推到原因這種推斷外，
我們如何能有別法去知道對象底存在"，這實是不可能的；而此
既不可能，則從結果推原因這所推之原因是否存在於我們之內抑
或存在於我們之外，這亦必須總是可疑的。我們實能承認：某種
東西，即那"或可依超越的意義而存在於我們之外"的那某種東
西，是我們的外部直覺之原因，但是此某種東西並不是"我們在
物質底諸表象中以及在有形體的東西底諸表象中所正思維及之"
的那對象；因為物質以及有形體的東西只是現象，即是說，只是
各類的表象，此各類表象除在我們之內被發見外，它們決不能有
別法被發見，而它們底實在性亦依賴於直接的意識，恰如我自己
的思想底實在性[1]之依賴於直接的意識。超越的對象（**案**意即超
絕的對象），就內部直覺以及外部直覺說，皆同樣是不被知的。　　A 373
但是我們這裏所說及的並不是這個超絕的對象，而是 經 驗 的 對
象，此經驗的對象，如果它被表象於空間中，它即被名曰外在的
對象，如果它只被表象於它的時間關係中，它即被名曰內部的對
象，但是空間與時間除在我們之內皆不能被發見。

　　［註(1)］：案"實在性"一詞，原文及兩英譯皆為"意識"。若如此，
則該句即為"恰如我自己的思想之意識之依賴於直接意識"，此則重沓
不通。故此當是<u>康德</u>一時筆下誤。改為"實在性"則通，亦與本段前兩
段文各最後一句相合。

這樣，"在我們之外"這一詞語在意義上是不可免地有歧義的，它有時指表：那作為物自身者離開我們而存在，有時指表：那只屬於外部現象者，因此，要想使此後一義的"在我們之外"這個概念（此後一義卽是"關於「我們的外部直覺底實在性」的心理學問題所依以被理解"的那一種意義）完全無歧義，我們將把"經驗地外在的對象"與那些可被說為是超越意義（超絕意義）的外在對象區別開，卽因着顯明地把前者名為"那些被發見於空間中的事物"而把它們兩者區別開。

實在說來，空間與時間自是先驗的表象，此等先驗的表象居於我們之內以為我們的感觸直覺之形式，卽，在任何眞實的對象（通過感覺而決定我們的感取的那眞實對象）能使我們在那些感觸性的關係之下去表象對象之前，它們卽已居於我們之內以為我們的感觸直覺之形式。但是，那物質的或眞實的成分，卽，那"須在空間中被直覺"的某種東西，卻必然地要預設有知覺。知覺展示空間中的某種東西之實在性；而在知覺之缺無中，沒有想像底力量能夠發明並產生那某種東西。因此，那正是感覺它指示空間中或時間中的一種實在，卽依照實在之關聯於此種感觸直覺或彼種感觸直覺而指示空間中或時間中之實在。（案意卽如"實在"關聯於外部感觸直覺，感覺卽指示空間中之實在；如"實在"關聯於內部感觸直覺，感覺卽指示時間中之實在。）一旦感覺被給與（如果此感覺涉及一對象一般，雖然並不如"要去決定該對象"那樣而涉及對象一般[1]，則此感覺卽被名曰知覺），則幸虧有此感覺之雜多性，我們始能在想像中描畫好多對象，此許多對象，若外於或離開想像，它們便沒有空間或時間中的經驗性的地位可

A374

言。這一點不容懷疑：不管我們取用快樂與痛苦，抑或取用外部感取底感覺，如顏色，熱度，等，知覺總是那種東西，即 "材料所因之而必須首先被給與" 的那種東西，所謂材料即是 "所需要之以便能使我們去思考感觸直覺之對象" 的那材料：這樣的材料必須先被給與，知覺就是 "這樣的材料所因以必須首先被給與" 者。因此，此種知覺表象某種空間中真實的東西（暫時只去考慮外部的直覺）。因為，第一點，雖然空間是"共在"底一純然可能性之表象，然而知覺卻是一實在性之表象。第二點，一實在性是在外部感取中被表象者，即是說，是在空間中被表象者。第三點，空間其自身不過只是純然的［形式的］(2)表象，因而也就是說，僅只空間自身中沒有什麼東西可算作真實的東西，除唯是那在空間中被表象者外(a)；反之，那在空間中被給與者，即是說，通過知覺而被表象者，也是空間中之真實者。因為，如果它不是 真實的，即是說，它不是通過經驗的直覺而直接地被給與的，則它便不能在想像中被描畫，此蓋因為凡在直覺中是真實的東西並不能先驗地被發明故。

A375

(a)關於該處，康德作注云：

"除那在空間中被表象者外，茲再沒有什麼東西在空間中"，我們對於這個奇詭的但却是正確的命題必須給與以充分的信任。因為空間其自身不過只是［形式的］(3)表象，因此，不管是什麼，只要它存在於空間中，它即被含在此［形式的］(4)表象中。沒有什麼東西可存在於空間中，除當某種東西現實地被表象於空間中時。"一個東西只能在空間底表象中存在"，這正是

A375

一個"聽起來實在是必令人驚異"的命題，但是在此情形中，這"令人驚異的刺耳碍目"(5)卽消失而不見，因為在這裏我們所關心的事物並不是"事物之在其自身"，但只是現象，卽是說，只是表象。

[註(1)]：譯者案感覺本只是當下的，並不涉及一對象一般。知覺比感覺稍高而廣泛。如果籠統地說感覺而不限於當下而就對象一般說感覺，則此時之感覺卽可被名曰知覺。但其涉及一對象一般並不是如"要去決定對象"那樣而涉及一對象一般。涉及對象一般而去決定對象那是範疇（知性底概念）底作用，知覺（籠統說的感覺）並不能作至此。

[註(2)]："形式的"一狀詞乃譯者補。空間自身是一個形式的表象。若只說"空間自身只是純然的表象"，則混漫，故必須補"形式的"一形容詞。原文及英譯皆無。

[註(3)]：及(4)皆然。

[註(5)]：依康德原文 "das Austöβige"（此令人驚異的刺耳碍目）。肯·斯密士譯為 "objection"（異議或反對），不達。*Max Müller* 譯為"此命題之奇怪性"，稍好。

因此，一切外部知覺給出空間中某種眞實的東西之直接的證明，或寧說一切外部知覺就是眞實者本身。依此義而言，"經驗的實在論"是決無疑竇的；那就是說，對於我們的外部直覺，玆有空間中某種眞實的東西與之相應。空間自身，連同着空間中之一切當作表象看的現象，實在說來，皆只存在於我之內，但是，縱然如此，那眞實者，卽是說，一切外部直覺底對象之材料，卻是獨立不依於一切想像式的發明而現實地被給與於此空間中。復次，若說：在此空間中，任何外於我們（超越意義的外於我們）的東西定可被給與，這卻是不可能的，蓋由於空間其自身若外於我們的感性便是無（什麼也不是）之故。因此，甚至最強硬的觀念論者亦不能要求有這樣一種證明，即證明"外於我們（嚴格的〔超越〕意義的外於我們）的對象與我們的知覺相應"之證明。因為，如果真有任何這樣的對象，則它必不能被表象為而且被直覺為外於我們，因為這樣的表象與直覺須預設空間，而空間中的實在，由於是一純然表象底實在，是故它不過就是知覺自身。因此，外部現實底眞實者是只在知覺中而為眞實者，而且它不能依其他路數而為眞實者。

A376

從知覺處，對象底知識可被產生出來，其被產或是因着想像底純然遊戲而被產生，或是依經驗而被產生；而在此產生之經過中，無疑可發生虛幻的表象，即"對象並不與之相應"的那虛幻的表象，而欺騙亦因而有時可歸因於一想像底幻象（在夢中），有時亦可歸因於一判斷能力底錯誤（在所謂感取之欺騙中）。要想避免這種欺騙性的虛幻，我們須依照以下之規律而進行，即："凡是依照經驗的法則而與一知覺相連繫者便是現實的"。但是，這樣的欺騙，以及預防此欺騙，其影響觀念論一如其影響二元論，因為我們只有關於經驗之形式。經驗的觀念論，以及其關於我們的外部知覺之客觀實在性之錯誤的疑問，是早已充分地被拒絕了的，其早已充分地被拒絕是當我們已表明：外部知覺給出空間中的某種現實的東西之直接的證明，而此空間，雖然其自身只是諸表象之一純然的形式，可是在關聯於一切外部現象中它仍有

A377

其客觀實在性（所謂外部現象亦仍不過是純然的表象）：是當我們已如此表明時，它即早已充分被拒絕；而且是當我們同樣已表明：在知覺之缺無中，甚至去作想像以及去作夢亦不是可能的，因而我們的外部感取，就"經驗所由以發生"的那與料（材料根據）而言，有其空間中的現實相應的對象：當我們同樣已如此表明時，它即早已充分被拒絕。

獨斷的觀念論者必是一個"否決物質底存在"的人，而存疑的觀念論者則是一個"懷疑物質底存在"的人，因爲他主張物質底存在是不可能有證明的。「獨斷的觀念論者必須把他的想法或見解基於"存有物質這樣的一種東西"之可能性中之設想的矛盾上——這一個想法乃是"我們尚不曾去討論之"的一個想法」[1]。下段論辯證的推理將移除此種困難[2]。（下段論辯證推理表象理性爲與其自身相爭鬪，就着它爲其自己所造成的概念，所造成的那"屬於經驗底連繫"的東西底可能性之概念，而與其自身相爭鬪。）但是，存疑的觀念論者，即"他只責難我們的肯斷之根據，並揭發我們的物質底存在之確信（我們想去把這確信基於直接的知覺上）爲不充分地被證成者"，這樣的一個存疑的觀念論者，他倒是人類理性底一個恩人，其爲恩人即在其迫使我們甚至在普通經驗底最小的前進中也要去查看一下，免得我們把那或許只是不合法地得之者視作善得的財產。我們現在能去賞識這些觀念論式的反對或異議之價值（能去賞識由存疑觀念論者所發的這些反對或異議之價值）。倘若我們不打算在我們的最通常的肯斷中使我們自己有矛盾，則這些反對或異議便以其主要的力量驅迫我們去視一切我們的知覺，不管我們叫它們是內部的抑是外部的，皆只是**關**

於那"依靠於我們的感性"的東西底一種意識（覺識）。這些反對
或異議也迫使我們去視這些知覺底外部現象並非為物自身，但只
為表象，關於這些表象，亦如關於每一其他表象，我們能直接地
意識及之，而這些表象之所以被名曰外部的是因為它們依靠於我
們所名曰"外部感取"者，此外部感取所領有的直覺是屬於空間中
的直覺。但是，空間本身則不過是一內在的表象模式，在此表象
模式中，某些一定的知覺可以互相連繫。

　　〔註(1)〕：案此句依康德原文當如此譯：　"獨斷的觀念論者，其所
　以為一觀念論者是因為他相信他在「物質一般之可能性」中見到有矛
　盾，而我們目前尚不能論及此種觀念論者"。案此已甚明。
　　〔註(2)〕：案即指下段對于全部純粹心理學之考量言，其移除此困
　難見 A384—388 。

　　如果我們視外部對象為物自身，則　"想去了解我們如何能達
到這些對象之「外於我們」的實在性之知識"這是完全不可能的，
因為我們必須只依賴於那"存在於我們之內"的表象。因為我們不
能〔對於那存在〕於我們自己之外〔者〕是有感覺的，但只能〔對
於那存在〕於我們之內〔者〕是有感覺的，而因此，我們的自我意
識之全部除只給出我們自己所有的諸決定外，不能給出任何事。
這樣說來，存疑的觀念論迫使我們要依靠於那尚留給我們的唯一
庇護所，即是說，要依靠於一切現象底"觀念性"（**案: 意即 "超
越的 觀念性"**）。一切現象底超越的觀念性這一主張是早已在超
越的攝物學中獨立不依於這些後果而被建立起，在那階段，我們

A 379

尚不能預見這些後果。如是，如果我們問：是否隨之卽可說在靈
魂學中單只是二元論是可取的，則我們必須答覆說："是，確乎
是如此；但須知二元論只是經驗意義的二元論"。那就是說，在
經驗底連繫中，物質，當作現象［領域］中的本體看，實是被給與
於外部感取者，此恰如思維的我，亦當作現象［領域］中的本體
看，是被給與於內部感取者。進而此內外兩邊（beiderseits）的
現象必須依照諸規律而互相連繫起來，此所謂諸規律乃卽"本體"
這個範疇所引介者，本體這個範疇把此諸規律引介於我們的外部
知覺之連繫中以及我們的內部知覺之連繫中，因着這種連繫，我
們的內外部知覺遂構成一整一經驗。但是，如果我們，如通常所
作者，想去擴大二元論之概念，並且依"超越的意義"去理解二元
論，則無論二元論或是那兩個與二元論相對抗的主張——一方是
神靈論（pneumatism），另一方是唯物論——皆不能有任何基
礎，因為，如果那樣，則我們必已誤用了我們的諸概念，並且誤
以"表象對象"這"表象之"之模式（樣式）中之差異為事物自身中
之差異（所謂"表象對象"，這所表象之對象，就其在其自身是什
麼而言，仍然是不被知於我們的）。雖然"我"，如通過內部感取
而被表象於時間中者，與那"外於我"（在我之外）的空間中的對
象，此兩者是各自完全不同的現象，可是並不因為它們是各自完
全不同的現象，它們卽可被思議為是兩種不同的"事物"（物自身
之物）。旣非居於外部現象之基礎地位以為其根據的那"超越的對
象"以其自身而言卽是物質，亦非居於內部直覺之基礎地位以為
其根據的那"超越的對象"以其自身而言卽是一思維的存有，那超
越的對象但只是現象底一個根據（一個不被知於我們的根據），

A380

所謂"現象之根據"，此中所謂"現象"乃卽是那"把前一種存在
（卽物質之存在）之經驗的概念以及後一種存在（卽思維的存有
之存在）之經驗的概念提供給我們"的那些現象。

依是，如此批判的論證（卽以上所作的關於此第四誤推所作
的批判）所顯明地迫使吾人去作者，如果我們緊握着上面所已建
立起的規律，並且不把我們的問題推出這範圍，卽"可能的經驗
於其中能以經驗對象呈現給我們"的那範圍之外，則我們決不夢
想去把關於"我們的感取之對象如其在其自身之所是者，卽，如
其超出關聯於感取這一切關聯之外之所是者"告訴我們自己。但
是，如果心理學家誤認現象爲物自身，並視現象爲在其自身而且
以其自身而存在着，則不管他是一唯物論者（除只承認物質可進
入其系統中外，不承認任何其他東西可進入其系統中者），或是
一精神論者（只承認思維的存有者，所謂思維的存有卽是那具着
"我們的內部感取之形式"的思維存有），抑或是一二元論者（兩
者皆承認者），由於適說之誤解之故，他將總是糾纏於那種假合
理的思辨中，卽關於"那不是一物之在其自己，但只是一物一般
之現象者，如何能以其自身而存在着"這樣的問題的假合理的思
辨中。

鑒於以上四種誤推

對於純粹心理學全部作一考量

如果我們把那當作"內部感取底自然學"看的靈魂學與那當作
"外部感取底對象之自然學"看的形體學（der Körperlehre）相

比較，則我們將見：雖在這兩方面有好多東西可以經驗地被知，
然而在此兩方面間猶有如下所說的顯著的差別。在形體學這門學
問中，有好多是先驗的東西能够由"一廣延的不可入的存有"之純
然的概念而綜和地被知，但是在靈魂學這門學問中卻並沒有什麼
是先驗的東西能够由"一思維的存有"之概念而綜和地被知。其所
以然之故是如此，即：雖然形體與靈魂這兩者皆是現象，然而現
於外部感取前的現象卻有某種固定或常住的東西，此某種固定或
常住的東西供給一基體以為流轉的諸決定之基礎，因而也就是
說，它供給一綜和的概念，即空間底綜和的概念以及空間中的一
個現象底綜和的概念；可是，時間，即作為我們的內部直覺之唯
一形式的那時間，卻並沒有什麼是常住者，因此，它只對於諸決
定底變化給出知識，但卻並不能對於任何一個"能因此諸決定之
變化而被決定"的對象給出知識。因為在我們所名曰"靈魂"者
中，每一東西皆存在於連續的流動中，而且除"我"外，茲並沒有
什麼東西是常住者（如果我們必須說常住，則只好說"我"是常
住，故除此"我"外，不復有什麼是常住者），此"我"是單純的，
其為單純的是只因為它的表象（即對於此"我"之表象）並沒有內
容，因而也就是說並沒有雜多，而正為此故，它似乎要去表象，
或用一較正確的詞語，去指示一單純的對象。要想使"因着理性
去得到一思維存有一般底本性之知識"為可能，這個"我"必須成
為一個直覺，此直覺，依其被預設於一切思想（先於一切經驗）
而言，正由於它是直覺，是故它可以給出先驗的綜和命題。但
是，這個"我"很少能是一直覺，一如其很少能是一對象之概念；
它只是意識底純然形式，此意識之純然形式之所以能伴同着**兩種**

A 382

表象（案意卽直覺之表象與對象之概念之表象），而且它能去把這兩種表象提升至知識之境，是只當某種別的東西被 給 與 於 那 "爲一對象之表象供給材料"的直覺中時，它始能伴同着兩種表象而且能把此兩種表象提升至知識之境。（案意卽"我"這一意識之純然形式能伴同其他東西之直覺以及基此直覺而思一對象因而能成一知識，然而吾人對於此"我"本身却並無直覺，因而亦不能使之成為一對象之概念。）這樣說來，理性心理學之全部，由於它是一門超出人類理性底一切力量之外的學問，是故它是終歸無效的，而且除在經驗底指導下去研究我們的靈魂外，並除去把我們自己限於那些並不越過範圍的問題外（所謂範圍卽是 "於其中一種內容可因着可能的內部經驗而被供給給這些問題" 的那範圍：除把我們自己限於不越過這樣的範圍的問題外），再沒有什麼任何其他東西可以遺留給我們。

但是，雖然理性心理學不能被用來去擴大知識，而當其如此被使用時，那是完全由誤推而作成，雖然是如此，可是我們仍然不能否認其有一可觀的消極價值，如果它被視爲不過是對於我們的辯證推理（發生自人底通常而自然的理性者）之批判的處理。

我們爲什麼要動用一種專基於純粹的理性之原則上的靈魂學呢？無疑，這主要地是爲的想去保障我們的思維的自我以對抗唯物論底危險。這一點之被達成是藉賴着我們所已給出的 "我們的思維的自我之純粹概念（理性概念）" 而被達成。因爲依據此種義理，我們可如此之完全地免於這種恐懼，卽 "移除物質時，一切思想，甚至思維存有之存在，必被破壞" 之恐懼，以至於正相反，我們可清楚地表明：如果我們移除思維的主體，全部形體世

A383

界（物質世界或色體世界）必卽刻消失而不見：形體世界除是我們的主體之感性中的一種現象以及此主體所有的諸表象中之一類表象外，它便一無所有（什麼也不是）。

我承認：如上所說這個意思並不能把關於此思維的自我之諸特性之任何進一步的知識給與於我，它亦不能使我去決定此思維的自我之常住性，或甚至它亦不能使我去決定：此思維的自我其存在着是獨立不依於那"我們可猜想之以爲外部現象之超越的基體"者而存在着；因爲那爲外部現象之超越的基體者其不被知於我正如思維的自我之不被知於我。但是，縱然如此，以下所說亦是可能的，卽：我可以依據純然思辨的根據以外的其他根據找出理由以去希望"我的思維的自然（存有）"之一獨立而持續的存在，卽通貫乎我的狀態之一切可能的變化的那獨立而持續的存在。在此種情形中，如果，當直率地承認我自己的無知時，我猶能去擊回一思辨的敵人之獨斷的攻擊，並把以下一點表明給他，卽：他決不能在否決我的期望之可能性中對於"自我之本性"（我的主體之本性）知道得更多一點，卽比我在守住我的期望中所能知者知道得更多一點，如果我能如此云云時，則所獲者必已甚多。

A384

其他三種辯證的問題，構成理性心理學之眞實目標者，皆基於我們的心理學的概念中的"超越的虛幻"上，而且除藉賴着以上的研究外，它們並不能被裁決。此其他三種辯證的問題卽是：(1)關於"靈魂與一有機的形體之團結一致之可能性"之辯證的問題，卽是說，關於"人底生命中的動物性與靈魂之狀態"的辯證的問題；(2)關於"此種團結一致之開始"之辯證的問題，卽是說，關於

"靈魂之在人有生時以及有生前"之辯證的問題；(3)關於"此種團
結一致之終止"之辯證的問題，卽是說，關於"靈魂在人死時以及
死後"之辯證的問題（亦卽靈魂不滅之問題）。

現在，我認爲：這一切困難，卽通常被發見於這些問題中的
那一切困難，而且藉賴着這當作"獨斷的反對或異議"看的一切困
難，人們想去因一較深的洞見，卽比普通理解所能恰當地要求的
任何洞見爲較深的洞見，洞見於事物之本性之洞見，而得光榮或
盛譽，這樣的一切困難實皆只基於一純然的虛幻上，因着此虛
幻，人們遂把那只存在於思想中的東西實體化，並且把那只存在
於思想中的東西視之爲一眞實的對象，卽視之爲一依同樣的性格
（依實體化之這同樣的性格）而存在於思維主體之外的眞實的對
象。換言之，他們把"廣延"，卽不過只是現象的那廣延，視爲那   A385
自存着的，甚至離開我們的感性而自存着的外部事物之一特性，
並且認爲運動亦是由於這些自存着的外部事物而然，而且它實是
在其自身而且卽以其自身，離開我們的感取，而自起現着（自起
現而爲運動）。[其實並不能如此。]因爲物質，卽其與靈魂相團
結這團結一致可引起許多疑問的那物質，沒有別的，它不過只是
"藉賴着那種被名曰外部感取的直覺而表象一不被知的對象"這表
象之之方式，或者說，這表象之之一特殊的路數。茲很可有某種
東西[超越地]在我們之外，對於此某種東西，我們所名曰"物質"
的這個現象可與之相應；但是，依物質之現象性格而言，物質並
不[超越地]存在於我們之外（超越地外於我們而存在着），它但
只是我們之內的一種思想，雖然這種思想通過以上所提到的外部
感取把物質表象爲[內在地]存在於我們之外者。因此，物質並不

意謂一種本體它完全不同於而且異質於內部感取之對象（靈魂），但只意謂那"在其自身並不被知於我們"的諸對象底那樣一些現象之顯著的本性，所謂那樣一些現象卽是 "我們名其表象曰外部表象"的那樣一些現象，我們名這些現象之表象曰外部表象是當我們把這些外部表象與那些"我們把它們算爲屬於內部感取"的表象相比較時， 我們始名之曰外部的表象， 雖然像一切其他思想一樣， 這些外部表象亦只隸屬於思維的主體。這些外部的表象實有這種欺騙性的特性， 卽： 由於它們在空間中表象對象，是故它們好像要把它們自己從靈魂上脫離下來，而且似乎要在靈魂之外徘徊。可是就是這空間，卽 "這些外部現象於其中被直覺" 的那空間，卻亦不過只是一表象，而且它亦並沒有與之相同的那同樣性質的對應物（同質的根源物，與之相同的原本）可被發見於靈魂之外。（案意卽空間只是外部直覺之形式，是一先驗的表象，靈魂之外並沒有一個空間性的對應物與此形式或先驗表象相對應以爲其原本 Gegenbild）。因而結果，問題不再是 "靈魂與其他在我們之外的另一不同類的已知的本體相團結一致" 這種團結一致之問題， 但只是 "內部感取之表象與我們的外部感性之變形相連繫"這種連繫之問題， 卽是說， 乃是關於"這些表象與這些變形如何能依照擺好的（固定的）法則而如此地互相連繫起來以至於它們可顯示一貫通的經驗之統一"之問題。

只要當我們視內外部現象一起皆爲經驗中的純然表象時， 我們在此兩類感取底聯合（團結一致 Gemeinschaft）中便不見有什麼東西是悖謬而奇怪的。可是，一旦我們把外部現象實體化，而我們之視外部現象亦不復再視之爲表象，但視之爲是這樣的事物，卽 "此等事物之存在着是在我們之外以其自身而存在着，具有這同樣的性質，卽與它們在我們之內存在着所具有的那性質爲同樣的性質，並且它們之存在着是如「它們使那些活動卽它們展示之以爲互相關聯中的現象的那些活動和我們的思維主體有關」那樣而存在着"，把外部現象視爲是這樣的事物：一旦當我們是如此云云時，則在我們之外的諸有效因卽預設有一種性格，此性格是不可能與此諸有效因之在我們之內的結果相融洽的。因爲 "原因"只關涉於外部感取，而"結果"卻關涉於內部感取，此兩類感取，雖然它們可被結合於同一主體中，然而它們卻是極端地互不相似的。在外部感取中，我們除地位底變化外，不見有其他外部的結果，而且除只是這樣的諸趨力，卽 "此諸趨力在作爲其結果的諸空間關係中湧發流衍"這樣的諸趨力外，我們亦不見有任何其他的力量。另一方面，在我們之內，所有的諸結果只是諸思想，在此諸思想之間，地位之關係，運動，形狀，或其他空間性的決定，皆不能被發見，而我們亦完全喪失了此類結果方面的諸原因之線索，此類結果若有之，當卽是 "此諸原因被設想應於內部感取中使之發生"者（依原文：此類結果若有之，當卽是那"應當展露其自己於內部感取中"者）——此類結果方面的諸原因之線索，我們完全找不到。但是，我們應當記住：物體並不是那些"要呈現給我們"的對象之在其自己，但只是 "我們所不能知的那什麼不被知的對象"之一純然的現象；運動亦不是此不被知的原因之結果，但只是"此不被知的原因之影響於我們的感取"這影響上之現象。物體與運動皆不是[超越地]在我們之外的任何東西；此兩者皆同樣是我們之內的純然表象（案當說爲 "皆同樣是我們

A 387

之內而內在地在我們之外的純然表象”）；因此，那並不是物質之
運動它產生出我們之內的表象；運動本身只是表象，物質當然亦
是表象，物質即依此路始使其本身成爲被知的。這樣說來，我們
爲我們自己所已造成的那全部困難最終是歸於這樣的問題，即：
我們的感性之表象如何並爲何是如此之相互連繫以至於那些“我
們名之曰外部直覺”的表象能夠依照經驗的法則而被表象爲在我
們之外的對象。這樣一個問題無論如何並不是與那設想的困難緊
繫於一起的，這設想的困難即是“由在我們之外的完全異質的有
效因來說明我們的表象之起源”這種說明上的困難——並不是與
這種說明上的設想的困難緊繫於一起的。那種設想的困難是從
“我們之誤視一不被知的原因底諸現象爲即是在我們之外的這原
因之本身”而發生出，這一種誤視除混亂外是不能夠結成任何事
的。在這樣的諸判斷，即“一種誤解通過長期的習慣於其中已植
A388　　根很深”的那樣的諸判斷之情形中，要想立刻去把那種清晰性（可
領悟性，明白性　Faβlichkeit）　給與於對此諸判斷之糾正，那
是不可能的，所謂那種明白性（清晰性）即是那“在另一些其他
情形中能被達到”的那明白性，在此另一些其他情形中，沒有這
樣不可免的幻象來混亂我們的概念。因此，我們的理性之得免於
詭辯的理論在現階段是很難有這清晰性即“對理性之完全的滿意
（或成功）爲必要”的那清晰性。

　　以下的疏解，我想，將因其有貢獻於此終極的明晰性而爲有
幫助的。（原文：我相信依以下之辦法將能促進此清晰性。）

　　一切反對（異議）可被分成獨斷的，批判的，以及懷疑的，
三類。一獨斷的反對是朝向一命題而反對，一批判的反對是朝向

一命題之證明而反對。前者需要有一種洞見，洞見於對象之本性之洞見，這樣，我們便可主張一反面之陳說，卽"在關於此對象中，其所反對之命題所已確言之者"之反面陳說。因此，獨斷的反對其自身是獨斷的，它要求與對象之構造（本性）相親接（相識知），這親接是比敵對方面的肯斷之親接更爲全盡。一"批判的反對"，因爲它讓命題之有妥效性或無妥效性爲不被疑難者，而只攻擊此命題之證明，是故它並不預設一更全盡的親接，親接於對象[之本性]之親接，亦不迫使我們去要求對於此對象之本性有一更優越的知識；它只表示那肯斷是無支持之之根據的，並不表示那肯斷是錯的。一"懷疑的反對"把原肯斷與敵對方面的肯斷如其有同等重量那樣而置之於互相對反中，並輪轉地視每一肯斷爲一獨斷的意見，而視其他一個肯斷爲對此獨斷意見之反對。而衝突，由於這樣看起來敵對的雙方皆是獨斷的，所以它被視爲足以表示：在關於對象中，一切判斷皆完全是空洞而無效的。這樣說來，獨斷的反對與懷疑的反對皆同樣對於這樣的洞見，洞見於其對象之洞見，置有要求，所謂這樣的洞見就是像在就對象而去肯斷或去否決某種東西上所需要的那洞見。[案意卽就對象而去肯斷某種東西或去否決某種東西皆要求對於對象之本性有洞見。若根本無洞見，則亦作不成肯斷或否決。懷疑的反對對於這樣的洞見置有要求是就那獨斷的反對與獨斷的肯斷所宣稱的自以爲有洞見之無效凶而要求更進一步的洞見而言；而獨斷的反對之對於這樣的洞見置有要求是在它自以爲有比獨斷的肯斷所有的對於對象之洞見爲更親接更充盡的洞見。]另一方面，一"批判的反對"則把它自己限於去指出：在作肯斷中，某種東西已被預設，而那被預設的某種東西是空洞的而且只是虛構的；而這樣，它便因着把那學說的被認爲確實的基礎予以移除而即打倒了那學說，而並沒有要求想去建立那"直接地涉及對象之構造（本性）"的任何東西。

只要當我們就着這團結一致，即 "我們的思維主體與外於我們的事物於其中互相親和或共同行動"的那團結一致，而牢守我們的理性底通常概念時，我們即是獨斷的，而且我們是依照一超越的二元論視外於我們的事物爲"獨立不依於我們"而存在着的眞實對象，我們所依照的那超越的二元論並不把這些外部的現象當作表象而分派給主體，而是把它們當作[超越地]外於我們的對象恰如其在感觸的直覺中被給與於我們那樣，而安置它們，把它們與思維主體完全分離開。這種虛僞的臆斷是一切有關於靈魂與身體間的團結一致的學說之基礎。這樣被指派給現象的 "客觀實在性"（案當爲絕對實在性或超越的實在性）是從來不曾被發問過是否是眞的。反之，它是被視爲是當然的；"以理論而理論化之"這種"理論化"只是有關於 "其所依以被說明與被理解"的模式。

A390　玆有三個順此等路線而被設計出來的通常系統，而且實在說來，亦只有這三個可能的系統，此三個可能的系統便是：物理影響之系統，預定諧和之系統，以及超自然的干預之系統。

後兩種"說明靈魂與物質間之團結一致"之方法是基於對於第一種看法的反對上，第一看法即是普通常識之看法。反對第一種看法之反對其辯說是如此，即：那作爲物質而顯現者不能經由其直接的影響力而即成爲諸表象之原因，蓋由於此諸表象是結果，而此等結果在種類上是完全不同於物質者。現在，那些順此路線以反對第一種看法的人不能把一種物質之概念，即不能把一種﹁不過只是現象，因而其自身亦只是為某種外部對象所產生的一種表象﹂這樣的一種物質之概念，粘附於他們經由﹁外部感取底對象﹂所了解的東西上。因為在那種情形中，他們必應是說：﹁外部對象（現象）﹂底表象不能是我們心中的表象底外部原因；而此種說法必是一完全無意義的反對，因為沒有人能夢想說：他所曾承認之為純然的表象者是一外部的原因。依據我們的原則，他們能建立他們的學說，其建立其學說是只因着[依我們的原則]表明：那是我們的外部感取底真正（超越的）對象者不能是我們在﹁物質﹂之名下所了解的那些表象(現象)之原因，這一點而建立其學說。但是，沒有人能有權利去宣稱說：他關於我們的外部感取底表象之超越的原因能知道一點什麼事；因此，他們的肯斷是完全無根據的。另一方面，如果那些自認要去改進﹁物理影響說﹂的人們緊守着通常的﹁超越的二元論﹂之看法，並且設想物質即如其為物質而觀之，是一﹁物之在其自己﹂（不是一不被知物底純然現象），則他們將把他們的反對指向於去表明這一點，即：這樣一種外部的對象，即其自身除展示運動底因果性外不展示任何其他因果性，這樣的一種外部的對象，決不能是諸表象底有效原因，但須有一第三實體必須參與進來以去建立諸表象與外部對象間的相應與諧和，即是說，雖不即能建立它們兩者間的交互影響，至少亦可建立它們兩者間的相應與諧和。但是在依此路而辯說中，他們之開始其反駁是因着在其二元論中承認物理影響說之﹁根本謬妄﹂（原文為希臘文）而開始其反駁，因而結果他們的反對並不很是﹁自然影響說﹂之否證，倒反而是其自己的二元論之預設之否證。

A391

因爲在關於我們的思維主體與物質之連繫中，一切困難盡皆在那非法地（不正當地）被認定的二元論的看法中有其根源，此非法地被認定的二元論的看法是如此，卽：物質，卽如其爲物質而觀之，它不是現象，卽是說，它不是心靈之一純然的表象，卽"一不被知的對象與之相應"的那"心靈之一純然的表象"，但只是對象之在其自己，卽如"它在我們之外獨立不依於一切感性而存在着"那樣而爲對象之在其自己。

A 392　　因此，朝向（對於）通常被承認的物理影響說，一獨斷型的反對不是可實行的。因爲如果物理影響說底敵對者承認這看法，卽："物質以及其運動是純然的現象，因而其自身亦是純然的表象"這看法，則他的困難簡單地說來只是這一點，卽："「我們的感性之不被知的對象必是在我們之內的表象之原因」這乃是不可能的"這一點。他雖這樣辯說，但他不能有絲毫理由以作任何這樣的辯說。因爲沒有人能去裁決一個不被知的對象所可能去作的或所不可能去作的是什麼。而"超越的觀念論"，如我們前文所已證明者，他不能不承認之。其唯一避而不承認之之路必是坦白地去把諸表象實體化，並去把它們置於他自己之外以爲 眞 實 的 東西。

　　但是，物理影響說，依其通常的形態而言，是易受很有根據的"批判的反對"的。兩個本體卽思維的本體與廣延的本體間的那被認爲確實的團結一致是基於一粗略的二元論上，並且把廣延的本體（此實在說來不過只是思維主體底純然表象）視爲以其自身而存在着。此種對於物理影響之誤解了的解釋可這樣有效地被處理，卽：我們已表明此種誤解了的解釋之證明是空洞而違法的。

關於思維者與廣延者間的團結一致這個討論繁多的問題，如果我們把那一切只是虛構的東西置於一邊而不理，則它簡單地說來，只歸於這個問題，卽：“在一思維的主體中，外部直覺，卽是說，空間連同着充塞空間的形狀與運動之直覺，如何是可能的”這個問題。而這個問題卻正是一個“沒有人能可能地解答之”的問題。我們的知識中的這個罅隙決不能被彌縫；那一切可被作成者便是去指明它，卽，通過外部現象之歸屬於那超越的對象而指明之，此超越的對象卽是此類表象（卽外部現象這一類表象）之原因，但是對於此超越的對象，我們不能有任何知識，而且對之我們亦將不能獲得任何概念。在那“可發生於經驗領域內”的一切問題中，我們視這些現象爲以其自身卽是對象，而用不着以它們的可能性之基源根據之問題來麻煩我們自己。但是要想進而越過這些限制之外（走出經驗領域之外），則一超越的對象之概念必應是不可缺少地必要的。

關於思維的自然（思維的存有）在其與身體聯合團結這種聯合團結之前（卽有生之前）之狀態，以及其在這樣的聯合團結停止之後（卽在死後）之狀態，有許多爭辯或異議，對於這一切爭辯或異議之裁決是基於上面所說的那些考慮之上的，那些考慮卽是關於思維的存有與廣延的存有間的聯合團結之考慮。“思維主體在其與身體聯合團結這種任何聯合團結之前已能夠有思維”這種意見現在必峴爲似乎是這樣的一種肯斷，卽：在那種感性開始之前（所謂那種感性卽是“藉賴着它某種東西在空間中顯現給我們”的那種感性），那些超越的對象，卽“在我們現在狀態中現爲形體”的那些超越的對象，能依一完全不同的樣式而被直覺。

A 393

A 394

[案此所謂完全不同的樣式卽是與我們現在狀態中的感性所發之感觸直覺爲完全不同樣式者。那些在我們現在狀態中現爲形體的超越對象在我們的感性開始之前（卽有生之前）卽能被直覺，其被直覺是依一完全不同於有生以後由我們現在的感性所發之感觸直覺之樣式而被直覺。在有生以前，那些在我們現在狀態中現爲形體的超越對象卽能被直覺，此卽示思維主體在有生以前卽已存在而且卽已能够有思維。]"靈魂在其與形體世界（色體世界）聯合團結這一切聯合團結停止之後，仍能繼續去思維"這一意見現在必可被陳述爲是這樣的一種肯斷，卽：縱使那種感性停止（所謂那種感性卽是"因着它諸超越的對象現爲一物質世界"的那種感性，此諸超越的對象在我們有感性時，卽感性未停止之時，乃是完全不被知於我們者），一切超越的對象底直覺亦並不因爲感性停止而卽被移除，而"那些不被知的超越對象（在我們有感性時不被知的超越對象）必可繼續被思維主體所知，雖然不再是依形體底性質而被知"，這必仍然是完全可能的。

現在，沒有人能依據思辨原則對於任何上說的肯斷給予以絲毫的根據。甚至那被肯斷者之"可能性"亦不能被建立；這可能性只能被假定。但是"要想對向這可能性去作一有效的獨斷的反對"這對於任何人亦同樣是不可能的。因爲任何人，不管他是誰，他對於外部形軀（色體）現象底絕對的內部原因必很少有所知，其很少有所知亦恰如我或任何其他人之很少有所知。因此，因爲他不能有任何理由要求去知道在我們現在狀態中（卽在有生狀態中）的外部現象底實在性實基於什麼東西上，是故他亦不能知一切外部直覺之條件，或思維主體之自身，將與同此狀態（卽我們現在有生之狀態）之停止而同時停止（同在死亡中）。

這樣說來，一切關於"思維存有之本性"之爭辯，以及關於"此思維存有之與形軀（色體）世界之相連繫"之爭辯，皆只是"以理性之誤推來彌縫這罅隙（在此罅隙處我們完全缺乏知識）"這種彌縫之之結果，並且亦只是"視我們的諸思想爲事物而把它們實體化"這種視之與實體化之之結果。因此，這一切爭辯遂產生出一門幻想性的學問，幻想是既在作肯定者之情形中爲幻想又在作否定者之情形中爲幻想，這種幻想性的學問，因爲一切參與爭辯者他們皆或是設想某種對象之知識，卽"對之沒有人能有任何概念"的那某種對象之知識，或是視他們自己所有的諸表象爲對象，因而他們皆旋轉於一永恒的圈子中，一歧義叢生與矛盾叢生之永恒的圈子中。除一種嚴格而公正的批判之清醒外，沒有什麼東西能使我們免於這種獨斷的虛幻，此獨斷的虛幻通過一種想像的幸運之誘惑把許多人拘禁或束縛於學說與系統中。上說的那種公正而嚴格的批判把一切我們的思辨的要求嚴格地限制於可能經驗之領域；其如此作限制不是因着浮薄的譏諷，譏諷於屢次失敗之譏諷，或因着虔誠的慨嘆，慨嘆於我們的理性之受局限之慨嘆，而如此作限制，但只是因着依已建立起的原則對於這些限制作一有效的決定，在那些赫爾求利斯之柱子上刻上其"不准越界"之戒條，而如此作限制（此所謂赫爾求利斯之柱子乃是大自然本身所樹立者，樹立之以便我們的理性之航行可不擴展至經驗本身底連續海岸線所達至者之外——這一經驗本身底連續海岸線之海岸，我們不能遠離之，若一旦遠離之，便不能不冒險於一無邊的海洋，這一無邊的大海洋，在"以永遠欺騙性的展望來誘惑我們"

A396

之後，最終是迫使我們去把一切令人苦惱而乏味的努力當作無希望而廢棄之。）

　　　　　*　　　　　　　　*　　　　　　　*

　　我們對於讀者仍欠一淸楚而一般的解釋，卽"解釋純粹理性底四種誤推中的那超越的而卻亦是自然的幻象"之解釋，並亦欠一證成，卽"證成那與範疇表相平行的四種誤推之系統性的排列"之證成。我們不能在本章之開始試想去作此解釋與證成而不冒"成爲隱晦"之險以及冒"粗笨地預測我們的論證之經過"之險。因此，我們現在將在本章之結尾試想去盡此義務。

　　一切虛幻可以說爲卽存於視"思維之主觀條件"以爲是"對象之知識"。又，在超越的辯證之引論中，我們已表明：純粹理性只關心於對一特定所與的有條件者而言的"條件底綜和之綜體"。現在，因爲純粹理性底辯證的虛幻不能是一經驗的虛幻，就像那發生於經驗知識底某種特殊事例中者那樣經驗的虛幻，是故此辯證的虛幻將只關涉於那在思維之條件中是普遍的者，而因此，將亦只存有三種"純粹理性底辯證使用之情形或局面"：

A397

　　⑴一"思想一般"底諸條件之綜和；
　　⑵經驗思維底諸條件之綜和；
　　⑶純粹思維底諸條件之綜和。

　　在此三種辯證使用之情形中，純粹理性只從事於此綜和底絕對綜體，卽是說，只從事於那個條件，卽"其本身是無條件者"那個條件。有三種超越的虛幻基於這個區分上，此三種超越的虛幻致生辯證部之主文共三章,並致生三種虛僞的"純粹理性之學問"，此卽超越的心理學，超越的宇宙學，超越的神學是。在這裏，我們只和第一種虛偽的學問有關。

因爲，在思維一般中，我們把"思想之關聯於任何對象（不管是感性底對象抑或是純粹知性底對象）"這一切關聯皆抽掉，是故一思想一般底諸條件之綜和[上列(1)]畢竟不是客觀的，但只是"思想與同主體底一種綜和"，此種綜和是被誤認爲"一個對象之綜和的表象"。

隨此而來者便是："辯證的推理之推至「一切思想一般」底一個條件（此條件自身是無條件者）"，這並不犯一材質的（內容的）錯誤（因爲它抽掉了一切內容或對象故），但只是在形式上是有缺陷的，因此，它必須被名曰"誤推"。

A 398

復次，因爲那"伴同着一切思想"的那一個條件就是"我思"這個普遍命題中的"我"，是故理性須去處理此條件是只當"此條件其自身是無條件者"時始去處理之。此條件只是一形式的條件，卽是說，只是每一思想之邏輯的統一（所謂每一思想卽是"於其中我抽掉了一切對象"的那每一思想）；但是，縱然如此，它卻可被表象爲一個我所思的"對象"，卽是說，被表象爲我自己的"我"（"我"自身）以及其"無條件的統一"。

如果任何人把這問題，卽"一個在思維着的東西之構造（本性 Beschaffenheit）是什麼？"這問題，提議給我，我不能有先驗知識用之以答覆此問題。因爲一個回答須是綜和的——一分析的回答或可解明"思想"是什麼意思，但越過這一點，它對於那個東西，卽"此思想爲其可能性而依靠於其上"的那個東西，不能給出任何知識。但是，對一綜和的解答而言，直覺總是需要的；而由於上列問題之高度地一般性格之故，直覺已完全被 遺 置 於 度外。[是故我對上列問題不能有一綜和的解答]。同樣，亦沒有人能回答這個問題，卽："一物要成爲可移動的，它必須是什麼?"（一個可移動的物其本性是什麼?）這個問題，卽沒有人能盡依此問題之一般性而回答此問題。因爲此問題不含有回答之痕跡（線索），卽不含有不可入的廣延（物質）。但是，雖然對於"一個在思維着的東西之本性是什麼"這一問題，「一般言之，我固不能有一回答」⑴，可是這問題仍然看起來好像是我能依"表示自我意識"的這命題（卽"我思"這命題）之特有的情形而回答之。蓋以這個"我"是首要的主體（主詞），卽是說，是本體，是故它是單純的，等等。但是，既如此，則這一些語句必應全是經驗底命題 ⑵

A399

（Erfahrungssätze 屬於經驗的命題），而在一普遍的規律，卽"表示一般而先驗的思想底可能性之條件"的那普遍的規律之缺無中，那些語句又不能含有任何這樣非經驗的謂詞（如首要主詞，本體，單純的，等謂詞）。這樣說來，疑惑便被投擲於這看法，卽那"初看對於我似乎是很有理的"這看法，這看法卽是："我們關於一思維的存有之本性能形成判斷，並且能單從概念而形成判斷"這看法——疑惑便被投擲於這看法上。但是，在此思維之路數中的錯誤卻尚不曾被檢查出來。

[註⑴]：依康德原文譯。肯・斯密士 譯 爲 "我沒有一般性的回答"，"一般"作形容詞，誤。"沒有回答"是承上文"不能有綜和的回答"而言，譯爲"沒有一般的回答"便不通。

[註⑵]："經驗底命題"（屬於經驗的命題），肯・斯密士譯爲

"從經驗而引生出的命題"，亦非。"經驗底命題"意卽經驗範圍內的命題，此並不表示這些命題是經驗的（由經驗而引生出的）。本體，單一等範疇是經驗一般或思想一般底可能性之條件，其應用或有效須有普遍性的規律，此如分析部之所說。在此普遍性的規律卽"表示一般而先驗的思想底可能性之條件"的那普遍性的規律缺無時，那些範疇便不能被應用，因而那些語句便不能有非經驗的謂詞如本體、單純等非經驗的謂詞，嚴格地說，便不能有"我是本體"，"我是單純的"等判斷。下文卽說此義。不能說而說之，其中便有錯誤。此錯誤尚未曾被檢查出來。下文卽檢查之。

但是，進一步的研究，研究我所歸給我自己（作爲一思維存有一般的我自己）的諸屬性之起源，這進一步的研究卻能表示出這錯誤存在於什麼地方。這些屬性沒有別的，不過只是純粹的範疇，因着這些純粹的範疇，我並不能思考一決定性的對象，但只能思考諸表象之統一，思考之以便去爲此諸表象決定一個對象。若無居在基礎地位以爲根據的直覺，範疇並不能單以其自身卽可給出一對象之概念；因爲單只因着直覺，對象始可被給與，及其被給與了，它隨卽依照範疇而被思。如果我要想去宣布一物是現象領域中的一個本體，則此物底直覺之諸謂詞必須首先被給與於我，而我也必須能夠在這些謂詞中去把這"常住者"從那"流轉者"中彰顯出來使它們兩者區以別，並把這基體（物本身）從那只是附着於此基體者中彰顯出來而使它們兩者區以別。〔**案**前一區別是"常住者"與"流轉者"間之區別，後一區別是基體（物本身≠物之在其自己或物如）與附着於此基體者卽屬性間之區別。〕如果我說現象領域中的一物是"單純的"，則所謂"單純的"，我意是

A400

這個意思，即：此物之直覺雖也是現象之一部分，然而其自身卻是不能够再被分成部分者，云云。但是，如果我之知某物為單純的是只在概念中而知之，而不是在現象領域中而知之，則我實無任何關於對象之知識，但只有關於我的"某物一般"之概念（我為我自己所作成的某物一般之概念）之知識，此"某物一般"並不允許可被直覺（並不能够對之可有任何獨特的或眞實的直覺）。我說我思某物為完全單純的，那是只因為我對於此某物實無更多的東西可說，即實無比"只說它是某物"為更多的東西可說。

　　現在，這赤裸的統覺，即這"我"，它在概念中是本體，在概念中是單純的，等等；而若依此義而言，則一切那些心理學的主張皆無疑問地是眞的。但是這一點並不能以我們所欲尋求的"靈魂之知識"給與於我們。蓋因為這些謂詞（即本體，單純，等謂述詞）中，沒有一個對於直覺是有效的，是故它們不能有任何"可應用於經驗底對象"的後果，因而它們亦完全是空洞的。本體之概念並不教告我們說："靈魂以其自身持續而永存着"，亦不教告我們說："靈魂是外部直覺底這樣一部分，即此一部分乃是那「其自身不能再被分成部分，因而亦不能因着任何自然的變化而有生有滅」的那一部分"。這些特性是這樣的一些特性，即那"必會使靈魂在經驗底係絡中可被知於我，並可顯露某種「有關於靈魂底起源與將來的狀態」的東西"的那些特性。但是，如果我憑藉純然的範疇而說："靈魂是一單純的本體"，則以下的情形是顯然的，即：因為本體這個赤裸的概念（為知性所提供者）不能含有超出這"必要"以外的任何東西，這"必要"即是"一物須被表象為其自身是主詞，而不能轉而再為任何別的東西

· 116 ·

之謂詞"這一必要，超出這一必要之外，本體這個赤裸的概念不復再含有什麼別的東西，因為是如此，所以就"我"之常住性而言，沒有什麼東西可從本體這個赤裸的概念所含有的那種必要而推得，而"單純的"這個屬性確然於增加上此常住性亦並無幫助。這樣說來，從此源頭裏（卽從本體這個赤裸的概念所含有的那種必要這個源頭裏），我們關於"在自然世界底變化中什麼東西可以發生到靈魂身上來"不能得知任何事，不管是什麼事。如果我們能保證說：靈魂是"物質底一單純部分"，則我們可使用此知識，連同着經驗在這方面所教告者之進一步的幫助，去推演出靈魂之常住性，並去推演出靈魂之不可破壞性，蓋由於此不可破壞性卽含於靈魂之單純本性中之故。但是，關於這一切，"我"這個概念，在"我思"這個心理學的原則（命題）中，是並不能告訴我們什麼事的。

"在我們之內「那思維着」的存有它相信或認為：它通過純粹範疇，或準確地言之，通過那些「在每一類範疇中皆表示絕對統一」的範疇，而知其自己"，這一層意思是由於以下所說的理由而然。　統覺其自身卽是諸範疇底可能性之根據，　至於說到範疇方面，此諸範疇除表象"直覺底雜多之綜和"外，它們並不表象任何東西，其表象此雜多之綜和是只當此雜多在統覺中有統一時始表象此雜多之綜和。因此，"自我意識一般"就是那"作為一切統一之條件"的那個東西之表象，此作為一切統一之條件的東西其自身卻是無條件者（不被制約者）。這樣，我們對於這思維的"我"（卽靈魂），卽那"視其自己為本體，為單純者，為在一切時中之數目地同一者，為一切存在之相關者（一切其他存在皆必須由

A402

之而被推斷出的那相關者）"，這樣的思維的"我"，而可以這樣
說，卽：它實並不通過範疇而知其自己，它但只知道範疇，並且
它通過這些範疇，在統覺底絕對統一中，而知一切對象，因而也
就是說，它通過這些範疇經由其自己而知一切對象。實在說來，
"我不能把那「我必須預設之，預設之以便去知任何對象」的那個
東西當作一個對象而去知之"，這是很顯明的；而"這有決定作用
的自我（卽思想）不同於那要被決定的自我（卽思維主體），正
如知識之有別於知識之對象"，這也是很顯明的。可是縱然如此，
玆亦再沒有什麼比這幻象爲更自然更易誤引人者，這幻象卽是那
"引導我們去把「諸思想底綜和中之統一」視爲「此諸思想底主體中
的一個被覺知的統一」這種幻象：再沒有什麼比這種幻象爲更自
然更易誤引人者。我們可名這種幻象曰"實體化的意識"（apper-
ceptionis substantiatae）之虛妄（非法的默許）。

　　如果我們想對於那含於理性的靈魂學底辯證的三段推理中的
"誤推"給與一邏輯的名稱，則依"此諸三段推理底兩前題皆是
正確的"這一事實而觀，我們可名此誤推曰"中詞歧義之誤"
（Sophisma figurae dictionis）。當大前題，處理條件者，對
於範疇只作超越的使用時，而小前題及結論，處理那"被歸屬在
此條件之下"的靈魂者，卻又經驗地使用同一範疇。這樣，舉例
來說，例如在實體性[1]之誤推中，本體之概念是一純粹的理智的
概念，此純粹理智的概念在感觸直覺之條件之缺無中，只允許有
一超越的使用，那就是說，它實畢竟無任何使用。但是，在小前
題中，這同一概念是被應用於一切內部經驗底對象，而如此應用
時，卻並沒有先確定並建立這樣具體使用之條件，卽是說，並沒

A 403

有先確定並建立此對象之常住性。如是，我們對於這同一範疇作了一個經驗的使用，但是，此經驗的使用在此情形中是不可允許的⑵。

[註⑴]："實體性"，康德原文爲"單純性"，依 Adickes 改。

[註⑵]：肯·斯密士對於此段文有注云： "對於誤推之本性之更爲一致的討論見於第二版 B410-411"。案康德在第二版序文中承認此段中的解釋爲錯誤的解釋。因爲在此誤推之小前題中，實並非對於本體範疇作了經驗的使用，但只是作了邏輯的使用。那個誤推只是 AAA 之形式，而不是 AII 之形式。依此而言是錯誤。第二版關此所作的討論更爲一致而顯明。

最後，要想依一種爲純粹理性所決定的次序，去表明 "假合理的靈魂學" 底一切這些辯證的肯斷之系統性的連繫，因而並亦想去表明我們之得有這些辯證的肯斷是依它們的完整性而得有之，則我們可注意以下這一點，卽：統覺是通過四類範疇而被完成的，但所謂通過四類範疇是只涉及那些知性之概念，卽 "在每一類中足可於一可能的知覺中形成其他範疇底統一之基礎" 的那些知性之概念，此卽是說，只涉及自存體（本體），實在性，單一性(非衆多性)，以及存在，這些知性之概念，其他則不涉及。

[案：依康德，每一類範疇其中有一個是其他兩個底統一之基礎。例如就量範疇說，單一性是衆多性與綜體性這兩個範疇底統一之基礎；就質範疇說，實在性是虛無與限制這兩個範疇底統一之基礎；就關係範疇說， "本體—屬性" （單提本體亦可）是因果與交

互這兩個範疇底統一之基礎；就程態範疇説，存在是"可能"與
"必然"這兩個範疇底統一之基礎。今就靈魂言，故先説本體。〕
理性在這裏把這四個概念表象爲一思維存有底可能性之四個條
件，而此四個條件其自身卻是無條件者（不被制約者）。這樣説
來，靈魂在其自身中知道以下四點，卽：

A404　　　(1)它知道關係底無條件的統一，卽是説，它知道其自身不是
〔附着於某種別的東西上的〕附着物，而是一個"自我潛存物"。

　　　　(2)它知道質底無條件的統一，卽是説，它知道它不是一個眞
實的整全體，而是一個"單純者"。（康德注云："單純者"在這裏
如何又與"實在"這一範疇相應，我尚不能去説明。此將在下章
中被表明。下章論及此同一概念時，理性把它委之於另一種使
用。）

　　　　(3)它知道時間中的衆多性中的無條件的統一，卽是説，它
知道它不是不同時間中數目地差異者，而是一個自一而同一的主
體。

　　　　(4)它知道空間中的存在之無條件的統一，卽是説，它知道它
自己之爲意識並不是意識到"在它之外"的許多事物之意識，而但
是意識到"其自己"底存在之意識，並亦是意識到"其他諸事物之
只是它的諸表象"之意識。

A405　　　理性是原則之機能。純粹心理學底諸肯斷不含有靈魂之經驗
的謂詞，但只含有那些謂詞（如果眞有這樣的諸謂詞時），卽"想
獨立不依於經驗，因而也就是説，只因着純然的理性，而去決定
對象自身"的那些謂詞。因此，這些謂詞是應當基於那些"有關
於諸思維存有一般之本性"的原則與普遍概念之上的。但是，今

不如此，我們見到"我思"⑴這個簡單的表象統馭它們一切（卽統馭一切這些謂詞）。這個簡單的表象恰因爲它表示 "一切我的經驗一般（我的不決定的經驗）"之純粹公式，是故它宣布它自己爲一"對一切思維的存有皆有效"的普遍命題；而同時又因爲它在一切方面皆是獨一的，是故它又隨身帶有思想一般底諸條件之絕對統一之幻象，因而它又把它自己擴展至可能經驗所能達到者之外。

［註⑴］：案康德原文是"我在"（Ich bin, I am）。Max Müller 譯指出此是一錯誤，他改譯爲"我思"。案改爲"我思"，是，故從之。肯・斯密士照譯爲"我在"。

＊ 第二版中的純粹理性之誤推

[接前 B406, A348 "因為"段]

但為簡潔起見，這考察還是在一不破裂（不隔斷）的關聯於一起中進行為最好。在開始時，下面的通解可有助於我們，卽在我們的對於這種論證之檢查中可有助於我們。

我不能只在"我思"中知一個對象，但只當我關涉於或就着意識之統一，卽"一切思想皆存於其中"的那意識之統一，而決定一所與的直覺時，我始能知一個對象。 結果， 我不能通過意識到 "我自己"為 "在思維着者" 而知 "我自己"，但只當我意識到 "我自己"底直覺（直覺我自己之直覺）在關涉於思想之功能中而為被決定了的時，我始能知"我自己"。思想中的自我意識之諸模式（諸變形），以其自身而言，並不就是對象之概念（關於對象之概念或範疇），它們但只是一些純然的邏輯功能，此諸邏輯功能並不能把一可被知的對象給與於思想，因而甚至亦並不能把 "我自己" 當作對象而給與於思想。對象不是 "有決定作用的自我" 之意識，而乃只是"那可決定的自我"之意識，卽是說，只是我的內部直覺之意識（所謂內部直覺是只就 "此直覺之雜多可依照思想中的統覺底統一之普遍條件而被結合" 而言的內部直覺，對象就是這樣的內部直覺之意識。）〔案此段文卽是開端的通解，一般性的解說。〕

⑴在一切判斷中，我是 "構成判斷" 的那種關係中之 "有決定作用的主詞"。"我，這個在思維着的我，總是被視為主詞，並

B 407

且總是被視爲這樣的某種東西，卽此某種東西並不是當作一純然的謂詞而繫屬於或附着於思想"，此一陳述必須被承認。此一陳述是一必然的命題，而實在說來，亦是一自同的命題；但此一陳述並不意謂："我，當作對象，對我自己而爲一自存的實有或本體"。此後一陳述遠走出前一陳述之外，而且此後一陳述，就其須被證明而言，它要求其被證明上之"與料根據"，而此等與料根據並不能在思想中被發見，而且只要當我注意這"思維的自我"爲只如其爲思維的自我而注意之時，此等與料根據或許亦比 "我在思想中所將可發見者"爲更多一點的東西。 ［案: 此點是說"我是主詞"並不等於"我當作對象是一自存的本體"。欲詳明其所以然，須仔細讀文中之所說。］

(2) "統覺底我，因而亦就是說，在每一思想之活動中的我，它是一「獨一」，而且它不能被化解成諸主體之衆多性（衆多的主體），因而結果亦就是說，它只指表一邏輯地單純的主體"，此所說者是某種"早已被含於「思想」這個概念中"的東西，因而它亦是一分析的命題。但是此所說者並不意謂： "思維的我是一單純的本體"。"思維的我是一單純的本體"這個命題必應是綜和的命題。本體之概念總是關聯於直覺，此所關聯到的直覺在我除是感觸直覺外不能是其他種直覺，因此，此所關聯到的直覺完全處於"知性以及知性底思想"底領域之外。但是，那正是這思想才是我們所要說及的，當我們說"思想中的我是單純的"時。"如果在其他情形中那「需要很多的勞力以去決定之」者（卽是說，對於一切呈現於直覺中者去決定什麼是本體，並進一步去決定這本體是否能是單純的，例如在物質底部分中這本體是否能是單純的，此便

B 408

是那需要很多的勞力始能去決定之者），定可在一切表象中之最
貧乏的表象中這樣直接地被給與於我，好像是因着天啓而直接地
被給與我，這實在說來必是令人驚異的。〔案此點是說統覺底我
之一並不等於"我是一單純的本體"。〕

　　(3) "在一切我所意識及的雜多當中，我自己⑴有同一性"，
這個命題同樣被函蘊於〔已有的〕⑵概念之自身中，因而它亦是
一個分析的命題。但是，我在一切我的⑶表象中所能意識及的這
"主體之同一性"並不有關於主體底任何直覺（因着此直覺，主體
可當作對象而被給與），因而亦並不能指表人格之同一性，如果
所謂"人格之同一性"被理解爲一個人自己的本體（當作一思維的
存有看者）底同一性（在此本體底一切狀態之變化中的本體底同
一性）之意識時。沒有對於"我思"這個命題之純然的分析足以去
證明這樣的一個命題（即 "主體底同一性指表人格底同一性"這
樣的命題）；就這樣的命題之證明而言，我們必需要有種種綜和
B 409　的判斷，即基於特定所與的直覺上的種種綜和判斷。〔案此點是
說在雜多中我自己之同一性並不等於"人格之同一性"。〕

　　〔註⑴〕："有"字，康德原文是"之"字，即"我自己之同一性"，但
　　這樣，無述語，不成命題之樣式，故改之而加一"有"字。肯・斯密士
　　則改譯爲"我是同一於我自己的"（或"我和我自己是同一的"），意義
　　不顯，且有語病，故不從。

　　〔註⑵〕："已有的"三字是譯者所補，原文無，三英譯亦無。所謂
　　"被函蘊於已有的概念之自身中"是籠統的說法，意思是說：在我所意
　　識及的一切雜多中，例如我思此，我思彼，彼此是多的，而我思之我
　　總是這同一的我，故"我自己之同一性"即函蘊於這些已有的概念中，

因而說"我自己有同一性"這當然是一分析的命題。

〔註(3)〕："我的"，肯・斯密士注云：原文是"seinen"（它的），指"主體"說，依 Erdmann 改爲"我的"（meinen）。

(4)："我把我自己的存在，卽我自己之作爲一思維的存有之存在，與那些在我之外的其他事物（我的身體亦是這些其他事物中之一)區別開"，這同樣亦是一分析的命題；因爲這些其他事物就是這樣的一些事物，卽如"我所思之爲不同於我自己者"這樣的一些事物。但是，我並不能因此而得知：這個我自己之意識，若離開"外於我"的事物（通過這些"外於我"的事物，諸表象始可被給與於我），是否必會甚至是可能的，因而也就是說，我不能因此便知：我是否能只當作思維的存有而存在着（卽不存在於人的形態中而存在着）。[案此點是說：我不能由"我自己之作爲一思維存有之存在不同於外於我的其他有形事物之存在"便可得知"我之作爲一思維的存有之存在是離物者與不滅者"。]

依以上所說，思想一般中的"我自己"之意識之分析在關於作爲對象的"我自己"之知識這方面並不能產生出或給出任何東西，不管是什麼東西。"思想一般"之邏輯的解釋已被誤認爲"對象底一種形而上的決定"了。

實在說來，如果眞有一種先驗的證明之可能性，卽"先驗地證明「一切思維的存有在其自身卽是單純的本體」，並先驗地證明「以其是單純的本體，是故人格性是與此一切思維的存有爲不可分離者(此爲隨同一證明模式卽與上相同之證明模式而來者)」，並先驗地證明「此一切思維的存有皆意識到它們的存在爲與一切

物質相分離而且不同於一切物質者」，這種 "先驗地證明之" 之
先驗證明之可能性：如果真有這可能性，則這對於我們的全部批
判必會是一很大的障碍，或勿寧說是一不可答覆的抗議。因為經
由這樣的程序，我們必要跨進一步超出感取世界之外，而且必要
進入智思物之領域；如是，亦沒有人能否決我們的 "於此智思物

B 410
之領域中猶可再向前進一步" 之權利，實在說來，也就是沒有人
能否決我們的 "定居於此智思物之領域中" 之權利，而且設若我
們的星運是吉利的，亦沒有人能否決我們的 "建立要求要求於永
遠佔有之" 之權利。"每一思維的存有，卽如其為一思維的存有
而觀之，它是一單純的本體" 這個命題是一先驗的綜和命題；它
是綜和的，是因為它超出它所由以開始的那概念（卽思維的存有
之概念）之外，而且它把〔一思維的存有底〕存在之模式增加到
此 "思想一般" 上〔卽增加到此思維存有之概念上〕：它是先驗
的，是因為它把一個 "不能被給與於任何經驗中" 的謂詞（單純
性之謂詞）增加到那 "思維的存有之概念" 上。如是，隨之而來
者便是：先驗綜和命題，並不是如我們所已主張的，只在關聯於
可能經驗底對象中始是可能的與可允許的，實在說來，亦並不是
只當作此經驗底可能性之原則而始是可能的與可允許的，但卻是
這樣的，卽：它們尚可應用於 "事物一般"，並可應用於 "事物之
在其自己"──這一結局乃是那 "必會殺死了我們的全部批判，
而且必迫使我們去默從那古老的程序（辦法）" 的一種結局。但
是，依更密切的考慮，我們見到：茲並不存有這樣嚴重的危險。

理性心理學底全部程序是為一誤推所支配[1]，此誤推可被展
示於以下的三段推理中：

凡不能不當作主詞而被思者它亦不能不當作主詞而存在着，而因此，它亦是一本體。

一思維的存有，只如其爲一思維的存有而被考慮者，它不能不當作主詞而被思。

因此，它亦只當作主詞，卽，只當作本體，而存在着。

[註(1)]：依康德原文動詞是 "herrscht"，是控制，支配等義，肯·斯密土譯爲"決定"非是。又案此句依康德原文當如此譯："在理性心理學底程序中，隱伏有一種誤推在支配着"。另兩英譯卽以"隱伏"(lurks) 字譯 "herrscht"。

在以上三段推理之大前題中，我們說及一個"能一般地被思"的存有，一個 "能在每一關係中被思"的存有，因而也就是說，也說及一個 "能如其可被給與於直覺中那樣而被思"的存有。但是，在小前題中，我們說及一個存有是只當 "此存有只在關聯於思想以及意識之統一中看待其自己（作爲主詞的其自己），而不是同樣亦在關聯於直覺中（通過此直覺它可當作對象而被給與於思想）看待其自己（作爲主詞的其自己）"——是只當此存有是如此云云時，我們始說及之。這樣，結論是錯誤地被達到的，是因着"中詞歧義之誤"而被達至的[a]。

(a)關此，康德有底注云：

在以上三段推理中，所謂"被思想"之思想在兩前題中是依完全不同的意義而被取用：在大前提中，其被取用是如其關聯

於"一對象一般"那樣而被取用，因而亦如其關聯於一個 "可被
給與於直覺中"的對象那樣而被取用；在小前題中，其被取用
是只如其存在於"關聯於自我意識"之關聯中而被取用。依此後
一義而言，沒有什麼對象可被思想；一切可被表象者簡單地說
來，皆只是關聯於作為主詞（作為思想之形式）的自我。在大
前題中，我們是說及那些 "不能不被思為主詞"的事物；但是
在小前題中，我們不是說及"事物"，而是說及"思想"（抽掉一
切對象的"思想"），在此"思想"中，"我"總是用來充當意識之
主詞的。因此，結論不能如此說： "我不能不當作主詞而存在
着"，但只可如此說： "在思考我的存在中，我不能使用我自
己，除把我自己只當作［此中所含的］判斷之主詞而使用之"。
如此說是一個自同的命題，而它亦並不能給與什麼曙光於"我
的存在之模式"上。（原文：而它於我的存在之模式亦全然不
能開啟什麼事。）

B 412

[案：此"中詞歧義之誤"之解釋，如第二版序文所示，是
修改第一版者（見A 403）。第一版者亦說是"中詞歧義之誤"，
但解釋與這裏不一樣。這裏的解釋康德以為比較顯明而一致。
案此中之誤推實亦並非中詞歧義之誤。卽使是這裏的解釋，亦
有點深文周納之嫌，並不很自然。注中所謂"事物"與"思想"之
別乃是無謂的。"思維的存有"亦可泛說為 "事物"。"它不能不
當作主詞而存在着"，這 "存在着"只有邏輯的意義，它並不能
敎告我們是什麼身分的存在：是現象身分的存在，抑還是 "物
自身" 身分的存在。誤推只是把邏輯意義的主詞，邏輯意義的

存在，當作是形而上的本體，"物自身"身分的存在。前文說：
"思想一般"之邏輯的解釋已被誤認為"對象底一種形而上的決
定"了。卽依此路作檢查卽可，何必說為"中詞歧義之誤"？上
面那個三段推理，形式上並無誤。只是那邏輯的程序意許為對
於思維的存有這個"我"有一種形而上的決定，決定其為一本
體，為一單純的本體，為人格性之同一性，為可以離開形軀世
界而獨立自存，因而有不滅性：這便是誤推。這是一種非法的
跳躍之誤推。那個三段推理完全不能勝任這種推證。這種解釋
才是前後文一致的解釋。]

　　如果我們回想到"原則底系統表象之通注"中之所說以及論智　　B 412
思物章中之所說，則將很清楚地可見到：我們之把這有名的論證
化解成一種誤推是完全正當的。因為在那兩處，我們已經證明：
這樣一個東西，卽 "它以其自身能當作主詞而存在着而從未當作
謂詞而存在着"，這樣一個東西之概念並不隨身帶有客觀的實在
性，換言之，就是說：我們不能知道玆是否存有 "這概念所可應
用於其上"的任何對象（關於這樣一種〔對象之〕存在之可能性
我們是無法裁決之的），因而也就是說：這概念是不能產生什麼
知識的。如果所謂 "本體"一詞是意謂一個能被給與的對象，又
如果它要去產生知識，則它必須被弄成去基於一常住的直覺上，
蓋因為此常住的直覺卽是那 "只有經由之，我們的這本體概念之
對象始能被給與"的一種直覺，並因為此常住的直覺既是 "本體
概念之對象所經由以被給與"的直覺，是故它亦是此本體概念底
客觀實在性之不可缺少的條件。但是，在內部直覺中，玆並沒有　　B 413

什麼直覺是常住的，因爲"我"只是"我的思想"之意識。因此，只要當我們不走出純然的思維之外，則我們便沒有這必要的條件，卽 "把本體之概念，卽一自我潛存的主體之概念，應用於作爲一思維的存有之自我"這應用上的必要條件（卽直覺，常住的直覺這必要的條件）。和本體之概念相聯屬的單純性之概念亦隨同本體之概念底客觀實在性之消失而不見而同樣歸於消失而不見；單純性之概念被轉成思想一般中自我意識底一個純然邏輯性的質的統一，不管主體是否是組合的抑或不是組合的，這邏輯性的質的統一必須是呈現的。

對於門德孫（Mendelssohn）的
"靈魂常住底證明"之反駁

門德孫這位敏銳的哲學家很快地就注意到：通常的論證，卽用之以證明 "靈魂（如果它被承認是一單純的存有）不能因着化解而不存在"，這種通常的論證，在其證明 "靈魂之必然的持續永存"之目的上並不是足夠的，因爲靈魂可被設想爲只通過消滅而不存在。在他的"菲獨"文中，他因着表明 "一單純的存有不能不存在"這種表明之之辦法力想去證明靈魂不能隷屬於這樣一種消滅之過程，此消滅之過程必應是一眞正的絕滅。他的論證是如此，卽：因爲靈魂不能被遞減，因而亦不能因着這種遞減而逐漸喪失其存在上之某事，並亦不能因着級度(小而又小之廣度級度)而變成無（蓋因爲靈魂無部分，它亦不能有其自身中的衆多性），是故玆亦不會有"它存在於其中"的那一刹那與"它不存在於其中"的另一刹那間的時間之可言——此種時間是不可能的。〔案此所

說的是靈魂不能有廣度量〕。但是，他卻並沒有觀察出：縱使我
們承認靈魂之單純性，卽承認它不含有互相外在的組構成分之雜
多，因而也就是說，不含有廣度量，可是我們尚不能否決它（猶
如不能否決任何其他的存在）有一強度量，卽是說，在關涉於其
一切能力中，不，在關涉於那一切構成其存在者中，我們尚不能
否決其有一"實在性之等級量"，而他亦並未觀察出：此"實在性
之等級量"可以通過一切無限多的小而又小的級度而自動遞減而
至於無。依此而言，這設想的本體(設想的這麼一個東西，卽"其
常住性尚未被證明"這麼一個東西)可以被變成無，其被變成無，
實在說來，不是因着化解而然，乃是因着其力量之逐漸喪失而
然，因而也就是說，因着"衰弱"(elanquescence, 如果允許我
使用此詞)而然。因為意識自身總有一等級量（強度量），而此
等級量總可被遞減[a]，因此，"意識到自我"這意識之之能力亦總
可被遞減，其餘一切其他能力亦同樣是如此。這樣說來，那"只
被視為內部感取底對象"的靈魂之常住性仍然是未被證明的，而
實在說來，亦是不可證明的。有生之期其常住性自是顯明的，因
為思維的存有（如人）其自身亦同樣是外部感取底對象。可是這
一點遠不足以滿足理性的心理學家，理性的心理學家企圖或擔承
要從純然的概念去證明靈魂超出今生之外之絕對的常住性[b]。

B 415

(a)處，康德作底注云:

"清楚"並不是對於一表象之"意識"，如邏輯學家所主張
者。意識底某級度，雖然對回憶而言是不足夠的，然而却必可
被發見，甚至可被發見於許多隱晦表象中，因為設全無意識，

B415 　我們自不能在隱晦表象底諸般不同的結合間作成任何區別，可是我們猶能够就許多概念底性格，例如正義或公正概念之性格，去作一區別，或者就像"音樂家在即席演奏時能够立刻試探出若干不同的基調"那樣去作成一區別。但是，當意識在"區別某一個表象與其他表象之不同"這種"區別之意識"上為足够時，則此某一個表象便是清楚的。如果某一個表象在"作區別"這區別活動上是足够的，但在"區別之意識"上却並不足够，則此某一表象必須仍被名曰隱晦的。因此，茲存有無限多的"意識級度"，此無限多的意識級度逐步下降，直降至意識之完全消滅而後止。

　　(b)處，康德作底注云：

　　有些哲學家，在為一新可能性而剖白自己之立場上，認為：如果他們能抗拒旁人不讓旁人在他們的假設中指出任何牙盾，則他們便已作得很足够。這種辦法即是以下所說的那些哲學家
B416 們所使用的辦法，那些哲學家是這樣的，即：他們自認能去了解思想之可能性，甚至在今生停止以後，亦能去了解思想之可能性（關於這思想之可能性，他們只在我們的人類生命底經驗直覺中有一範例）。但是使用這樣的論證法的人們可以完全為其他可能性之引用所困窘，而這些其他可能性亦並不有更多一點的冒進。使用這樣的論證法所表示的可能性即是這樣的一種可能性，即"把一單純的本體分成若干個本體，並逆返回來，再把若干個本體混融在一起，成為一單純的本體"這種分成與混融之可能性。此何以可能？他們如此辯說，即：因為雖然可

分性預設一組合，可是它並不必然地需要一種由若干個本體而成的組合，但只需要一種由同一本體底（衆多力量底）級度而成的組合。現在，恰如我們能思維靈魂底一切力量與能力，甚至能思維意識底一切力量與能力，思維之為因着二分之一而遞減者，但其因着二分之一而遞減是依"本體仍然留存下來"之方式而被遞減：恰如我們能如此思維靈魂甚至意識之一切力量與能力，所以我們亦能無矛盾地表象這被遞減的一半表象之為被保存於靈魂之外者，而非被保存於靈魂之內者；而且我們同樣亦能主張：因為那在靈魂中是真實的每一東西，因而也就是說，那有一等級量（強度量）的每一東西（換言之，靈魂底全部存在，從此全部存在中，沒有什麼東西是缺少的），皆已被減半（二等分），所以另一分離開而自別的本體那時必在此靈魂之外開始有存在。因為那被分割了的複多性先前即已存在，其先前即已存在，實在說來，不是當作"諸本體之複多性"而存在，而是當作適當於一本體的"每一實在度之複多性"而存在，即是說，當作這本體中的"存在之級度量底複多性"而存在；而因此，往時"本體之統一"只是一存在之樣式，此一存在之樣式（即"統一"這個樣式）因着這種區分遂被轉成一"潛存體之衆多性"。同理，若干個單純的本體亦可被混融成一個整一本體，其被混融成一個整一本體，除只喪失"潛存體之衆多性"外，並無任何其他東西可被喪失，因為這一整一本體必含有一切先前諸本體底"實在性之等級量"（實在度），其含有之是把它們一起皆含有之而無遺。我們或許亦可把諸單純的本體（即"能把我們所名曰物質的那種現象給與於我們"的那諸單純

B 417

的本體）表象為父母之靈魂之產生其兒童底靈魂，卽表象為通過父母之靈魂（被視為強度量者）之力學的區分而產生其兒童底靈魂（其產生之也，實在說來，不是因着一種互相影響的機械的影響力或化學的影響力而產生之，但是因着一種不被知於我們的影響力而產生之，那機械的或化學的影響力必只是這不被知的影響力之現象），而把那些父母底靈魂則表象為"可以通過與其同類的新材料相結合而恢復其喪失"者。對於這樣的幻想，我很不能允許其可有任何可服務性或有效性；而如我們的"分析部"底原則所已充分地證明者，範疇底使用（包括本體範疇在內），除其經驗的使用外，沒有其他的使用是可能的。

但是，如果理性論者，單從思想之機能，而無任何常住的直覺（因此常住的直覺，一對象可被給與），便够膽去構造一"自我潛存的實有"，而其如此構造之，又只是依於這根據，卽："思想中的統覺底統一不允許此自我潛存的實有之被解釋為[出自]組合者"這根據，而却不肯如其所應當作者，坦白地承認他不能去解明一思維的自然（思維的存有）之[絕對常住不滅之]可能性，如果理性論者是如此云云時，則唯物論者，（雖然他亦同樣不能訴諸經驗以支持其[所猜想的]可能性），為什麼一定不可以有理由在同樣地够膽中使用其原則去建立一相反的結論，而同時亦仍可保存這形式的統一性卽其敵人所信賴的那形式的統一性（統覺底統一性）。

B418

B416   如果我們之取用上面所列(1)，(2)，(3)，(4)中之諸命題是依綜和性的連繫，實在說來，是如"它們必須依理性心理學之系統而被取用"那樣，而取用之，取用之爲對一切思維存有而有效者，復又如果我們從關係範疇，以 "一切思維的存有，卽如其爲思維的存有而觀之，皆是一本體"這個命題，開始，通過此諸命題之系列而向後返，直返至這個圓圈被完整起來而後止，如果我們是如此云云時，則我們最後終於達到此諸思維的存有之存在（作爲一本體而存在之存在）。現在，在此理性心理學之系統中，此諸思維的存有其被取用（被理解）不只是如 "它們獨立不依於外部的存有而意識到其自己之存在"那樣而被取用（被理解），而且亦如"它們亦能够在關於那「作爲本體之一必然的特徵」的常住性中依其自己而且由其自己去決定其自己之存在"那樣而被取用(被理解)。這樣，此理性主義者的系統是不可避免地要被交付於觀念論，或至少要被交付於或然的觀念論（存疑的觀念論，卽經驗的或然的或存疑的觀念論）。蓋因爲如果外部事物底存在，對一個人自己的時間中的存在之決定而言，無論如何不是必要的，則此諸外部事物底存在之假定是一完全無理由的假定，對於此種假定，沒有證明可被給與。 ［案卽以此故，理性主義者的系統要被交付於或然的觀念論。觀念論有兩種，一是或然的觀念論，一是獨斷的觀念論，前者指笛卡爾而言，後者指柏克萊而言。此兩種觀念論皆是經驗的觀念論。經驗的觀念論函着超越的實在論，此指笛卡爾的或然的觀念論而言，此卽是理性主義者之系統。見前第一版誤推中關於第四誤推之批判中。]

B 417

B 419

另一方面，如果我們定須從"我思"這個命題開始，分析地前進，（"我思"這個命題早已在其自身中卽包含着一種"存在"以爲所與，因而也就是說，早已包含着程態範疇所示之"存在"這個程態），並且去分析這個命題以便去確定此命題之內容，因而也就是說，去發見這個 "我" 是否以及如何只通過此種內容而決定它的空間或時間中的存在，如果我們是如此云云時，則理性的靈魂學中之諸命題（上面(1)，(2)，(3)，(4)中所列者）必應不是開始於 "一思維存有一般" 之概念，而是開始於一"實在"，而我們亦定須從 "此實在所依以被思" 的那樣式，在"此實在中之每一是經驗的東西皆被移除"之後，去推斷那屬於 "一思維存有一般"的東西之是什麼。這種"分析地前進"之前進過程被表示於以下的表列中：

B 418

1

我　　思

2

我作為主體

3

我作為單純的主體

4

我作為我的思想之每一狀
態中的自同的主體

　　在第二個命題中，"我是否只能作為主詞而存在而且被思，而不亦作為另一存有底一個謂詞而存在而且被思"，這不曾被決定，因此，一主體之概念在這裏是只依一純然邏輯的意義而被取用，而 "我們是否以此主體之概念去理解一本體"，這仍然是未被決定的。同樣，第三命題在關於主體底構成（本性）或潛存性方面並無所確立；縱然如此，在此命題中，統覺底絕對統一，卽，表象中的這單純的"我"（構成思想的那一切結合或分離所關

聯到的那單純的"我"），亦自有其自己之重要性。因爲統覺是某
種眞實的東西，而其單純性是早已在其可能性這一純然事實中而
爲被給與了的。現在，在空間中，沒有什麼眞實的東西它能是單
純的；點，卽"在空間中是唯一的單純者"的那些點，是一些限
制，其自身並不是什麼作爲部分而可用來去構成空間者。由此，　　B 420
我們可說：對於作爲一純然思維主體的自我，不可能有任何依唯
物論者的詞語而來的說明。但是，因爲在第一命題中"我的存在"
是當作"所與"而被理解（是被視爲當然的）——此蓋因爲第一命
題"我思"並不說 "每一思維的存有皆存在着"，若如此說，則必
是要去肯斷思維存有底絕對必然性，因而這也就是說的太多，它
但只說"我思而存在着"："我存在着是正當思維時而存在着"——
是故 "我思"那個命題是經驗的，而且它只能在關聯於我的時間
中的表象中而決定我的存在。但是，因爲對此目的(卽"在關聯於
我的時間中的表象中而決定我的存在"這個目的)而言，我復又
需要有某種常住的東西，而就 "我思維我自己"而言，此某種常
住的東西又決不能在內部直覺中而爲被給與於我者，是故只因着
這個單純的自我意識去決定"我所依以存在"的那樣式，不管這樣
式是"我之當作本體而存在"之樣式，抑或是"當作偶然者而存在"
之樣式，這總完全是不可能的。這樣說來，如果唯物論不足以說
明"我的存在"，精神論亦同樣不能說明之；結果是：當論及靈魂
底各別獨自存在之可能性時，我們決無法知道靈魂底構造(本性)
之任何事。

實在說來，"因着意識底統一（此意識底統一是只因爲我們
不能不使用之以爲對經驗底可能性而言爲不可缺少者我們始能知

之) 去超出經驗以外 (超出我們的今生中之存在以外), 而且甚至通過「我思」這個經驗的, 但關涉到任何直覺時, 卻又是一個完

B 421 全不決定的命題 (因為無任何直覺故為不決定的), 以去把我們的知識擴展至「一切思維的存有一般」之本性上", 這如何必是可能的呢?

理性的心理學其存在着不是當作主張, 即那"對於我們的「自我之知識」能供給一種增益" 的主張, 而存在着, 但只是當作"訓練" 而存在着。此當作訓練而存在着的理性心理學把不可逾越的限制置於此自我知識領域內的思辨理性上, 這樣一來, 它一方面可使我們不把我們自己投入於無靈魂的唯物論之懷抱中, 另一方面, 亦可使我們不把我們自己迷失於一精神論中, 此一精神論, 只要當我們仍居留於今生中, 必須是完全無根據的。但是, 雖然此當作訓練而存在着的理性心理學不能供給任何積極的主張, 可是它可以提醒我們說: 我們須把理性底這種拒絕, 即"拒絕對於我們之好奇的探討, 即探討於那超出今生之限制之外者那好奇的探討, 給與以令人滿意的答覆" 這種拒絕, 視之為理性底暗示, 即 "暗示着去把我們的自我知識從無結果而誇奢的思辨中改轉到那有結果的實踐的使用處" 這種暗示。雖然「在這樣實踐的使用中, 此自我知識」[1] 總是只被指向於經驗底對象, 然而它卻可從一較高的源泉而引生其原則, 並且它可決定我們去規制我們的行動, 好像我們的使命 (天職分定 Bestimmung) 已無限地遠達至經驗以外, 因而亦就遠達至今生以外。

　〔註(1)〕：案此中的關係代詞原文是 welches, 代詞原文是 es,
原文行文是 "welches, wenn es", 此於文法上無據，校改者改爲
"welcher, wenn er", 指"實踐的使用"之使用言。*Max Müller* 之
譯卽依此改而譯爲 "雖然這實踐的使用總是只被指向於經驗底對象"
云云。*Mieklejohn* 之譯似亦指實踐的使用言。肯·斯密土此譯未有
改動，恐非。

　由以上所說之一切而觀之，理性心理學其根源，簡單言之，
只是由於誤解而然，這是甚爲顯明的。意識底統一，居於範疇之
基礎地位以爲其根據者，在這裏是被誤認爲一種對於作爲對象的
主體之直覺，而本體這個範疇亦因此誤認而被應用於此直覺。但
是，此意識之統一只是思想中的統一，單因着此統一，沒有對象　　　B 422
可被給與，因而本體這個範疇亦不能應用於此統一上（本體這個
範疇總預設一特定所與的直覺）。結果，此主體（卽理性心理學
中"我"這個主體）是不能被知的。諸範疇底主體不能因着其思維
此諸範疇便獲得一關於 "其自身" 卽作爲此諸範疇底一個對象的
"其自身"之概念。因爲它要想去思維這些範疇，它的純粹的自我
意識其自身必須被預設，而此純粹的自我意識就是那曾要被說明
者。同樣，這主體，卽"時間之表象於其中有其根源的根據"的那
主體，亦不能因着此時間之表象之根源於其自身而可決定其自己
的時間中的存在。如果此而不可能，則前者（卽上文就 "主體思
維範疇"之主體這一面說之前者），若當作是藉賴着範疇而成的
一種對於自我（卽作爲一思維存有一般的自我）之決定，這亦同
樣是不可能的[a]。〔案此是說：時間於主體中有根源，我們不能
因此便可決定主體之時間中的存在，因爲此種決定需要有內部直

覺故。內部直覺以時間爲其形式條件，但時間之表象於主體中有根源， 此是另一事， 此只表示時間是主觀的， 是心靈之主觀構造。我們不能以此爲內部直覺，故亦不能因此而卽可決定主體之時間中的存在。此而不可能， 則就諸範疇底主體而言，我們亦不能只因着主體思維此諸範疇便可獲得一關於此主體自身（卽作爲此諸範疇底一個對象的主體自身）之概念， 便可算作此主體（卽自我，作爲一思維存有一般的自我）底一種決定。因爲要想對於此主體（此作爲一思維存有一般的自我）有決定，亦必須有內部直覺始可。對之有直覺， 範疇始可應用於其上，因而對之得成一決定。我們不能因着其思維範疇便可對之成一決定也，一如我們不能因着時間根源於主體便可決定此主體之時間中的存在。此是上文語句之語意。康德對此義又作一注語， 則是就"我思"所函之存在不能表示對於作爲思維存有一般的自我有什麼特殊的決定。此卽是下注語之意。］

(a)處，康德加底注云：

　"我思"，如所已說者，是一經驗的命題，並且於其自身內含有"我存在"這個命題。但是，我不能說"凡有思維的東西皆存在着"，因爲若這樣說， 則思維之特性必使有此思維特性的一切存有成爲"必然的存有"。因此，我的存在(我思中我的存在)不能被視爲一個推斷，從"我思"這個命題而來的一個推斷，如笛卡爾所想去力辯之者，（蓋若視之爲一推斷，則其前必須有"凡有思維的東西皆存在着"這個命題作大前題）， 但只應被視爲與"我思"爲同一者。"我思"表示一不決定的經驗直覺，卽

是說，表示一不決定的知覺（而這樣亦表明：那屬於感性的感
覺處於此"存在的命題"之基礎地位）。但是，這個"我思"是先
於經驗而存在的，而要想通過範疇就時間去決定知覺之對象，經
驗是所必要者；而這裏[所涉及的]"存在"（即"我思"所函的"我
在"之"存在"）却並不是一個範疇。範疇即如其為範疇而觀之，並
不應用於一不決定地給與的對象，但只應用於這樣一個對象，即
"我們對之有一概念並對之我們想去知道它是否是存在於或不
存在於這概念之外"這樣的一個對象。一個不決定的知覺在這
裏只指表某種真實的東西之被給與，而這某種真實的東西之被
給與，實在說來，是被給與於"思想一般"，因而也就是說，它
不是當作現象而被給與，也不是當作物自身(智思物)而被給與，
但只當作某種實際地存在着的東西而被給與，而此某種實際地
存在着的東西在"我思"這個命題中是只如其為某種實際地存在
着者而被指表。因為那是必須要知道的，即：當我名"我思"這
個命題為一經驗的命題時，我並不因此就說在此命題中的"我"
是一經驗的表象。正相反，它是一個純粹地理智的表象，因為
它屬於思想一般。設無某種經驗的表象去為思想供給材料，實
在說來，"我思"這個動作必不會發生；但是這經驗的表象却只
是純粹理智的能力之應用或使用之條件。[案由此亦可知上文
說"我思表示一不決定的經驗直覺，即一不決定的知覺"，這也
不表示"我思"中的"我"是一經驗的表象，是一經驗地被直覺的
東西，是一經驗地被覺知的東西。似乎當該這樣說，即："我
思"只表示在經驗範圍內受制於經驗表象的一個不決定的意識
或覺識，即在受制於經驗表象的思中意識到"我"是某種真實

的東西之意識或覺識。說經驗直覺或知覺，雖加一"不決定的"一形容詞，亦徒令人生誤會，而且令人很難索解。〕

B 423　　「這樣說來，人之期望得到那種"雖擴展至可能經驗底範圍以外而卻同時亦同樣可去促進人類底最高利益"的知識，這種期望得到這樣一種知識之期望，就思辨哲學自認可以去滿足之而言，

B 424　被見出實是基於欺騙，並且被見出在試求於達成或實現中亦正是去毀壞了其自己」。（案此一整句，肯・斯密士是意譯，非直譯。）但是，我們的批評之嚴屬，在證明這不可能，卽 "在關於一經驗底對象中，獨斷地決定那超出經驗底範圍以外的任何事"這不可能中，卻亦使理性成為一並非不重要的服務（使理性有一很重要的用處）。因為在證明那種決定之不可能中，我們的批評之嚴屬已確保了理性使其足以對抗敵對方面之一切可能的肯斷。〔案意卽獨斷地決定經驗範圍外的任何事固不可能，但若說茲並無經驗範圍外的任何事，這亦同樣不可能。我們的批評之嚴屬已確保了理性使其足以對抗這敵對方面之一切可能的肯斷。〕此點除依以下所說的兩路之此路或彼路外決不能被達到。所謂兩路，卽：或者我們必須定然地（必然地）去證明我們自己的命題；或者，如果我們不能作到這一步，則我們必須去找出這"不能"之根源，這不能之根源，如果它可追溯到我們的理性之必然的限制，則它必須迫使一切敵對者皆須服從這同一的"放棄之法則"，卽在關涉于一切要求于獨斷的肯斷之要求中服從于這同一的"放棄之法則"。

　　但是，就 "依照理性底實踐使用之原則（此理性之實踐的使用是密切地與其思辨的使用相連繫的）以去設定一未來的生命"，

這種設定之權利，不，這種設定之必然性，而言，茲卻並無什麼東西因以上所說的服從"放棄之法則"而喪失。因爲純然思辨的證明從來不能表現任何影響力來影響于人們底通常理性。純然思辨的證明是如此地立于毫髮之尖端，以至于甚至諸研究者（諸習作此證明者）之保持其于不墜亦只當諸研究者使其不停止地旋轉好像一個陀螺一樣時，他們始能保持其于不墜；甚至依諸學者（諸研究者）自己的眼光看來，此純然思辨的證明亦不能給出一定常不變的（穩固的）基礎以備任何東西可以建立于其上。至于那些"大體可有用于世人"的證明一切盡可保存其全部價值而不被減少，　而實在說來，　依據或經由這些獨斷的虛僞要求之委棄或祛除，那些有用于世人的證明卽可在"清晰性"與"自然力量"這兩方面皆有所增加。因爲那樣時，理性卽因而被定位于其自己之特殊領域，卽是說，被定位于"目的之秩序"中，而此目的之秩序同時亦卽是一"自然之秩序"；而且因爲此時理性以其自身而言不只是一知解的(理論的)能力，而且亦是一實踐的能力，而卽如其爲一實踐的能力而觀之，它又不是被限制于"自然之條件"的，是故它很有理由把"目的之秩序"，連同着我們自己的存在，擴展至經驗底範圍與有生底範圍之外。如果我們依照"類比于世界中有生之物之本性"這種類比而斷，（在討論此等有生之物之本性中，理性必須必然地承認這原則，卽：沒有一種器官，沒有一種機能，沒有一種衝力，實在說來，也就是沒有什麼東西，它或是多餘的，或是不相稱于其用處，因而也就是說，必須承認這原則，卽：沒有什麼東西是無目的的，每一東西皆準確地符合于其生命中之使命或定分），則我們一定要把人（單只有人始能在其自身中含有一

B 425

切這種秩序之最後的目的）視爲此等有生之物之本性之例外的唯
一被造物。人之自然禀賦（不只是人之才能以及享受此才能之衝
動，而且也是在一切別的東西之上的其心內的道德法則）可以遠
達至他在今生中由此等自然禀賦所可引生出的一切功效與好處之
外，其遠達是如此之遠達，以至于他可因此得知離開一切有好處
B 427 的後果，甚至離開身後名譽之幻影式的酬報（身後之虛名），去
高佔純然的正直意志之意識（純然的心術底正直性之意識），高
佔之爲最高者，爲越乎一切別的價值之上之最高者；而他因如此
高佔純然的正直意志之意識，遂因着其在此世界中之行爲並因着
其行爲之許多好處之犧牲而感到一種內部的要求，要求着去使他
自己適宜于爲一較好世界之公民，此較好世界乃是其所執持于理
念中者（只存在于其理念中）。此種有力而不可爭辯的證明因以
下種種而被加強，卽因着我們的不斷增加的"合目的性"之知識
（在我們所見到的那環繞我們的一切東西中之"合目的性"之知
識），因着"天地萬物底無邊廣大"之默識，因而也就是說，因着
我們的知識之可能的擴張中的某種"不可限制性"之意識以及與此
不可限制性之意識相稱的一種"努力追求"之意識：因着這種種而
被加強。凡此一切皆仍然存留給我們而無所遺；但是我們必須放
棄這希望，卽"從對于「我們自己」之純然地知解的知識以理解「我
們的存在」之必然的持續永在"這種理解之之希望。

關於心理學的誤推之解決
之結論

　　理性心理學中的辯證的虛幻是從一理性之理念（一純粹的睿智體之理念）與一"思維存有一般"之完全未決定的概念之相混擾而發生。我思我自己是為一可能經驗之故而思之，同時我又抽離了一切現實的經驗；由此，我歸結說：我能意識到我的存在，甚至離開經驗並離開"我的存在"之經驗的條件我亦能意識及我的存在。在作這歸結中，我是把這可能的抽象卽從 "我的經驗地決定了的存在作抽象" 這可能的抽象與那設想的 "我的思維的自我之一可能的分離的存在" 之意識相混擾，既如此混擾已，如是我逐相信我有了這知識，卽 "那在我之內是實體性的東西者是一超越的主體" 這知識。但是，一切我在思想中所實有者簡單地說只是意識之統一，一切決定皆基于此作為"知識之純然形式"的意識之統一上。

　　說明"靈魂與身體之聯合團結"這說明之工作，恰當地言之，實不屬于我們這裏所討論的心理學。因為我們這裏所討論的心理學是想去證明靈魂之人格性，甚至是離開了此聯合團結(卽死後)的靈魂之人格性,亦想去證明之，因此,依此心理學一詞之恰當意義言之, 此心理學是越絕的心理學。實在說來, 此心理學實從事于一經驗底對象, 但其從事之也是只在這方面, 卽 "此經驗底對象于其中不復是一經驗底對象" 這方面, 而從事之。另一方面, 我們的主張對于這個問題(卽靈魂與身體之聯合團結之問題)可供給一充分的解答。特屬于這個問題的困難，如一般所承認者，乃是在于這被認定了的異質性，即內部感取底對象（靈魂）與諸外部感取底對象之異質性，蓋由于就內部感取之對象而言，此對象之直覺之形式條件只是時間，而就外部感取之對象而言，此等對象之直覺之形式條件除時間外復亦是空間。但是，如果我們想到：這兩種對象之這樣地互相差異不是內部地互相差異，但只是當此兩種對象中之此一對象外部地顯現到另一個對象上時始這樣地互相差異，並亦想到：那居于物質現象之基礎地位以爲其根據的東西，當作物自身看，或許畢竟不必在性格上是如此之異質的，如果我們能如此想時，則這困難即消滅，如是，那剩留下來的唯一問題便是：諸本體⑴ 間之聯合團結一般言之如何是可能的。但是，此問題乃是一個 "處于心理學底領域以外"的問題，而在"那注視或考慮基本力量與能力的分析部中所已說者"之後，讀者將可無遲疑于去視此問題亦同樣爲處于一切人類的知識底領域以外者。

B 428

〔註⑴〕：案此所謂"諸本體"是超絕意義的諸本體，或說是物自身意義的諸本體，不是現象意義的諸本體，諸常住體，由本體範疇所決定者。否則，其聯合團結之問題不得說爲是心理學領域以外者，是人類知識領域以外者。說它是心理學領域以外者，是說心理學處理不到這種問題。理性心理學想證明超絕意義的諸本體間的聯合團結以及此聯合團結前靈魂之狀態爲如何如何，此聯合團結後靈魂之狀態爲如何如何，全是虛妄，我們的知識實不能及之。故經過批判後，康德逐說此問題是心理學領域以外的問題。此當是超絕形上學中的問題，實踐理性可以及之，非知解理性或思辨理性所可及也。心理學所實知者，就"我思"言，只是意識之統一；就"我思"所函之"我在"言，只是我在于思想，而非我在于直覺，故"我在"中之存在只是一個形式的存有，而非有直覺爲基礎的特殊具體的存在。我（靈魂）若作爲以時間爲形式條件的內部感取之對象，則它只是現象義的對象，其作爲物自身義的本體（對象）是我們的知識所不能及的，蓋無智的直覺故。又案此處所說當與第一版中對于第四誤推之批判合觀。

關　於

"從理性心理學轉到宇宙論"

之一般的解說

"我思"或"我思而存在着"這個命題是一經驗命題。但是，這樣一個經驗命題是爲經驗直覺所制約的，因而亦就是說，它亦是爲對象(卽自我這個對象)所制約的，而此作爲對象的自我[依其外觀而言]則是被思爲現象者。結果隨來者似乎是如此，卽，依據我們的學說，靈魂是完全被轉成現象，甚至在思想中亦被轉成現象，而這樣，「我們的意識其自身，由于是一純然的外貌（Schein），是故它必須事實上是不能有什麼擴展或達至的（案意卽它擴展不到或達不到任何實體性的東西的，甚至亦達不到現象）。」[1]

〔註(1)〕：案此句康德原文是："unser Bewuβtscin selbst, als bloβer Schein, in der Tat auf nichts gehen müβte"。"意識其自身是一純然的外貌"，Schein 在此譯爲 "外貌"，其爲外貌是依形式義而定。康德說在我思中意識或意識之統一只是知識之純然形式，一切決定皆基于其上，其自身是很空洞的，是虛的，卽依此虛的

形式義而說爲外貌。肯·斯密士譯爲幻象 (illusion) 非是；*Max Müller* 譯爲"現象性者"(phenomenal)，此亦與義不合，見下段文最後一句可知； *Meiklejohn* 則略而未譯。因爲意識其自身只是一個虛的， 形式性的東西， 是故它不能有什麼**擴展**或達至的 (auf nichts gehen)，gehen 在此是**擴展**或達至義，肯·斯密士與 *Max Müller* 譯爲關涉 (關涉不到任何事)，此則不達，太泛。說它不能有什麼**擴展**或達至卽意函說：它**擴展**不到或達不到任何什麼實體性的東西，卽由意識或意識之統一達不到說靈魂是本體，是單純的本體，等等，甚至亦達不到說靈魂（我）是現象，此只是明文中之意函，補上卽可。見下文可知。並不是說它無所關涉或關涉不到什麼事。這樣說便太泛，全迷失了。

思想，以其自身而觀之，只是邏輯的功能，因而也就是說，只是一純然可能的直覺底雜多之結合之"純粹的自發性"，它並不能把意識底主體展示爲現象[當然更亦不能把主體展示爲物自身][1]；而其所以不能如此展示是只因爲這充足的理由，卽：思想並不計及什麼直覺模式，不管這直覺模式是感觸的抑或是理智的。我因着思想把 "我自己"表象給我自己旣非如"我在"[2]那樣而把"我自己"表象給我自己，亦非如"我現于我自己"那樣而把 "我自己"表象給我自己，[當然更亦非如 "我之在其自己"那樣而把"我自己"表象給我自己。][3]我思我自己只如"我思任何對象一般"那樣而思我自己，我從這所謂任何對象之對象上作了一個抽象，抽掉了此對象底直覺之模式。如果在這裏我表象我自己爲思想之主體或表象之爲思想之根據，則這些表象模式並不指表"本體"這範疇或"原因"這範疇。因爲此等範疇是這樣的一些思想之功能（或

B 429

判斷之功能），就像那"早已被應用于我們的感觸直覺"者那樣的一些思想之功能或判斷之功能，而如果我想去知道我自己，則這所說的感觸直覺是必要的。另一方面，如果我要意識及我自己只意識之爲"思維"，則因爲此時我實並不考慮 "我自己的自我如何可被給與于直覺中"，是故這個 "自我" 或可對于"我"，卽對于那"在思維着"的"我"（第三稱的"我"），而爲一純然的現象，然而就"我思"（第一人稱的我之"我思"）而言，它卻決不是一純然的現象；在純然思想中的"我自己"之意識中，我是"存有自身"，然而卻並沒有什麼"我自己"中的東西可因此"存有自身"對思想而爲被給與了的(4)。

〔註(1)〕：爲譯者所補，原文及英譯皆無。

〔註(2)〕：思想只是邏輯的功能，此與"我思我在"中之 "我思" 不同。"我思我在"康德視爲一經驗命題，決不只是一邏輯的功能，下段卽說此義。因此，因着思想表象"我自己"亦非如 "我在" 那樣而表象之。

〔註(3)〕：此亦爲譯者所補，原文及英譯皆無。

〔註(4)〕：當依此句理解上段文中最後一句。依此句故知把上段文中所說之意識之爲純然的"外貌"之外貌譯爲"幻像"固非，卽譯爲 "現象性者" 亦非。它固不能擴展到或達到靈魂之爲單純的本體，亦不能達到靈魂之爲現象。在康德之批判中，靈魂雖被轉爲現象，然徒由意識固不能達至其爲現象。在純然思想中，"我自己"之意識只表示"我"是一"存有自身"，不能因說它是一"存有自身"便可決定地說它是現象或物自身。此卽上段文最後一句所說的意識自身並不能有什麼擴展或達至的。

"我思"這個命題，就其等于"我思而存在着"這個肯斷而言，它決不只是一邏輯的功能，它亦在關涉于存在中決定主體（此主體因被決定故同時亦是客體即對象），而且它若無內部感取它便不能發生（起現），而此內部感取中之直覺其呈現對象並不是把對象當作物自身而呈現之，而是把它當作現象而呈現之。因此，在這裏，不只存有思想之自發性，且亦存有直覺之接受性，即是說，亦存有"思想我自己"之思想之被應用于"經驗地直覺我自己"之經驗的直覺上（即亦存有那應用于對于"我自己"之經驗直覺上的對于"我自己"之思想）。現在，思維的自我，如果它不只是通過"我"要去彰顯其自己為一對象（為依其自身而言亦可是一對象之對象），且亦要去決定"其自己底存在"之模式，即是說，亦要去知道其自己為一"智思物"，則它必應去尋求其諸邏輯功能（作為本體，原因等等範疇的那諸邏輯功能）之使用之條件，其尋求此條件必應是在對于"我自己這主體"之經驗直覺處尋求之。但是，在對于"我自己這主體"之經驗直覺處尋求之，這乃是不可能的，蓋因為內部的經驗直覺是感觸的，它只能給出現象之與料（data），此現象之與料對于純粹意識之對象並不能供給之以什麼東西，即為"其分離的獨自的存在"之知識而供給之以什麼東西（意即它對于純粹意識之對象並不能供給之以什麼東西以便可以使吾人對于"此對象之分離的獨自的存在"可有知識），它但只能為獲得經驗而服務（而有用）。

設如下所說之義已被承認，即：在適當時候，我們不是在經驗中，而是在純粹的理性之使用之某種法則中（這所謂法則不只是邏輯的規律那樣的法則，而是"雖先驗地成立但卻亦有關于我們的存在"那樣的法則，是在純粹的理性之使用之這樣的某種法則卽道德法則中)，可以發見一根據；依此根據，我們可視我們自己在關于我們自己的存在中爲完全先驗地立法者，並視我們自己爲決定此存在（卽我們自己的存在）者：設此義已被承認，則玆必可因此發見而顯露一自發性，通過此自發性，我們的實在性必是獨立不依于經驗直覺之條件而爲可決定的；而且我們必亦可覺察到：在"我們的存在"之意識中，玆有一某種先驗的東西被含在內，此某種先驗的東西固猶足可把我們的"僅只可完全感性地被決定的"(1)存在決定之爲關聯于一"非感觸的（只是被思的）智思世界"者，卽在關涉于一內部機能（卽自由意志）中去決定之爲關聯于一"非感觸的（只是被思的）智思世界"者。

B 431

　　〔註(1)〕：此一形容片語依康德原文譯。 依 肯・斯密士之譯是如此： "此某種先驗的東西足可去決定我們的存在（此存在之完整決定只依感觸條件始可能)爲關聯于……"。此譯非是，語意有病，不合原意，故不從。另兩英譯稍近之，而 *Max Müller* 譯則較好。依 *Max Müller* 譯是如此： "此某種先驗的東西足可去決定我們的存在（此存在若非然者只可感性地被決定)爲關聯于……"。

　　但是，此義在推進"理性心理學底企圖"中決不能是絲毫有用的。在這奇異的機能，卽"道德法則之意識首先把它顯露給我"的那奇異的機能（案卽自由意志之機能）中，就"我的存在"之決定而言，我實必有一個原則，此原則是純粹地理智的。但是 "我的存在"之決定必應要通過什麼謂詞而被作成呢？此所應通過之謂詞不過就是那些"必須在感觸直覺中被給與于我"者；而這樣，就理性心理學而言，我一定見到我自己確然與以前所處之境況相同之境況，卽是說，我仍然有需于感觸的直覺，需要之以便去把"意義"賦與于我的知性之概念（本體，原因等），只有通過感觸的直覺，我始能對于"我自己"有知識；而此等感觸直覺決不能有助于我以使我前進而越過經驗領域之外。可是縱然如此，在關涉于實踐的使用中（此實踐的使用總是指向于經驗底對象的），我亦必有理由把這些概念應用于自由以及有此自由之主體(自我)，這樣地應用之是依照這些概念之知解地被使用時可被類比這類比的意義而應用之（卽類比于其知解的使用而應用之，應用之以成爲實踐的使用）。但是在這樣地應用之中，這些概念我必須理解之爲主詞與謂詞之純然邏輯的功能（就本體屬性言），以及根據與歸結之純然邏輯的功能（就因果言），依照這些邏輯功能，活動或結果是依照那些[道德的]法則而如此之被決定，以至于這些活動或結果總是可依照本體與原因等範疇，與自然之法則合在一起，而被解明，雖然這些活動或結果是在一完全不同的原則（**案卽實踐原則**）中有其根源。這些觀察之被提出來只是爲的要去阻止一種誤解，卽"我們的當作現象看的自我直覺之主張"所特別易遭受到的誤解。在後文中（**案卽下章第三背反之批判的解決中**）我們將有機會去對于這些觀察作進一步的應用。[這裏不再多言，我們卽須離此轉至下章純粹理性之背反。]

B 432

超越的辯證

卷 二

第 二 章

純粹理性底背反

在我們的工作底此一部分之引論裏，我已表明純粹理性底一切超越的幻象皆基於辯證的推理，此辯證推理之圖式是在三種形式的三段推理中為邏輯所供給，此恰如諸範疇在一切判斷底四類功能中找到其邏輯圖式。此等假合理的推理（辯證的推理）底第一類型在相應於定然的三段式中討論主體或靈魂底"一切表象一般"底主觀條件之無條件的統一，其所相應的定然三段式底大前題是一個原則，此原則肯斷"一謂詞之關聯於一主詞"。辯證論證底第二類型則是遵循着假然三段式之類比（類比於假然三段式）而成者。它有"現象領域中的諸客觀條件底無條件的統一"作為它的內容。依類似的樣式，第三類型（此將論之於下第三章）則有"對象一般底可能性底諸客觀條件之無條件的統一"作為它的論題。

但是玆有一點須特別注意。超越的誤推，在關於我們的思想底主體之理念中，產生了一種純粹屬於一邊的幻象。在這裏，沒有那"支持反面肯斷，甚至在最少程度中很輕微地支持反面肯斷"

B 406

B 433

• 153 •

的幻象爲理性底概念所產生。因此，我們可以說，雖然超越的誤推，不管其令人喜愛的幻象爲如何，它不能棄絕這根本的缺陷，卽"在批判研究之火判[1] 中，它經由之以消解成純然的幻影[2]"的那缺陷，然而就像這誤推所供給者這樣的好處卻是全然站在 "靈物論" (Pneumatism) 一邊的。

[註(1)]: 案 "火判" (fiery ordeal) 是古代條頓族的一種裁判法，以手入火而不傷便算無罪。此處引用意卽嚴格的檢查或裁判。

[註(2)]: "純然的幻影"，康德原文是 "lauter Dunst"，肯·斯密士譯爲 "mere semblance"，此詞雖亦有虛像，幻影等義，但通常是"相似"，當比照原文取"幻影"義。Max Müller 譯爲"蒸發成一無所有"，此是依準德文 "Dunst" 一詞之詞義而譯的。

當理性應用於現象底客觀綜和時，一完全不同的情況便發生出來。因爲在此領域內，不管理性如何努力去建立其無條件的統一底原則，而且雖然它實是如此去建立，建立得有很大的成功，雖只是虛幻的成功（成功之假象），然而它不久卽陷於這樣的諸矛盾中，以至於它被迫着在此宇宙論的領域內停止任何這樣虛僞的要求。

我們在這裏已把人類理性底一個新的現象——一個完全自然的反題呈現給我們，「在此自然的反題中，我們不需要爲輕率不愼者制作巧妙的研究或設置誘惑的陷阱」[1]，這自然的反題乃是那 "理性以其自身而且完全不可避免地要陷於其中"者。這樣很自然的反題確然可以使理性不沈眠于虛妄的確信 （ 此如爲一純粹屬

· 154 ·

於一邊的幻象所產生者)中，但同時它也可以使理性受到這引誘，卽或是"它把理性自己暴棄於一懷疑的失望"這種暴棄之之引誘，或是 "它認定一頑梗的態度，獨斷地把理性自己交付給某些一定的肯斷，而拒絕去靜聽對方的論證" 這種認定之云云之引誘。這兩種態度（卽"暴棄理性於一懷疑的失望"之態度以及 "獨斷地把理性交付給某些一定的肯斷" 之態度），不管是那一種態度，皆是健全哲學底死亡，雖然前一種態度或可名之曰純粹理性底無痛苦的死亡（enthanasia）。

[註(1)]：案此句肯·斯密士是意譯，依康德原文是如此：于此自然的反題，沒有人需要去作無謂的思慮並去設置人爲的纏捲。

在考慮純粹理性底法則之衝突或背反所發生的各種形式的對反與爭執之前，我們可以提供些少的解說以說明並證成我們在此主題底討論中所想去採用的方法。一切超越的理念，當其涉及現象底綜和中的絕對綜體時，我卽名它們曰"宇宙性的概念"，我之所以這樣名之，一部分是因爲此無條件的綜體亦居於"世界整全" A408 底概念(此概念自身只是一理念)之基礎地位而爲其根據，一部分是因爲此一切超越的理念只有關於現象底綜和，因而也就是說，只有關於經驗的綜和。反之，當絕對綜體是"一切可能物一般"底諸條件底綜和之絕對綜體時，此絕對綜體卽產生純粹理性底一個 B435 理想，此理想雖然實可與宇宙性的概念有某種一定的關係，然而它卻完全與宇宙性的概念不同。依此，恰如純粹理性底誤推形成一辯證心理學底基礎，所以純粹理性底背反亦將把一虛僞的 "純粹（理性的）宇宙論"之原則展示給我們。不過它並不是爲的要想去表明"這門學問是有效的"而去展示之，亦不是爲的要想去探用這門學問而展示之。如"理性底衝突"這個題稱所足去表明者，此門虛僞的學問只能依其使人迷惘但卻也是假的虛幻性而被展示，被展示爲一個"從不能與現象相協調"的理念。

純粹理性底背反

第 一 節

宇宙論的理念底系統

在依照一原則，以系統的精確性，進行去列舉這些理念之前，我們心中必須記住兩點。第一點，我們必須承認純粹而超越的概念只能從知性而發生。理性實不能產生任何概念。理性所能 A409
作的至多是去把知性底一個概念從不可免的可能經驗之限制中解脫出來而不受其限制，而既已解脫矣，如是理性便想努力去擴張此概念以越過經驗的東西之範圍，雖然其擴張之也實仍是藉賴着"概念之關聯於經驗的東西"而擴張之。理性這樣努力去擴張之是 B436
依以下的樣式而被達成。對一特定所與的有條件者而言，理性在條件一面要求絕對綜體(所謂條件一面之條件乃卽是那些"知性把一切現象皆隸屬之以之為綜和統一之條件"的那些條件，理性卽在這樣的一些條件面要求絕對綜體)，而在這樣要求中，理性遂把範疇轉換成一超越的理念。因為只有因着把經驗的綜和帶至如此之遠，就如遠至"無條件者"這樣遠，理性始能使這經驗的綜和成為絕對地完整的；而這無條件者從不能在經驗中被發見，但只能在理念中被發見。理性依照原則作以下這樣的要求，卽：如果有條件者是被給與了的，則條件底全部綜集，因而也就是說，絕對地無條件的者(只有通過此無條件者，那有條件者始成為可能的），亦須是被給與了的。這樣說來，首先第一點，諸超越的理念簡單地言之只是那些 "擴張至無條件者" 的範疇，而且它們亦能被還原成一個理念表，此理念表是依照範疇之四類而被排列成的。其次第二點，並非一切範疇皆適合於這樣的使用，但只是那些範疇，卽"綜和所依以構成條件底系列"的那些範疇，始適合於這樣的使用，此中所謂 "條件底系列" 之條件就是那些互相隸屬（非互相對列）的條件，而且是"能產生一 [特定所與的] 有條件者" 的那些特件。絕對綜體爲理性所要求是只當上升的條件系列

A 410　關聯到一所與的有條件者時，它是爲理性所要求。它不是在關涉

B 437　於下降的後果線中而被要求，亦不是在涉及此等後果底並列條件之集合中而被要求。因爲在特定所與的有條件者之情形中，其條件是被預設了的，而且是當作與有條件者連在一起而爲被給與者而被思量。另一方面，因爲諸後果並不使它們的條件爲可能，但卻是預設了它們的條件（它們的條件使它們爲可能），是故當我們進至後果或從一特定所與的 "條件" 下降至"有條件者"時，我們不需要去考慮這系列（後果之系列）是否有停止或無停止；關於這種下降系列底綜體之問題無論如何不是理性底一個預設。

　　這樣，我們必須想時間爲已完整地流過去直到眼前所與的一刹那爲止者，而且想時間其自身卽在此完整的形式中而爲被給與者。縱使這樣完整地流過去的時間不是爲我們所可決定的，適說之義亦同樣可以成立。但是，因爲未來並不是"我們之達到現在"之條件，所以在我們對於"現在"之了解中，我們如何想未來的時間，想之爲有停止抑或無停止而一直流至無限，這皆是完全不相干的事。讓我們以 m,n,o 這一系列爲例(1)，在此系列中，n 是當

作"有條件者"經由m而被給與，而同時它亦是o底條件。這一系
列從n這個有條件者上升至m（l,k,i,等等），而同時亦從n這個
條件（n之爲條件）下降至有條件者o（p,q,r,等等）。現在，
要想能够去視n爲所與者，我必須預設那個上升的系列。依照理
性，連同理性對於條件底綜體之要求，n是只有因着那個上升的
系列而爲可能。但它的可能性卻並不依靠 o,p,q,r 這個後繼的系
列。因此，這個後繼的系列不可被視爲是被給與了的，但只可被
視爲是可被給與的。

A 411

B 438

[註(1)]：案此句依康德原文譯，其他兩英譯亦如此譯。依肯·斯
密士之譯當如此："此好像我們有 m,n,o 這一系列"。

　　我想名這樣一個系列之綜和，卽此系列在"條件"一面，從那
"最切近於所與的現象"的條件開始從而進至較爲更遼遠的條件，
這樣一個系列底綜和，曰"後返的綜和"；並想名這樣一個系列之
綜和，卽此系列在"有條件者"一面，從第一後果進至更遠的後
果，這樣一個系列之綜和，曰"前進的綜和"。後返的綜和是在前
件方面進行，前進的綜和是在後果方面進行。因此，宇宙論的理
念是討論那在前件方面進行而非在後果方面進行的"後返綜和之
綜體"。那因着"前進的綜和之綜體"而被提示的純粹理性底問題
是無謂的，而且是不必要的，因爲提出這方面的問題，對那在現
象中被給與的東西之完整的理解而言，不是所需要的。因爲我們
所需要去考慮的只是根據，而不是後果。
　　在依照範疇表以排列理念表中，第一，我們首先取用那屬於

一切我們的直覺的那兩個根源的量，卽時間與空間。時間其自身
卽是一系列，而實在說來，它是一切系列底形式條件。在時間中，
就所與的"現在"而言，先在者（先行者卽過去）能够先驗地當作
條件而與那後繼者（未來）區別開。因此，任何特定所與的有條
件者底條件系列之絕對綜體這一超越的理念是只涉及一切過去的
時間；而依照理性之理念，過去的時間，作爲當前所與的一利那
之條件看，是必然地要被想爲是依其完整性而爲被給與了的。現
在，在空間中，就空間自身而且以其自身而觀之，玆並不存有前
進與後返間之區別，因爲由於空間之部分是共在的，是故空間是
一集合體，而不是一系列。當前的一利那只能被看成是爲過去的
時間所制約者，但從不能被看成是制約過去的時間者，因爲當前
的一利那是只通過過去的時間或勿寧說只通過先行的時間之流過
而始有其存在。但是，由於空間底部分是互相並列的，而不是互
相隸屬的，是故某一部分不是另一部分底可能性之條件；而且空
間，不像時間那樣，依其自身而言，它並不構成一系列。縱然如
此，可是空間底衆多部分之綜和（因着此綜和我們把握空間）卻
仍是相續的，此綜和發生於時間中，它並且含有一系列。因此，
一特定所與空間底諸集和空間（如一塊土地中的諸尺數）總可成
一系列，因綜和之而成一系列。而因爲在此系列中，那些"在此
特定所與空間底廣延中被思"的空間總是這特定所與空間底限制
之條件，是故一空間之測量亦須被看成是一特定所與的有條件者
底條件系列之綜和，不過有這點不同，卽在此種綜和中，"條件"
一面其自身並不是有別於"有條件者"一面，而因此，在空間中後
返與前進必似乎是同一的。因爲空間底某一部分並不是通過其他

諸部分而被給與，但只是因着其他諸部分而被限制，所以我們必
須視每一空間（當其被限制時）爲亦是有條件者（被制約者），
蓋以其預設另一空間爲它的限制之條件故。它預設另一空間爲其
限制之條件，此另一空間復又預設另一空間爲其限制之條件，預
設復預設，無有底止。這樣說來，就限制而言，空間中的前進亦
是一後返，而條件系列中的綜和之絕對綜體這一超越的理念亦同
樣可以應用於空間。我能合法地就空間中的現象底絕對綜體作探
究，一如我合法地就過去的時間中的現象之絕對綜體作探究。至
於對這問題是否有一答覆是可能的，這是將在後文中被裁決者。

　　第二，空間中的實在，卽物質，是一有條件者。它的內部的
諸條件卽是它的諸部分，而此諸部分底諸部分則是它的更遼遠的
諸條件。這樣，這裏亦出現一後返的綜和，此後返綜和之絕對綜
體是爲理性所要求者。這一種絕對綜體只能因着一完整的區分而
被得到，藉這種完整的區分，物質之實在性可以消滅，或者消滅
而至於無，或者消滅而至於那不再是物質者，卽，消滅成 "單純
者"。依是，在這裏，我們亦有一"條件之系列"，以及一"前進至
無條件者" 之前進。

　　第三，就現象間的眞實關係之範疇而言，本體連同本體之偶　　B441
然者這本體與偶然之範疇並不適宜於成爲一超越的理念。那就是　　A414
說，在此範疇中，理性找不到那 "可以使吾人後返地去進行至條
件" 之根據。諸偶然者，當它們附着於同一本體時，它們是互相
並列的，它們並不構成一系列。卽使依其關聯於本體而言，它們
亦實不隸屬於本體，但只是本體自身底存在之樣式。但是，在此
範疇中，那"仍可似乎是超越的理性底一個理念"者乃"實體性者"

這個概念。但是，因為這個"實體性者"之概念不過是意謂 "對象一般"之概念，此"對象一般"之概念，當我們以之只思那"離開一切謂詞"的超越的主詞時，它是在那裏潛存着的，而同時又因為我們在這裏是討論無條件者，我們之討論這無條件者是只如 "此無條件者可以存在於現象底系列中"那樣而討論之，因為以上兩層云云，是故這實體性者不能是該系列中之一分子，這是甚為顯明的。此義對於交感互通中的諸本體亦是適用的。交感互通中的諸本體只是聚合，它們並不含有什麼東西可以使我們去把一個系列基於其上（康德原文: 它們並不含有一個系列之指數）。因為對於交感互通中的諸本體，我們不能像對於諸空間所能說者那樣（諸空間底限制從未在此諸空間自身而且卽以此諸空間自身而被決定，但只能通過某一其他空間而被決定），而說它們互相隸屬，互相隸屬逐致以此本體作為彼本體底可能性之條件，並以彼本體作為此本體底可能性之條件: 對於諸空間可以這樣說，對於交感互通中的諸本體則不能這樣說。這樣，在關係範疇處，只剩下因果性一範疇。因果性一範疇呈現"一特定結果"底諸原因之系列，這樣，我們便能進而從此作為"有條件者"的特定結果而去上升至那作為 "條件" 的諸原因，並因而亦能進而去解答理性底問題。

B442

A415　第四，可能者，現實者，以及必然者之概念，除以下所說之情形外，它們不能引至任何系列，卽除當存在中的"偶然者"必須被看成是"有條件者"，並必須被看成是依照知性之規律而為可以指引到這樣一個條件，卽"在此條件下，那偶然者始是必然的"這樣一個條件者，而其所指引到的這樣一個條件復轉而又指引到一更高的條件，直至最後理性只在系列底綜體中達到無條件的必然者而後止，除當如此云云時，它們可以引至一系列外，它們不能有別法可以引至任何一系列。

這樣，當我們選出那些範疇，卽"在綜和雜多之綜和中必然地引至一系列"的那些範疇時，我們見到：茲只有四個宇宙論的理念以相應於範疇底四種題稱：

1.一切現象底特定所與的整全底"組合"之絕對的完整。（案此相應於量範疇中"綜體性"一範疇）。　　　　　　　　　　　　　B 443

2.現象領域中一特定所與的整全底"區分"中之絕對的完整。（案此相應於質範疇中"實在性"一範疇）。

3.一現象底"起源"中之絕對的完整。（案此相應於關係範疇中"因果關係"一範疇）。

4.就現象領域中可變化的東西底"存在之依待性"而說的絕對完整。（案此相應於程態範疇中"偶然性──必然性"一範疇）。

在這裏，有若干點須要注意。　　　　　　　　　　　　　　　A 416

首先，絕對綜體之理念只有關於現象之解釋，因此，它並不涉及"事物一般"底綜體之純粹概念如知性所可形成者。現象在這裏被看成是所與者；理性所要求的是現象底可能性底條件之絕對的完整，只要當這些條件構成一系列時。因此，理性所規定的是一絕對地完整的綜和（卽在每一方面皆完整的綜和），因着此完整的綜和，現象可依照知性之法則而被展示。

其次，理性在諸條件底這種序列的，後返地連續的綜和中所實際地尋求的只是"無條件者"。此無條件者所意在的仿佛是前題底系列中的一種完整性，卽如"可以不需要預設其他前題"這樣的　　　　B 444

一種完整性。此無條件者總是被含在"系列底絕對綜體"中，當其被表象於構想 (Einbildung, imagination) 中時。但是，此絕對完整的綜和復又只是一理念；因為我們不能知道，至少在研究底開始時不能知道，這樣一種綜和在現象之情形中是否是可能的。如果我們專通過知性底純粹概念，而且離開感觸直覺底條件，而表象每一東西，則我們實能立刻肯斷說：對一被給與了的有條件者而言，那些互相隸屬的條件之全部系列必亦同樣是被給與了的。有條件者只通過條件之全部系列而被給與。但是，當我們所要去處理的乃是現象時，則我們便見到有一特殊的限制，卽由於"條件所依以被給與"的那樣式而成的特殊的限制，卽是說，

A417 通過"直覺底雜多之相續的綜和"而成的那特殊的限制——這相續的綜和卽是那"須通過後返始可被致使成為完整的"那一種綜和。此完整性是否是感觸地可能的，這乃是進一步的問題；此完整性之理念是處於理性中，其處於理性中乃是獨立不依於"我們之把一適當的經驗概念與之相連繫"這種連繫之可能或不可能而處於理性中。依是，因為無條件者是必然地含在現象領域中的雜多底後返綜和之絕對綜體中（這後返的綜和是依照那些範疇，卽把現象表象為條件底系列，卽對一所與的有條件者而為條件底系列，

B445 這樣的範疇，而被作成），是故在這裏，理性是採用了"從綜體之理念開始"之方式，雖然它實際所盼望的乃是這無條件者，不管這無條件者是全部系列之自身抑或是此全部系列之一部分。同時，此綜體是否是可達到的，以及如何是可達到的，這是存而未決的。

此無條件者可依兩路之或此路或彼路而被思議。它可以被看

成是由全部系列而組成，在此全部系列中，一切分子無例外皆是
有條件的，而只有這一切分子底綜體則是絕對地無條件者。此種
後返可名曰"無限的後返"。或不然，絕對地無條件者只是系列底
一部分——這一部分是這樣的，卽其他分子皆隸屬於它，而它自
身卻不處於任何其他條件下[a]。依第一想法而言，系列從先行一 A418
面說（a parte priori）是沒有限制的（沒有開始的），卽是說，
它是無限的，而同時它也是依其完整性而爲被給與了的。但是在
此系列中的後返卻是從未被完整起來的，因此，它只能被名曰
"潛伏地無限的後返"。依第二想法而言，茲存有系列底第一分 B446
子，此第一分子在關涉於過去的時間中被名曰"世界之開始"；
在關涉於空間中被名曰"世界之限制"；在關涉於"一所與的有
限制的整體"之部分中被名曰"單純者"；在關涉於原因中被名
曰"絕對的自我活動"（自由）；在關涉於可變化的東西之存在
中則被名曰"絕對自然的必然者"

   (a)處，康德有底注云：

     一所與的有條件者底條件系列之絕對綜體總是無條件的，
因爲外於此絕對綜體，不復再有進一步的其他條件以制約此絕
對綜體。但是這樣一個系列底這種絕對綜體只是一個理念，或
勿寧只是一個或然的概念，此或然概念底可能性須要被研究，
特別是在關涉於這樣式，卽"無條件者（實際在爭論中或成問
題的超越的理念）所依以被含於此或然概念中"的那樣式中，
此或然概念底可能性須要被研究。

　　我們有兩個字，一曰"世界"，一曰"自然"。此兩字有時是一致的。前者指表一切現象底 "數學的綜集"以及"一切現象底綜和之綜體"（此中所謂綜和是指大者中的綜和以及小者中的綜和皆同樣是綜和而言，即是說，是指通過組合而前進與通過區分而前進皆同是前進這種前進中的綜和而言）。此同一世界，當它被看成是一力學的整全體時，它即被名曰"自然"[a]。依是，我們並不和空間與時間中的集合有關，以便去決定此集合爲一量度，我們但只和現象底存在中之統一有關。在此情形中，"那發生的東西"底條件被名曰"原因"。現象領域中的"原因之無條件的因果性"被名曰"自由"，而其有條件的因果性則依較狹的［形容詞的或有限制的］意義，而被名曰 "自然的原因"(Natur-ursache)。存在一般中的"有條件者"被名曰 "偶然者"，而那無條件者則被名曰"必然者"。現象底無條件的必然性可被名曰"自然的必然性"。

A 419

B 447

　　(a)處，康德加底注云：

B 446
　　　　"自然"，若形容詞地（形狀或形態地 formaliter）理解之，則它指表依照一內部的因果性之原則而成的 "一物之諸決定"之連繫。另一方面，所謂"自然"，若實體詞地（材質地 materialiter）理解之，則它意謂"現象之綜集"，此所謂現象是這樣的現象，即 "當它們藉着內部的因果性之原則而處於通貫的互相連繫之中時"的現象，實體詞地被理解的"自然"即是這樣的諸現象之綜集。依前一義，我們說及流動物質之自然，火之自然，等等。依此，"自然"這個字是依一形容詞的樣式而被使用。另一方面，當我們說自然中之事物時，我們心中是想一"自我潛存着的整全體"（整自然界）。

我們現在所正要討論的理念，我在上文曾名之曰宇宙論的理
念，我之所以這樣名之，一部分是因爲"世界"一詞我們意謂其是
一切現象之綜集，而我們的理念之所指向的乃正是專要指向於現
象中之無條件者，一部分復亦因爲"世界"一詞，依其超越的意義
而言，是指表一切存在着的東西之絕對綜體，而我們把我們的注
意亦只指向於那綜和之完整，縱使這完整是只在後返至其條件中 A 420
始是可達到的。這樣，不管這顧慮(1) (Betracht) 卽 "這些理念
一切皆是超絕的"這種顧慮，亦不管這顧慮卽 "雖然它們在種類
上不能越過對象，卽不能越過現象，它們但只專有關於感取底世
界，並不有關於智思物，可是它們猶仍可把這綜和帶至一種「超
越了一切可能的經驗」之程度"這種顧慮，不管這一切顧慮，縱有
這一切顧慮，我們仍然主張說：它們可以完全適當地被名曰 "宇
宙性的概念"。但是，在關涉於後返所意在的數學地無條件的者 B 448
與力學地無條件的者間之區別中，我可以名前兩種概念（卽數學
的那兩種）曰狹義的宇宙性的概念，（由於它們涉及大者之世界
與小者之世界故），而其他兩種（卽力學的那兩種）則名之曰
"起絕的自然之概念"。「此種區別沒有特殊的直接價值；其意義
將在後文顯現出來」(2)。

　　〔註(1)〕：原文 "Betracht" 是顧慮義，肯·斯密士譯爲 "Objec-
　　tion"（異議或抗議），太重，譯出來語意不順。
　　〔註(2)〕：此句依原文是如此："此種區別在現在尚不見有什麼特
　　殊的重要性，但在後文它將成爲重要的"。

純粹理性底背反

第 二 節

純粹理性底"反於正"的反：正反衝突

如果正面說的正（thetic）是任何一些獨斷主張之名，則反於正說的反（antithetic）可以被理解為不是意指一些反面的獨斷的肯斷，而是意指"諸虛假的獨斷知識"之衝突（thesis cum antithesi），在此衝突中，沒有一個肯斷能建立其"優越於另一

A421　肯斷"之優越性。因此，反於正說的反不是論及或有事於一面的肯斷。它只討論理性底主張之互相間的衝突以及此衝突之原因。超越的"反於正說的反"之正反衝突是一種"研究純粹理性底背反"之研究，研究此背反底原因與結果。如果在使用知性底原則中，

B449　我們不把我們的理性只應用於經驗底對象，而卻是冒險去把這些原則擴張至經驗底範圍之外，則茲便發生出一些假合理的主張，這些假合理的主張既不能希望於經驗中的確立，亦無懼於由經驗而來的反駁。這些假合理的主張中之每一主張不只是其自身可免於矛盾，而且它亦可以卽在理性之本性中找到其必然性之條件——但不幸地是：反面之肯斷，在其自己一面，亦有其根據，這些根據亦同樣是有效的而且是必然的。

在與這樣的一種純粹理性之辯證相連繫中，那些自然地發生的問題便是這些問題，卽：(1)在什麼命題中，純粹理性不可避免

地要遭遇到一種背反？⑵這種背反依靠於什麼原因？⑶儘管有這種背反之矛盾，是否並依何路茲仍可把一種走向確定性之途徑保留給理性？

如上所說，一"純粹理性之辯證的主張"必須「有如下所說之特點」⑴ 以有別於一切詭辯的命題，卽：它並不涉及一隨意的問題如爲某一特殊目的而可提出者，它但只涉及這樣一個問題，卽"人類理性在其前進中所必然要遭遇到者"這樣的一個問題。其次，純粹理性之辯證主張以及此辯證主張之反對方面的辯證主張雙方皆不含有任何純然人爲的虛幻就像那"一旦經過檢查後而立卽可以消滅"者那樣的虛幻，而是含有一種自然而不可避免的虛幻，此種虛幻甚至在"它不再消遣愚弄我們"以後，它仍然繼續去迷惑我們，雖然不再繼續去欺騙我們，而且這樣雖然它可被致使成爲無害的，可是它從不能被根除。 A 422

B 450

［註⑴〕：此依原文譯。依肯・斯密士之譯是如此："必須在兩方面有別於一切詭辯的命題"。"在兩方面"原文無。如此譯是把"它不涉及一隨意的問題云云"視爲第一方面，把"其次"云云視爲第二方面，是依這兩方面而有別於一切詭辯的命題。此譯非是，語意不順，故不從。其實，"其次"云云是另說一義，此亦是由"如上所說"而可知者。此語意惟 *Meiklejohn* 之譯能達之。

這樣的辯證主張並不關涉於經驗概念中的知性之統一，但只關涉於純然理念中的理性之統一。因爲此理性之統一包含有一種依照規律而成的綜和，是故它必須符合於知性；但是由於它要求綜和底絕對統一，是故它必須同時又與理性相諧和。但是此統一（卽"理性底統一"這種統一或"要求綜和底絕對統一"這種統一）之情況⑴卻又是這樣的，卽：當其適合於⑵理性時，它對知性而言為太大（卽為知性所不及）；而當其合度於⑶知性時，它對理性而言又太小（卽理性之統一又超過其合度於知性而成之知性之統一）。以此故，茲便有一種衝突發生出來，此衝突是不能被避免的，不管我們想如何為。

　　〔註⑴〕：原文"Bedingungen"在此當譯為情況，不當譯為條件。情況是虛，條件是實。"當其"云云"其"字卽指"統一"說。
　　〔註⑵〕："適合於"原文是"adäquat"同於英文之"adequate"。
　　〔註⑶〕："合度於"原文是"angemessen"，英譯為"suited"。

　　這樣，此等假合理的肯斷便揭露一個辯證的戰場，在此戰場
A423 中，開始去作攻擊的那一面總是勝利的，而被迫去作防禦的那一面總是失敗的。依此，矯健的戰鬥者，不管他們支持一好的理由或一壞的理由，只要他們力圖固守最後攻擊之權利，而不需去抵抗從其對方而來的新攻擊，則他們總可指望去奪得桂冠。我們可很容易知道：雖然這個競技場定須時常被踏入⑴（betreten），
B451 而種種勝利亦定可為雙方所得到，然而最後決定性的勝利則總是聽任為好理由而戰的戰士為戰場之主人，聽任其為戰場之主人只是因為他的對手被禁止不許再恢復其戰鬥。作為公正的仲裁人，我們必須把這問題，卽"競爭者之戰鬥是否是為好理由而戰鬥抑

或是爲壞理由而戰鬪”這問題，擱置在一邊。我們必須讓競爭者
單獨自己去裁決這問題。在“他們寧已疲憊力竭而並非已互相傷
害”之後，他們自己也許可以覺察到他們的爭吵之無益，而且亦
可以如好友般握手而道別。

[註(1)]：原文“betreten”是“被踏入”義，*Max Müller* 譯爲“被
進入”（has been entered）是，肯・斯密士譯爲“被爭奪”（be-
contested）非。“競技場”只能讓人進去互相競爭，而不能被爭奪。

這方法，卽“去注視肯斷底衝突，或勿寧說去激起肯斷底衝
突，注視之或激起之不是爲「判決以維護這一邊或維護另一邊」的
目的而注視之或激起之，而是爲這目的，卽「去研究這爭辯之對
象是否不或許是一欺騙的現象」這目的，而注視之或激起之（這
所謂一欺騙的現象乃是每一方徒然無效地力想去把握之者，而且
在關於此欺騙的現象中，縱使沒有對方可被克服，而亦沒有一方　　A 424
能達到任何結果）”，這一種注視之或激起之之方法，我說，這
一種處理之之辦法，可以被名曰“懷疑的方法”。懷疑的方法完
全不同於懷疑論，懷疑論是一個“技術與學問的無知之原則”，
它挖掘了一切知識底基礎，而且它依一切可能的路數努力想去毀
壞知識底可信賴性以及其穩定性。懷疑的方法與這樣的懷疑論完
全不同，因爲懷疑的方法意在於確定。它想在那些“爲雙方所眞　　B 452
誠而有力地進行”的爭辯之情形中去發見誤解點何在，這恰如明
智的立法者從訴訟案件中的法官之困窘力求去得到那敎訓，卽關
於“他們所立之法之缺陷與歧義”這方面的敎訓。背反，卽“在

法律底應用中揭露其自己"的那背反（衝突，使法官困窘者），
就我們的有限制的智慧而言，乃是那"引起缺陷與歧義"的立法
(legislation, der Nomothetik) 之最好的判準。理性，即那
"在抽象的思辨中並不容易覺察到其錯誤"的那理性，它因着這
背反而豁醒，豁醒而至意識到那些"在其原則之決定中〔須要被算
在內〕"的諸因素 (factors, Momente)。

　　但是，懷疑方法之重要只是對超越的哲學而言始如此。雖在
一切其他研究之領域裏，它或可被免除，然而在超越哲學這領域
內，它不能被免除。在數學裏，懷疑方法之使用自是荒謬的；因
為在數學中沒有假的肯斷能被隱蔽起來而且被致使成 為 不 可 見
A425　的，蓋因為數學中之證明必須總是在純粹直覺底指導下而進行，
而且亦必須總是因着那總是明顯的一種綜和而進行。在實驗哲學
裏，因懷疑而引起的遲滯或猶豫實在說來可以是有用的；但是此
中並沒有那"不能容易地被移除"的誤解是可能的；而"裁決爭辯"
底最後辦法，不管是早發見，抑或是晚發見，最後必須為經驗所
B453　供給。道德哲學亦能把它的諸原則連同這些原則底實踐後果一起
盡皆呈現於具體中，盡皆呈現於那些"至少是可能的經驗"的東西
中；而由於抽象而生的誤解亦可因而被避免。但是在那 "對於那
越過一切可能經驗底領域以外的東西要求有一種洞見"的超越的
肯斷方面，情形卻完全不如此。此類超越的肯斷之抽象的綜和從
不能在任何先驗直覺中被給與，而且此類超越的肯斷又是如此之
被構成以至於那在它們中是錯誤的東西從不能因着任何經驗而被
檢查出。因此，超越的理性除努力去使它的各種肯斷相諧和外，
不允許有任何其他種考驗法。但是，對這種考驗法底成功的應用

而言，"那些肯斷所陷入"的那種互相間的衝突必須首先讓它去自由地而且不受束縛地發展出來。我們現在就要着手去把那些肯斷所陷入的互相間的衝突排列出來[a]。

(a)處　康德注之云：

諸背反是依照上面所列舉的超越理念之次序互相相隨而來。

[案：以下排列四種背反，在康德原文是以表列的方式而排列之，即正題反題在每一頁中排成兩欄，兩兩相對。英譯亦如此。但我以為這種表列方式閱讀起來並不見得方便而省力，因為文字太長故。故吾仍以前後出之。又因為兩欄排列在排印時很困難，故不從。]

純粹理性底背反

超越理念底第一衝突

正題： 世界在時間中有一開始，而就空間說，世界亦是被限制的。

證 明

如果我們假定"世界在時間中無開始"，則迄每一特定所與的片刻止，一種永恒已必流過，而在世界中妓必已流過事物底相續狀態之一無限的系列。 現在， 一系列底無限性是存於這事實，卽：它從不能通過相續的綜和而被完整起來。如是，隨之而來者便是： 一個無限的世界系列要去流過去，這乃是不可能的，而因此，世界底一個開始是"世界底存在"之必要條件。這是所要證明的第一點。

就第二點（空間方面）說，讓我們再假定此正題之反面，卽假定"世界是共在的事物之一無限的所與整全體"。現在，一個量它若不是像在一定限制之內那樣而被給與於直覺中[a]，則這樣一個量底量度其能被思是只有通過它的部分之綜合而始能被思，而這樣一個無限量之綜體其能被思也是只有通過這樣一種綜和，卽那"通過單位加到單位這種重複的增加而被致使至於完整"這樣的一種綜和，而始能被思[b]。因此，要想去思那"充滿一切空間"的世界爲一整全體，則一無限世界底部分之相續綜和必須被看成是完整了的，那就是說，一個無限的時間必須被看成是在一切共在的事物底列舉中業已流過去。但是，這卻是不可能的。因此，現實事物底一個無限的集合不能被看成是一所與的整全體，因而結果也就是說，它也不能被看成是同時地被給與了的。因此，就空間中的廣延說，世界不是無限的，但卻是被封在限制之內的。這是所要證明的第二點。〔案此句肯・斯密士譯爲："這是爭辯中的第二點"，非是。〕

(a)處，康德有注云：

一個不決定的量當它是這樣的，卽"它雖然被封在限制之內，但我們却不需要通過測量，卽通過它的部分之相續綜和，去構造它的綜體"，當它是如此云云時，它能當作一整全而被直覺。因爲封限之的那些限制，在其割截了封限外的任何其他東西中，其本身卽決定它的完整。〔案：若世界是一無限整全，則此無限量是一決定量，但它旣不可能在直覺中被給與，是故它只有通過其部分之綜和始能被思。但通過部分之綜和而至無限量之完成，這是不可能的。一個"被封在限制之內，但却不需要通過部分之相續綜和去構造它的綜體"這樣的一個不決定量能當作一整全而被直覺。但世界旣是無限的，它並不被封在限制之內，是故它不能當作一整全而被直覺，只能通過部分之相續綜和而被思；但通過部分之相續綜和而期達至無限量之完成，這是不可能的。如文中所述。因此正題說世界不是無限的，而是被封在限制之內的。但讀者却不要以爲此正題是對

B 456

的。它駁斥對方雖有理，但並不因此其自身卽是對的。對方亦同樣可以駁斥它，但並不因此反題就是對的。見後批判的解決中可知。此卽所謂互相衝突但沒有一方是站得住的。〕

(b)處，康德作注云：

綜體之概念，在無限量之綜體這一情形中，簡單地說，只是它的部分底完整綜和之表象。蓋因為我們不能從整全體之直覺中得到概念（在無限量之綜體這一情形中，從整全體之直覺得到概念，這是不可能的），是故我們之能領悟此綜體之概念是只有通過部分之綜和而領悟之，此所謂部分卽是那些"被看成，至少在理念中被看成，可以進行至無限整體之完成"的那些部分。

純粹理性底背反

超越理念底第一衝突

反題: 世界無開始, 在空間中亦無限制; 就時間
與空間這兩方面說, 世界皆是無限的。

證 明

設讓我們假定: 世界有一開始。因爲所謂"開始"就是開始存
在, 而 "開始存在" 之存在就是這樣一種存在, 卽它爲一時間所
先, 而此先之之時間卻是"事物不存在於其中"的時間, 因爲所謂
"開始"是如此云云, 是故玆必已有一先行的時間, 世界不曾存在
於其中, 卽是說, 玆必已存有一空的時間。現在, 在一空的時間
中, 沒有"一物之開始存在"是可能的, 因爲此空的時間中沒有一
部分, 當與任何其他部分相比較時, 它寧具有"存在"之顯著條件
而不具有"非存在"之顯著條件; 此義, 不管事物是被設想爲以其
自己而發生, 抑或是被設想爲是通過某種其他原因而發生, 皆可
適用。在世界中, 許多事物系列實可有一開始; 但世界自身卻不
能有一開始, 而因此在關涉於過去時間中世界是無限的。

就第二點（空間方面）說, 讓我們由假定反題之反面, 卽:
"空間中的世界是有限的而且是被限制了的, 因而結果也就是說,
世界存在於一無限制的空的空間中"這反面, 來說起。這樣, 事

物將不只是在空間中互相關聯着，而且亦關聯於空間。現在，因
為世界是一絕對的整全，在此世界以外，並不存有直覺底對象，
因而亦並不存有那相關者，卽"世界可與之發生關係"的那 "相關
者"，是故世界之關聯於空的空間必應是世界之關聯於無對象(和
無對象相關聯)。但是這樣一種關聯，因而結果也就是說，因着
空的空間而成的世界之限制，是無。（案意卽這樣的關聯等於無
關聯，這樣的因着空的空間而成的世界之限制等於無限制）。因
此，世界不能是在空間中被限制了的；那就是說，在關涉於廣延
方面，世界是無限的(a)。

(a)處，<u>康德</u>注之云：

空間只是外部直覺之形式（形式的直覺）。它不是一個"可
外部地被直覺"的真實對象。空間，由於它先於那"決定它（佔
有或限制它） "的一切事物而存在，或勿寧說先於那 "符合於
經驗直覺之形式而給出一經驗直覺"的一切事物而存在，是故
它在絕對空間之名稱下沒有別的，不過就是外部現象底純然的
可能性，此所謂外部現象是當其或者依其自身而存在着或者可
被加到一些特定所與的現象上者：名之曰絕對空間的空間不過
就是如此云云的外部現象底純然的可能性。因此，經驗直覺不
是現象與空間這兩者底一種組合（不是"知覺"與"空的直覺"這
兩者底一種組合）。現象（知覺）與空間（空的直覺）這兩者
中之任一個皆不是一綜和中的另一個之相關者；它們兩者當作
直覺之材料與形式而被連繫於同一經驗直覺中。如果我們想去
把這兩個因素中的任一個置於另一個之外，置空間於一切現象

之外，則茲遂有一切種空洞的外部直覺之決定，而這些空洞的外部直覺之決定却猶不是一些可能的知覺。舉例來說，“世界底動（或靜）之關聯於無限的空的空間”這一種關聯之決定就是那“從不能被覺知，因而亦就只是一純然的思想物之謂詞”的一種決定。

對於第一背反之省察

Ⅰ 對於正題之省察

在陳述這些相衝突的論證中，我並不曾求諸苦心經營的詭辯。那就是說，我並不曾依靠或動用私人辯護律師底方法，私人辯護律師是想利用對方底不小心，隨便訴諸一誤解的法律，以便他可以因着反駁那法律而建立他自己的不正當的要求。上面的證明中的每一方的證明皆從所爭辯之事中自然地發生出來，而且亦並沒有什麽好處可得之於這機會或空隙，即那“由雙方獨斷論者之任一方而達到的錯誤結論所供給”的那機會或空隙。

我可以依獨斷論者底經常樣式，從“一所與量底無限性”這一有缺陷的概念開始，來虛僞地建立正題。我可辯論說：設有一量度，如果比這量度本身更大者不是可能的（所謂量度本身乃是以這量度所含有的諸所與單位之複多數來決定者），則這量度便是無限的。現在，沒有複多數是最大的複多數，因爲一個或多個單位總能被加到那複多數上去。因此，一個無限的所與量，因而也就是說，一個無限的世界（無限是就已流過的系列或就廣延而說的無限），是不可能的；世界必須在流過的系列方面以及在廣延方面，皆是被限制了的。此種思路是我的證明所可遵循的思路。但是上面所說的那個概念（卽如上界定其無限性的那個量度之概念）對於"我們經由一無限的整全所意謂者"不是適合的。上面所說的那個概念並不能表象那量度是如何樣的大，因此，它不是"一最高度（極度）"之概念。通過那個概念，我們只思維"此量度之關聯於任何可指定的單位"之關聯，而就此量度所關聯的任何可指定的單位而言，那量度是較大於任何一數者。若如此而界定那量度爲無限，則比照所選取的單位爲較大或較小，那無限必亦會隨之爲較大或較小。但是，無限，當其只存於"關聯於特定單位"這關聯中時，它應總是同一的。因此，整全體底絕對量度必不能依此路而被知；實在說來，上面那個概念實不曾論及整全體底絕對量度。〔案意卽上面那個量度之概念只表示那量度大於任何數，沒有比之爲更大者，此並不表示它是一無限的絕對整全。若以此爲該量度之無限性便是一有缺陷的概念。我並不從此有缺陷的"無限"之概念來僞證世界之有限以及其有開始。〕

A432
B460

眞正超越的"無限之概念"是這樣的，卽：諸單位之相續綜和，一量度之計算上所需要者，決不能被完整起來[a]。因此，那完全確定地隨之而來者便是："引至一特定所與的一刹那"的那現實地諸相續狀態底一種無始以來的永恒不能已經流過去，因此，世界必須有一開始。〔案此卽上面正題之證明中所取之路：由反面無限之不可能而證明世界爲有始。但此正題亦同樣可被反對方面所反駁而證明其反題。此卽互相衝突而皆不能自立。〕

　　[a]處，康德注云：

因此，此量度（卽"其單位之相續綜和決不能被完整起來"
這個量度）含有一個量（諸所與單位底一個綜量）大於任何數
——此是數學的無限之概念。

在正題底第二部分中，那含在一個"是無限的而又已流過去"
的系列中的困難不會發生，因爲那"在廣延方面是無限的"一個世
界之雜多是當作"共在者"而被給與的。但是，如果我們要去思考
這樣一種複多之綜體，而又不能訴諸那些限制，卽"它們以其自
身把這複多構成一綜體於直覺中"的那些限制，則我們便必須要
去說明這樣一個概念，卽 "此概念，在我們現在假定世界是無限
的之情形中，不能從全體而進到諸部分底決定的複多，但必須因
着諸部分底相續綜和而證明一全體底可能性"這樣的一個概念。
現在，因爲此相續的綜和必須構成一個"從不能被完整起來"的系
列，是故我不能思考一[無限性的]綜體它或是先於綜和而存在，
或是藉賴着綜和而存在。因爲[無限性的]綜體之概念，在 "世界
是無限的"這一情形中，其自身就是 "諸部分底一完整起的綜和"
之表象。而因爲這種完整是不可能的，所以這完整之概念也同樣
是不可能的。 [因其不可能，是故得證明正題世界在廣延方面是
有限。但此正題亦同樣不可能，此如反題之證明。]

對於第一背反之省察

{ A431
{ B459

II 對於反題之省察

"所與的世界系列"底無限性之證明以及"世界整全"底無限性

之證明是基於這事實，即：依相反的假定，一個空的時間與一個空的空間必須構成世界之限制。我知道有人企圖以以下之辯說來避免這個結論，即他們辯說：世界在時間與空間中之限制其完全為可能是無須我們去作這不可能的假定，即"一絕對時間先於世界之開始，或一絕對空間超越這真實世界之外"，這種不可能的假定，而即可完全為可能。此義之後一部分即"無須去作這不可能的假定"這一部分，如來布尼茲派底哲學家所執持著，我完全同意。空間只是外部直覺底形式：它不是一個"能够外部地被直覺"的真實對象：它不是現象底一個相關者，但只是現象本身底形式。而這樣，因為空間不是對象，但只是可能對象底形式，是故它不能被看成是那"決定事物之存在"的某種"其自身為絕對"的東西。事物，當作現象看，它們決定空間，即是說，它們對於空間底一切可能的量度謂詞與關係謂詞決定其中此一個或彼一個特殊的量度謂詞與關係謂詞，決定之使其隸屬於真實物。另一方面，空間若被看成是某種自我潛存的東西，則其自身決不是什麼真實的東西，因而它也決不能決定真實物底量度與形狀。因而又隨此而來者便是：空間，不管它是充滿的或是虛空的[a]，它可以為現象所限制，但是現象卻決不能為一外於現象的"空的空間"所限制。此義對於時間亦同樣適用。但是，縱使這一切皆可被承認，以下之義仍不能被否決，即："這兩個非實物即外於世界的空的空間以及先於世界的空的時間這兩個非實物必須被假定"這一義仍不能被否決，如若我們要想對於空間與時間中的世界去假定一限制時。

(a)處，康德注之云：

顯然，在這裏我們所想去說的是：空的空間，就其為現象所限制而言，即，世界之內的空的空間，這種空的空間至少並不是超越原則底矛盾面（至少不與超越原則相矛盾），因此，當超越原則被論及時，這種空的空間可被允許。但是其可被允許並不等於其可能性之肯斷。

"如果世界有時間與空間中的限制，則無限的虛空必須決定這量度，即「現實事物所依以存在」的那量度"，此義須被假定，此一須被假定之歸結是不可避免的。那"聲言能使我們去避免此歸結"的論證之方法是存於暗中以某種我們對之無所知的智思世界代替感觸世界；以"不預設任何其他條件"的存在一般代替第一開始（初始，即為一"非存在"底時間所先的一種存在）；並且以"世界整全"底界限代替廣延之限制：這樣，便可以擺脫時間與空間。但是我們在這裏是只論及現象世界（mundus phaenomenon）以及其量度，因此，我們不能若抽掉以前所說的感性之條件而不毀壞此現象世界之存有（實有）。如果感觸世界是有限制的，則它必須必然地處於無限的虛空中。如果那個虛空，因而也就是說，作為現象底可能性之先驗條件的那"空間一般"，被擱置於一邊而不理，則全部感觸世界必消失而不見。此感觸世界就是那"在我們的問題中被給與於我們"的一切。智思世界（mundus intelligibilis）沒有別的，不過就是"世界一般"之一般概念，在此"世界一般"之一般概念中，我們把對於世界之直覺這直覺之一切條件皆抽掉，因此，在關涉於此"世界一般"之一般概念中，沒

有綜和命題，肯定的或否定的,能够可能地被肯斷。〔**案**依原文:沒有綜和命題，肯定的或否定的，能是可能的。〕

純粹理性底背反

超越理念底第二衝突

正題： 世界中每一組合的實體物皆是由單純的部
分而被組成，而除單純者以及那由單純者
而被組合成的東西外，再沒有什麼東西可
存在於任何處。

證　明

　　設讓我們假定組合的實體物不是由單純的部分而被組成。如
是，如果一切組合在思想中被移除，則必無組合的部分可以留存，
而（因為我們不承認有單純的部分），是故亦無單純的部分可以留
存，那就是說，畢竟沒有什麼東西將可以留存下來，因而結果也
就是說，將沒有實體物可被給與。因此，或者"在思想中去移除
一切組合"這是不可能的，或者在移除組合以後，茲必須存有某
種"沒有組合而仍存在着"的東西，那就是說，茲必須存有單純
者。在前一情形中，組合物必應不是由實體物而組成（因為在實
體物處，組合只是諸實體物底一種偶然關係，諸實體物，作為常
住的實有，必須沒有那種偶然的關係而仍可繼續存在）⑴。由於

此前一情形違反我們的假定（即可移除之假定），是故茲只剩下
後一情形⑵，此亦卽是說：世界中的諸實體物之組合是由單純的

部分而組成。

　　[註(1)]：案此一整句依康德原文譯，*Max Müller* 亦如此譯。原
文有括弧，括弧中之所說是注明語，表示組合之實義，組合只是諸實
體物底一種偶然關係，無組合之偶然關係，實體物仍可自存。前一情
形是說"在思想中去移除一切組合是不可能的"，如是，則組合物必只
是思想中的虛構物，而不是實體物之組合。因爲若是實體物之組合，
則在思想中去移除一切組合必應是可能的。肯・斯密士之譯把括弧去
掉，而又用分號與前句分開，遂令人迷失的旨。

　　[註(2)]："只剩下後一情形"，亦依原文譯。肯・斯密士譯爲"只
剩下原來的假定"，遂使前文兩"或者"所示之兩可能無交待，此亦迷
失不達。

　　那作爲一直接的後果隨之而來者便是：世界中的事物，無例
外，一切盡皆是單純的實有；組合只是這些實有底一種外部狀
態；雖然我們從不能把這些基本的實體物孤立起來，就像把它們
從組合之狀態中提出來那樣把它們孤立起來，然而理性卻必須想
它們爲一切組合之基元主體，因而也就是說，想它們爲單純的實
有，爲先於一切組合而存在者。

純粹理性底背反

{ A 435
B 463

超越理念底第二衝突

反題: 世界中沒有組合的東西是由單純的部分而
組成, 而世界中亦無處存有任何單純的東
西。

證　明

設假定一組合物（作爲一實體物的組合物）是由單純的部分
而組成。因爲一切外部的關係，因而也就是說，一切實體物之組
合，　是只有在空間中始可能，　所以一空間必須由許多部分而組
成，這組成之之部分之多亦如“含在那佔有此空間的組合物中”的
部分那樣多。但是，空間不是由單純的部分而組成，而是由諸空
間而組成。因此，組合物底每一部分必須佔有一空間。但是，每
一組合物底諸絕對第一部分(諸基元部分)是單純的部分。因此，
單純者亦佔有一空間。現在，因爲那佔有一空間的每一眞實的東
西其自身就含有許多互相外在的成素，因而此每一眞實的東西亦
是一組合物；又因爲一眞實的組合物不是由偶然的東西而組成
(因爲偶然者不能在無實體物中，即離開實體物，而互相外在)，
而是由實體物而組成，是故那單純者必應是諸實體物之一組合
——此是自相矛盾的。

反題底第二部分卽：世界中無處存有任何單純的東西，此只在意謂這一點， 卽： 絕對單純者之存在不能因着任何經驗或知覺，無論是內部的或外部的，而被建立；因此，絕對單純者只是一理念，其客觀實在性從不能在任何可能經驗中被展示，而由於它無對象，是故它在現象底說明中亦無可應用處。因為，如果我們假定：在經驗中一個對象可以為此超越的理念而被發見出來，則這樣一個對象底經驗直覺必須被知為是這樣的一種直覺，卽它是一個"不能含有那「互相外在而又可被結合於統一中」的雜多"的直覺。但是，因為從這樣一種雜多之"非意識"中［案卽我們不能意識到這樣的雜多，卽"互相外在而可結合於一統一中"的雜多，我們對此種雜多無有意識或意識不到］我們不能歸結到它之在一對象之每種直覺中之完全不可能性［案我們雖對此種雜多意識不到，然不能由此卽說它在一對象之每種直覺中皆完全不可能］；又因為設無這樣的證明［案意卽設無這樣的雜多底完全不可能性之證明］，絕對單純性便絕不能被建立，是故隨之而來者便是：這樣的單純性不能從任何知覺而被推斷出。一個絕對單純的對象從不能被給與於任何可能經驗中。而因為所謂感取世界，我們必須意謂它是一切可能經驗底綜集，所以隨之而來者便是：沒有什麼單純的東西可在世界中的任何處被發見。

反題底這第二命題比其第一命題有一更廣的應用。因為第一命題只從組合物之直覺中把單純者驅逐出去，而這第二命題卻從自然界底全部中把單純者排除去。因此，因着涉及外部直覺（組合物底外部直覺)底一特定所與的對象之概念去證明此第二命題，那不曾是可能的，但只有因着涉及 "此特定所與的對象之關聯於

A 437
B 465

一可能經驗一般"始可去證明此第二命題。

對於第二背反之省察 {A 438 \\ B 466

Ⅰ 對於正題之省察

當我說及一全體爲必然地由單純部分而組成時，「我是只涉及一實體性的全體，此一實體性的全體其爲一組合者是依"組合"這詞之嚴格意義而爲組合者，那就是說，我是只涉及雜多底那種偶然的統一」[1]，此中所謂雜多是這樣的，卽它們，當作各別的而被給與者(至少在思想中當作各別的而被給與者)，可被置於一相互的連繫中，而因着此相互的連繫，它們遂構成一統一。空間，恰當地說，必應不可被名曰組合體 (compositum)，但只應被名曰整全（或整一 totum），因爲空間底諸部分是只在全體中才是可能的，而並不是這全體通過部分而可能。實在說來，空間或可被名曰一理想的組合體 (compositum ideale)，但不可被名曰一實在的組合體(compositum reale)。但是，這樣名之，實只是一純然的纖巧（無甚意義）。由於空間並不是一個 "由實體物而組成"的組合物（甚至也不是由眞實的偶然物而組成者），是故如果我從空間上移除一切組合，便什麼也沒有留存下來，甚至連一個"點"也沒有留存下來。因爲一個點是只當作一空間底限制才是可能的，因而也就是說，只當作一組合物[2]底限制才是可能的。因此，空間與時間並不由單純部分而組成。那只屬於一實體物之狀態者亦非由單純者而組成，縱使這狀態有一量度，例如有一變度，它亦非由單純者而組成；那就是說，變度底某種級度

{A 440 \\ B 468

並不是通過許多單純的變度之增加而發生。我們之"從組合者推到單純者"之推斷是只應用於自我潛存的東西。〔一物底〕狀態之偶然者並不是自我潛存者。這樣，當作實體地組合的東西之構成部分看的單純者其必然性之證明很容易被推翻（正題底全部亦連同着很容易被推翻），如果這證明被擴張得太遠，而且在無限制中（在無區別中⑶）被致使去應用於每一組合的東西——如時常所已爲者那樣，時。

[註⑴]: 案此依原文當如此: "此所謂全體，我只理解之爲一實體性的全體，此一實體性的全體乃是一有特別而準確意義的組合體 (als das eigentliche Compositum)，那就是說，我只理解之爲雜多底那種偶然的統一，"云云。肯·斯密士之譯稍有變動，亦達。"一有特別而準確意義的組合體"另兩英譯爲"一眞正的組合體"。

[註⑵]: 案此所謂"組合物"（Zusammengesetzten）當卽屬空間自身之組合物，非泛言之的組合物。

[註⑶]: 案原文是"在無區別中"。

復次，我在這裏說及單純者是只就"這單純者是必然地被給與於組合物中者"而說及之，此中所謂組合物乃是那"可以化解成單純者，以此單純者爲其構成部分"的那組合物。心子（單子 monas）這個字，依其嚴格意義，卽"來布尼玆所依以使用此字"的那嚴格意義，而言，它只應涉及那單純者，卽"當作單純本體（例如在自我意識中者）而直接被給與"的那單純者，而並不涉及組合物中之一成素。此後者，卽組合物中之成素，名之曰原子

A 442}
B 470}

(atomus) 則較好。由於我是想去證明那只當作組合物中的成素看的單純本體〔之存在〕，是故我可以名此第二背反之正題(1)曰"超越的原子論的"(die transzendentale Atomistik)。但是，由於"原子論的"一詞長久以來是專適用於去指表"說明物質現象（分子）"這一特殊的說明之之模式，因而它亦預設經驗的概念，是故此第二背反之正題可以較適當地被名曰"辯證的單子論原則"。

　　〔註(1)〕：案"正題"原文爲"反題"，誤。肯·斯密士注明云："依 *Mellein* 及 *Valentiner* 校改"。

對於第二背反之省察

{ A 439
{ B 467

Ⅱ 對於反題之省察

　　由於對抗"物質底無限分割性之主張"（此一主張之證明純是數學的），諸抗議遂被單子論者所提出。但是，此等抗議立刻使單子論者亦遭受懷疑。因爲不管數學的證明是如何之顯明，單子論者總拒絕去承認以下一點，卽：只要當空間事實上是一切物質底可能性之形式條件時，此等數學的證明是基於對於空間底構成（本性）之洞見上的。單子論者把此等數學的證明只看成是由抽象而隨意的概念而成的推斷，因而也就是把它們看成是不可應用於眞實的事物者。但是去發明一種另樣的直覺，此另樣的直覺不同於那"被給與於根源的空間之直覺中"的直覺，這如何是可能的！空間底先驗決定如何竟不能够直接地可應用於那種東西上，即那"只當它充滿空間時它才是可能的"那種東西上！設若我們眞去聽從單子論者之意見，則除"數學點"以外（數學點，它雖是單純的，但卻不是空間底一部分，而是一空間之限制），我們一定要去思議一些"物理點"爲同樣是單純的，雖是單純的，然而卻又去思議之爲有這樣顯著的特徵者，即"它們當作空間底部分看能够通過它們的純然聚合而去充滿空間"這樣顯著的特徵者。對於單子論者底這種悖理，我不必去重複那許多常見而有結果的（確定的）反駁，大家皆知想因着純粹辨解的概念底詭辯式的操縱而去抹殺數學底顯明的已證明了的眞理，這是完全無益的；我只作以下之觀察或解說，即：當哲學在這裏同數學開玩笑玩鬼計時，它之所以如此玩弄，是因爲它忘記了：在此討論中，我們是只有關於現象以及現象底條件。在這裏，去爲知性所形成的組合物之純粹概念找出單純者之概念，這並不是足够的；那須被找出者乃是組合物（物質）之直覺上所需要的單純者之直覺（意即我們必須去爲組合物（物質）之直覺找出單純者之直覺）。但是，依感性底法則，因而也就是說，在感取底對象中，"去爲組合物（物質）之直覺找出單純者之直覺"這是完全不可能的。"當一整全體，由實體物而組成者，單經由純粹知性而被思時，我們必須在一切整全體之組合以前先有單純者"這雖然誠可以是眞的，然而這在現象界中實體性的整全體（totum substantiale phenomenon）上卻並不適用，這屬於現象的實體性的整全體，由於其是一空間中的經驗的直覺，是故它隨身帶有這必然的特徵，即其中沒有部分是單純的，因爲沒有空間底部分是單純的故。單子論者想因着拒絕把空間視爲外部直覺底對象（物體）底可能性之條

件，並想因着以這些物體（對象）以及 "實體物底力學關係" 作
為空間底可能性之條件來代之（代以上以空間為對象底可能性之
條件），想因着這種辦法去逃避此困難，他們固已很夠精明。但
是我們之對於物體有概念是只對於那作為現象的物體 始 有 一 概
念；而這些物體如其為現象，它們必然地預設空間為一切外部現
象底可能性之條件。因此，論點之規避推託（即單子論者那種規
避，那種託辭 die Ausflucht）是徒然無益的，而且它早已在超
越的攝物學中很充分地被處理過。如果物體是物自身，則單子論
者底論證自是有效的。

　　這第二個辯證的肯斷（即反題這個肯斷）有這種特殊性，即 {A 443 B 471
朝向着此反題之肯斷，有一獨斷的肯斷以反對之，此一獨斷的肯
斷是一切假合理的肯斷中唯一的一個它要在一經驗的對象中，承
擔去對那 "我們已把它只歸諸超越的理念" 的東西之實在性，即
本體之絕對單純性底實在性，供給一顯著的證據。此所謂本體之
絕對單純性，我在此是涉及此肯斷，即：內部感取底對象，即在
那裏思維着的"我"這個對象，是一絕對單純的本體。現在我不須
進入或着手這個問題（這在前章已充分被考慮過），我只須說明
這一點，即：如果（如在"我"這個完全赤裸的表象之情形中）任
何東西只當作對象而被思，而不加上關於"此對象底直覺"之任何
綜和性的決定，則沒有什麼雜多的東西，亦無所謂組合 (Zusa-
mmensetzung)，能夠在這樣一種赤裸的表象中被覺知。此外，
又因為我所經由以思考此對象的諸謂詞只是內部感取底諸直覺，
是故「在那只當作對象而被思的"我"這個完全赤裸的表象中」[1]，
亦不能有什麼東西被發見出來足以表明一互為外在的[成素]之雜

多，因而也就是說，足以表明一眞實的組合。"自我意識"有這樣
一種性質，卽：因爲"在思維着"的這個主體同時亦就是它自己的
對象，是故它不能區分（分割）它自己，雖然它能區分 "附着於
它" 的那些決定；因爲在關涉於它自己中，凡所謂對象皆是絕對
的單一。縱然如此，當這個主體外部地觀之時，卽被視爲是直覺
底一個對象時，它必須在它的現象中展示某種"組合"；而如果我
們要想去知道在此主體中是否有一種互爲外在的[成素]之雜多，
則此主體卽必須依此路（卽依外部地觀之之路）而被觀看。

〔註(1)〕：案原文只是個 "darin"，肯·斯密士譯爲"there"（在
那裏），此"在那裏"當卽指上句那赤裸的表象說。另兩英譯譯爲 "在
它們中"，此所謂"它們"（多數）是指那些 "只是內部感取底諸直覺"
的諸謂詞說，此則非是。蓋若旣是指這些作爲內部感取底諸直覺之謂
詞說，則在此諸謂詞處已有互爲外在的雜多了。此與"縱然如此"以下
所說相衝突。故將 "darin" 實指爲 "在那赤裸的表象中"。

純粹理性底背反

超越理念底第三衝突

{A 444
B 472

正題: 依照自然之法則而成的因果性不是這唯一
的因果性，卽"世界底現象盡皆由之以被
引生出"的那唯一的因果性。要想去說明
這些現象，"去假定復亦有另一種因果性，
卽自由之因果性"，這乃是必要的。

證　明

　　設讓我們假定：玆並沒有依照自然之法則而成的因果性外的
其他因果性（玆並沒有別種因果性，但只有依照自然之法則而成
的因果性）。既然是如此，則每一發生的事情皆預設一先在的狀
態，那發生的事情皆依照一規律不可避免地要隨此先在狀態而
來。但是，這先在狀態其自身也必須是某種已發生了的東西（某種
"在其先前不曾存在於其中的一個時間內開始有存在"的東西）；
因爲如果在過去它總是早已存在着，則它的後果亦必總是業已存
在着，這樣，它便不會只是剛發生。因此，某種東西所經由以發
生的那"原因底因果性"其自身也就是某種已發生了的東西，而此
某種已發生了的東西依照自然之法則復要預設一先在狀態以及此

先在狀態之因果性，而此先在狀態依同樣的方式復仍要預設一更
爲先在的狀態，依此繼續後設，無有底止。因此，如果每一發生
的東西只是依照自然之法則而發生，則茲將總只有一相對的（次
等的 subalternen）開始，而決不會有一第一開始，因而結果也
就是說，茲決沒有互相轉轉相生的原因這種原因一面的系列之完
整性。但是自然之法則恰卽是這個意思，卽：沒有什麼東西可以
無一充分地先驗地決定了的原因而可發生。因此，"除依照自然
之法則而成的因果性外，沒有其他因果性是可能的"這一命題，
當依一無限制的普遍性而被取用或被理解時，是自相矛盾的；因
此，依照自然之法則而成的因果性不能被看成是唯一的一種因果
性。

依是，我們必須假定有一種因果性，某種東西通過此種因果
性而發生，此種因果性之原因其自身不能再依照必然的法則而爲
另一"先於它"的原因所決定，那就是說，我們必須假定原因底一
種絕對的自發性，單因着此種自發性之自身(1)，那依照自然之法
則而前進的現象之系列逐得有一開始。此原因之絕對自發性便卽
是超越的自由，若無此超越的自由，甚至在〔普通〕自然之行程
裏，原因邊的現象之系列也決不能是完整的。

〔註(1)〕：案原文"以其自身"（vonselbst）似指自發性說，*Miekle-
john* 卽如此譯。他譯此句爲如此："此自發生其自身卽創始了一依照
自然法則而前進的現象之系列"。肯·斯密士與 *Max Müller* 則把此
"以其自身"譯成，是就現象之系列說的，此則於義不通，至少不順。
依其譯是如此："因着此種自發性，那依照自然之法則而前進的現象

A 446
B 474

之系列遂單以其自身自有其開始 (begins ofitself, or begins by itself)"。此則與"自發性創始之，隨自發性而有開始"之義相頂撞，故此句以 Mieklejohn 之譯爲是。玆從之，只是動詞"開始"仍作自動詞用。

粹純理性底背反

超越理念底第三衝突

反題：兹並無所謂自由；世界中的每一東西唯只
依照自然之法則而發生。

證　明

　　設假定有一超越意義的自由，以之作爲一特種因果性，依此
特種因果性，世界中的事情能够發生，卽是說，以之作爲“絕對
地肇始一狀態，因而復亦絕對地肇始那狀態底後果之系列”這種
肇始之之力量；設如此，則隨之而來者便是：不只是一個系列將
在此自發性中有其絕對的開始，而且卽“此自發性之決定，決定
之以去創發此系列”這種決定，卽是說，卽這因果性本身，亦將
有一絕對的開始；如是，則將不會有這樣一種先行的狀態，卽“通
過此先行的狀態，此活動（卽此因果性本身之活動），在其發生
時，是依照固定的法則而爲被決定了的”這樣一種先行的狀態。
但是，每一活動底開始皆預設一“尚未見諸行動的原因”之狀態；
而這活動底力學的開始，如果它亦是一第一開始，則它亦預設如
下所說這樣一種狀態，卽“此狀態與那先行的〔尚未見諸行動的〕
原因之狀態並無因果關係，那就是說，此狀態並不是從那先行的
〔尚未見諸行動的〕原因之狀態而來”，這樣一種狀態。這樣，超

越的自由是相反於因果法則的；而那種連繫，即 "超越的自由假
定之爲執持於諸活動的原因底諸相續狀態之間" 的那種連繫，將
使一切經驗底統一" 爲不可能。超越的自由不是可在任何經驗中
被發見者，因此，它是一空洞的 "思想物"。

　　因此，我們必須單只在自然中，[不是在自由中]，去尋求宇
宙事件底連繫與秩序。不受自然法則之束縛之自由（獨立不依於
自然法則之獨立無待性）無疑是一種從強迫（迫使）中而脫出的
解放，但也是從一切規律底指導中而脫出的解放。因爲 "去說自
由底法則進入那「展示於自然行程中」的因果性中，因而以代替
自然法則"，這並不是可允許的。如果自由眞是依照法則而爲被
決定了的，則它必應不是自由；它必只是另一名稱下的自然。自
然與超越的自由其不同就像 "順從於法則" 與 "無法則" 之不同。
"自然" 實是把 "總是高而又高地尋求原因系列中的諸事件之起源"
這種 "尋求之" 之費力而辛苦的工作賦與於知性。何以故 "自然" 要
把這費力而辛苦的工作賦與於知性？此蓋因爲諸原因底因果性總
是有條件的（被制約的）。"自然" 雖是把那辛苦的工作賦與於知
性，但是在補償中，"自然" 亦提出那依照法則而來的 "經驗之貫
通的統一" 之許諾。另一方面，自由之虛幻在原因底鍊子中對於
實行探究的知性提供一停止點（止息處），它把知性誘導至一無
條件的（不被制約的）因果性，此無條件的因果性單以其自身自
行開始去活動。但是，此種因果性是盲目的，而且它除消了那些
規律，即 "單只通過之，一個完整地貫通的經驗才是可能的" 那
些規律。

對於第三背反之省察

I 對於正題之省察

"自由"這一超越的理念決無法構成心理學的自由之概念之全部內容，心理學的自由之概念之全部內容主要是經驗的。超越的理念只表示（或代表）一個行動之絕對的自發性，以此自發性作為行動底可歸罪性（行動之負責性）之恰當的根據。但是，對哲學而言，這個超越的理念是一真實的障碍物（絆腳石）；因為在"承認任何這樣一種無條件的因果性"之道路中，存有許多不可克服的困難。在處理"意志自由"之問題中，那總是十分困惑思辨理性者就是此問題之全然超越的一面。此問題，恰當地觀之，只是如此：是否我們必須承認"自發地開始一相續的事物或狀態之系列"這種"自發地開始之"之力量。這樣一種力量如何可能，這不是在此正題之例案中所需要被答覆的一個問題，而在關涉於依照自然之法則而成的因果性中，這亦更不是需要被答覆的問題。因為，〔如我們所已見〕，我們必須以這先驗知識，即"依照自然法則而成的因果性必須被預設"這一先驗知識，而得滿足；我們絲毫不能去了解以下之情形，即"通過一個東西之存在，另一個東西底存在是被決定了的，而為此之故，這另一個東西底存在必須單為經驗所指導"這一情形如何能是可能的。我們已證明了現象系列底第一開始（由於自由）之必然性，我們之證明之是只在"此第一開始之必然性是使世界底起源為可思議上之所必要者"這限度內而證明之；因為一切此後相隨而來的狀態可被視為依照純粹自然法則而結成的成果。但是因爲"自發地開始一時間中的系列"之能力可因着該證明而被證明（雖非因着該證明而被理解），是故"在世界底行程內去承認諸不同系列在它們的因果性中爲能夠卽以其自身而開始者，因而去把一依自由而活動這一活動之能力歸諸它們各自的本體"，這一層現在對於我們也是可允許的。我們切不要讓我們自己因着一種誤解而被擋住，使我們不得去引出這可允許的結論。所謂誤解卽是這誤解，卽："由於發生於世界中的系列只能有一相對地第一開始，此系列在世界中總是爲某種其他事物之狀態所先，是故沒有一系列之絕對第一開始在世界之行程中是可能的"這誤解。我們切不要因着這種誤解而被擋住而不得去引出那可允許的結論。何以故？此蓋因爲我們在這裏所說及的那絕對第一開始並不是時間中的一個開始，而是因果性中的一個開始。舉例來說，如果我在此時從我的椅子上立起，依完全的自由而立起而並沒有更爲自然的原因之影響所決定，則一個新的系列，連同着一切它的自然的後果（無限的自然後果），卽在此事中（卽我從椅子上立起之事中）有它的絕對開始，雖然就時間說，此立起之事只是一先行的系列之連續。因爲此一決心（卽從椅子上立起這一決心）以及我的立起之動作並不形成諸純粹自然結果底相續之部分，而且亦並不是此諸自然結果底一純然的連續。就此決心之發生而言，自然的原因對於它並不表現什麼有決定作用的影響力。它實跟隨着那些自然的原因接踵而來，但卻不是由那些自然的原因而生出；依此，在關涉於因果性中（雖不是在關涉於時間中），它必須被名曰現象系列底一個絕對第一開始。

理性底這種需要，卽"我們在自然原因底系列中請求一第一開始，由於自由而成的第一開始”這種需要，乃是廣泛地被確認了的，其廣泛地被確認是當我們觀察到以下之情形而然，即當我們觀察到：一切古代哲學家（伊壁鳩魯派是唯一的例外），當他們要解明全宇宙之運動時，他們感覺到他們自己被迫着不得不去認定一元始的運動者，即是說，不得不去認定一自由地活動着的原因，此一自由活動着的原因它首先而且即以其自己開始了此宇宙運動底狀態之系列：當我們觀察到此所云云時，理性底那種需要便是廣泛地被確認了的。古代哲學家並不想通過自然自己之資源來使一“第一開始”為可思議（並不想因着只訴諸自然來使一第一開始為可理解）[1]。

[註(1)]：括弧內是 *Max Müller* 譯。案此句，*Meiklejohn* 則如此譯：“古代哲學家為使一第一開始為可理解之故，他們總覺得須要走出純然的自然之外”。

A 449 }
B 477 }

對於第三背反之省察

Ⅱ 對於反題之省察

“一無所不能的自然”（超越的重農主義 transcendental physiocracy）之擁護者，在維持其立場以對抗假合理的論證（即在支持反對面的自由之主張中所供給的假合理的論證）中，他必作如下之論辯。如果關於時間，你並不承認任何東西可為世界中數學地第一者，則關於因果性，去尋求某種“是力學地第一者”的東西，亦無必要。你有什麼權力（可信賴的權威）去發明世界底一個絕對第一狀態，因而也就是說，去發明現象底老是流過的系列底一個絕對開始，因而你便可因着對於無限制的自然安置上一些界限，而爲你的想像獲得一止息地：你有什麼可伏恃的權威去如此作呢？因爲世界中的諸本體物總是早已存在着（至少經驗底統一使這樣一個假設成爲必然的），是故玆並無困難去假定：諸本體物底狀態之變化，卽是說，諸本體物底變化底一個系列，亦同樣總是早已存在着，因而一個第一開始，無論是數學的或力學的，亦並不須被尋求。無限地推原所由來而無第一項（對此第一項而言，一切其餘者皆是此第一項之後繼者），這樣一種無限的溯源之可能性，就此可能性之可能而言，實在說來，誠不能被致使成爲可理解的。但是，如果爲此之故，你便拒絕去承認自然中的這個不可理解之謎，你將見你自己被迫着要去否認許多基本的綜和特性與綜和力量，此等綜和特性與綜和力量亦同樣很少有可理解處。甚至變化底可能性自身亦必須被否決。因爲設若你不能因着經驗而保證變化之實有（實有變化之發生），你也決不能先驗地去想出"有"與"非有"底這樣一種無停止的（無間斷的）承續之可能性。

｛A 451
　B 479

縱使一個超越的"自由之能力"可被允許，允許之以供給世界中的偶發事件之一開始，這個自由之能力亦必無論如何總須存在於世界之外（雖然任何這樣的假設，卽"在一切可能的直覺之綜集以上存有一個不能被給與於任何可能知覺中的對象"這樣的假設，仍然是一十分大膽而冒昧的假設）。但是，"在世界自身中去把這樣一種能力歸之於諸本體物"，這決不能是可允許的；因爲，如果一定要這樣作，則依照普遍法則而必然地互相決定着的諸現象之連繫（我所名之曰自然者），以及隨同着此連繫，經驗真理底判準(因此判準，經驗乃不同於作夢)，必幾乎完全消失而不見。與這樣一種無法則的自由之能力並肩相連而共處，"自然"〔作爲一有秩序的系統看〕很難成爲可思議的；"自由"底影響必是如此之不停止地更變了"自然"之法則，以至於現象，卽"在其自然的行程中是有規則的而且是齊一的"那現象，必會被歸化成無秩序與不連貫。

純粹理性底背反

超越理念底第四衝突

正題：茲有一個絕對必然的存有隸屬於世界，其隸屬於世界或是作為世界之一部分而隸屬之，或是作為世界之原因而隸屬之。

證　明

感觸世界，當作一切現象底綜集看，它含有一變化之系列。因為，設無這樣的一個系列，則甚至序列性的時間之表象，作為感觸世界底可能性之一條件者，亦必不會被給與於我們[a]。但是，每一變化皆處於變化底條件（變化之所依以成其為變化的那條件）之下，此條件在時間中先於變化而存在，並且使變化成為必然的。現在，每一被給與了的有條件者，就其存在而言，皆預設那些"直升至無條件者"的諸條件之一完整的系列，單只那無條件者才是絕對地必然的。這樣，變化若當作那絕對必然者底一個後果而存在着，則某種絕對必然的東西底存在必須被承認。但是此某種絕對必然的東西(此必然的存在)其本身屬於感觸世界。因為如果它外於那感觸世界而存在着，則世界中的變化系列必應

是從一個"其本身不屬於感觸世界"的那必然原因而引生其開始。但是，這是不可能的。何以故？這是因為以下的緣故而然，即：

由於時間中的一個系列底開始只能因着那在時間中先於這系列者而被決定，是故一變化系列底開始底最高條件必須當這系列尚不曾存在時即已在時間中存在着（因爲一個開始就是一種存在它爲一個時間所先，在這先於它的時間中，那開始有存在的事物尚未曾存在着）。依此，變化底一必然原因底因果性，因而也就是說，這原因本身，必須屬於時間，因而也就是說，必須屬於現象——時間之爲可能是只當它作爲現象之形式它才是可能的。因此，這樣的因果性不能離開那"構成感取世界"的一切現象之綜集而被思。因此，某種絕對必然的東西是被含在世界本身中，不管此某種絕對必然的東西是"這全部的世界系列之本身"（die ganze Weltreihe selbst）抑或是這系列底一部分[1]。

(a)處，康德作底注云：

　　時間，由於它是諸遷轉底可能性之形式的條件，是故客觀地說，它固實是先於那些遷轉而存在：但是，主觀地說，在現實意識中，時間之表象，就像每一其他表象一樣，是只在與知覺相連繫中而被給與。

[1]譯者案：此證明之歸結與所證明之正題之所說不一致。正題之陳述中並無"絕對必然的存有是這全部世界系列之本身"之說法。它只說"絕對必然的存有之隸屬於世界或是作爲世界之一部分而隸屬之，或是作爲世界之原因而隸屬之"。絕對必然的存有是世界之一部分並不等於全部世界系列本身是絕對必然的存有。又就此證明之歸結看，作爲世界之一部分與作爲世

界之原因似乎不能構成相交替的兩個可能，而只是一可能。如
是，就此證明之歸結而言，正題似當如此說：世界中存有某種
絕對必然的東西，此某種絕對必然的東西或是這全部世界系列
之本身，或是作為世界之一部分而為此世界之原因。如是陳述
之，方可與下文反題之否證相對應。但是，就此正題之證明之
過程而言，其中又無就“全部世界系列本身”而說者，它只就
條件系列之後返而直升至無條件者以證明一絕對必然存有之存
在。此又是一漏洞。若正題中列有“全部世界系列本身是絕對
必然的存有”這一可能，則在證明中亦當有一證明以說明之。
但在證明之過程中卻又缺此一步。或可這樣想：正題中不列這
一可能，只列“作為世界之一部分而為世界之原因”一可能，
以全部世界系列本身為絕對必然存有只是反題之證明中加強之
補充。

A 453}
B 481}

純粹理性底背反

超越理念底第四衝突

反題：一個絕對必然的存有在世界中無處可以存在，它亦不能存在於世界之外而為此世界之原因。

證　明

　　如果我們假定："世界本身是必然的"，或假定："一必然的存有存在於世界中"，如是，則可有兩種可能。或者在變化底系列中有一開始，此一開始是絕對必然的，因而也就是說，它不復再有一原因；或者這系列本身沒有任何開始，而雖然在其一切部分中它是偶然的而且是有條件的，然而當作一整體看，它卻是絕對必然的，而且是無條件的。但是，前一可能是與時間中的一切現象底決定底力學法則相衝突；而後一可能則與其自己相衝突，因為如果一個綜積量（Menge 一整全系列）底部分其中沒有一部分是必然的存在，則此綜積量（全部系列）自身底存在亦不能是必然的。

　　另一方面，如果我們假定："世界底一個絕對必然的原因存在於世界之外"，則此原因，由於它是世界中的諸遷轉底原因之系列中的最高分子，是故它必須肇始(a) "世界中的諸遷轉底原因"

A 455}
B 483}

之存在以及"此諸遷轉底原因之系列"之存在。現在，這個原因必須其自身開始去有動作，因此，它的因果性必應存在於時間中，因而也就是說，必應屬於現象之綜集，卽，屬於世界。因此，這個原因其自身必不能存在於世界之外——此則違反我們的假設（卽違反我們證明時先假定"世界底一個絕對必然的原因存在於世界之外"這假設，旣違反這假設，由此卽反證這假設不能成立）。

因此，旣非在世界中，亦非在世界外（雖在世界外然而卻與世界有因果連繫，意卽亦非這樣地在世界外），存在有任何絕對必然的存有。

(a)處，關於"肇始"，康德有底注云：

"肇始"這個動詞是依兩義而被取用；首先它被取用為主動的，此主動意義的肇始指表：作為原因，它肇始一"狀態之系列"，此一狀態之系列是那原因之結果；其次它被取用為被動的，此被動意義的肇始指表一種因果性，此因果性在那原因自身中開始去運作。在這裏，我從前一義推至後一義。

對於第四背反之省察

{ A 456
{ B 484

Ⅰ 對於正題之省察

在證明一必然存有之存在中，就此第四背反而論，我除使用宇宙論的論證外，我不應當去使用任何其他論證，此所謂宇宙論的論證卽是那"從現象領域中的有條件者上升至概念中的無條件

者"的論證，此所上升至的概念中的無條件者被認爲是系列底絕
對綜體之必要條件。"想從一最高存有之純然理念來證明此必然
存有之存在"這乃屬於另一"理性之原則"，而且這將須各別地被
處理(1)。（**譯者案: 此卽下章純粹理性之理想所批判的"存有論
的證明"**）。

　　［註(1)］: 案此句依原文直譯是如此: "而且這將須特別地被表現
出來"（特別地被擺出來 Wird besonders vorkommen）。

　　純粹宇宙論的證明，在其證明一必然存有之存在中，須把這
問題，卽"這個必然的存有是否就是世界自身，抑或是一不同於
世界的東西"這問題聽任其爲未被決定者。要想去建立此後一想
法（卽"必然的存有是一個不同於世界的東西"這一想法），我
們定須需要這樣一些原則，卽此等原則不再是宙論的原則,而且
此等原則亦並不仍然停留於(1)現象底系列中。因爲我們定須去使
用"偶然存有一般"之概念（此諸偶然存有被看成只是知性之對
象），並且定須去使用這樣一個原則，卽此原則將使我們能因着
純然的概念去把這些偶然的存有與一必然的存有連繫起來。但是
這一切皆屬於一"超絕的哲學"；我們在此尚不能去討論之。

　　［註(1)］: "仍然停留"（continue），康德原文是"fortgehen"，
另兩英譯照字直譯爲"進行"（proceed）。

　　如果我們宇宙論地開始我們的證明，把此證明基於"現象底

系列以及在此系列中依照經驗的因果性之法則而成的向後追溯"
上，則我們此後便必不可忽然脫離此種論證之模式，而過轉到某
種 "不是此系列之一分子"的東西上。任何被視爲 "條件"的東 {A458 {B486
西必須準確地依這同一樣式而觀之，即依 "我們所依以在系列中
視有條件者之關聯於其條件"這樣式而觀之，所謂"在系列中"之
系列乃是那"被設想爲因着連續的前進去把我們帶至最高的條件"
的那系列。依是，如果"有條件者之關聯於其條件"這種關聯是感
觸的，並且落在知性底可能的經驗使用之範圍內，則此最高的條
件或原因只在依照感性底法則中，因而也就是說，只當它本身也
屬於時間系列時，它始能把向後追溯帶至一終結之境。因此，此
必然的存有必須被看成是宇宙系列底最高分子。

縱然如此，有些思想家卻讓他們自己有 "作這樣的一種轉移
或跳躍"之自由。他們從世界中的諸變化已推斷出這些變化底經
驗的偶然性，即是說，推斷出它們之 "依待於經驗地有決定作用
的原因"之依待性，而因此，他們便得到了經驗條件底一個上升
的系列。到此爲止，他們完全是對的。但是，因爲他們在這樣一
個系列中不能找到任何一個第一開始，或任何一個最高的分子，
所以他們忽然離開經驗的偶然物之概念，並且抓住純粹範疇，如
是，此純粹範疇便引起一全然智思的系列，此一智思系列之完整
性基於一絕對必然的原因之存在。由於此絕對必然的原因不曾受
制於任何感觸的條件， 是故它亦不曾受制於這時間條件， 即那
"必會要求此絕對必然的原因之因果性其自身必須有一開始"的
那時間條件。但是，這樣的辦法（即上述 "忽然離開經驗的偶然
物之概念，抓住純粹範疇"之辦法）是完全不合法的，其爲不合

法就如從以下所說而可被推測到者那樣的不合法。

依範疇底純粹意義（嚴格意義）而言，偶然物之所以名爲偶然物是因爲它的矛盾的反面是可能的。現在，我們不能從經驗的偶然，辯說到智思的偶然。當任何東西已更變了時，它的狀態之反面在另一時間中是現實的，因而亦是可能的。但是，此一現存的狀態不是先行的狀態之矛盾的反面。要想去得到這樣一種矛盾的反面，我們需要去想：在那“先行狀態所曾存在於其中”的同一時間中，此先行狀態之反面就已能代替此先行狀態而存在。但是這一點從不能從變化〔之事實〕而被推斷出。一個曾存在於動（＝A）中的物體可以歸於靜（＝非A）。現在，從“一相反於狀態A的狀態隨狀態A而來”這一事實，我們不能辯說：A底矛盾的反面是可能的，並辯說：因A之矛盾的反面是可能的，是故A是偶然的。要想去證明這樣一個結論，那須被表明的乃是這一點，卽：玆能已有靜以代替動，而且卽在“此動所曾發生於其中”的那時間中，卽能已有靜以代動。但一切我們所能知的是如此，卽：靜在那繼動而來的時間中曾是眞實的，因而它同樣亦曾是可能的。在此一時間中的動與在另一時間中的靜其相關聯著並不是如兩相矛盾的反面那樣相關聯着。依此，諸相反的決定之相承續，卽是說，變化，決不能建立起那“被表象於純粹知性底概念中”的那類偶然；因此，它亦不能把我們帶至一必然存有之存在，卽那“同樣地在純粹智思的概念中而被思”的那必然存有之存在。變化只證明經驗的偶然；卽是說，只證明：新的狀態，在一屬於前時的原因之不存在中，決不能以其自身而發生（**案意卽：如無一屬於前時的原因，一新的狀態決不能自行發生**）。而此一義卽

是因果法則所規定的情況（依原文：而此一義卽是隨因果法則而
來者）。此一屬於前時之原因，縱使它被視爲是絕對地必然的，
它亦必須是如其能被發見於時間中那樣而存在着，而且它亦必須
屬於現象之系列。

對於第四背反之省察

Ⅱ 對於反題之省察

"阻碍我們去肯斷一絕對必然的最高原因之存在"的那些困
難，卽 "我們設想我們自己，當我們在現象底系列中上升時，所
可遇見"的那些困難，它們並不能是這樣的困難，卽如那"在與一
物一般底必然存在之純然概念相連繫中"而發生者那樣的困難。
因此，那些困難並不是存有論的，那些困難必須有關於現象底系
列之因果連繫（對此因果連繫，一個 "其自身是無條件者"的條
件須被假定），因此，那些困難必須是宇宙論的，而且是關聯於
經驗法則的。以下兩層意思必須被表明出來：卽：(1)在感觸世界
中的原因之系列中的後返決不能在一 "不是經驗地被制約的"條
件中終止，(2)由世界底狀態之偶然性，卽那因着這些狀態底變化
而被致使成爲確實的"那偶然性"，而成的宇宙論的論證，這宇宙
論的論證並不支持系列底一個第一而絕對地有創發性的原因之假
定：此兩層意思必須被表明出來。

在此背反中，一種奇怪的情形可以被揭露出來。正反兩題基
於同一根據。依此同一根據，在正題中，一個根源的存有之存在
被推斷出來，而在反題中，則是它的"非存在"被推斷出來，而此

"非存在"之被推斷出亦以同樣的鋒利或緊切（schärfe, Strin-gency）而被推斷出。我們先已被保證（被告知）：一個必然的存有存在着，因爲"過去時底全部"綜攝一切條件底系列，因而亦綜攝無條件者（卽必然者）：我們現在則被保證（被告知）：玆並無一必然的存有之存在，而此確然亦因爲這同一理由而然，卽："過去時底全部"綜攝一切條件底系列（因而這一切條件其自身盡皆是有條件者——被制約者）。所以有此表面不一致之原因之說明如下。前一論證只計及（只注視）時間中互相決定的諸條件之系列之絕對綜體，而這樣它便達到了那是無條件的而又是必然的東西。另一方面，後一論證則慮及（或注視到）時間系列中被決定了的每一東西之偶然性（每一東西皆爲一時間所先，在此先行的時間中，條件必須其自身又當作有條件者而被決定），而依此觀點，則每一無條件的東西以及一切絕對的必然性皆完全消失而不見。縱然如此，正反題中論證底方法卻竟完全與普通人類理性相符合，這普通的人類理性，通過從兩個不同的觀點而考慮它的對象，它時常陷入於與其自己相衝突中。美輪先生（J. D. de Mairan, 1678-1771）曾視兩個著名的天文學家間的爭辯（此就觀點底選擇說乃從同一困難而發生）爲一充分可注意的現象，藉以去證明他的作品是關於這爭辯現象的一篇專門的論文。這一個天文學家辯論說：月球是在它自己的軸心上旋轉，因爲它總是把同一邊轉向地球。而另一個天文學家則引出相反的結論：月球不是在它自己的軸心上旋轉，因爲它總是把同一邊轉向地球。依照此兩天文學家中之任一個在觀察月球之運動中所採取的觀點而言，這兩個推斷皆是正確的。

純粹理性底背反

{ A 462
{ B 490

第 三 節

在這些衝突中理性底興趣

我們現在在我們眼前完整地有宇宙論的理念之辯證的遊戲。這些理念是這樣的，卽：與之相合的一個對象從不能被給與於任何可能經驗中，而且亦是這樣的，卽：甚至在思想中，理性亦不能使之與普遍的自然之法則相諧和。但是，它們不是隨意地被思議的。理性，在經驗綜和底繼續前進中，只要當它努力想去脫離一切條件底束縛，而且努力想在其無條件的綜體中去理會那種東西，卽"依照經驗底規律，除當作有條件者而被決定外，從不能被決定"的那種東西：只要當它是如此云云時，它卽必然地要被引至這些理念。這些假合理的肯斷就是如此多的一些企圖，企圖想去解決四個自然而不可避免的理性之問題。茲恰有如此四個問題旣不更多，亦不更少，這乃是由於這事實，卽：茲恰有四種綜和的預設之系列，此四種綜和的預設先驗地把一些限制置於經驗的綜和上。

當理性努力去擴張它的領域而超出經驗底一切限制之外時，它就有一些驕傲的過分要求，我們已把理性底這些驕傲的過分要求只表象之於乾燥的公式中，這些公式只含有這些過分要求之法定的請求權之根據（依另兩譯：這些公式只含有理性之法定的請求權之根據）。由於適合於一超越的哲學，這些驕傲的過份要求已剝落了一切經驗的姿態，雖然只有在與這些經驗的姿態相連繫中，它們的充分光彩始能被展現。但是，在此經驗的應用中，而且在理性底使用之前進的擴張中，哲學，由於起始於經驗底領域，而且由於堅定不移地高聳至這些崇高的理念，它表現了一種尊嚴與價值，這尊嚴與價值是這樣的，卽：設若哲學只不過能使它的過份要求成為好的(健全的)，則它必把一切其他人類的學問遺留在大後面而使之望塵莫及。因為它對於我們在關於那些終極目的中的最高的期望許諾一安全的基礎，此所謂終極目的就是理性底一切努力所必須最後向之而輻輳者。世界在時間中是否有一開始，而對於它的空間中的外延(廣延)是否有任何限制；任何處，或許卽在我的思考的自我中，是否有一不可分而且不可破滅的單一，抑或除那是可分的而且是流轉的東西外，再沒有什麼是不可分的與不可破滅的；在我的活動中，我是否是自由的，抑或如其他存有者然，我是為自然之手以及命運之手所引導；最後，世界是否有一最高的原因，抑或自然底事物以及這些事物底秩序是否必須當作終極的對象而截止我們的思想，所謂終極的對象乃是這樣一種對象，卽，"卽使在我們的思辨中，也從不能被超越"的那一種對象。這四類問題就是這樣的一些問題，卽數學家必樂於為

它們底解決而交換他的學問之全部。因為在關於那些 "最密切地有關於人類" 的最高目的中，數學是不能給與數學家以滿足的。然而數學底尊嚴（人類理性底驕傲）卻基於此，卽：它在自然之秩序與規則中（在自然中的那是大者中與那是小者中皆同有的那秩序與規則中）把理性引導至自然之知識，並且在自然之運動力

底異常統一中把理性引導至自然之知識，這樣，它逐升至某種程度的洞見遠超出那"任何基於通常經驗的哲學引導我們所去期望之"的那東西以外；並且因而它給那"被擴張而超出一切經驗之外"的那一種理性底使用以機會與鼓勵，而同時它又因着專屬的直覺，以最優異的材料供給理性以支持理性底研究（只要當此等材料之特性容許時）。

不幸在思辨方面，（雖然在人類之實踐興趣方面或許是幸運的），理性，在其最高期望之中，見到它自己是如此地爲相反論證底衝突所累，以至於它的榮譽以及它的安全皆不允許它撤退，亦不允許它以不相干的態度去視這爭辯爲一純然的演習戰；而它亦同樣更不能 得到和平， 由於它自己亦直接感 興趣於這爭辯之事。依此，除去考慮這衝突底根源（由於此衝突，理性被分裂而對抗其自己，意卽自己內部起衝突），是否不是由於一純然的誤解而發生以外，便再沒有什麼東西可爲理性而留存下來。在這樣一種研究中，雙方或許要去犧牲那些驕傲的要求；但是理性之永久而和平的統治，統治知性與感性，卻必因此犧牲而正式開始。 {A 465 B 493

現在，我們將延緩這種澈底的研究，以便首先去考慮我們須爲那一方而戰，假定我們被迫着要在這敵對的雙方之間去作一選擇時。"如果我們只顧及我們自己的興趣而不顧及眞理底邏輯判準，我們將如何進行"，這問題底提出，在關於雙方底爭辯權利中，將不能決定什麼事，但是它有這好處，卽: 它能使我們去了解在此爭辯中的參與者（雖然並未被任何優越的洞見卽對於所爭辯之事的優越的洞見所影響）爲什麼他們寧爲此一方而戰而不爲彼一方而戰。復次，它對於若干點偶然的情形，例如這一方底熱情奮發與另一方底寧靜安穩，亦將可以使我們對之有所明白；它亦將說明世人為什麼以熱烈的讚許來歡呼這一方，而視若仇讎地來反對另一方。

把那"形成雙方底起點"的原則作一比較，這能使我們，如我們將要見到的，去決定這立場，卽"這初步預備研究所單由之以進行，而且以所需要的貫徹性以進行"的那立場。在反題底肯斷中，我們觀察出一種思考方式中的圓滿一致以及格準之完整的統一，此卽是一純粹經驗論之原則，此原則不只是在世界內的現象之說明上被應用，而且在依世界之綜體而說的世界本身之超越的理念之解決上，亦同樣地被應用。另一方面，正題底肯斷，在現象系列內被使用的"經驗的說明模式"之外，還要預設一"智思的開始"；就此而言，正題底格準是複雜的(不是單純的)。但是，由于正題底本質而顯著的特徵便是"智思的開始"之預設，所以我將名這正題曰純粹理性底獨斷論。

在宇宙論理念底決定中，我們在獨斷論一面，卽在正題一面，見到以下三點：

第一，我們見到一種實踐的興趣。每一好性情的人，如果他對于那眞正有關于他的東西有了解時，他必衷心願意參與此種實踐的興趣。世界有一開始；我的思考的自我是單純的，因而亦就是說，是不可破滅的；在自我底自願活動中，自我是自由的，並且提高在自然底強迫以上；最後，那"構成世界"的諸事物中之一切秩序皆由于一根源的存有而然，每一東西皆從此根源的存有（元有）引生出其統一性以及其合目的的連繫：這一切皆是道德與宗敎底基石。反題則把一切這些支點皆剝落掉，或至少也現爲

（好像）是如此。

第二，理性在正題一面有一思辨的興趣。當那些超越的理念依正題所規定的樣式被設定並被使用時，條件底全部鍊鎖以及有條件者之引生能夠完全先驗地被把握。因爲那樣設定與使用時，我們是從無條件者開始的。這一點不能因着反題而作成，爲此之故，反題是十分不利的。關于"反題中的綜和之條件"這個問題，反題對之不能給出一個這樣的答覆，卽那 "並不引至同一研究之無底止的重新開始"這樣的答覆。依反題看來，每一特定(所與)的開始皆迫使我們去進至一更高的開始；每一部分皆引至一更小的部分；每一事件皆爲另一作爲其原因的事件所先；而 "存在一般"底條件總復基于其他條件上，從不能在任何自存的東西卽視之爲元有者中，而得到無條件的立足點與支持點。

第三，正題復亦有通俗性之利益；而這一點于其值得令人偏愛（維護）確然關係不小。通常的理解在一切綜和底無條件的開始之理念中並不見有絲毫困難。由于吾人更習慣于 "從根據下降于後果"，卽與 "從後果上升至根據"比較起來，吾人更習慣于前者，所以通常的理解並不爲絕對第一者之可能性而困惑或爲難；正相反，通常的理解在這樣的概念中找到安慰，並且同時亦找到一固定點，這固定點就是"通常的理解所依以指導其運動"的那線索所能夠連屬之者。在"從有條件者到條件"這不停止的上升中，總是以一隻腳在懸空中，玆不能有令人滿意處。

在宇宙論的理念底決定中，我們在經驗主義一邊，卽在反題一邊，見到：

第一，沒有像因着道德與宗教而供給與正題的那種實踐的興趣（由于純粹的理性之原則而來的實踐的興趣）。正相反，純粹的經驗主義好像是把道德與宗教底一切力量與影響都剝奪掉。如果沒有一個有別于世界的根源的存有，如果這世界沒有開始，因而也就是說，沒有一個創造者，如果我們的意志不是自由的，如果靈魂像物質一樣是可分割的而且是可消滅的，則道德的理念與原則卽喪失其一切妥效性，而與超越的理念（卽用來充作“道德的理念與原則”底理論的支持點的那些超越的理念）同其命運。

　　但是，第二，在補償方面，經驗主義給與理性底思辨興趣（意卽理論的或知解的興趣）一些利益，這些利益是十分動人的（有吸引力的），並且遠超過有關于理性底理念的那獨斷的主張所能供給者。依經驗主義底原則，知性總是處在它自己專有的場地上，卽處在眞正可能經驗底場地上，它在此場地上研究這些可能經驗底法則，並因着這些法則，它對于它所提供的確實而可理解的知識供給一無限定的擴張。在這裏，每一對象，依其本身與依其關係這兩方面而言，皆能被表象于直覺中，而且亦應當被表象于直覺中，或至少能夠而且應當被表象于概念中，而與這些概念相應的那些影像能夠清楚而明晰地在一些特定所與的與影像相類似的直覺中爲那些概念而被供給出來。茲並沒有必要去離開自然秩序底鍊索並去訴諸（或依靠）理念，須知這些理念底對象是不能被知的，因爲，由于這些對象是純然的思想物，所以它們從不能被給與。實在說來，知性並沒有被允許去離開它的固有的事業，而亦並沒有被允許在“把它的固有事業帶至完整之境”底虛僞要求下（或託辭下）而去越過它的固有事業而進入理想化的理性之領域以及超絕的概念之領域——這一個領域是這樣的，卽在此領域

A 469⎫
B 497⎭

中，依照自然之法則而去觀察並且去研究，這對于知性不再是必要的，但只是去思考而且去發明，這對于知性才必要，它之去思考而且去發明是在這保證中而去思考與發明，即：它不能被自然之事實所拒絕，它並不因着自然之事實所給出的證據而被限制，但只臆想去越過這些自然之事實或甚至想去把這些自然之事實隸屬于一較高的權威（關注 einem höheren Ansehen），即，純粹理性之權威（關注）。

依此，經驗主義者將絕不允許：自然界底任何時期(紀元)可被認為絕對地第一者，或：他的洞見──洞見到自然底範圍的洞見之任何限度可被視為最寬廣的可能者。他亦不允許：從自然底對象（這些對象即是"他通過觀察與數學而能分析之"的對象，並且是"在直覺中而能綜和地決定之"的對象，即所謂廣延的東西）轉到那些"既非感取亦非想像所能具體地表象之"的東西（即單純者的東西），這種任何的過轉。他將亦不承認："在自然本身中假定任何「獨立不依于自然之法則而起運用」的力量（即自由）"這假定之合法性，並因而亦不承認："侵犯知性底事業"這侵犯之之合法性，所謂知性底事業便就是"依照必然的規律而研究現象底起源"底事業。最後，他將亦不承認：一個原因總應在自然之外，在一根源的存有中，被尋求。我們所知的沒有別的，不過是自然，因為只有自然始能把對象呈現給我們，而且亦只有自然始能在關于對象底法則中教導我們。

如果經驗主義的哲學家在提出其反題中沒有別的目的，只不過是去壓制以下所說的那些人之鹵莽與專擅，那些人是這樣的，即他們一直誤解理性底真正天職以為是在去誇耀洞見與知識，而

{ A470
{ B 498

恰恰在其所誇耀的洞見與知識處正是眞正的洞見與知識之所停止
處，並以爲是去把那"只在關聯于實踐的興趣中才是妥當有效"的
東西表象之爲推進思辨的興趣者（這樣表象之，由于可適合于他
們的便利之故，便可去打斷物理研究之線索，既打斷之，如是，
在藉口擴張知識之下，便去把這物理研究之線索繫縛于超越的理
念上，而通過這些超越的理念，我們實只知道我們一無所知）：
如果只不過是去壓制這類人之鹵莽與專擅；又如果，我說，經驗
主義者眞以此爲滿足，則他的原則必應是這樣一個格準，卽"在
我們的要求中可促進溫和，在我們的肯斷中可促進謙虛，而同時
卻又可通過那適當地被派給我們的教師，卽是說，通過經驗，而
促進我們的知性之最大可能的擴張"這樣的一個格準。如果我們
眞是依如此所說而辦，則我們定不須在我們的實踐興趣方面割去
理智的預設與信仰而不用；但只有一點不可不知，卽，這些理智
的預設與信仰決不能被允許去冒稱"科學與合理的洞見"這種稱
號與尊嚴。這樣的知識，卽"如其爲知識而觀之，它是思辨的(理
論的或知解的)"這樣的知識，它不能有經驗所供給的對象以外
的任何對象；如果我們超過了這樣所置定的限制，則那"獨立不
依于經驗而尋求一新的知識種類"的綜和便缺乏了那直覺基體，
卽"綜和只能被應用于其上"的那直覺基體。

A 471
B 499

　　但是，當經驗主義本身，如其時常所表現的，在其對于理念
的態度上變成獨斷的,而且斷然否決那"處于其直覺的知識底範圍
之外"的任何東西時，它背叛了它自己而顯出這同樣的不謙虛；
而這一點就是格外可譴責的，由于那不可彌補的傷害，卽"因此
不謙虛而被致使發生在理性底實踐的興趣上"的那不可彌補的傷

害，而是格外可譴責的（不可饒恕的）。

伊壁鳩魯底主張[a]與柏拉圖底主張這兩者間的對反就是這種性質之對反。

[a]康德注云：

　　但是，伊壁鳩魯是否曾提出這些原則以為客觀的肯斷，這是有問題的。如果這些原則對于他不過是理性底思辨使用之格準，則他在這方面所表示的哲學精神比任何其他古代哲學家所表示的更為真正。在說明現象中，我們之進行這說明必須進行得好似我們的研究之領域並不為世界底[空間中之]任何範圍或[時間中之]任何開始所限定：我們必須認定："組成世界"的那材料須是如其所必是者那樣而存在，如果我們要想從經驗中去學知關于這材料之什麼事時；我們必須設定："事件底產生"之模式，除那"將能使事件[被看成]是通過不可更變的自然法則而被決定"這一模式外，沒有任何其他模式可言；最後，沒有一種使用必須以任何一個有別于世界的原因而被作成（意即我們必不可使用一有別于世界的原因，或我們必不可訴諸一有別于世界的原因）：一切這些原則仍然[保持其價值]。這些原則，對"擴張思辨哲學底範圍，而同時[却又能使我們]去發見道德底原則而不必為此發見之故去依靠一外來的[即非道德的，理論或知解的]資源"而言，它們是一些十分健全的原則（雖然很少有人曾遵守這些原則）：而我們亦絲毫不能由此便說：只要當我們從事于純然的思辨時，那些"要求我們不要去理會這些獨斷命題[即"世界在時間方面有開始在空間方面有限制"，

"世界有一神因"，等等獨斷命題]"的人們就應當受責備說他們想去否決這些獨斷的命題。

這兩型哲學之每一型其所說皆超過其所知者。伊壁鳩魯鼓勵了知識，而且促進了知識，雖然有損于實踐；柏拉圖提供了很好的實踐原則，但卻讓理性去放縱于對于自然現象作一理想的說明（在關于自然現象中，僅思辨的或知解的知識對于我們是可能的），那就是說，他忽略了物理的研究。

最後，就第三點而言（此第三點在相衝突的雙方間的初步選擇中必須被考慮），"經驗主義定是如此之完全不通俗"這實是極端令人驚異的。我們可設想：通常的理解必會熱烈地採用這樣一套計劃，卽那"專只通過經驗的知識以及在此經驗的知識中所顯露的合理的連繫而許諾去使它滿意"這樣一套計劃——我們可以設想它寧願熱烈地採用這樣一套計劃或草案，而不採用超越的獨斷論，此超越的獨斷論迫使它去上升到這樣一些概念，卽"遠超過最有訓練的思想家底洞見與理性能力"這樣的一些概念。但是此上升到這樣的一些概念卻確然就是那使這樣的獨斷論可投合于通常的理解者。因爲那樣一來，這通常的理解見到它自己是處在這樣一種地位中，卽處在一種"最有學問的人亦並不能于其中聲稱有任何優勝處以勝過它"這樣的地位中。如果說通常的理解關于這些事知道得很少或甚至一無所知，則亦沒有人能誇說他知道得更多；而雖然在關于這些事中，此通常的理解不能依一種如此學究地正確的樣式就像那些有特別訓練的人所有的樣式那樣而表達它自己，可是對于"它所能提出"的那些像煞有理的論證，玆也

並沒有一個了期以了當之，因為如其所為，它是只在純然的理念
之中漫蕩，關于這些理念，沒有人能知道任何事，因而在關于這
些理念中，它願怎樣雄辯，它就怎樣雄辯，它完全是自由的；可
是，當那"包含或涉及自然之研究"的事情在被談論中時，它必須
保持緘默，而且必須承認它之無知。這樣說來，閑散與空虛乃化
成這些原則底堅強支持。此外，雖哲學家見到"去承認一個「他對
之不能給出任何證明」的原則，更又去使用那些「他不能建立其客
觀實在性」的概念"這是極度困難的事，可是在通常的理解方面這
卻是常事，再沒有什麼東西比這更為尋常的了。通常的理解堅持
有某種東西它可以由之作一可靠的起點。"甚至思議這個預設的
起點"這種思議之之困難亦並未使之不安。因為它不知"思議"所
實意謂的是什麼，它從未想到去反省這個假設（這個預設的起
點）；它把那"通過時常的使用而對于他為熟習的"任何東西當作
已知者而接受之。實在說來，對通常的理解而言，一切思辨的興
趣在實踐的興趣面前皆變闇而失色；通常的理解想像：它了解了
並知道了"它的恐懼或它的希望激勵它去認定之或去相信之"的那
個東西是什麼。這樣，經驗主義完全缺乏了 "超越地理想化了的
理性之通俗性"(1)； 而不管這樣的經驗主義對于最高的實踐原則
可怎樣有損害，可是玆亦無須恐懼它將越過學院或專門研究者底
範圍，並將在一般生活中獲得任何可觀的影響或在大眾間獲得任
何真實的眷顧（或愛護）。

[註(1)]： 肯・斯密士注云： 依 *Erdmann* 對于原文有改動。案其
他兩譯依原文譯是如此：「這樣，"一超越地理想化了的理性"之經驗

主義完全喪失了通俗性」。案原文亦通，只稍微彆扭一點。其意是：
對于"一超越地理想化了的理性"而成爲經驗主義（成爲經驗主義卽
拆掉了這超越地理想化了的理性），這種經驗主義完全缺乏通俗性。

人類的理性依其本性而言是建構的。那就是說，它視一切我
們的知識爲屬于一可能的系統者，因而也就是說，它只承認這樣
的一些原則，卽如那些"無論如何並不使「去把一知識與其他知識
相結合，結合而成一系統」這事在我們所可得到的任何知識上爲
不可能"這樣的一些原則（案意卽等于說：它只承認那"能使我
們所可得到的任何知識可與其他知識相結合，結合而成一系統"
的那些原則）。但是，反題底諸命題卻是這樣一類的諸命題，卽
它們使知識大廈之完整性完全不可能。它們主張：在世界底每一
狀態之外總有一更古的狀態可被發見；在每一部分中，總尙有其
他部分亦同樣是可分割的；先于每一事件，總仍有另一事件其自
身復又同樣是被產生的；而在一般說的存在中，每一東西皆是有
條件的，而一個無條件而第一的存在是無處可辨識的。因此，因
爲反題不承認任何足以充當一建築物底基礎的東西爲第一或一開
始，所以依據這樣的假定，知識底一個完整的大廈是完全不可能
的。這樣，理性底建構興趣（卽"要求統一"之要求，不是"要求
理性之經驗的統一"之要求，但只是"要求理性之純粹先驗的統
一"之要求）便對于正題底諸肯斷形成一種自然的推薦。

如果人們能從一切這樣的興趣中解脫出來而不受其約束，而
且其考慮理性底肯斷是不顧這些肯斷底後果，但只依這些肯斷底
根據之內在的力量之觀點而考慮之，而且又設若逃避這些肯斷底

A 475
B 503

糾結難解之唯一道路便是去皈依或信奉敵對的雙方之這一方或那
一方，則人們的心情必應是一繼續搖擺不定之心情。今天，"人類
的意志是自由的"，這是人們的信條；明天，由于細想自然之不
可化解的因果鍊子之故，人們必又主張"自由不過就是自我欺騙，
每一東西簡單地言之就只是自然"。但是，如果人們被召請來而
歸于行動時，則這種純然地思辨的理性之遊戲，就像一個夢一
樣，必卽刻停止而豁然覺醒，而人們亦必專依實踐的興趣而選取
其原則。但是，因為"一個會反省而且會研究的存有必須拿出一
段時間來致力于他自己的理性之考察，並把一切偏見從他自己身
上完全剝落淨盡，並且坦白地把他的觀察交給他人來判斷"，這
樣作是適宜的，所以沒有人能因以下之辦法而受責，更沒有人能
被禁止以使其不取以下之辦法，卽："把敵對的雙方付諸審問，
讓他們，不因威嚇而有所恐懼，去盡其所能以維護其自己，在一
與其自己為同類者的陪審員面前，卽是說，在一屬于易犯錯的人
類的陪審員面前，去盡其所能以維護其自己"：沒有人能因這種
辦法而受責，更沒有人能被禁止以使其不取這樣的辦法。

{ A 476
{ B 504

純粹理性底背反

第 四 節

純粹理性底超越問題底解決之絕對的必然性

聲言去解決一切問題並去解答一切疑問，這必是恬不知恥的自誇，而亦必表明這樣過度的自大爲立即喪失一切信賴者。縱然如此，可是玆有一些學問，這些學問底本性就要求：發生自它們的領域內的每一問題必須是憑藉那已知者而爲完全可解答的，因爲這解答必須是從"問題所由之以發生"的那同一根源而發出。在這些學問中，以不可免的無知來辯說（假裝說不知道），這並不是可允許的；解決是可以被要求的。我們必須能够，在每一可能的情形中，依照一規律，去知道什麼是"對的"，什麼是"錯的"，因爲這種去知道是有關于我們的義務的，而對于那我們所不能知者，我們卻沒有義務可言。另一方面，在自然現象底說明中，有好多事情必須仍是不確定的，亦有許多問題必須仍是不可解決的，因爲我們所知于自然者並不足以在一切情形中去說明那必須被說明者。因此，問題乃是如此，卽：在超越的哲學中，是否有任何問題，卽關涉于一個"呈現于純粹理性"的對象的問題，是不可爲此理性所解答的，是否我們可以正當地藉辯說或申明我們不能給出一決定性的答覆而自解。如若我們要這樣原諒我們自己，則我們定須去表明：任何我們所能獲得的知識仍然使我們關于那

・228・

"定須被歸給對象"的東西處于完全不確定中，而同時亦須去表明：雖然我們實有一概念足以發生一問題，然而我們卻完全缺乏材料或力量去答覆這問題。

現在，我主張：超越的哲學在思辨知識底全部領域中「是獨特的，蓋因為(1)」沒有"關涉于一個被給與于純粹理性的對象"的問題能是不可解決的，卽對此同一人類理性而言，能是不可解決的，而且亦因為：沒有"不可免的無知"底自解或"問題之不可測度的深奧"之自解可以解除"徹底地而且完整地去答覆此問題"之義務。那"使我們能去發問這問題"的概念必須亦足以使我們去答覆這問題，因為，如在對與錯之情形中，對象並不是在概念之外被發見者。

[註(1)]：案依原文："有這特異點，卽："。

但是，在超越的哲學中，那些唯一的問題卽"我們對之有權利去要求一充分的解答(涉及對象之構造的充分解答)，而哲學家亦不得藉口于其不可參透的隱晦而以申明或辯說不能予以解答以自解"的那些唯一的問題，便就是諸宇宙論的問題。這些宇宙論的問題必須專只涉及宇宙論的理念。蓋因為對象必須經驗地被給與，而問題亦只有關于對象之符合于一理念。可是另一方面，如果對象是超越的（超絕的），因而其本身是不被知的；舉例言之，如果問題是這樣的，卽：那某物,卽"其現象（其在我們之內的現象）是思想"的那某物（此如靈魂），其自身是否是一單純的實有，又如果問題是這樣的，卽：是否有一切東西底一個絕對必

{ A 478
{ B 506

然的原因，乃至其他等等，如果問題是這類的問題，則我們所要
去作的便是在每一問題中去爲我們的理念尋求一個對象；而我們
亦很可聲言這個對象是不被知于我們的，雖然並非因其不被知就
是不可能的(a)。僅只宇宙論的理念始有這特點，卽：這些理念能
預設它們的"對象"以及它們的對象底概念所需要的"經驗的綜和"
爲被給與了的；而由這些理念而發生起的問題亦只涉及此經驗綜
和中的前進，「當此前進必至要去含有一絕對的綜體時」(1)： 此
所含有的絕對綜體，由于它不能被給與于任何經驗中，是故它不
再是經驗的。因爲我們在這裏是只處理一個當作一可能經驗底對
象看的事物，不是當作一個物自身看的事物，所以對于超離的
宇宙論的問題的解答除處于理念中不能處于任何處。我們不是問
"任何對象之在其自身"底構造（本性）是什麼，我們也不是在關
于可能能經驗中研究那能够在任何經驗中具體地被給與的東西。
我們唯一的問題乃是關于" 那處于理念中者 "的問題， 對于這理
念，經驗的綜和所能作的不過就只是去求接近之；因此，這問題
必須能够完全從理念處被解決。因爲理念只是理性底一個產物，
是故理性不能放棄其責任而把這問題委諸不被知的對象。

　　(a)處， 康德加一底注云：

　　一個超越的（超絕的）對象底構造（本性）是什麼，對此
問題，雖然沒有答覆可被給出，給出之以說明此對象之本性是
什麼，然而我們却能回答說： 此問題本身是"無"（一無所有），
因爲並沒有所與的對象與之相應。依此，在超越的靈魂學中所
處理的一切問題其爲可解答皆是依"其本身是無"之樣式而爲可

解答，而實在說來，它們已是依此樣式而被解答了；超越的靈魂學中的諸問題涉及一切內部現象底超越主體，此超越主體本身不是現象，因而也就是說，它並不是當作對象而為被給與了的，而在此超越的主體中，亦沒有一個範疇可以遇見其應用所 ⎧A479 需要的條件（所謂範疇乃即是問題所實引至之者）。我們在這 ⎩B507 裏有這麼一種情形，即在此情形處，"無解答本身就是一解答"這個俗用可以用得上。一個關于這樣的某物之構造（本性），即"不能通過任何決定性的謂詞而被思"這樣的某物之構造（本性）的問題，因為它是完全超出那"可被給與于我們"的對象底範圍之外，是故它完全是一空洞的問題。[譯者案：以上整段文是說明背反中宇宙論的理念以及其所引起的問題之特點。此注文是說明超越的靈魂學中的對象（超越的主體）之不被知，問題是無解答之解答，此與宇宙論的理念以及其所引起之問題不同。此後者之問題必須被解決，不能推諉。]

[註(1)]：案此句是依原文及其他兩英譯而譯。依肯·斯密士之譯是如此："即是說，是否這前進必被帶至如此之遠就像那要去含有一絕對綜體那樣遠"。此譯不合且不達，故不從。

一門學問必能對于其領域內的一切問題除去要求並期望一確 ⎧A480 實的解答外，不要求並期望任何其他解答，這並非如初見那樣不 ⎩B508 尋常，雖然到現在為止那些確實的解答或許尚未被發見出來。在超越哲學之外，茲有兩門純粹理性的學問，一門是純粹思辨的，另一門則具有實踐的內容，此即純粹數學與純粹道德學。因為我們之對于條件底必然無知，所以直徑對于圓周在有理數或無理數中有什麼準確的關係，這必須仍是不確定的，這一點不是曾被人提出來了嗎？因為藉有理數沒有適當的解答是可能的，而亦沒有藉無理數的解答曾被發見出來，因此大家遂說：至少一個解答底不可能性可以確定地被知道，而關於這種不可能性，朗白[1]已給出這必要的證明。在道德底普遍原則裏，沒有什麼東西能是不確定的，因為那些原則或者完全是空虛而無意義，或者必須從我們的理性之概念中被引生出來。另一方面，在自然科學裏，茲有無窮盡的臆測，確定性是不能被期望的。因為自然現象其為對象乃是那種"獨立不依於我們的概念而即可被給與於我們"的對象，而有關於這些自然現象的鑰匙（解決此中問題之鑰匙）並不處在我們之內，並不處在我們的純粹思考中，而是處在我們之外；因此，在好多情形中，因為鑰匙尚未被發見，所以一個確實的解答（一個確實的開解或說明）亦不能被期望。當然，現在在此背反中，我並不是涉及"超越的分解"中的那些問題，那些問題是有關於我們的純粹知識之"推證"的；我們現在只在關涉於判斷之對象中而論判斷之確定性，而並不是在關涉於我們的概念本身之根源中論判斷之確定性。

A 481
B 509

　　[註(1)]：肯·斯密士注云：朗白卽 J.H. Lambert, 1728—1777。證明"π 不可通約"之證明，朗白在一關於超越的量度之研究報告裏，於1768年把它交給柏林學院。

依以上所說，理性所這樣提給其自己的那些問題，至少須有一批判的解決，這批判的解決之義務（責成非如此解決不可之義務），我們不能逃避，我們不能因着埋怨我們的理性底狹窄範圍而逃避，亦不能因着藉口基於自知之明之謙虛，聲言去決定以下諸問題乃是超出我們的理性底力量之外者，而逃避，所謂以下諸問題，乃卽是這些問題，卽：世界是否從永久以來卽存在着，抑或有一開始；全宇宙性的空間是否被充滿之以存在物而至於無限，抑或是被圍在一定的範圍內；世界中的任何東西是否是單純的，抑或每一東西皆是無限地可分的；是否有通過自由而來的產生，抑或是否每一東西皆依靠於自然秩序中的事件之因果鍊索；最後，是否有（或存在着）任何存有其自身是完全地無條件的，而且是必然的，抑或是否每一東西依其存在而言皆是有條件的，因而亦就是說，皆依靠於外在的事物，而其自身皆是偶然的。一切這些問題皆涉及這樣一個對象，卽此對象除在我們的思想中能被發見外，不能在任何別處被發見，卽是說，它們涉及現象底綜和之絕對無條件的綜體。如果從我們自己的概念裏，我們不能去肯斷並去決定任何東西是確定的，我們必不可責備對象，說對象隱蔽其自己而不令我們發見之。因為這樣的一個對象在我們的理念之外無處可被發見，它之可被給與，這乃不是可能的。失敗底原因，我們必須求之於我們的理念之自身。因為只要我們頑固地堅持認定有一現實的對象與理念相應，則問題，如這樣視之者，便不允許有解決。處於我們的概念本身之內的那辯證之清楚的解釋必立卽可以給我們以完全的確定性，卽關於"在涉及這樣一個問題中我們應當如何去判斷"之完全的確定性。

{ A 482
{ B 510

　　藉口說關於這些問題我們不能得到確定性，這種藉口立刻可以遇見以下的問題，　這以下的問題確然要求一清楚的回答，　此即：那些理念從什麼地方來的，其解決使我們陷於這樣的困難？抑或那要求說明者是現象，而我們只須依這些理念去尋求現象底解釋之原則或規律嗎？縱使我們假定自然界底全部都展現在我們眼前，而凡呈現於我們的直覺中者沒有什麼東西被隱蔽而逃離我們的感取與意識，可是我們的理念之對象仍然不能通過經驗而具體地或現實地為我們所知。要想達到這個目的，使之具體地為我們所知，則在這窮盡的（十足的 vollständigen）直覺以外，我們還需要那"不是通過任何經驗知識而可能"的東西，即是說，需要一 "完整的綜和" 以及 "此完整的綜和底絕對綜體之意識"。依此，我們的問題並不需要在任何特定所與的現象之說明中被提出，因而亦不是一個"能被視為為對象自身所安置於我們身上"的問題。這些理念底對象從不能來到我們眼前，因為它不能通過任何可能經驗而被給與。在一切可能的知覺中，我們總仍然被捲在條件中，不管是空間中的條件抑或是時間中的條件，而我們亦不能碰見什麼是無條件的東西碰見之以便需要我們去決定這個無條件者是否是被位置於綜和底一個絕對的開始中，抑或被位置於一無開始的系列之一絕對綜體中。"全體"（整全）一詞，依其經驗的意義而言，總只是比較的。量底絕對整全（全宇宙），區分底〔絕對〕整全，引生（因果相生）底〔絕對〕整全，"存在一般"底條件底〔絕對〕整全，連同着關於 "這絕對整全是否是通過有限的綜和而完成抑或通過一「需要無限的擴張」的綜和而完成"這一切問題，皆與任何可能經驗無關。舉例言之，在認定一個物體或是由

A 483
B 511

單純者而組成，或是由無窮盡地組合的部分而組成中，我們必仍
然不能更好地或甚至異樣地去說明這一物體底現象；因為無論是
一單純的現象或是一無限的組合皆不能來到我們眼前。現象之要
求一說明是只當"現象底說明"之條件被給與於知覺中時始然；但
是，一切那"總是依此路（依被給與於知覺中之路）而可被給與"
的東西之"一切"，當依一"絕對的整全"而共總地被取用時，其自 ⎰B 512
身並不是一知覺。可是，正是此"整全體"底說明才是理性底超越 ⎱A 484
的問題中所要求者。

　　這樣，這些問題底解決從不能在經驗中被發見，而此確然即
是為什麼我們必不可說 "那必被歸諸[我們的理念之]對象者是不
確定的"之故。因為由於我們的對象只是存在於我們的腦筋中，
而且不能外於我們的腦筋而被給與，所以我們只須小心與我們自
己一致，並且去避免那種曖昧含混，即 "把我們的理念轉成一種
設想的對象之表象，即設想的一個「經驗地被給與因而要依照經
驗底法則而被知」的對象之表象"，這樣的曖昧含混，就行。因
此，獨斷的解決不只是不確定的，而且根本是不可能的。批判的
解決，（此批判的解決允許有完全的確定性），並不客觀地考慮
這問題，而是在關聯於知識底基礎中，即關聯於這問題所基於其
上的那知識之基礎中，而考慮這問題。

純粹理性底背反

第 五 節

在四種超越的理念中宇宙論問題之

懷疑的表象

如果從開始起，我們已知道：不管獨斷的回答結果是什麼，它必只是增加我們的無知，並把我們從這一個不可思議投擲於另一個不可思議，從這一個隱晦投擲於另一個較大的隱晦，或許甚至投擲於矛盾，則我們必不再想有這要求，卽"我們的問題須獨斷地被回答"這要求。如果我們的問題簡單地只是被指向於"然"（yes）或"非然"（no），則我們最好暫把回答底設想的根據擱置在一邊，而首先去考慮依照回答之爲肯定或爲否定我們所應得到的是什麼。這樣考慮已，假定我們見出在正反雙方之情形中其結果是純然的空洞無意義，則玆將有一好的理由對於我們的問題去成立一批判的考察，成立此批判的考察以便去決定：這問題其自身是否不是基於一無根的預設，而只以理念來遊戲，此理念之虛假性能夠通過它的應用以及其應用之後果而較容易地被檢查出

來，　卽比在其自己的各別表象中爲較容易地被檢查出來。　此是"處理純粹理性所提交給純粹理性的問題"之懷疑的模式之最大的利益。因着這種懷疑的辦法，我們可以在一很小的費用上把我們自己從一大堆無收成的獨斷論中拯救出來，而以一種清醒的批判

以代之，這清醒的批判，當作一眞正的消導劑看，它將很有效地使我們來對抗這樣的一些無根據的信仰以及這些無根的信仰所引至的那設想的博學（Polymathy，多學，百科全書式的學問）。

因此，如果，在處理一個宇宙論的理念中，我眞能事先了解：對於現象底相續綜和中的無條件者不管我們以什麼想法想之（以正題想之或以反題想之），對任何知性概念而言，它必須或是太大或是太小，如果我能了解這一點，則我必能了解以下的情形，卽：因爲這宇宙論的理念除關涉於一經驗底對象外，它不能關涉於任何別的東西，（所謂一經驗底對象意卽它須是與一可能的知性之概念相符合），所以它必須完全是空洞而無意義的；因爲其對象總不能被致使與它相應，不管我們如何去使它與之相應總應不上。〔案意卽它所意指之對象總不能來相應，蓋以無直覺故，是故它是空洞而無意義的。〕這一點事實上在一切宇宙性的概念（宇宙論的理念）上皆然；而這也就是理性只要當它黏着于這些宇宙性的概念時，它爲什麼總是被捲在一不可避免的背反中之故。

現在，試設想：——

第一，世界沒有開始。如是，世界對我們的概念（知性概念）而言，它太大。因爲我們的概念，由於它實存在於相續的後返中，是故它從不能達到那已流過去的全部永恒。又設想：世界有一開始。如是，在必然的經驗後返中，世界對知性底概念而言，它將是太小。蓋因爲"開始"仍然須預設一先於這開始的時間，所以它仍然不是無條件者；因此，知性底經驗使用之法則迫使我們必須去尋求一更高的時間條件；因而世界〔由於被限制於

{A 485
{B 513

時間中]對此法則而言顯然是太小。

此種太大或太小之情形在關於"空間中的世界之量度"的問題之雙重答覆上亦適用。如果空間中的世界之量度是無限的而且是不被限制的，則它對任何可能的經驗概念而言必是太大。如果它是有限的而且是被限制的，則我們有權去問什麼東西決定這限制。空的空間並不是事物底一個自我潛存的相關者，而且它亦不能是一個"我們可停止於其上"的條件；它尤其不能是一經驗的條件以形成一可能經驗之部分。（因為玆如何能有一絕對虛空之經驗？）但是要想去得到經驗綜和中的絕對綜體，則 "無條件者須是一經驗的概念"，這乃是必要的。結果，一個有限制的世界對我們的概念而言必是太小。

第二，如果空間中的每一現象（物質）是由無限多的部分而組成，則區分中的後返對我們的概念而言將總是太大；同時如果空間底區分是停止在區分中所分出的任何成分上（單純的成分上），則後返對無條件者這一理念而言將是太小。因為這個單純的成分仍然可允許一後返，後返而至那些"含於其中"的進一步的部分。

A488}
B516}

第三，如果我們設想：除依照自然底法則外，世界中沒有東西可以發生，則原因底因果性其自身將總是某種發生的東西，它並使一種後返——後返至一較高的原因之後返成為必然的，因而亦使先行方面（即原因方面）的條件系列底一種連續——連續而無底止成為必然的。這樣，自然，由於總是通過原因而工作，是故它對 "我們所能使用於宇宙事件之綜和中"的任何概念而言必是太大。

如果，在某種情形中，我們承認有"自我因致"的事件之發生，卽是說，承認有通過自由而來的產生，則依一不可免的自然之法則，"爲什麼"的問題仍然追踪着我們，迫使我們，依照〔那統治〕經驗(1)的因果法則，去越過"自我因致"的事件那個界點；如是，我們見出這樣的一種連繫之綜體對我們的必然的經驗概念而言必是太小。

〔註(1)〕：K.S.注明：原文只是"經驗底因果法則"。案原文亦通，不必改。但其他兩譯譯爲"經驗的因果法則"，則有病。

第四，如果我們承認有一個絕對必然的存有（不管它卽是這世界自身，或是世界中的某物，或是世界底原因），則我們須把這絕對必然的存有放在一個距離任何特定（所與的）時間點有無限遼遠的時間中，因爲若不如此，則它必是依靠於另一"先於它"的存有上。但是，若把它放在一個距離任何特定（所與的）時間點有無限遼遠的時間上，則這樣一個存在對我們的經驗概念而言，必是太大，而且是不可通過任何後返的追溯而爲可接近的，不管這追溯可被帶至如何遠。

復次，如果我們主張屬於這世界的每一東西（不管是當作有條件的看或是當作條件看）皆是偶然的，則任何以及每一特定（所與）的存在對我們的概念而言又是太小。因爲我們總是被迫着仍然要去尋求此特定所與的存在所依靠的某種其他存在。{ A 485 \n B 517

以上我們已表明：在一切這些情形中，宇宙論的理念對經驗的追溯而言，因而也就是對任何可能的知性概念而言，皆或是太大，或是太小。這樣說來，我們已主張錯誤實在於理念一邊，蓋因為它對其所被引向者而言，即是說，對可能經驗而言，或是太大或是太小之故。然則我們為什麼不依相反的樣式而說：在前一情形中（即上列四端每一端中太大一面之情形），經驗概念對理念而言總是太小，而在後一情形中，經驗概念對理念而言總是太大，因而這責備當該屬諸經驗的後返？為什麼不這樣說，其理由是如此：可能經驗是那“唯一能够把實在性給與於我們的概念”者；若無可能經驗，一個概念只是一理念，並無真實性，即是說，對於任何對象並無關聯（並無關聯於任何對象）。因此，可能的經驗概念是“我們所由以判斷這理念是否只是一理念，只是一思想物，抑或是否它在世界中可找到它的對象”之標準。因為我們之所以能說任何東西它相對於某種別的東西而或是太大或是太小，是只當前者（即那是太大或太小者）之被要求是為後者（為所對的東西）之故而被要求，而且須是適合於這後者時，

A490
B518 我們始能如此說。在古代的辯證學派中所提出的謎語間，有這問題，即：如果一個球不能穿過一個洞，此時是否我們必說這球太大，抑或必說這洞太小。在這樣的一種情形中，我們如何選擇以表示我們自己，這乃是一種無關緊要的事，因為我們不能知道那一個，其存在是為另一個之故而存在。但是在一個人與他的衣服之情形中，我們不能說一個人對他的衣服而言為太高，但只能說衣服對人而言為太短。〔案衣服為人而存在，猶理念為經驗概念而被要求，因此，我們只能說理念對經驗概念而言而為太大或太小，而不能反過來說經驗概念對理念而言而為太大或太小。〕

這樣，我們已被引至那“至少是一有根據”的懷疑上去，這有

根據的懷疑是這樣的，卽：宇宙論的理念，以及與這些理念相連的一切互相衝突的假合理的肯斷，或許只基於一個關於這樣式，卽"這些理念之對象所依以被給與於我們"的那樣式之一空洞而純然虛構的想法上；而這種懷疑可以使我們處在正當的途徑上以便去揭露那"長期以來已引我們誤入歧途"的虛幻。

[案]：在這懷疑的表象中，我們只能說理念對經驗概念而言或是太大或是太小，而不能反過來說。此只能以衣服對人底關係為例而表示，而不能以球與洞底謎語而說。

復次，在說理念太大或太小中，於前三衝突，我們是就正題說太小。就反題說太大。但在第四衝突中，我們却就正題說太大，就反題說太小。此正題是說有一必然的存有。要說有一必然的存有，我們須把它置於一無限遼遠的時間中，卽離開任何特定所與的時間點有無限地遠的時間中，因為若不然，則此必然的存有必依靠於另一先於它而存在的存有上，而如此，則此必然的存有便不是最後的，無條件的，因而亦不是絕對必然的，因復有依待故。因此，它必須被置於一無限地遠的時間中，而如此，則它對經驗概念而言便太大。反之，若皆是偶然的，則對經驗概念而言又太小。因為我們仍須尋求其所依待者。

純粹理性底背反

第 六 節

超越的觀念論是宇宙論的辯證底解決

之鑰匙 （關鍵）

我們在超越的攝物學中已充分地證明：每一在空間或時間中被直覺的東西，因而也就是說"對於我們爲可能"的任何經驗底一切對象，不過就是現象，即是說，不過只是表象，這些表象，依它們所依以被表象的樣式而言，或當作廣延的存有（事物）看，或當作變化底系列看，皆無 "外於我們的思想" 的獨立存在。這種主張我名之曰 "超越的觀念論"。〔康德在此於第二版加一底注云：我在別處有時亦名之曰 "形式的觀念論"，以與"材質的觀念論" 區別開，即是說，與通常型的觀念論區別開，此通常型的觀念論懷疑或否決外物本身底存在。〕實在論者，依此詞（即實在論一詞）之超越的意義而言，視我們的感性底這些變形爲自我潛存的東西，即是說，視純然的表象爲"物自身"。

把那長期被貶損或被反對的 "經驗的觀念論" 歸諸我們，這乃是不公平的。經驗的觀念論，雖然它承認空間底眞正實在性，然而它卻否決空間中的廣延物之存在,或至少視它們的存在爲可疑，因而在此方面，它不允許眞實與夢幻之間有任何恰當可證明的區別。至於時間中內部感取底現象，經驗的觀念論覺得視它們爲眞

實的事物並沒有困難；實在說來，它甚至肯斷此內部經驗是內部
經驗底對象之現實存在之充分的而且是唯一的證明（所謂內部經
驗底對象意卽"對象之在其自身"，連同着此一切"時間決定"）。

〔**案**：此種經驗的觀念論恰當地說當該是指笛卡爾底"或然的觀念
論"而言，當然康德說"經驗的觀念論"或"材質的觀念論"亦包
括柏克萊底"獨斷的觀念論"而言。〕

反之，我們的"超越的觀念論"則承認外部直覺底對象如在　　B520
空間中被直覺者之實在性以及時間中的一切變化如因着內部感取
而被表象者之實在性。因為空間是那"我們名之曰外部直覺"的直
覺之形式，又因為設無空間中的對象，則必無任何經驗的表象可　　A492
言，所以我們能而且必須視空間中的廣延物為真實者；此義對於
時間亦適用。但是，此空間與此時間，以及與空間時間相連的一
切現象，依其自身而言，並不是"物"(1)；它們不過只是些表象，
而且它們不能外於我們的心靈而存在着。甚至內部而感觸的直覺
(2)，卽"直覺我們的心靈（作為意識之對象的心靈）"之直覺，
（直覺此心靈，此心靈被表象為是因着時間中的不同狀態之相續
而為被決定了的），亦並不是"自我"之當體自己，如其依其自己
而存在着，那就是說，此內部而感觸的直覺(2)並不是超越的主體
（超絕的主體），但只是一現象，此一現象已被給與於感性上，
卽被給與於"這個不被知於我們的存有"底感性（意卽超絕主體底
感性）上。此內部現象不能被承認為依任何在其自身而且卽以其
自身這種樣式而存在着(3)；因為它為時間所制約(4)，而時間不能
是"一物之在其自己"底一種決定。但是，空間與時間中的現象之
經驗的真理性（真實性）卻是充分地被保障了的；它是很足夠與　　B521

夢幻區別開的，如果夢幻與眞正的現象這兩者依照經驗的法則眞
地而又完全地在一個經驗中互相膠着或攪混時。

[註(1)]：空間時間只是表象，不是"物"；但現象雖是"表象"，而
亦可是物，只不是"物之在其自己"而已。

[註(2)]：　嚴格言之，　當該是"甚至內部而感觸的直覺之所覺到
者"。康德在此以"直覺"代表現象。

[註(3)]：此句依原文似當如此：此內部現象之"存在"（Dasein）
不能被承認爲是這樣一種存在卽如一個"依其自身而存在着"的物之
"存在"。

[註(4)]：此句依原文是：因爲其條件是時間。

A 493

如是，經驗底對象從不能依其自身而被給與，但只是在經驗
中而被給與，而且它們亦不能有外於經驗的存在。"月球裏或可
有居民，雖然無人曾覺知之"，這一陳說自必須被承認。但是這
一陳說只意謂：在經驗底可能前進中，我們可以遇見月球上的居
民。因爲每一東西它若依照經驗前進底法則而與一知覺相連繫，
它卽是眞實的。因此，如果月球上的居民與我的現實意識處於一
經驗的連繫中（與我的現實意識經驗地相連繫），則它們卽是眞
實的，雖然並不因此之故它們卽依其自身而爲眞實的，卽是說，
它們是外於此經驗底前進而爲眞實的。

除知覺以及"從此知覺進到另一可能的知覺"這種經驗的前
進外，沒有什麼東西是眞實地被給與於我們者。因爲現象，當作
純然的表象看，其本身是眞實的是只在知覺中而爲眞實的，那個

知覺事實上沒有別的，實不過只是一經驗表象之實在性，即是說，只不過是一現象。對於一現象，在我們之覺知之以前，去稱呼它為一眞實的東西，這或是意謂：在經驗底前進中，我們必可遇見這樣的一種知覺，或是意謂：一無所有（意謂無）。因為如果我們說一物之在其自己，則我們實能說：它離開關聯於我們的感取以及可能經驗而即依其自身而存在着。但是，在這裏我們只說及空間與時間中的一個現象，而此空間與時間不是物自身底決定，但只是我們的感性底決定。依此，凡存在於空間與時間中者即是一現象；此存在於空間與時間中的東西不是任何在其自身的東西，但只是以表象而組成，這些表象，如果不在我們之內被給與，即是說，如果不在知覺中被給與，則它們便無處可被遇見。

感觸直覺之能力，嚴格言之，只是一接受性，一被影響之能力，即一種 "依那連同着諸表象的一定樣式而被影響" 的能力，此樣式所連同着的諸表象之互相間的關係就是空間這一純粹直覺以及時間這一純粹直覺（此等純粹直覺即空間與時間只是我們的感性之形式），而這些表象只要當它們在其互相間之關係中（在空間與時間中）而被連繫起來，而且是依照經驗底統一之法則而為可決定的，則它們即被名曰 "對象"。這些表象底那個 "非感觸的原因" 是完全不被知於我們的，因而亦不能當作對象而為我們所直覺。因為這樣一種對象必應被表象為既不在空間中亦不在時間中（空間與時間只是感觸性的表象之條件），而若離開了空間與時間這些條件，我們不能思議任何直覺（案當為不能思議任何感觸直覺）。但是，我們可以把 "現象一般" 底那個純粹智思的原因名之曰 "超越的對象"，但是所以這樣名之，只是為的要

B 522

A 494

想可以有某種東西以相應於那被視爲接受性的感性。我們可以把我們的可能知覺底全部內容以及連繫都歸屬給這個超越的對象，

B 523 而且我們亦能說：此超越的對象先於一切經驗而卽依其自身而被給與。但是，現象，當符應於此超越的對象時，它們卻不是依其自身而被給與，但只是在此經驗中而被給與，蓋由於它們只是一些表象，這些表象，當作知覺看，只當這知覺依照經驗底統一之

A 493 規律而與一切其他知覺相連繫時，始能指示（bedeuten 意指或表明）一個眞實的對象。這樣，我們能說：過去時底眞實的事物是在經驗底"超越的對象"中而爲被給與了的；但是它們對於我而爲對象而且在過去時是眞實的，是只當我（或因着歷史之光或因着原因與結果之指導線索）把以下的情形表象給我自己時，它們始對於我而爲對象而且在過去時是眞實的，所謂以下的情形卽：

"依照經驗法則而成的可能知覺底後返系列，簡言之，卽世界底行程，把我們領導至一過去的時間系列以爲現在時底條件"，這種情形，只當我把這種情形（因着歷史之光或因着原因與結果底指導線索）表象給我自己時，它們始對於我而爲對象而且在過去時是眞實的。但是，所謂把我們領導至一過去的時間系列，這一時間系列其能被表象爲現實的，不是在其自身而被表象爲現實的，但只是在一可能經驗底連繫中而被表象爲現實的。依此，那發生於廣大無限的時期（"先於我自己的存在"的那廣大無限時期）裏的一切事件實不過只意謂"把經驗底鍊子從現在的知覺向後擴張，擴張至「在時間方面決定這個知覺」的那些條件上去"這種擴張之可能性。

依此，如果我把一切時與一切地中一切存在着的感取之對象

表象給我自己，我並不是[如其]先於經驗[而存在在那裏那樣]而
把它們安置於空間與時間中。我之把它們表象給我自己這種表象 B524
不過就是一可能經驗之思想，卽依可能經驗之絕對完整性而說的
一可能經驗之思想。因為對象不是什麼別的東西，只不過是一些
純然的表象，是故只有在這樣一種可能經驗中，對象始能被給與。 A496
去說"對象先於一切我的經驗而存在"，這只是去肯斷說："如果，
從知覺開始，我進至這些對象所屬的經驗之某一部分（某一部分
經驗），這些對象便可以被遇見"。此前進底經驗條件之原因（卽
那決定：我將要遇見的分子是什麼分子者，或那決定：在我的
後返中，我後返至如何遠我始能遇見任何這樣的分子者），則是
"超越的"，因而也就是說，是必然地不被知於我者。但是，我們
並不關心於此"超越的原因"，但只關心於在經驗中的前進之規
律，所謂"在經驗中的前進"，此中所謂經驗卽是"對象，那就是
說，現象，在其中被給與我"的那經驗。復次，不管是否我這樣
說，卽：在空間中的經驗前進裏，我能遇見一些星球，這些星球
在遼遠的遠方，其遠比現在對於我為可覺知的那最遠方更遠過一
百倍那麼遠，抑或是這樣說卽：這些星球，縱使沒有人類曾覺知
之，或將要覺知之，亦或許可以在宇宙性的空間中被遇見，不管
如何說，這最後在結果上皆是無關緊要的事。因為縱使假定這些
星球是當作物自身而被給與，對於可能經驗沒有任何關係，而以
下之情形仍然是眞的，卽：它們對於我，仍然是無（什麼也不
是），因而也就是說，它們並不是對象，除只當它們被含在經驗
後返底系列中時，它們始能是對象。[案 縱使假定星球當作物自
身而被給與，與可能經驗無任何關係，它們對於我仍然是無，因

而亦不是對象，因為此時它們不在經驗後返底系列中。可是以上
那兩種說法，其所以不管如何說皆不相干，那是因為它們都在經
驗後返底系列中。在這個系列中，不管星球如何遠，我可以遇見
它，因此它可以是我的對象；即使沒有人類曾覺知之或將要覺知
之，它也可以被遇見，因此，它仍可以是對象。因此，在結果上
是一樣，此其所以無論如何說皆不相干。]只有在另一種關係中，
即當這些現象為一絕對整全之宇宙論的理念而被使用時，因而也

B 525　　就是說，當我們要處理一個"越過可能經驗底範圍"的問題時，
則這模式之辨別，即"我們在其中看那些感取底對象之實在性"
的那模式之辨別，才成為重要的，因為它可以用來去對抗一種欺

A 497　　騙性的錯誤，此錯誤，如果我們錯解了我們的經驗概念時，那是
必然要發生的。

　　　案：此節說超越的觀念論或形式的觀念論以與經驗的觀念
論或材質的觀念論區別開。超越的觀念論與經驗的觀念論相對
翻，形式的觀念論與材質的觀念論相對翻。
　　　經驗的或材質的觀念論有兩形態：或然的與獨斷的，前者
是笛卡爾的，後者是巴克萊的。經驗的或材質的觀念論不能使
現象與夢幻區別開。但超越的或形式的觀念論則能。

純粹理性底背反

第 七 節

"理性與其自身"之宇宙論的衝突

之批判的解決

純粹理性底全部背反是基於這辯證的論證，卽：如果有條件者是被給與了的，則此有條件者底一切條件之全部系列亦同樣是被給與了的；現在，感取底對象是當作有條件者而爲被給與了的；所以感取底對象底一切條件之全部系列亦同樣是被給與了的。通過這種三段推理（此三段推理之大前題似乎是如此自然而且是如此之自明），在"構成一系列"的那些條件中（現象底綜和中的那些條件中）有多少差異，就有多少宇宙論的理念可被引出。這些理念設定這些系列底絕對綜體；而因着設定系列底絕對綜體，它們逐又使理性處於一不可避免的自相衝突中。如果我們首先能把使用於這種假合理的論證中的某些概念（某些辭語）予以糾正並予以當分之規定，則我們將較更能去檢查出在這種假合理的論證中那欺矇人的東西是什麽。 B 526

首先，第一點，"如果有條件者是被給與了的，則在此有條件者底一切條件之系列中的一種後返便卽「當作一種工作而被安排給我們」(1) (aufgegeben) "，這是超出一切懷疑之可能而爲顯明的。因爲某種東西須被關涉到一個條件上去，這是已含在 A 498

"有條件者"之概念中的，而如果這某種東西（有條件者）所關
涉到的這個條件其自身復又是一有條件者，則它又須關涉到一更
爲遼遠的條件，如此前進（後返的前進），通過這系列底一切分
子皆然。這樣，上面的命題是一分析的命題，而亦無所懼於超越
的批評。通過知性，我們可以把"一概念與其條件相連繫"之連
繫（這連繫是直接地由於這概念本身而然）窮追到底，而且盡可
能地來擴大之，這是理性底一個邏輯的設準。

[註(1)]："當作一種工作而被安排給我們"，肯・斯密士已注出原
　　文是"aufgegeben"，這是他的意譯。案此一整句(整命題)，*Meik-*
　　lejohn 是如此譯："如果有條件者是被給與了的，則此有條件者底一
　　切條件之系列中的後返便因而是必然地被要求的"。此譯較合。*Max*
　　Müller 是如此譯："如果有條件者是被給與了的，則此有條件者卽把
　　其一切條件之系列中的後返安置給我們"。此譯不見好。案下文 *Max*
　　Müller 之譯 "aufgegeben" 爲被要求的，此處彼亦當如 *Meikle-*
　　john 那樣譯。

　　其次，進一步，如果有條件者以其條件俱是物自身，則依據有
條件者之爲被給與了的，這"後返於其條件"之後返不只是「當作
一種工作而被安置(1)」，而且條件亦連同那有條件者之爲被給與了
的而實早已同時亦爲被給與了的。而因爲此義在系列底一切分子
上皆有效，是故條件底完整系列，因而也就是說，這無條件者，
是同時被給與了的，或者不說是同時被給與了的，而勿寧當說是
同時被預設了的，卽依"有條件者（卽只有通過完整的系列而始

可能的那有條件者）是被給與了的"這一事實而爲同時被預設了
的。在此，"有條件者與其條件"底綜和是一純然知性之綜和，此
種綜和表象事物是如其所是而表象之，而並沒有考慮及我是否能
得到以及如何能得到關於這事物之知識。但是，如果我們所處理 B 527
的是現象（現象，由於其是純然的表象，是故除當我們達到關於
現象之知識，或勿寧說除卽在現象自身中而達到現象，現象便不 A 499
能被給與，因爲所謂現象沒有別的，它們不過就是諸種經驗的知
識），則我便不能依詞語之同一意義而說：如果有條件者是被給
與了的，則一切它的條件(當作現象看)亦同樣是被給與了的，因
而我無論如何亦不能推斷出它的條件底系列之絕對綜體。現象，
依對於它們之攝取而言，其自身不過就是空間與時間中的一種經
驗的綜和，　而且亦只有在此種綜和中它們始是被給與了的。　因
此，我們不能隨着便說：如果有條件者，在現象底領域內，是被
給與了的，則 "構成其經驗條件" 的那種綜和亦隨同着是被給與
了的以及被預設了的。這種綜和首先發生於後返中，而若沒有後
返，這種綜和便從未存在着。我們所能說的是如此，卽：　"後返
至條件"這種後返，卽是說，在條件一面的那種連續進行的經驗
綜和，是「當作一種工作而被囑咐（被責成）或被安置(2)」，而且
我們所能說的又是如此，卽：在此後返中，玆並不能有缺於所與
的條件（意卽總有條件可被發見）。

〔註(1)〕：案原文仍是 "aufgegeben"，　其他兩英譯在此都譯爲
"被要求的"。依此，*Max Müller* 在前一段文中亦當如此譯。

〔註(2)〕：案原文無 "當作一種工作而被安置" 字樣，原文只是"被

吩咐或被要求的"(geboten oder aufgegeben)。

又案：德文 "geben" 是給與，"gegeben" 是被給與，而這個 "aufgegeben"則不知如何譯。字典中 auf……形之動詞或形容詞甚多，但無此字。類比其他，此 auf……形之動詞似是"應被給與者"，或"應有者"。故康德在此用此字，若譯爲 "所需要者"，或 "被要求者"，當能達其意。肯·斯密士就"後返"意譯爲 "當作一種工作而被安置"，亦能達意，無所乖違，但不是此字之本義。後第八節首段首句中亦有此字，該處肯·斯密士亦如此譯，則不甚通。見該處注。

以上那些考慮使以下所說甚爲清楚，卽：宇宙論的推理之大前題是依一純粹範疇之超越的意義而取用 "有條件者"，而小前題則是依一個 "應用於純然的現象" 的知性概念之經驗的意義而取用 "有條件者"。「這樣，這論證是犯了那種被名曰 "中詞歧義之誤"(Sophisma figurae dictionis) 的辯證謬誤之過。但是，此謬誤不是一個矯揉造作的謬誤；我們的通常理性底一種十分自然的幻象，當任何東西當作有條件者而爲被給與了的時，卽這樣引導着我們在大前題中，好像不加考慮或無任何問題似的，去假定那作爲有條件者的任何東西底諸條件以及此諸條件之系列」[1]。這種假定實在說來實只是這邏輯的需要，卽：對任何特定的結論而言，我們一定要有一足够的前題。復次，在有條件者與其條件之連繫中，玆亦並不涉及一時間秩序；有條件者以及其條件是依其自身當作一起被給與了的而被預設[2]。

B 528
A 500

[註(1)]：此兩整句依原文是如此：這樣，這論證中是含有那種被名曰"中詞歧義之誤"的辯證的蒙混(dialektische Betrug)。但是，

此蒙混不是一矯揉造作的蒙混，而是我們的通常理性底一種完全自然的幻象。由於此自然的幻象，遂有這情形，卽：當任何東西當作有條件者而為被給與了的時，我們卽（在大前題中）好像未被檢視似的，預設了其條件以及其條件之系列。

　　［註(2)］：此句依原文譯，已甚明。肯・斯密士譯有節略並有不諦處，故不從。

　　又，在小前題中，去把現象視為物自身，以及視為被給與於純粹知性的對象，這亦同樣是自然的，並不比我們在大前題所已作者為更不自然，卽在大前題中，我們已[同樣]抽掉了直覺底一切條件，須知只有在這些直覺底條件下對象始能被給與。可是，如果我們抽掉直覺底一切條件，我們已忽略了概念間的一種重要的區別。有條件者與其條件之綜和（以及其條件之全部系列）在大前題中並不隨身帶有通過時間或任何相續之概念而來的任何限制。另一方面，經驗的綜和，卽是說，現象中的條件底系列，如歸屬於小前題中者，卻必然地是相續的，系列中的分子只有如其在時間中互相相隨而來那樣始能成為被給與了的；因此，在此情形中，我並沒有權利去假定這綜和底絕對綜體以及因此綜和之絕對綜體而被表象的"系列之絕對綜體"。在大前題中，系列底一切分子皆是依其自身，而無任何時間底條件，而卽為被給與了的，但是在小前題中，它們只有通過相續的後返始可能，此相續的後返是只有在"此後返所依以現實地成其為後返"的那過程中始能被給與。 B 520 A 502

　　當這種錯誤已被表示為含在這論證中時，卽含在"雙方皆同樣把他們的宇宙論的肯斷基於其上"的那論證中時，則由於他們不能去供給任何足夠的理由以支持他們的要求，他們雙方很可以皆被駁回。但是這爭吵卻並不因此而結束，卽好像雙方底一方或兩方已被證明在其所肯斷的實際主張中，卽在他們的論證之結論中，爲錯似的。因爲，雖然他們不能因着證明底有效根據而支持他們的爭辯，可是也沒有什麼東西似乎比以下之情形爲更清楚者，卽：因爲他們底一方肯斷"世界有一開始"，而另一方則肯斷"世界無開始而且是從永久已來卽存在"，所以這兩肯斷中底一肯斷必須是對的。但是，縱使是如此，而因爲兩方底論證皆同樣是清楚的，所以在他們之間去作一裁決乃是不可能的。這兩方很可以在理性底法庭面前被命令着去保持和平；可是縱然如此，爭辯仍然是繼續不休。因此，除說服他們使他們確信："他們之能够如此可欽佩地去互相反駁"這一事實就足證明：他們實在是空爭吵，並證明：一種超越的幻象已在拿一種無處可發見的實在性來引誘或哄騙我們，除這樣說服他們使他們信服以外，再沒有其他方法

B 530⎱
A 502⎰
可以一勞永逸地來解決這爭辯，並使雙方皆滿意。這種說服之之辦法正是我們現在在解決一"使一切企圖達於一裁決爲不可能（怎樣也不能有一裁決）"的爭辯中所將要去遵循的途徑。

    *   *   *

    伊里亞派底芝諾，一個精妙的辯證家，被柏拉圖嚴厲地譴責爲一個頑皮的辯士，他要想表示他的精巧，他必先開始通過一些可信服的論證去證明一命題，然後再用其他同樣堅強的論證直接地去打倒「那些可信服的論證」[1]。舉例言之，芝諾主張神（或許

他只思議之爲世界或宇宙本身）既非有限，亦非無限，既非在動，亦非在靜，既非相似於任何其他東西亦非不相似於任何其他東西。在批評他的辦法的批評家看來，他似乎顯有"對於兩相矛盾的命題兩者皆予以否決"這種悖理而荒謬的意向。但是，這種責難在我看來並不能算是爲有理。他的那些命題底第一個（卽既非有限亦非無限），我將卽刻要較詳細地去考慮之。就其他命題而言，如果"神"一詞，他意謂是"宇宙"，他自必確然要說：宇宙既不是常住不變地現存於它的地位中，卽是說，在靜止中，它亦不是這樣的，卽：它變更其地位，卽是說，它存在於運動中；因爲一切地位皆存在於宇宙中，而宇宙本身卻並不存在於任何地位中。復次，如果宇宙綜攝每一存在的東西於其自身中，它自不能或相似於任何其他東西或不相似於任何其他東西，因爲玆並沒有所謂"其他東西"可言，在宇宙之外玆並沒有什麼"它可以與之相比較"的東西。如果兩相反的判斷皆預設一不可允許的條件，則不管它們的相對反爲如何（此對反並不等於嚴格地所謂矛盾），它們兩者皆塌落，因爲它們兩者所預設的條件（只有在此所預設的條件下它們兩者之任一個始能被維持）本身塌落故。

B 531

A 503

［註⑴］：另兩譯爲"去打倒那命題"。

如果說：一切物體或有一好的氣味，或有一"不是好的"（是壞的）氣味，則一第三情形是可能的，卽是說，一物體很可根本無氣味可言；因此，這兩相衝突的命題可以都假。但是，如果我說：一切物體或是"好氣味的"，或不是"好氣味的"，則此兩判斷是直接地互相矛盾的，而且只有前一個是假的，而它的矛盾的反面，卽"有些物體不是好氣味的"，亦包括那些"根本無氣味可言"的物體。因爲，在前一種說法的對反中，氣味，物體概念底這偶然的條件（情狀），並沒有被這反面的判斷所移除，但卻是留存下來而附隨於反面的判斷中，所以這兩個判斷並不是當作矛盾的對反而相關聯着。

因此，如果我們說：世界在廣延方面或是無限的，或不是無限的，而又如果前一命題是假的，則其矛盾的反面，卽 "這世界不是無限的"，必須是眞的。這樣，我必否決一無限世界底存在，而卻亦並沒有肯定一有限世界以代之。但是，如果我們說：這世界或是無限的，或是有限的（是 "非無限的"），則此兩陳述可以俱假。因爲，在此情形中，我們必須把這世界本身視爲在其量度方面爲決定了的(爲決定是無限的)，而在那相反的判斷中，我們不只是把無限性，並或許連同這無限性，一完全各別的 "世界之存在"，皆予以移除，不只是如此，而且還把一種決定（有限性）附加給世界，把這世界視爲一 "在其自身就現實地存在着" 的東西。但是，此一肯斷(卽肯斷世界爲有限之肯斷)可同樣是假的；這世界很可以不是當作一物自身而被給與，也不是在其量度方面或是當作無限的或是當作有限的而被給與。我請求允許我去名這種對反曰 "辯證的"，而名那種相矛盾者底對反曰"分析的"。這樣，兩個辯證地相對反的判斷，它們兩者可以俱假；因爲這一個不是另一個底純然矛盾面，它是說了更多一點的東西，比一單純的矛盾所需要者爲更多一點的東西。

如果我們把"世界在量度方面是無限的"與"世界在量度方面是有限的"這兩個命題視爲矛盾的對反，則我們就要認定：世界，卽現象底完整系列，是一物自身。蓋以⑴ 此時世界便成這樣的，卽：縱使我停止了（解消了）其現象系列中的無限後返或有限後返而不作，它亦仍舊照常爲無限或有限（如無限眞，則有限便假，反之亦然，以矛盾故）。但是，如果我拒絕這種認定，或勿寧說拒絕這種件隨而來的超越的幻像，並且否認"世界是一物自身"，則此兩肯斷底矛盾的對反便轉成一純然地辯證的對反。因爲世界並不是依其自身，獨立不依於"我的表象"之後返的系列，而存在着，世界在其自身旣不是當作一無限的整全而存在着，亦不是當作一有限的整全而存在着。它只存在於現象底系列之經驗的後返中，它不能當作某種在其自身的東西而被遇見。依是，如果這個系列總是有條件的，因而也就是說，它從不能當作完整的而被給與，則世界便不是一個無條件的整全，而亦不能當作這樣的一種整全卽或是無限量底整全或是有限量底整全而存在着。

［註⑴］：依康德原文以"蓋以"起句。

我們在此關於第一個宇宙論的理念，卽關於現象領域中量度底絕對整全之理念，所說的，亦應用於一切其他宇宙論的理念。條件底系列是只在後返的綜和本身中被發見，而並不是在把現象看成是這末一個"在其自身而且卽以其自身，先於一切後返，而被給與"的物，這樣被誤看了的現象［之領域］中被發見。因此，我們必須說：在一特定所與的現象中的部分之數目依其自身而言既非有限亦非無限。因爲一個現象並不是某種"依其自身而存在着"的東西，而其部分亦是在化解的綜和之後返中始被給與，而且亦是通過化解的綜和之後返始被給與，而這一種化解的綜和之後返乃卽是那"從不能在絕對完整中（無論是有限的完整抑或是無限的完整）而被給與"的後返。此義在相隸屬的諸原因底系列方面以及在"從有條件者進至無條件的必然存在"這種系列方面皆同樣適用。這些系列從不能依其自身，在其綜體中，被視爲是有限的或是無限的。這些系列，由於是相隸屬的諸表象底系列，是故它們只在力學的後返中存在，它們不能先於這種後返，依其自身，當作自我潛存的事物之系列而有其存在。

　　這樣，純粹理性在其宇宙論的理念方面之背反，當這背反被表示爲是如此，卽：它只是辯證的，而且它之爲一種衝突是由於一種幻象而然（這幻象是發生自我們把那"只當作物自身之條件看始有效或適用"的絕對綜體之理念應用於現象上，這些現象只存在於我們的表象中，因而也就是說，當它們形成一系列時，它們是只在一相續的後返中形成之，而並無別法可以形成之），當這背反被表示爲是如此云云時，它卽消滅而不見。但是，從這種背反裏，我們所能得到的，實在說來，實不是一獨斷的利益（好處），而是一種批判的而且是學理上的利益（好處）。此種背反對於"現象底超越的觀念性"可供給一間接的證明，這一種證明乃卽是那"應可說服「不以超越的攝物學中所給的直接證明爲滿意」的任何人使之信服"的一種證明。此一間接的證明必存於以下的兩難中。如果世界是一個"依其自身而存在着"的整全，則它或是有限的或是無限的。但是這兩相更替的說法皆是假的（如分別地在反題與正題之證明中所已表示的）。因此，"世界（一切現象底綜集）是一依其自身而存在着的整全"這也是假的。由此，我們可說："現象一般若外於我們的表象便是無，什麼也不是"。此一義恰正是"現象底超越觀念性"之所意謂者。

{ B 535
{ A 507

　　這個解說是相當重要的。它能使我們去看出那被給與於四重背反中的證明並不只是純然無根的欺騙。 若依據這假定， 卽："現象以及綜攝這一切現象的感觸世界是事物之在其自己"這假定，則那些證明實是很有根據的。但是，由這樣所得到的命題而結成的衝突就表示在此假定中有一謬誤，如是，這衝突亦可把我們引導至作爲感取之對象的事物之眞正的構造(本性)之發見。當超越的辯證決不偏袒懷疑論時，它卻確然偏袒懷疑的方法，這懷疑的方法可以把這樣的辯證顯示爲這方法底偉大效用之一例證。因爲當理性底諸論證被允許在無限制的自由中去互相反對時，某種 "有利益的，而且亦多半會有助於我們的判斷之糾正"的東西將總會自然增殖，雖然它不必是我們開始時所要去尋求的。

純粹理性底背反

第 八 節

"純粹理性在其應用於宇宙論的理念中"

底軌約原則

因爲在一感觸世界中，沒有條件系列底"最高限"(最大限)，視之爲一物自身者，是通過宇宙論的綜體原則而爲被給與了的，這最高限只能「當作一種"要求條件系列中的後返"的工作而被安置」(只能是條件系列中之後返之所需要者)[1]，因爲是如此云云，所以純粹理性底原則必須依這些詞語而被修改；而如果它這樣被修改了，則它仍可保留其妥效性，它保留其妥效性實不是當作一個公理，卽"我們想這綜體爲現實地存於對象中者"，這樣的一個公理，而保留其妥效性，而是當作知性上的一個問題，因而也就是說，主體上的一個問題，而保留其妥效性，這問題它引導知性或主體，依照理念所規定的完整性，在任何特定所與的有條件的東西底條件系列中，去從事並繼續這後返之工作。因爲在我們的感性中，卽是說，在空間與時間中，每一條件，卽在特定所與的諸現象底解釋中我們所能達到的那每一條件，皆又是有條件的。蓋因爲現象並不是"對象之在其自己"，（如果它們眞是"對象之在其自己"，則絕對無條件者可以在其中被發見），但只是一些經驗的表象，這些經驗的表象必須總是在直覺中找得那條件，卽"在空

間與時間中決定它們"的那條件。「這樣，理性底原則，恰當地
說來，實只是一個規律，它在所與的現象底條件系列中規定一種
後返，它並禁止這系列去把這後返帶至一結束之境，卽因着把這
系列所可達到的任何東西視爲絕對無條件者而把這後返帶至一結
束之境」[2]。因此，理性底原則不是經驗底可能性以及感取底對象
底經驗知識底可能性之原則，因而也就是說，它不是知性底一個
原則；因爲每一經驗，在符合於所與的直覺[之形式]中，是被圍
在限制或範圍之內的。理性底原則亦不是理性底一個"構造的原
則"[3]，它並不能使我們去擴張"我們的感觸世界"之概念以超出
一切可能經驗之外。它勿寧是經驗底最大可能的連續與擴張底原
則，它不允許有任何經驗的限制被視爲絕對的限制。這樣說來，
它是理性底這樣一個原則，卽此原則是用來充作一個規律，它並
設定那"我們在後返中所應當去作之"者，但它卻並不能預測那
"先於一切後返，如其依其自己而存在那樣而現存[4]於對象中"的
東西。依此而言，我名理性底原則曰"理性底軌約原則"，使它
與條件系列底絕對綜體之原則區別開（此條件系列底絕對綜體是
「被視爲現實地存在於對象卽現象中者」）[5]，條件系列底絕對綜
體之原則必應是一構造性的宇宙論的原則。我試想卽以此區別去
表示實無這樣的構造原則，因而並去阻止那不可避免地要發生的
事情，卽那"設非如此，通過一種超越的非法偸轉，便不可避免
地要發生"的事情，卽是說，去阻止"把客觀實在性歸給理念，歸
給一個「只用來充作一規律」的理念"這種事。

[註(1)]：譯者案此處肯・斯密士又譯爲"當作一種……工作而被

安置"。但 "後返" 可以當作一種工作，"最高限（最大限）"卻不能當作一種工作。故在此，如此意譯不甚通。*Max Müller* 譯爲"只能是條件系列中的後返之所需要者"。此似乎稍好。案原文動詞只是個 "aufgegeben"，肯·斯密士一貫意譯爲 "當作一種工作而被安置"，而 Max Müller 則一貫譯爲 "需要"（所需要的，被要求的）。德文 geben 是給與，gegeben 是被給與，aufgegeben 則不知如何譯。類比其他，此 auf…… 形之動詞似是 "應被給與者"，"應有者"。

[註(2)]：此一整句，依原文是如此："這樣，理性底原則恰當地說來實只是一個規律，此規律在所與的現象底條件系列中規定一種後返，此後返決不能被允許去停止在任何絕對無條件的東西處"。此似簡單而甚明，其他兩譯大體皆如此，不知何故肯·斯密士於此中最後一句譯的那麼囉嗦。也許此最後一句於意義上有問題，故他予以詳盡的表達。但若如此，他應注明；但在此，他卻又無注明。

[註(3)]："構造的原則"亦可譯爲"構成的原則"，在此亦可意解爲"圓成原則"。此處說構造原則與軌約原則與分析部原則之分析中所說者意義不甚相同。

[註(4)]："現存"，肯·斯密士注明原文爲"被給與"(gegeben)。

[註(5)]：此句，肯·斯密士注明依原文當爲 "是被視爲在對象中（卽在現象中）卽依其自己而被給與"。

要想恰當地去決定純粹理性底［原則之爲一規律］這種規律之意義，首先，我們必須注意：作爲一規律或一軌約原則的理性之原則並不能告訴我們對象是什麼，但只能告訴我們經驗的後返如何被貫徹下去以便去達到對象之完整的概念。如果它企圖於前一工作（想告訴我們對象是什麼），則它必應是一構造的原則，而這樣的構造原則是純粹理性所決不能供給者。因此，它不能被視爲可以去主張 "一特定所與的有條件者之條件底系列在其自身或是有限的或是無限的"者。因爲若那樣視之，則我們必是去視一絕對綜體之純然理念（此絕對綜體只是在理念中被產生）爲等值於這樣一種思考，卽 "思考一「不能被給與於任何經驗中」的對象"這樣一種思考。因爲依據那樣視之而言，我們一定要把一種 "獨立不依於經驗綜和"的客觀實在性歸給一 "現象底系列"。因此，此理性之理念其所能作的不過是把一個規律規定給條件系列中的後返綜和；而依照這個規律，後返的綜和必須從有條件者，通過一切相隸屬的條件，向那無條件者而前進。但是，它從不能達到這個目標，因爲絕對無條件者不是可在經驗中被發見的。

因此，我們必須首先決定所謂一個系列底綜和就其從不是完整的而言是什麼意思。要決定其是什麼意思，有兩個詞語是通常地被使用的，這兩個詞語是想去標識出一種差別，雖然並沒有正確地指定出這差別之根據。數學家只說及一 "無限地前進" prog-ressus in infinitum）。 以查考概念爲其工作的哲學家不承認這個詞語爲合法，而代之以 "不定地前進" (progressus in indefinitum)。 我們不須中止下來以便去考察這種區別底理由，或去詳說這種區別底有用的使用或無用的使用。我們只須以這樣的正確性卽如在我們自己的目的上所需要的那正確性來決定這些概念。

{ A511
{ B539

關於一條直線，我們可以正當地說: 它可以被引長至無限。在此情形中，一 "無限"與一 "不定長的前進"間的區別必只是一無謂的纖巧。當我們說 "你試畫一條線"，則在此去加上 "不定長地畫"實比去加上 "無限長地畫" 聽起來似更爲正確。當 "無限長地畫" 意謂你在畫一條線時你必須不要停止（這不是說"畫一條線"時所意謂者），可是"不定長地畫"卻只意謂你在畫一條線時盡可如你所願以畫之；而如果我們只涉及那在我們的力量之內所要去作的是什麼，則"不定長地畫"這辭語是完全正確的，因爲我們總能使這條線再長一點，而無底止。在我們只說及這種前進，卽，只說及從"條件"進至"有條件者"這種前進之一切情形中，亦是如此。這種可能的前進可在現象底系列中進行而無底止。從一對特定的雙親下降，世代底下降線亦可以無底止地進行，而且我們亦

很可以視這條下降線爲現實地在世界中如此連續下去者。因爲在此情形中，理性從不需要"系列底一個絕對綜體"，因爲它並不預設那個綜體爲一條件以及爲一所與（與料根據），但只把它當作某種有條件的東西而預設之，這作爲某種有條件的東西的綜體，它允許可以被給與，而且可以繼續對之增加而無底止。

可是就下列問題而言，情形卻完全不同。此問題卽：當一種後返在一系列中從某種當作有條件者而被給與的東西上升至它的條件時，這種上升的後返能擴展至有多遠？我們是否能說這後返是存在於無限中的，抑或只能說它是不定遠地擴張的（存在於不定中的）。舉例言之，我們是否能從現在活着的人，通過他們底祖先底系列，而無限地上升。抑或我們只能這樣說，卽：就我們所已後返至者而言，我們從未遇見過一經驗的根據可以使吾人視這系列爲限制在任何點上者，因此我們很有理由而且同時被迫着不得不就每一祖先去進一步追尋其更遠的祖先，雖然實不能去預

定這些更遠的祖先。

對以上之問題，我們可以答覆說：當整全是被給與于經驗直覺中時，則此整全底內部條件系列中的後返便可無限地進行着；但是當只有一個系列中之分子是被給與了的，而從此一被給與了的分子開始，後返又必須進行至絕對的綜體，當是如此云云時，則這後返僅屬於"不決定的性格"的(在不定中的)。依此而言，一個物體底區分，卽是說，被給與於一定界限間的一段物質之區分，必須被說爲無限地進行着的。因爲這一段物質是當作一整全，因而也就是說， 連同着其一切可能的部分， 而被給與於經驗直覺中。因爲此一整全底條件就是此整全中之部分，而此部分底條件就是部分底部分，依此下去，無有底止，又因爲在此化解底後返中，此條件系列底一個無條件的 (不可分的) 分子從未被遇見過，是故不只是玆並沒有任何經驗的根據足以停止此區分，而且任何繼續區分底進一步的分子其自身就是先於這區分之繼續而爲經驗地被給與了的。那卽是說，此區分是無限地進行下去的。另一方面，因爲任何特定人底祖先之系列並不是依其絕對綜體而在任何可能經驗中爲被給與了的，是故這後返乃是從世代系列中的每一分子進行至一較高的分子的， 而且亦沒有經驗的界限， 卽"顯示一分子爲絕對地無條件者"的那經驗的界限，可以被碰見。而因爲此中的諸分子，卽"可以供給條件"的那些分子，並不是先於後返，而已含在對於這整全底一個經驗直覺中，所以此處之後返並不是對於所與者之區分而無限地進行着，但只是"不定遠地"進行着，進行着以尋求進一步的分子以便可以加到那些已被給與了的分子上去，而這些進一步的分子其本身復又總當作有條件者

{ B 541
{ A 513

而被給與。

　　不管這後返是無限地進行着，抑或是不定地進行着，無論在那一種情形中，這條件之系列皆不可被視爲當作"無限"而被給與於對象中。這些系列不是事物之在其自己，但只是現象，這些現象，由於互爲條件，是只在這後返本身中被給與。因此，問題不再是：此條件系列在其自身是如何大，是有限的，抑或是無限的，因爲它在其自身什麼也不是，是無；問題但只是：我們如何去進行這經驗的後返，我們連續這後返須連續到如何遠。在此，就"管轄這樣的後返程序"的規律而言，我們見到一重要的差別。當整全是經驗地被給與的了的時，則在此整全底內部條件之系列中"無限地"向後進行（後返），這乃是可能的。可是當這整全不是被給與了的，但須首先通過經驗的後返始被給與，則我們只能說："尋求這系列底更高而又高更的條件"這種尋求是"無限地"可能的。在前一情形中，我們能說：玆總有比我通過化解底後返所能達到者爲更多的"經驗地被給與了的"分子存在在那裏；但是在後一情形中，則意思是如此，卽：我們在後返中總能進一步而又進一步地前進，因爲沒有分子是當作絕對無條件者而爲經驗地被給與了的；而因此，因爲一更高的分子總是可能的，是故就此更高的分子而言，繼續追究是必要的。在前一情形中，我們必然地找

到這系列底進一步的分子；在後一情形中，因爲沒有經驗是絕對地被限制了的，是故我們去追究進一步的分子乃成必要。因爲，或者我們沒有一種知覺它把一絕對的限制安置於經驗的後返上，在此情形中，我們必不可視這後返爲已完整了的，或者我們有一知覺它限制了我們的系列，在此情形中，此知覺不能是所已經過

的系列之一部分（因為那能限制者必須不同於那"為此能限制者
所限制"的東西），而因此，我們亦必須把我們的後返再繼續下
去後返到此條件上去，而這樣，這後返復又重新開始，依此繼續
下去，無有底止。

　　以上這些觀察將因着其下節中的應用而被置於其恰當的場合
中（而得恰當地被表示）。

純粹理性底背反

第 九 節

在關於一切宇宙論的理念中，

理性底軌約原則之經驗的使用

在許多機緣上，我們早已表明：沒有超越的使用可由知性底純粹概念或理性底純粹概念（理念）而造成；並已表明：感觸世界中的條件系列底絕對綜體〔之肯斷〕是基於理性底一種超越的使用，在此超越的使用中，理性從其所假定之為一物自身者要求此無條件的完整；並已表明：因為感觸世界並不含有這樣的完整，所以我們從不能有理由就感觸世界中的系列底絕對量度去探問這感觸世界是否是被限制了的抑或它在其自身是不被限制的，我們只能有理由去探問我們在經驗的後返中應當進行至如何遠，卽當我們把經驗向後追溯到它的條件，而我們之追溯到其條件是遵守理性底規律而追溯至其條件，因而對於理性底問題除那 "符合於〔經驗的〕對象" 的答覆外，沒有其他答覆可言，我們卽以此為滿足，當我們是如此云云時，我們在經驗的後返中應當去進行至如何遠。

因此，那唯一剩留給我們的便是理性底原則之對一可能經驗底連續與量度而為一規律之妥效性；理性底原則之作為 "被視為物自身" 的現象自身之構造原則之無效性已充分地被證明。如果我們把此兩結論牢記於心，則理性之自我衝突便完全結束而不再現。因為這種批判的解決不只是毀滅了那"使理性自相衝突"的幻象，並且將代之以實義 (teaching, Sinn)，此實義在糾正那"曾是衝突之唯一源泉"的誤解中使理性自身一致。這樣，一個"若不如此則必是辯證的"之原則將被轉成一"學理性的原則 (doctrinal principle)。事實上，如果這個原則能被執持為可以決定知性之最大可能的經驗使用，卽依照其主觀意義然而卻又符合於經驗之對象，而決定知性之最大可能的經驗使用，則結果將與設想這原則好像眞是一個公理，卽"先驗地決定對象之在其自身"的公理 {A 517 {B 545 （此從純粹理性說是不可能者），甚為相同（所差亦無幾：只結果差不多，而來源根本不同）。因為只有當這原則在指導知性之最廣可能的經驗使用中是有效果的時，這原則始能在關涉於經驗之對象中，於擴張並糾正我們的知識上，表現任何影響力。

I
〔第一背反之解決〕

一宇宙整全中的現象之組合綜體之宇宙論
的理念之解決

在此，如在其他宇宙論的問題處那樣，理性底軌約原則是基於這命題，卽："在經驗的後返中，我們不能有「一絕對限制」底經驗，卽是說，不能有那「經驗地言之是一絕對無條件者」這樣的一個條件之經驗"。何故不能有，其理由是如此：蓋這樣的一種經驗必應含有現象底一種限制，這限制是因着"無"而限成或因着"虛空"而限成，而在繼續後返中，我們亦定能够在一知覺中去碰見這種限制。但這却是不可能的。

上提那個命題實際上是陳述這個意思，卽：我們在經驗的後返中所僅能達到的那些條件便是 "其自身復須被視爲經驗地有條件者"這樣的一些條件。只陳述這個意思的那個命題最後終歸(in terminis) 含有這個規律，卽：在上升的系列中，不管我們進至如何遠，我們必須總是要追究這系列底一個更高的分子，此更高的分子或者可通過經驗而成爲被知於我們，或者不可通過經驗而成爲被知於我們。

因此， 對第一個宇宙論的問題之解決而言， 我們只須去裁決：在就時間與空間而後返到 "宇宙底無條件的量度"這種後返中，這個從不能被限制的上升是否可說爲是一種"後返至無限"之後返，抑或只可說爲是一不決定地繼續的後返（不定的後返）。

世界底一切過去狀態底系列之完全一般的表象以及那 "共在於宇宙性的空間中"的一切事物之完全一般的表象其自身就只是我所思給我自己（雖然在一不決定的樣式中思之以給我自己）的一個可能的經驗的後返。只有依此經驗的後返，對一個特定所與的知覺而言的這樣的條件系列之概念始能發生[a]。現在，我們只

隨時[1]在概念中有這"宇宙性的整全"，但從未在直覺中有之（卽從未把宇宙當作一整全而在直覺中有之）。因此，我們不能從"宇宙整全底量度"辯說至 "後返之量度"，依照前者以決定後者；反之，只有因着參照經驗的後返之量度（只有通過經驗後返之量度），我始能爲我自己去形成世界底量度之概念。但是， 關於此

經驗的後返，我們所能知的至多是如此，卽：從條件系列底每一特定所與的分子開始，我們總是仍然要經驗地進到一較高而且較遠的分子。現象底整全之量度並不是因着此前進而卽可以依任何絕對的樣式而爲被決定了的；因此，我們不能說這個後返可以進行至"無限"。要想進行至無限，我們定須預測這後返所尚未達到的那些分子，並把這些尚未達到的分子之數目表象之爲如此之大以至於沒有經驗的綜和能够達到之，因而也就是說，我們定須先於這後返而決定世界之量度（雖然只是消極地決定之）。可是先於後返而去決定世界之量度，這乃是不可能的。因爲世界並不是依其綜體，通過任何直覺，而爲被給與於我者，是故它的量度也不是先於後返而爲被給與於我者。因此，關於世界底量度本身，我們畢竟不能說任何事，更亦不能說在此世界量度中存有一無限的後返。一切我們所能作的便是去尋求世界底量度之概念，卽依照那"決定世界中的經驗的後返"的那規律來尋求世界底量度之概念。這個規律所說的不過是如此，卽：在經驗的條件之系列中，我們所可達到的不管如何遠，我們決不應假定一絕對的限制，但只應把每一當作有條件者看的現象隸屬到另一個現象上去，以此另一個現象作爲它的條件，而且我們亦必須前進至這個條件。此義就是"不定的後返"，此不定的後返，由於它並不能決定"對象中的量度"，是故它是很够清楚地可與"無限的後返"區別開。

{A520
 B548

(a)處，康德作底注云：

　　因此，這個宇宙系列旣不能比可能的經驗後返爲較大，亦不能比之爲較小，所謂可能的經驗後返卽這宇宙系列之概念所

單基於其上的那種後返。而因為這種後返既不能產生一決定性
的無限，亦不能產生一決定性的有限（卽任何絕對地被限制了
的東西），是故世界底量度既不能被視為有限，亦不能被視為
無限，這是十分顯明的。世界底量度所經由之以被表象的那後
返既不允許一有限，亦不允許一無限。

　　[註(1)]：案原文有"隨時"（jederzeit）一副詞，英譯皆略。

　　因此，我不能說：世界在空間方面或關於過去的時間方面是
無限的。　任何這樣的量度概念，　由於它是一所與的無限量之概
念，是故它乃是經驗地不可能的，　而因此，在關涉於那"作為感
取之對象"的世界中，它也是絕對地不可能的。我也不能說：從
一特定知覺向後返，　返到那在一系列中（不管是空間方面的系
列抑或是過去的時間方面的系列）限制此特定知覺的那一切東西
上，這種後返可以進行至"無限"；若這後返可以進行至無限，則
它必須去預設世界有一無限的量度。我也不能說：這後返是有限
的；一絕對的限制亦同樣是經驗地不可能的。這樣，關於全部的
經驗之對象（整個的感取世界），我不能說任何什麼事；我必須
把我的肯斷限制到這規律上去，卽那"決定經驗，卽在符合於其
對象中的經驗，如何可被得到，以及其如何可進一步被擴張"這
樣的規律上去。

　　這樣，對於"關於世界量度的宇宙論的問題"之第一而否定的
答覆便是：世界在時間方面沒有第一開始，而在空間方面亦無最
遠的範圍（界限）。

因為，如果我們設想這世界有開始，有限制，則這世界必應
是一方面為一空的時間所限，而另一方面又為一空的空間所限。 {A521 {B549
但是，因為當作現象看，世界不能在其自身依空的時間之樣式或
依空的空間之樣式而被限制（現象不是一物之在其自己），所以
世界底這些限制必須在一可能經驗中被給與，那卽是說，我們需
要有一對於限制之知覺，卽因着絕對空的時間或空的空間而限制
成的那種"限制"之知覺。但是這樣的一種經驗，由於它完全空
無內容，所以它是不可能的。因此，世界底一個絕對的限制是經
驗地不可能的，因而也就是絕對地不可能的[a]。

(a)康德在此有底注云：

　　須知這個證明完全不同於第一背反底反題之獨斷的證明。
在那個獨斷的論證中，我們依照通常而獨斷的觀點，視這感觸
世界為一個在其自身，以其綜體，先於任何後返，而被給與的
東西；我們且又肯斷說：這感觸世界，除非它佔有一切時間與
一切地位，否則它便不能在空間與時間中有任何決定性的位
置，不管是那一種。因此，這獨斷論者的結論亦不同於我上面
所給的那結論；因為在這獨斷的證明中，我們推斷了或表示了
這世界底現實的無限性。

　　肯定的答覆同樣直接地隨之而來， 卽： 在現象系列中的後
返，當作世界底量度之一決定者看，是"不決定地"進行着的。
此卽等於說：雖然這感觸世界沒有絕對的量度，然而這經驗的後
返（只有通過此後返這世界始能依其條件一邊而被給與）卻有其

自己之規律，卽：「它必須總是從這系列底每一有條件的分子進至一更爲遼遠的分子；它之如此前進或者是藉賴着我們自己的經驗而然，或者是藉賴着歷史底指導線索而然，或者是藉賴着結果與原因底鍊索而然。而如此規律進一步所要求者，我們的唯一而定常的目的必須是知性底可能的經驗使用之擴張，蓋由於此擴張是理性之在其原則之應用中之唯一恰當的工作」[1]。

A 522⎱
B 550⎰

　　［註[1]］：案此不合原文。依原文是如此：〝總應去從系列底每一分子，當作有條件者看者，進至一更遼遠的分子（或是經由我們自己的經驗而進至，或是經由歷史底指導而進至，或是經由原因與結果之鍊索而進至），而無論進至何處，決不應去免除知性底可能的經驗使用之擴張，蓋由於此擴張是理性之在其原則之應用中之唯一恰當的工作〞。此是一整句表示〝經驗後返〞之規律。肯・斯密士譯拆開了，顯不出。他把它分成兩整句，而於後一整句又加了許多字，意思全變了。*Max Müller* 譯較合。當以此原文爲準。

　　這個規律並不規定這樣一個決定性的經驗的後返，卽：〝此後返在某類現象中必須無底止地進行着〞這樣一個決定性的經驗的後返，例如從一活着的人開始，通過一祖先之系列而向後進行，在此後返進行中，我們決不能期望去遇見一第一雙親，又如在天體底系列中，我們決不能承認一個最遠方的太陽：此規律並不規定這樣決定性的經驗的後返。此規律所要求的一切便是〝從現象進到現象〞這種前進；因爲縱使那些所要進至的現象不能產生一現實的知覺（此如當對我們的意識而言它們在級度上——強度量上太弱不足以成爲經驗時），然而當作現象看，它們仍然屬於一可能的經驗。

一切開始皆存在於時間中，而廣延者底一切限制皆存在於空間中。但空間與時間只屬於感取之世界。依此，雖世界中的現象皆是有條件地被限制了的，然而"世界本身"卻既不是有條件地被限制了的，亦不是無條件地被限制了的。

同樣，因爲世界從不能當作"完整者"而被給與，又因爲甚至那"當作有條件者而爲被給與了的東西"之條件系列，作爲一宇宙系列看，亦不能當作"完整者"而被給與，所以世界底量度之概念是只有通過後返始爲被給與了的，而並不是先於後返在一"集合的直覺"（整全的直覺）中而爲被給與了的。但是，後返只存於"決定量度"這"決定之"之決定活動中，(決定量度之活動中存有後返)，後返並不給出任何決定性的概念(後返至何處便決定至何度，後反不能給出一客觀的決定性的量度之概念以爲定是什麼量)。因此，後返並不能產生出這樣一個量度之任何概念，卽那"在關聯於某種一定的單位尺度中而能被敍說爲是無限的"這樣一個量度之概念。換言之，後返並不能進行至"無限"，好像這"無限"可被給與似的，但只能進行至不決定地遠的（不定的遠），以便去給出那種經驗的量度，卽那"在此後返中並通過此後返始成爲現實的"那種經驗的量度。

{ A523
{ B551

II

〔第二背反之解決〕

給與於直覺中的一個整全底區分之綜體

之宇宙論的理念之解決

如果我們區分一給與於直覺中的"整全"，則我們是從某種有條件者而進至此某有條件者底可能性之諸條件。部分底區分(對於部分再施以區分，此曰次區分或化解)便是此諸條件底系列中的一種後返。這個系列底絕對綜體必只當這後返能達到單純的部分時，始可被給與。但是，如果在一連續進行的化解中的一切部分其自身復又是可分的，則這區分，卽"從有條件者後返至其條件"這種後返，便是無限地進行着的。因為這些條件（這些部分）其自身卽含在有條件者中，而又因為這個有條件者是當作"完整的"而被給與于一個"被圍在限制之內"的直覺之中，所以這些部分盡皆與那有條件者一起而為被給與了的。因此，這個後返不可只被名為一"不定的"的後返。此不定的後返，前就第一個宇宙論的理念而言是可允許的，因為該第一宇宙論的理念要求"從有條件者進至其條件"這一種前進，而所進至的這些條件，由於是外於該有條件者，所以它們並不是通過該有條件者而為已被給與了的，而且亦不是與該有條件者一同而為已被給與了的，它們但只是在經驗的後返中始被增加到該有條件者上去。但是，關於一個可分至無限的整全，我們卻沒有理由去說：這個可分至無限的整全是

A 524
B 552

由無限多的部分而被作成。因爲雖然一切部分皆含在這整全底直
覺中，可是這全部的區分並不因而亦含在這整全底直覺中，但卻
是只存於連續的化解中，即是說，只存於這後返之本身中，因着
此後返，這系列始成爲現實的。因爲這種後返是無限的，所以這
後返所達到的一切分子或部分皆是含在這被視爲一集合體的所與
整全中。但是這區分底全部系列卻並不因而即含在這所與的整全
中，因爲這區分底全部系列是一相續的無限，而從未是一"整全"，
因此，它不能展示一無限的衆多數，或一整全中的一無限的衆多
數之任何結合（或組合）。

以上這個一般的陳述顯然可以應用於空間。每一被直覺爲在
限制內的空間便是這樣的一個整全，此種整全之部分，如因着繼
續不斷的化解而被得到者，其本身總仍是空間。因此，每一被限
制了的空間是無限地可分的。

這個陳述底第二應用完全自然地隨以上應用於空間而來，此
第二應用即是應用於被圍在限制之內的一個外部的現象，即，應
用於一個物體。一個物體底可分性是植基於空間底可分性中，空
間底可分性構成"這物體之爲一廣延的整全"之可能性。因此，物
體是無限地可分的，然而它卻不是由無限多的部分而組成。

實在說來，這似乎是可以的，即：一個物體，因爲它必須當
作本體（常住體）而被表象於空間中，所以就空間底可分性之法
則而言，此物體將不同於空間。我們固可承認：化解從不能把一
切組合從空間處移除（意即使一切組合離開空間）；因爲若那樣
移除，則必意謂：空間（在此空間處並沒有什麼自我潛存的東西）
已不復是空間，而此是不可能的。可是另一方面，"如果物質底

{ A525
{ B553

一切組合在思想中被消除則便無物可以留存"這個肯斷似乎並不是可與一本體之概念相容的， 此本體被意謂是一切組合之主詞， 而且它必須繼續存在於（常住於）組合物之成素中， 縱使空間中的連繫（因着此連繫那些成素可構成一物體）被移除， 它亦必須繼續存在。但是， 這層意思雖適用於物自身， （因爲物自身是通過知性底一純粹概念而被思）， 然而它卻並不適用於我們於現象領域中所名之曰本體者。因爲此現象領域中的本體並不是一絕對的主詞， 它但只是一個常住的感性影像， 它除當作一直覺外， 它什麼也不是， 而在直覺中， 無條件者是從未被遇見的。

A 526
B 554

但是， 雖然此"無限的進行"之規律無疑地可應用於一 "只被視爲充塞空間"的現象之隸屬區分，可是它並不能被致使去應用於這樣一個所與的整全， 卽 "在此所與的整全中， 諸部分早已是如此確定地互相分離以至於此諸部分構成一不連續的量(quantum discretum) " 這樣一個所與的整全：那無限的進行之規律不能被致使去應用於其部分各自分離而構成非連續量這樣的整全上。我們不能假定： 一被組織起的整全底每一部分其自身復又是如此之被組織起來， 以至於： 在部分底分析而分析至無限中， 仍有其他被組織起的部分總可被遇見； 總之， 我們不能假定： 這整全是可以被組織起而組織至無限的。這不是一可思議的假設。物質底部分如見之於其無限的化解中者， 可被組織起來， 這自是眞的。空間中一所與現象底區分之無限性是只基於這事實， 卽： 通過這種無限性， 只有這可分性（此可分性之自身， 就其部分之數目言，是絕對地不決定的）是被給與了的， 至於那些部分自身則只有通過隸屬區分而被給與以及被決定。總之， 整全， 依其自身而言，並不是早已被區分了的。因此，部分底數目，一種區分在一整全中所可決定者，將依靠於我們在此區分底後返中所欲進至多遠而定。另一方面，在一被思議爲無限地被組織起來的組織體之情形中，這整全是被表象爲早已被分成部分的，並且被表象爲先於一切後返而卽足以把一種決定性的而又是無限數的部分允諾給我們者。但是，這是自相矛盾的。這種無限的錯綜重疊是被視爲一無限的（卽從不能被完整的）系列，然而同時卻又被視爲在一〔不連續的〕複合體 (Zusammennehmung) 中而爲完整的。無限的可分性之屬於現象是只當此現象是一"連續量"時，它始屬於現象；無限的可分性是與空間底佔有分不開的，此空間之佔有實是無限的可分性之根據。去把任何東西視爲是一"不連續量"，便是去把其中的單位數目視爲是被決定了的，因而也就是說，視爲在每一情形中皆等於某一數目。在一組織起的物體中，組織能進至多遠，這只有經驗能够表示之；而雖然就我們的經驗已歷過而言，我們可從未確定地已達至任何非組織的部分，可是"經驗到這種非組織的部分"之可能性必須至少可被承認。但是，當我們把一"現象一般"底超越區分記於心中時，則 "此區分可以擴展至如何遠"之問題並不要等候一來自經驗的答覆；那問題可因着理性之原則而被裁決，此理性之原則規定以下之情形，卽：在廣延物底化解中，這經驗的後返，依照廣延物這一現象之本性，從不能被視爲是絕對地完整了的。

*　　　　　*　　　　　*

A527
B555

對於數學的超越理念底解決之結束語以及

對於力學的超越理念底解決之預備的省察

我們通過一切超越的理念，依表列的方式，已表象了純粹理性底背反，並且已表明了這衝突底根據以及移除此衝突之唯一辦法便是宣布這兩相反對的肯斷皆假，在如此表象之以及如此表明之中，我們已把條件表象爲在一切情形中皆依照空間與時間之關係而委順於（或繫屬於）那有條件者。條件在空間與時間之關係中委順或繫屬於有條件者，這乃是通常的理解所普通作成的假設，而衝突亦專由於這假設而發生。依此想法，綜體底一切辯證的表象，在對於一所與的有條件者而言的條件之系列中，皆完全是同一性格的。條件總是和有條件者一同爲一系列底一分子，因而亦是與有條件者爲"同質的"。在這樣一個系列中，後返從不能被思爲是完整了的，而如果它已被思爲是完整的，則一分子，其自身爲有條件者，必須已錯誤地被設想爲是第一分子，因而也就是錯誤地被設想爲是無條件者：對象，卽，有條件者，或可並非總是只依照它的量度而被思量，但是至少它的條件系列已如此被思量。這樣，便引起了這困難，卽：理性使這系列對於知性或是太長，或是太短，這樣，知性從不能相當或相稱於那所規定的理念：這一困難決不能因着任何和解而被處理，但只能因着割斷這死結而被處理。

但是，依以上所說的那一切，我們已忽略了那"存於對象間"的本質的分別，卽是說，已忽略了那"存於知性底概念間"的本質的分別，這些知性底概念卽是理性所要努力去把它們升至理念者。依照前文所給的範疇表，這些概念其中有兩類是函蘊着現象底數學的綜和，其他兩類則函蘊着現象底力學的綜和。

到現在爲止，在以上的那兩種解決中，去計及這種分別是不必要的；因爲恰如在一切理念底一般表象中我們總是要順從於現象領域內的條件（總是仍然要留在現象領域中的條件下），所以在那兩類數學的超越理念中我們所牢記於心的唯一對象也是作爲現象的對象。 但是， 現在由於我們要進而去考慮知性底力學概念適合於理性底理念適合到什麼程度，所以這分別便成十分重要的，並且它對於"理性被牽連或糾纏於其中"的那種訴訟（衝突）亦開放給我們以新的看法或見解。這訴訟，在上面我們對於它的裁判中（即在第一第二兩背反之解決處對於它的裁判中），已由於它在正反雙方皆基於假的預設之故而被遣除(被廢棄)。但是，因爲在力學的背反中，和理性底要求可以相容的一個預設或可被發見，又因爲法官或許補充了那請求中所缺乏的東西（那請求雙方皆犯誤逃之過），所以這訴訟可以被處理得使雙方皆滿意，可是這一種處理法在數學的背反方面是不可能的。 {A 530 {B 558

如果我們只考慮條件系列底伸展，並只考慮這些系列是否適合於理念，這理念對於這些系列是否太大抑或大小，則這些系列在這些方面實一切皆是同質的。但是居於這些理念之下而爲其根據的知性之概念卻可含有或者單只是同質者之綜和（此種綜和被預設在每一量度之組合中同樣亦被預設在每一量度之化解中），或者亦是異質者之綜和。因爲異質者可被承認爲至少在力學的綜和之情形中是可能的，所謂力學的綜和，乃是在因果連繫方面以及在必然者與偶然者底連繫方面皆同然者。

因此，在現象系列底數學連繫中，除感觸的條件外，沒有其他條件是可允許的，那就是說 沒有一個條件其自身不是這系列之一部分者。可是另一方面，在感觸條件底力學的系列中，一個異質的條件，卽其自身不是系列之一部分，但純粹是智思的，而如其爲智思的，因而它亦是在這系列之外，這樣一個異質的條件可被允許。在此情形中，理性得到滿足，而無條件者亦是先於現象而被安置，而同時現象底不可變更地有條件的性格（被制的性格）卻又並不因而被隱晦，而這些現象底系列亦並不因而被割短以侵犯了知性所規定的原則。

既然力學的理念允許現象底一個條件在現象系列之外，卽是說，一個條件其自身不是現象，則我們便達到一個完全不同於那"在數學的背反之情形中是可能的"任何結論之結論。在數學的背反中，我們不得不宣告兩相對反的肯斷皆假，可是另一方面，在力學的系列中，完全有條件者，卽和"被視爲現象"的系列不可分離的完全有條件者，是和一個"雖實並非是經驗地被制約了的，然而卻亦是「非感觸的」"條件有密切關係的。這樣，我們一方面能够去爲知性得到滿足（意卽給知性以滿足），另一方面亦能够去爲理性得到滿足（意卽給理性以滿足）[a]。如是，〔力學背反中的〕辯證的論證，卽"依此路或彼路只想在純然的現象中尋求無條件的綜體"的那辯證的論證，雖完全倒塌，而理性底命題，當此較正確的解釋已這樣被給與了時， 則可雙方皆是眞的。 在那些"只涉及一數學地無條件的統一"的宇宙論的理念方面決不能是如此；因爲在這些理念方面，沒有現象系列中的一個條件其自身不是現象，不是作爲現象而爲系列底分子之一，能被發見。

(a)處，康德作注云：

知性並不承認現象間有任何條件其自身能是 "並非經驗地被制約者"。但是，如果對於現象［領域］中的某種有條件者，我們能思議一個智思的條件，它不屬於現象底系列而為其分子之一，而我們之思議這樣一個智思的條件至少又沒有干擾或妨礙了經驗條件之系列，如是，則這樣一個條件即可被承認為是 "並非經驗地被制約者"，其這樣被承認却又無損於經驗的後返之連續。

III

〔第三背反之解決〕

"宇宙事件之從其原因而引生" 這引生中的綜體

之宇宙論的理念之解決

當我們應付或處理那發生的東西時，茲只有兩種因果性可被我們所思議；此兩種因果性乃是或依 "自然" 而成者，或由 "自由" 而發生者。依照 "自然" 而成的因果性是感觸世界中的某一個狀態與那先行的狀態之相連繫，所謂先行的狀態即是 "此某一狀態依照一規律所追隨" 的那個狀態。因為現象底因果性基於時間之條件上，而先行的狀態，如果它總是已經存在着，它便不能已產生了一個 "在時間中開始有存在" 的結果，是故那隨之而來者便是：那發生的東西或開始有存在（開始出現）的東西其原因之因果性必須其自身也須開始有存在，而依照知性之原則，它必須其自身轉而復需要有一原因。

　　但是另一方面，所謂自由，依其宇宙論的意義而言，我理解爲是"自發地開始一狀態"之力量。因此，這樣的因果性其自身將不居於另一"在時間中決定之"的原因之下，如依自然底法則所要求者。依此義而言，自由是一純粹超越的理念，此超越的理念首先並不含有任何從經驗假借得來的東西，其次，它涉及一個 "不能在任何經驗中被決定或被給與" 的對象。"每一生起的東西有一原因"，這是一個普遍的法則，它制約一切經驗底可能性。因此，原因底因果性，卽"其自身也是生起或開始有存在"的那原因之因果性，必須其自身轉而復有一原因；而這樣，經驗底全部領域，不管它擴展至如何遠，遂被轉成 "純然自然者"之綜集。但是，因爲在此路數中，沒有"決定因果關係"的諸條件底絕對綜體可被得到，所以理性爲其自己創造了"一個自發性"之理念，這一自發性能够以其自身開始去活動，而不須依照因果性之法則被一先行的原因所決定，決定之以至於有活動。

　　實踐的自由之概念卽基於此超越的理念，而自由底可能性之問題所總是爲其所苦（所纏繞）的那困難之眞實的根源亦處於此

超越的理念，此則一定要特別地被注意。自由，依其實踐的意義而言，就是意志（Willkür）之獨立不依於由感性衝動而來的迫束。因爲一個意志，當它是感性地被影響時，卽爲感性的動力所影響時，它卽是感性的；如果它可感性地被迫使爲必然如此者，它卽是動物性的意志（arbitrium brutum）。人類的意志確然是一爲感性所影響的意志（arbitrium sensitivum），但它不

是動物性的，而卻是自由的（Liberum）。因為感性並不迫使它的活動為必然如此者。人有一種自決之能力，此能力獨立不依於任何由感性衝動而來的迫束或強制。

顯然，如果感觸世界中的一切因果性皆是純然的自然，則每一事件皆必依照必然的法則在時間中為另一事件所決定。現象，依其決定意志而言，必會在意志底活動中有其自然的結果，而且亦必會使意志底活動成為必然的(機械地必然的)。因此，超越的自由之否決必包含着一切實踐的自由之取消。因為實踐的自由預設：雖然某種東西未曾發生過，可是它應當發生，並預設：既然它應當發生，是故其原因，如被發見於現象領域中者，並不是如此之有決定作用以至於排除了我們的意志底因果性——意志底因果性即是那〝獨立不依於那些自然的原因，而且甚至相反於那些自然原因之力量以及影響力，而能產生出某種「依照經驗的法則在時間秩序中而為被決定者」的東西〞的那種因果性，因而也就是說，是那〝能夠完全以其自己開始一事件之系列〞的那種因果性。

因此，在這裏，就像理性在其冒險越過可能經驗底範圍中自相衝突時所常發生的那樣，這問題實不是生理學的(自然學的)，但卻是超越的。關於自由底可能性之問題實有關於心理學；可是因為此問題基於純粹理性底辯證的論證，所以此問題底處理以及解決是專屬於超越的哲學的。在試作這種解決以前（這種解決是超越哲學所不能謝絕的一種工作），我必須多或少更準確地規定這超越哲學底程序，卽在處理此問題中的超越哲學底程序。

如果現象是物之在其自己，空間與時間是物之在其自己（物自身）底存在之形式，則條件必總是與有條件者為同一系列之分

{ A 535
{ B 563

子；這樣，在現在的情形中，如在其他超越的理念處那樣，背反必發生，卽是說，這系列對知性而言必是或太大或太小。但是，力學的理性概念，我們在本節以及下節所要去討論之者，有這特性，卽：它們並不有關於一個對象之被視為一量度，但只有關於此對象底"存在"。依此，我們能抽掉條件系列底量度，而只考量條件對於有條件者底力學關係。依是，在處理關於自然與自由之問題中，我們所遭遇的困難乃是：自由是否畢竟是可能的，而如果它是可能的，它是否能和自然的因果法則之普遍性一同存在。說"世界中的每一結果必須或是從自然而發生或是從自由而發生"，這是一眞正地非此卽彼的析取命題嗎？我們豈必不可說：在同一事件中，依不同的關係，兩者皆可被發見嗎？"感觸世界中一切事件皆依照自然底不可變更的法則而處於一通貫的連繫中"，這是超越分析中一個已建立起的原則，而此原則是不允許有例外的。因此，問題只能是：自由是否完全為這不可侵犯的規律所排拒，抑或一個結果，儘管其依照自然而這樣被決定，是否不可以同時亦基於自由。現象底絕對實在性（意卽超越的實在性）這一通常而錯誤的預設在這裏顯出其有害的影響，使理性陷於狼狽。因為，如果現象眞是物之在其自己，則自由便不能被維持。如是，自然將是每一事件底完整而充分的決定因。事件底條件將只能在現象系列中被發見；條件與條件底結果這兩者將依照自然底法則而為必然的。可是，另一方面，如果現象不被視為比其所實是者為更多，如果它們不被看成是物之在其自己，但只被看成是表象，是依照經驗的法則而被連繫起來的表象，則它們自身必須有那"並非是現象"的一種根據。這樣的一種智思的原因底諸結果可以顯現出來，因而亦可通過其他現象而被決定，但這智思的原因之因果性本身卻並不是這樣被決定了的。雖然諸結果須在經驗條件底系列中被發見，然而這智思的原因，連同其因果性，卻是在這系列之外的。這樣，這所產生出的結果在關涉於其智思的原因中可以被看成是自由的，而同時在關涉於現象中它又可被看成是依照自然之必然性而爲由這些現象而結成者。這種分別，當依此完全一般而抽象的樣式而被陳述時，必然顯得極爲微妙難解而又隱晦，但是在其應用底經過中，它將成爲清楚的。我的目的只想去指出以下之情形，卽：因爲在一自然之係絡裏，一切現象之通貫的連繫是一不可搖動的法則，所以頑固地堅持現象底"實在性"（意卽超越的實在性）其不可避免的結果便是去毀壞一切自由。那些追隨通常想法的人決不能去消融自然與自由間的衝突而和解之。

通過自由而成的因果性與"普遍的自然必然性之法則"相諧和之可能性

{ A 538
{ B 566

凡在一感取之對象中其自身不是現象者，我名之曰"智思的"（純智所思的）。因此，如果一個 "在感觸世界中必須被看成是現象" 的那存有它在其自身中有這麼一種能力，卽此能力不是感觸直覺底一個對象，但是通過此能力，該存有可以成爲現象底原因，如是，則此存有之"因果性"便可依兩個觀點而被看待。如果此因果性被視爲一 "物自身" 底因果性，則它依其活動而言便是"智思的"；如果此因果性被視爲感取世界中的一個現象底因果性，則它依其結果而言便是"感觸的"。因此，我們必須對於這樣一個主體底能力之因果性既要去形成一經驗的概念，又要去形成一理智的概念，並且要視這兩個概念爲涉及一同一結果者。這雙重方式，卽"思考一「存在於一感取之對象中而產生此對象」的能力⑴"這思考之之雙重方式並不與我們關於現象以及關於一可能經驗所須去形成"的任何概念相衝突。何以故如此，這是因爲以下的緣故而然，卽：因爲現象並非物自身，是故現象必須基於一"超越的對象"上，此超越的對象決定現象爲純然的表象；因此，玆並沒有什麼東西可以阻止我們，使我們不能把一種"不是現象（雖然其結果須在現象中被遇見）"的"因果性"歸給此超越的對象，卽在此超越的對象所因之以顯現而成爲現象的那種性質以外，再把一種不是現象的因果性歸給此超越的對象。每一有效的原因必須有一種性格，卽是說，必須有其因果性底一個法則，若無此因果性底法則，它必不能是一原因。因此，依據以上的假設，我們必須在一"屬於感觸世界"的主體中首先有一經驗的性格；因着此經驗的性格，此主體底活動，當作現象看，是依照不可更變的自然法則而與其他現象有通貫的連繫。而因爲這些活動能從其他現象中而被引生出，所以它們與其他現象合在一起構成自然秩序中一個唯一的系列。其次，[除那經驗的性格外]，我們定須也要允許這主體有一智思的性格，因着此智思的性格，這主體實是那些"當作現象看"的活動之原因，但是這智思的性格本身卻並不處於任何感性底條件之下，因而其自身亦並不是一現象。我們可名前者曰現象領域中的事物之性格，而名此後者曰"作爲物自身"的事物之性格。

［註(1)］："一「存在於感取之對象中而產生此對象」的能力"，肯・斯密士譯爲"爲一感取之對象所有的能力"，此不達。案原文是 "das Vermogen *eines* Gegenstands der Sinne"。*Max Müller* 譯之爲"一感取底對象之能力"，此亦不達。"eines" 處須補之以動詞，但不應如肯・斯密士之所補。*Meiklejohn* 譯爲 "一「居留於一感取之對象中」的能力"，此稍得之。"居留於" 實卽 "存在於"——"存在於一感取之對象中而產生此對象"。

［又案: 此段文中所說的"超越的對象"是指"物自身"言。下文屢使用此詞，皆指物自身言，皆非第一版超越推證中所說的 "超越的對象＝x"。物自身本不可說爲對象，而若視爲對象，卽隨文以 "超越的" 說之，此超越實卽超絕義。因旣有實指，實指物自身而說，故與第一版超越推證中所說的 "超越的對象＝x" 不同。該處無實指，康德亦明言它不是一"智思物" (Noumenon)。此並非以超越推證中的 "超越對象" 爲準，再比照此處所說的"超越的對象"，而謂康德說 "超越的對象＝x" 態度遊移不定或有衝突也。成爲問題而困惑讀者的是第一版超越推證中的超越對象，而實指物自身的超越對象則無問題可言。第二版的超越推證刪去"超越的對象"一詞，別處使用此詞只是實指物自身而言，此只是隨文立詞。然則第一版超越推證中說超越對象，康德對之實另有思理，與實指物自身的超越對象不同，故當討論該處該詞時，不可謂康德遊移不定，謂其亦有物自身底意義也。］

現在，這個活動的主體，依其智思的性格而言，自不處於任何時間條件下； 時間只是現象底一個條件， 並不是物自身之條件。在此主體中， 沒有活動可開始或停止（有生或滅）， 因此，此主體並不必須去符合於這決定之法則，卽 "一切在時間中是可變化的東西"底決定之法則，亦卽是說"每一發生起的東西必須在那「先於它」的諸現象中有其原因"這樣的每一東西底決定之法則。總之，此主體底因果性，就其是"智思的"[1] 而言，必不會在那些經驗條件底系列中有一地位，所謂那些經驗的條件卽是 "事件所經由之以被致使在感取世界中成爲必然的"那些條件。此智思的性格實從未直接地被知，因爲任何東西只有當其顯現時，它始能被覺知， 除此以外， 再沒有什麼東西可被覺知。此智思的性格必應依照經驗的性格而被思，此恰如我們被迫着不得不去思一超越的對象爲處於現象之基礎地位而爲其根據， 雖然我們對於 "超越的對象在其自身是什麼"一無所知。

[註(1)]："智思的"，康德原文爲"理智的"。肯·斯密士注云：別處康德總使用"智思的"這個較少令人誤會的詞語。案當改。關於此兩詞之分別，康德已在分析部中 A257, B313 處有所注明。此處自是其不愼。

因此， 此主體， 當作現象看， 依其經驗的性格而言， 「它自應必須去符合於一切 "因果性的決定之法則"」[1] 。就此而言，此主體不過只是感取世界底一部分， 而此主體底諸結果， 就像其他現象一樣， 亦必須是 "自然"底不可免的成果（亦必須是不可避

免地由“自然”而排洩出者）。一旦外部現象被見爲去影響此主
體，並且一旦此主體底經驗性格，卽此主體底因果性之法則，是
通過經驗而成爲被知的，則此主體底一切活動必須容許有依照自
然之法則而說明之之說明。換言之，此一切活動底完整而必然的
決定上所需要的那一切東西必須被發見於一可能經驗中。

[註(1)]：依原文：“它自應必須依照一切決定底法則而屈服於因
果的結合或連繫”。

依其智思的性格而言，（雖然我們對此智思的性格只能有一　{A 541
般的概念），此同一主體必須被思量爲解脫一切感性底影響者，　 B 569
並被思量爲解脫一切通過現象而來的決定者。因爲此主體是一智
思物，所以在此主體中便沒有什麼東西在發生；兹不能有“需要
時間中的力學的決定”的變化，因而亦不能有“因果的依待—依待
於現象”依待。結果，因爲自然的必然性是只有在感觸世界中被發
見，所以此主動的存有依其活動而言必須是獨立不依於一切這樣
的必然性者，而且必須是從一切這樣的必然性中解脫出來而不受
其束縛者。沒有活動在此主動的存有自身中有開始；但是我們卻
可完全正確地說此主動的存有卽以其自身開始了其感觸世界中的
結果。依其肇始了感觸世界中的結果而言，我們必不應說：“此
等結果能够卽以其自身而開始”；它們總是通過先行的經驗條件
而爲預先被決定了的，雖然只是通過它們的經驗性格（此經驗性
格不過是那智思性格者底現象）而爲預先被決定了的，因而也就
是說，雖然它們只有當作自然原因底系列之一連續看，它們才是

可能的。這樣，自由與自然，依此兩詞之充分的意義而言，能够比照 "諸活動或涉及其智思的原因或涉及其感觸的原因" 而同時並存於諸活動中而無任何衝突。

宇宙論的自由之理念與普遍的自然必然性

相連繫之説明

A542⎱
B570⎰

我已認爲對於我們的超越問題之解決去作此大體之描述（卽以上之概述）這是很適當的，這樣作，我們便可更好地去鳥瞰 "理性所須去採用之以達問題之解決" 的那經過。現在，我將把含在此種解決中的種種因素明示出來，並詳細去考慮之。

「"每一發生的事情皆有一原因" 這是一自然法則。於所謂皆有一原因中，因這些原因之因果性，卽原因之活動，亦是在時間中先於那繼彼而起之結果者，是故其自身不能總是已存在着（不能永恒常存着），它必須是已發生過的東西，而且它必須在現象間亦有一原因，經由此原因，它復轉而是被決定了的。因而結果也就是說，一切事件在自然秩序中是經驗地被決定了的。只有藉賴着此法則，現象始能構成一個自然界，而且始能成爲經驗底對象。此法則是一知性之法則，沒有背離此法則之背離可被允許，亦沒有現象可能逃脫此法則。」[1] "去允許這樣的逃脫" 這必是去把一現象置於一切可能經驗之外，去使一現象有別於一切可能經驗底對象，因而也就是說，去把一現象轉成一純然的思想物，一腦筋底幻想物。

A543⎱
B571⎰

〔註(1)〕案此一長句，*Max Müller* 依原文語法譯是如此："這一
自然法則，卽："每一發生的東西皆有一原因」，亦卽：「所謂有一原
因，此原因之因果性，卽此原因之活動，由於它在時間中是先行者，
而且於顧及那已發生之結果中，其自身亦不能總是已存在着，但必須
在某時已發生過，由於是如此，是故它必須在現象間有其原因，經由
此原因，它是被決了的」，並亦卽：「由於以上之所說，是故自然秩
序中的一切事件皆是經驗地被決定了的」：——這一法則（單通過此
法則現象始能構成一個自然界，而且始能成爲經驗之對象）乃是一知
性之法則，此法則決不能被放棄，而且亦沒有任何一個現象能逃脫此
法則"。*Meiklejohn* 譯亦順此句法譯。肯·斯密土譯是拆開了，單
說"每一發生的事情皆有一原因"爲自然法則，後兩句不知居何地位；
又 "只有藉賴着此法則"，"此法則"不能定其確指，指首句乎？抑亦
包括後兩句乎？依原文，自然法則賅指三 "卽" 句說，以三 "卽" 句
說自然法則，接着卽說此三 "卽" 所表示之法則是一知性之法則。不
過以後兩 "卽" 所表示者爲法則，不太合習慣，但句法確是如此。

　　以上所說之法則似乎必會函蘊着一原因鍊子之存在，此原因
鍊子在後返至其條件中是不允許有絕對綜體的。但是這一點並不
使我們苦惱或有什麼麻煩。這一點早已在背反之一般討論中被處
理過，所謂背反卽是 "理性當其在現象之系列中進行至無條件者
時所陷入之" 的那背反。設若我們眞屈服於超越實在論之虛幻，
則"自然"固不能保留下來，"自由"亦不能保留下來。因此，在
這裏，唯一的問題是如此，卽：設承認在全部事件系列中除自然
的必然性外再沒有什麼別的東西，則去把同一事件一方面視爲只
是自然之結果，而另一方面又視爲是一由於自由而發生的結果，

這尚是可能的嗎？抑或是在這兩種因果性之間存有一直接的矛盾呢？

在現象領域中的諸原因間，玆確然不能有任何東西它能絕對地而且卽以其自身開始一系列。每一活動，當作現象看，只要當它引起一事件時，其自身就是一事件或生起，而且它預設另一事件，在此另一事件中它的原因可被發見。這樣，每一發生的東西只是系列底一個連續，“沒有什麼以其自身而開始的東西是此系列底一可能分子”(1)。這樣，在時間承續中的諸自然原因之活動其自身就是結果；它們預設“在時間系列中先於它們而存在”的那些原因。一個根源的活動，卽如“以其自身就能把以前不曾存在的東西使之出現”這樣根源的活動，並不能在因果地相連繫的現象中被期望。

A544
B572

[註(1)]：此句依康德原文是：“沒有以其自身而開始的開始在此系列中是可能的”。

現在，設承認一切結果皆是現象，又承認一切結果底原因亦同樣是現象，如是，則說“一切結果底原因之因果性定須專只是經驗的”，這是必然的嗎？豈不可寧是這樣的，卽：雖對現象領域中的每一結果而言，這結果依照經驗的因果性之法則而與其原因相連繫這一種連繫實是需要的，然而此經驗的因果性其自身卻是一個“不是經驗的但是智思的”因果性之一結果，而其自身是智思的因果性之一結果復又未曾絲毫侵犯了或破壞了此經驗的因

果性之與自然原因相連繫，豈不可寧是如此乎？此智思的因果性
必應是這樣一個原因之活動，卽此一原因在關涉於現象中是一個
根源的原因，因而，由於其屬於智思因果性這一能力，是故此一
原因亦不是一現象，而是一智思的原因；雖然如此，可是當一個
原因是自然底鍊子中的一個環節（或連鎖物）時，它卻不是一智
思的原因，此時，它必須另樣地被看成是完全屬於感取之世界
者。

　　要想我們可以能够去尋求並去決定自然事件底自然條件，那
就是說，去尋求並去決定自然事件底現象領域中的原因，則現象
底因果連繫之原則是需要的 。 如果此原則被承認 ， 而且如果此
原則並不因任何例外而被減弱，則知性底一切要求卽可完全被滿
足(1)，而物理的說明亦可遵循其自己的路線而進行而沒有任何干
擾。（所謂知性底一切要求,此中所謂知性乃卽那"依其經驗的使 {A 545 {B 573
用而言，它在一切發生的事件中除見有自然外不見有任何別的什
麼事， 而 且 它亦很有理由只見有自然不見有別的什麼事"的知
性，就是這樣的知性其所有之一切要求可完全被滿足。）倘若我
們假定（縱使這假定必應只是一虛構）：在自然原因間，某一原
因有一種能力它只是智思的，因爲它之決定去活動決不基於經驗
的條件上，但只基於 "知性所思之根據"(2)上（意卽基於純智思
的根據上），那些知性之要求亦決不能被破壞或被侵犯(3)。當然
我們必須同時亦能够去假定：現象領域中的這些原因底活動是符
合於一切經驗的因果性之法則的。依此而言，活動着的主體，當
作現象領域中的原因（causa phaenomenon）看，必須通過其
一切活動之不可化解的依待性而與自然緊繫於一起，而且只當我

們從經驗的對象上升至超越的對象時，我們始見到：這個主體連同其現象領域中的一切因果性在其爲智思物的身分中有某種條件必須被視爲是純粹智思的。[案此句中所謂"超越的對象"，即指"自由"言。又案"在其爲智思物之身分中"，此中智思物康德原文爲現象(感觸物)，肯・斯密士注云依 Hartenstein 改。]因爲，在決定現象依什麼路數始能充作原因中，如果我們遵循自然之規律，則我們便不須關心於現象以及現象底連繫之何種根據可被思爲存在於"超越的主體"中，此超越的主體是經驗地不被知於我們者。此智思的根據並不須在經驗的探究中被考慮；它只有關於純粹知性中的思想；而雖然此思想底諸結果以及這純粹知性底活動可以在現象中被遇見（被發見），可是縱然如此，這些現象亦必須能夠藉賴着其他現象依照自然法則而能夠有一完整的[自然]因果的說明。我們須把這些現象底純粹經驗的性格視作說明底最高根據，而讓它們的智思性格（即它們的經驗性格之超越的原因）完全在討論之外而爲完全不被知者，即除 "經驗性格用來充作智思性格底感觸符號" 這限度以外，這智思性格可任其完全在討論之外而爲完全不被知者。

A 546{
B 574}

　　[註(1)]：此句依原文是："知性實可有一切其所能要求者"。
　　[註(2)]：原文是"知性之根據"，肯・斯密士如原文直譯，此令人有誤會。其意實即是"知性所思之根據"，此等於"智思的根據"。
　　[註(3)]：依原文是："知性不能絲毫被損害"。

　　現在讓我們把這個意思應用於經驗。人是感觸世界底現象之一，而卽當他是現象之一時，他亦是自然原因之一，此一自然原因之因果性必須居於經驗法則之下。就像自然中一切其他事物一樣，人必須有一經驗的性格。我們之能知此經驗的性格是通過"人於其活動中所顯露"的力量與能力而知之。在無生命或只是動物性的自然中，我們不能有根據以思：任何機能（能力）不依一純然感觸的樣式而被制約。（**案意卽無生命或動物性的自然其機能只能依純然感觸的樣式而被制約，不能依別樣而被制約。**）但是，人，卽"他只通過感取而知一切其餘的自然"這樣的人，他亦通過純粹統覺而知其自己；而其通過純粹統覺而知其自己實在說來是在一種活動與內部的決定中而知其自己，而此種活動與內部的決定，他不能視之為感取之印象。這樣，一方面，人對於他自己是現象，而另一方面，在關涉於某種機能中（此等機能之活動不能被歸屬於感性之接受），他對他自己又是一純然智思的對象。此等機能，我們名之曰知性與理性。特別是理性，我們依一完全特別不同的路數把它與一切經驗地被制約的力量區別開而把它彰顯出來。因為理性觀看其對象是專依理念而觀看之，而它復依照這些理念來決定知性，旣如此決定已，知性遂進而對於其自己所有的那同樣是純粹的概念去作一經驗的使用。

{A547
{B575

"我們的理性有一種因果性"，或"至少我們可如理性之有因果性那樣而把理性表象給我們自己"，這是從"命令"處而卽可見出是顯然的，所謂命令，卽是在一切行為之事中（在一切實踐之事中），我們把它當作規律而安置之於我們的"執行的能力"（ausübenden Kräften）[1]上者。"應當"卽表示一種必然性，並表示一種與根據相連繫的連繫，此種必然性以及此種連繫在全

部自然中是無處可發見的。知性在自然中只能知道現在實是的是
什麼，已經曾是的是什麼，或將要是的是什麼。我們不能說：自
然中的任何東西在一切這些時間關係中它所實是的是什麼以外還
要"應當是什麼"。當我們只把自然底行程存於心中時，"應當"是
沒有任何意義的。去問 "在自然世界中什麼東西應當發生"，其
為背理如同問"一個圓圈應當有些什麼特性"一樣的背理。一切我
們所可有理由以問之的乃是：在自然中什麼東西在發生？圓圈底
諸特性是什麼？

[註(1)]："執行的能力"，肯·斯密士譯為 "主動的力量"（active
powers），不達。他兩譯皆譯為"執行的能力"（executive pow-
ers）是。

A548}
B576}
　　"應當"表示一可能活動（行為），此可能的活動底根據除是
一純然的概念外，不能是任何東西。而在一純然自然的活動之情
形中，其根據卻必須總是一現象。"應當"所應用於其上的那活動
實必須在自然條件下才是可能的。但是，這些自然條件在決定意
志本身中並不表現任何作用，但只在決定結果以及此結果之現象
領域中的諸後果上表現作用。不管有多少自然的根據或有多少感
性的衝動迫使我去 "意欲"，它們總不能產生一 "應當"，但只能
產生這樣一個意欲，卽此意欲，雖遠不足成為必然的，但卻總是
受制約的；「而為理性所宣布的 "應當"則以一種限制以及一標
的來質對這樣的意欲，不，尤有進者，它禁止這樣的意欲或審定
這樣的意欲而允許之」(1)。　不管所意欲的是純然感性底一個對象

（快樂）抑或是純粹理性底一個對象（善），理性將決不屈服於任何"經驗地被給與"的根據。 理性在此並不如"事物在現象中呈現其自己"那樣來遵循事物之秩序，但只是以圓滿的自發性依照着理念來爲其自己架構其自己所特有的一種秩序，它使經驗的條件適合於這些理念，它並依照這些理念來宣布活動爲必然的，縱使這些活動從未發生過，或許亦決不會將要發生。而同時理性亦預設：它在關於一切這些活動中能有一種因果性，因爲設若不然，則沒有經驗的結果可從理性之理念而被期望。

[註(1)]：此句依原文是如此；"而爲理性所宣布的「應當」則對那個意欲安置一標的與限制，不，更進而對那個意欲給與以禁止或詳審（詳審而允許之）"。

現在，依這些考慮，讓我們守住我們的立場，並且讓我們視以下至少爲可能，卽："理性關涉着現象實有一種因果性"。理性 {A 549 {B 577 雖然是如此，可是它亦必須顯示一經驗的性格。因爲，每一原因預設一個規律， 依照此規律， 某些現象可隨該原因而來而爲結果；而每一規律在這些結果中要求齊一性。此齊一性實卽是原因之概念（作爲一種機能或能力的原因之概念）所基於其上者，而當此齊一性必須爲純然的現象所顯示時，它卽可被名曰"原因之經驗的性格"。此性格是常住不變的，但原因底諸結果，依照與之伴隨並一方面有限制作用的種種條件之變化，而顯現於變化的形態中。

這樣，每一人底意志有一經驗的性格，此經驗的性格沒有別的，不過就是人之理性底一種確實的因果性，只要當那種因果性在其現象領域中的諸結果中顯示一個規律，由此規律，我們可以**推斷**理性底諸活動是什麼以及此諸活動之根據是什麼（依它們的種類與程度而推斷它們是什麼），因而我們便可形成一種"關於人底意志底主觀原則"之評估，只要當那種因果性是如此云云時，那[人底意志之]經驗的性格不過就是人底理性底一種確實的因果性。因爲此[人底意志之]經驗的性格其自身必須從那些"作爲此意志之結果"的現象中而被發現，而且亦必須從這規律，卽"經驗表示這些現象所要去符合之"的那規律中而被發現，所以那隨來者便是：現象領域中人們底一切活動是依照自然底秩序而爲人們之經驗性格所決定，並且爲"與人們之經驗性格相合作"的其他諸原因所決定；而如果我們能窮盡地研究人們底意志底一切現象，則必不會被發見有一個人類的活動我們不能確定地預斷之而且不能認可其爲必然地從它的先在條件而進行者（而來者）。依是，言至此，就此經驗的性格而言，茲並無所謂自由；然而卻亦只有在此經驗性格底指引下，人始可被研究，那就是說，如果我們簡單地只是在作觀察，而且依人類學底樣式，我們只是想對於人底活動底動因去構成一生理學的研究時，則只有在此經驗性格之指引下，人始可被研究。

A 550}
B 578}

但是，當我們考慮這些活動是依其關聯於理性而 考 慮 之 時（關聯於理性，所謂理性，我並不意謂思辨理性，經由此思辨理性，我努力想去說明這些活動底起源［Ursprunge, 開始存在 coming into being］，我但只意謂理性是就 "理性其自身是產生這些活動的原因"而意謂理性），總之就是說，如果我們把這些活動拿來與涉及實踐意向（praktischer Absicht）的理性相比對時，則我們便見有一種規律與秩序乃完全不同於自然之秩序者。因為以下之情形亦是可有的，即：那"在自然之過程（Naturlaufe, course of nature）中已發生，而依照其經驗的根據又必須不可避免地要發生"的那一切事實不應當發生。又⑴，有時，我們見到，或至少我們相信我們見到：理性底諸理念事實上實已證明了此等理念底因果性，即在關涉於當作現象看的"人底活動"中此等理念底因果性；並且見到：這些活動之已發生不是因為它們已為經驗的原因所決定而發生，而是因為它們已為"理性之根據"（屬于理性的根據）所決定而發生。

[註⑴]："又"，肯·斯密士譯為"但是"（however）。原文有"aber"一字，但在這裏，此字是"又"義，非"但是"義。因為上下文無轉折的意思。*Max Müller* 譯為"and sometimes"（而有時），此譯是。*Mieklejohn* 譯為"又，有時"（sometimes, too），此譯更好。

依是，設承認理性可以被肯斷為在關涉於現象中有其因果性，理性底活動此時仍然能夠被說為是自由的，縱使這活動底經驗性格（當作一"感取之樣式"看的經驗性格）依其一切細節而言皆是完全地而且必然地被決定了的。此經驗的性格其自身是在智思的性格（作為一"思想之樣式"的智思性格）中而為被決定了的。但是，此智思的性格，我們不能知之；我們只能藉賴着現象而指示其本性；而這些現象實只對於感取之樣式，即經驗的性 {A551 \ B579

格，給出一直接的知識[a]。活動，就其能被歸屬於一"思想之樣式"（即智思的性格）以爲其原因而言，它實並不依照經驗的法則跟隨那思想之樣式（智思之性格）而來；那就是說，它並不是時間上爲純粹理性之諸條件所先（並不是在時間承續中先之以純粹理性之諸條件），而是在內部感取之現象領域中爲純粹理性之諸條件底諸結果所先（在內部感取之現象領域中時間上先之以此等條件底諸結果，以諸結果屬現象落在時間中故）。純粹理性，當作一純粹智思的機能或能力看，並不隸屬於時間之形式，因而亦並不隸屬於"時間中的相續"之條件。理性底因果性，依其智思的性格而言，當其產生一結果時，它並不在一定時間內發生或開始存在。因爲它若在一定時間內發生，則其自身必應服從現象底自然法則，依照此自然法則，因果系列是在時間中被決定了的；如是，則它的因果性必應是"自然"，而不會是"自由"。這樣，一切我們有理由所能去說的便是：如果理性在關涉於現象中能有一種因果性，則它便是這樣一種能力，即"通過此能力，一經驗的結果系列之感觸條件始有其開始"這樣的一種能力。因爲那處於理性中的條件並不是感觸的，因而其自身亦不能開始有存在或發生（不能在時間中什麽時候開始存在自亦不能在時間中什麽時候不存在即消滅）。這樣，我們在任何經驗的系列中所不能見到的東西是可以被顯露爲是可能的，即是說，一個相續的事件系列之"條件"其自身可以是"並非經驗地被制約者"。因爲在這裏，這條件是在現象系列之外的（是存在於智思之中的），因此，它亦並不是隸屬於任何感觸的條件的，而且它亦不是通過一先在的原因而爲隸屬於"時間之決定"的。

A 552
B 580

(a)關於該處，<u>康德</u>注之云：

這樣，諸活動底真正的道德性，諸活動之有功或有過，甚至我們自己的行爲底真正的道德性，有功或有過，是完全仍然被隱蔽而不爲我們所見的。我們的歸罪歸咎之評估只能涉及〔活動之〕經驗的性格。此經驗的性格有多少可歸給自由底純粹結果，有多少可歸給純然的自然，即是說，可歸給對之無責可貴的氣質之過失（或偏弊），或歸給氣質之幸運的構造（merito fortunae），這是從不能被決定的；因此，對之亦沒有完全公正的判斷可作。

縱然如此，可是同一原因在另一種關係中實亦屬於現象之系列。人其自身就是一現象。人之意志有一經驗的性格，此經驗的性格是人之一切活動之經驗的原因。玆並沒有一個“依照此經驗性格而決定人”的條件而不含在諸自然結果之系列中，或不服從此諸自然結果底法則，依照此諸自然結果底法則而言，關於時間中發生的東西，玆並不能有“不是經驗地被制約的因果性”。因此，沒有特定所與的活動能夠絕對地即以其自身而開始（因爲此特定所與的活動只能當作現象而被覺知）。但是關於純粹理性，我們不能說：那狀態，即“意志在其中是被決定了的，即經由純粹理性而爲被決定了的”那個狀態，是爲某一其他狀態所先（即先之以某一其他狀態）而且其自身即爲此某一其他狀態所決定。何以故？這是因爲以下的緣故而然，即：因爲理性其自身並不是一現象，而且它亦並不隸屬於任何感性之條件，所以即使就它的因果性而言，此因果性中亦並無“時間的承續”，而自然之力學法則，即“依照規律而

{A553
{B581

決定時間中之相續"的那力學法則, 亦不是可應用於此因果性的。

理性是意志底一切活動之常住不變的條件, 意志底一切活動卽是 "人在其下顯現(顯現而成爲現象)" 的那些活動。這些活動, 在其已發生以前而未發生時, 盡皆在人之經驗性格中而爲預先被決定了的。就智思的性格而言(人之經驗的性格是此智思性格底感觸圖式), 並無所謂 "在前" 或"在後"; 每一活動(不管其在時間中對於其他現象的關係爲如何), 都是純粹理性底智思性格之直接的結果。因此, 理性是自由地活動着的; 它並不是通過時間中先在的外部根據或內部根據, 在自然原因底鍊子中, 而爲力學地被決定了的。因此, 此自由不應當只是消極地被思議爲獨立不依於經驗的條件者。如果只這樣地思議之, 則理性之機能(理性這個機能)必不會是現象底一個原因。因此, 它亦必須依積極的詞語被描述爲 "致生或創發一事件系列" 之力量。在理性自身中, 沒有什麼東西有其開始(卽開始成爲某種東西); 理性, 由於它是每一自願活動(意志活動)底無條件的條件, 所以它不允許有一些條件是在時間中先於其自身者。理性底結果實是在現象底系列中有一開始, 但是在此系列中理性底結果卻從未有一絕對地第一開始。

A 554
B 582

對於此軌約的理性原則(理性之軌約的原則), 要想以其經驗的使用之一例來說明之(不是去證明或確立之, 因爲努力想以事例去證明超越的命題, 乃是無用的), 讓我們取一作意的活動(發自於意志的活動), 例如惡意的說謊, 爲例, 因惡意的說謊, 某種混亂在社會中已被引起。首先, 我們努力去發見這說謊所由以被致成的動機; 其次, 在這些動機底指引下, 我們進而去決定有多少活動以及這活動底後果可責歸給這犯罪者。就第一問題而言，我們把這活動底經驗性格追溯到它的根源處，我們在有缺陷的教育中，在壞的朋比中，亦大部分在不知愧恥的自然習性之惡劣中，在輕薄與粗率中，找到這些根源，而我們亦沒有忽略去把那可以參與進來的偶然原因亦計算在內。我們進行此種研究，恰如對一特定所與的自然結果而言，我們一定要確定其有決定作用的諸原因之系列。但是，雖然我們相信這活動是這樣地被決定了的，可是我們仍然要責備這行動者（這說謊的人），我們之責備之，實不是因為他的不幸的（惡劣的）習性而責備之，也不是因為那"已影響了他"的環境而責備之，甚至也不是因為他的以前的生活方式而責備之；因為我們預設：我們可完全不考慮此等[1]所已是者是什麼，並預設：我們可視過去的條件系列為不曾發生者，而且可視這行動為完全不為任何先在的狀態所制約者，恰似這行動者卽在其自身而且卽以其自身在此活動中(說謊底活動中)開始一完全新的後果系列。我們的責備是基於一理性底法則上的，因着此理性之法則，我們視理性為這樣一個原因，卽此原因，不管以上所說的一切經驗條件為如何，它卽已能決定而且應當決定這行動者可不如此去行動（卽可不說謊）。這種理性底因果性，我們不能把它視為只是一有合作作用（有協力作用）的動力，但視為在其自身卽是一完整的動力，甚至當感性的衝動並不偏愛它而卻直接地反對它時，它在其自身亦是一完整的動力，這個活動（卽說謊活動）是要被歸給這行動者之智思性格的；在他說出這謊言的那一刹那中，這罪責便完全是他的罪責，（完全應由他負責）。理性，不管這行動底一切經驗條件為如何，它是完全自由的，而

{A 555
{B 583

這謊言是完全由於理性之過失（疏忽）。

[註(1)] "此等"，肯・斯密士譯爲 "此生活方式"，非是； *Max Müller* 亦如此譯，亦非。惟 *Meiklejohn* 之譯得之。我們所不考慮的不只是"生活方式"，連"環境"以及"惡劣的習性"俱在內。

這樣的歸罪判斷 (zurechnenden Urteile, imputation) 清楚地表明：我們思量理性爲不爲那些感性的影響力所影響者，亦思量之爲非可有更變者。理性底現象（卽 "理性所依以在其結果中顯現其自己"的那些樣式或模式）自可有更變，但是在理性自身中，玆卻並無先在的狀態以決定那繼起的狀態。那就是說，理性並不屬於感觸性的條件之系列，此感觸性的條件乃卽是那 "依照自然之法則使現象成爲必然的"那些條件。理性是在一切時及一切情況下皆現存於人之一切活動中，而且它亦總是這同一者；但是理性其自身卻並不存在於時間中，而且它亦並不落於 "其以前所未曾存在於其中"的那任何新的狀態中。在關涉於新的狀態中，理性是有 "決定之"之決定作用者，而不是 "可決定的者"。因此，我們不可問：理性爲什麽不曾異樣地來決定其自己，但只可問：它爲什麽不曾通過它的因果性而異樣地來決定現象。但是對於此後一問題，沒有答覆是可能的。因爲一異樣的智思的性格必應給出一異樣的經驗的性格。當我們說： "不管行動者底以前的全部生活經過爲如何，這行動者總能免於說謊而不說謊"，當我們如此說時，此所說者只意謂：行動是在理性底直接力量之控制之下的*。理性在其因果性中並不隸屬於任何現象之條件或

A556{
B584{

任何時間之條件。雖然時間之差異對於互相關係中的現象造成一基本的（主要的）差異（因爲現象不是“物之在其自己”，因而亦不是"原因之在其自己”），可是它對於“活動和理性所有之關係”卻不能造成差異。

    * **案**應到此爲句，“意謂”只意謂至此爲止。肯・斯密士之讀法不只意謂至此爲止，還賅括下一句；而 *Max Müller* 之讀法更賅括至 “雖然” 句。此皆不通。惟 *Meiklejohn* 之讀法是，緣康德原文並未斷開，是一氣連下到最後一句止，如是遂令譯者有讀法之迷失。

    這樣，在我們的關於自由活動底因果性之判斷中，我們僅能達至"智思的原因"而止，再不能進而越過此。我們能知這智思的原因是自由的，卽是說，它可獨立不依於感性而爲被決定了的，而且依此而言，它可以是現象底 “非感觸地被制約”的條件 (the sensibly unconditioned condition)。但是要想去說明：在當前的情況下，這智思的性格爲什麼一定恰恰給出這些現象以及此種經驗的性格，這卻超越了我們的理性之一切力量，實在說來，不但"說明或解答之"是超越了理性之一切力量，卽 “僅只去發問那問題” 也超越了理性之一切權利，恰像是我們要去問我們的外部感觸直覺底超越對象爲什麼只給出 “空間中的直覺” 而不給出某種其他樣式之直覺，要去解答此問題這也超出理性之一切力量，去發問此問題也超出理性之一切權利。但是 “我們在此須去解決之” 的問題並不需要我們去提出任何這樣的疑問。我們所

{A557
{B585

須去解決的問題只是如此，卽：“自由”與“自然的必然性”是否能在同一活動中並存而無衝突；而對此問題，我們已充分答覆了。我們已表明：因爲“自由”可以和另一種條件，卽“完全不同於自然的必然性底條件”之條件有關係，所以自然的必然性之法則並不影響自由，並已表明：“自由”與“自然的必然”性這兩者可以互不依待地而且亦互不干擾地並存着。

*　　　　　　*　　　　　　*

A 558}
B 586}

　　讀者須注意：在所已被說及者中，我們的意向不曾想去建立自由底實在性，所謂自由卽是當作一個“含有感觸世界底現象之原因”的能力看的那自由——我們無意於去建立如此之自由之實在性。因爲“想去建立自由之實在性”這種研究，由於其不僅只處理概念（意卽還需要有直覺或經驗），是故它必不會是超越的（意卽必已轉成內的）。又，它亦必不能是可成功的，因爲我們決不能從經驗中推斷出任何“不能依照經驗底法則而被思”的東西。甚至去證明自由底可能性，這亦不曾是我們的意向，因爲設若想去證明自由底可能性，則在此中我們亦必不曾成功，因爲我們不能由純然的先驗概念知道“任何眞實根據以及此根據底因果性”之可能性。在這裏，自由是只當作一超越的理念而被討論，因着此一超越的理念，理性遂被引導着去想：它能够藉賴着“不是感觸地被制約的東西”(the sensibly unconditioned) 而肇始了現象領域中的條件之系列，而因爲這樣想，所以它遂捲入一種與那些法則相衝突之背反中，所謂那些法則卽“它自己把它們規定給知性之經驗的使用”的那些法則。我們所唯一能够去表明的，而且我們所唯一欲關心去表明的，便是：這種背反是基於一純然的虛幻上，並是：通過自由而成的因果性至少並不是與"自然"不可相容的。

Ⅳ

〔第四背反之解決〕

"現象就其存在一般而言之"之依待性底綜體

這一宇宙論的理念之解決

在上副節中（即Ⅲ一副節），我們已考慮了感觸世界中之變化，變化是就其形成一力學的系列而言，在此系列中每一分子皆隸屬於另一分子，猶如結果之隸屬於原因。現在，我們將使用此種變化狀態之系列只是爲的去指導我們尋求一存在，此一存在可以用來充作一切可更變的東西之最高條件，即是說，去指導我們尋求一"必然的存有"。在此，我們不是關心於無條件的因果性，但只關心於本體自己之"無條件的存在"。因此，在此我們心中所想的那系列乃實是一種"概念底系列"，而不是一種"直覺底系列"，所謂直覺底系列即是 "在其中此一直覺是另一直覺底條件" 的那種直覺之系列。〔案此所謂概念底系列，概念是指一完整的個體物當作一本體看之概念說，直覺則是指事件說。〕

但是，因爲現象底綜集中的每一東西是可更變的，因而依其存在而言，它亦是有條件的，所以在依待的存在之全部系列中，不能有任何無條件的分子其存在可被視爲絕對必然的，這一點是十分顯明的。因此，如果現象眞是物自身，又如果，如隨其爲物自身而來者，條件與有條件者總是屬於同一"直覺之系列"，則一必然的存有能作爲感取世界中的現象底存在之條件而存在着，這決無可能。

"力學的後返，在一重要方面，有別於數學的後返"。〔依原文："力學的後返有特殊處，並有別於數學的後返"〕。因爲數學的後返只有關於把部分結合起來以形成一全體或把一全體區分成部分，所以這種系列底條件必須總是被看成是這系列底部分，因而也就是說，必須被看成是同質的，並必須被看成是現象。可是另一方面，在力學的後返中，我們不是關心於所與的部分底一個無條件的整全之可能性，或一所與的整全之一無條件的部分之可能性，而是關心於"一個狀態之從其原因而引生"，或"一本體物自身之偶然存在之從一必然的存在而引生"。因此，在此後兩種後返中，條件必連同有條件者一起皆形成一經驗系列之部分，這並不是必要的。

這樣，避免我們現在所要處理的這種表面的背反之道路顯然是擺在我們眼前的。這兩個相衝突的命題，如果依不同的關係（觀點）而被理解，則它們兩者可以皆眞。感取世界中的一切東西可以是偶然的，因而亦只有一經驗地有條件的存在，然而玆尙可存有這全部系列底一個非經驗的條件；卽是說，玆尙可存有一無條件地必然的存有。這個必然的存有，由於是這系列底智思條件，是故它必不會作爲一分子而屬於這系列，甚至亦不會作爲此系列

底最高分子而屬於這系列，它亦不會使這系列底任何分子成爲

"非經驗地被制約者"。這全部的感觸世界，就慮及一切它的各種分子之經驗地有條件的存在而言，它必不會被影響（被干擾）。思議一個無條件的存有如何可以用來充作現象底根據，這種思議底道路是不同於上副節中討論"自由底非經驗地被制約的因果性"時我們所遵循的道路的。因爲在那裏，事物本身（例如意志或理性）是當作原因（Substantia phaenomenon）而被思議爲屬於這條件系列的，只是它的因果性被思爲是智思的。可是在這裏，這必然的存有卻必須被思爲完全在感觸世界底系列之外的（as ens extramundanum），而且必須被思爲是純粹地智思的。只有依此路（別無他路），它始能保住其自己而對抗那"使一切現象成爲偶然的與依待的"之法則（意卽保住它自己不使它自己隸屬於或服從於那偶然性與依待性之法則，卽只應用於一切現象的那偶然性與依待性之法則）。

因此，理性底軌約原則，當其有關於我們現在的問題時，便是如此，卽：感觸世界中的每一東西皆有一經驗地有條件的存在，而其性質中亦沒有一個性質能是無條件地必然的；對條件系列中的每一分子而言，我們必須在某可能經驗中期望一經驗的條件，而且盡可能地尋求一經驗的條件；沒有東西可使我們有理由從經驗的系列外的一個條件引生出一個存在，或甚至使我們有理由依一個存在之在此經驗系列內的地位視此一存在爲絕對獨立的而且是自足的。可是同時此軌約原則亦決不能阻止我們去承認這全部系列可以基於某一智思的存有，此某一智思的存有不受一切經驗條件底束縛，而且其自身亦含有一切現象底可能性之根據。

在這些解說中，我們無意去證明一智思的存有底無條件地必

{ A562
{ B590

然的存在，或甚至我們亦無意去建立感觸世界中的現象底存在之
一純粹智思的條件之可能性。正因爲，一方面，我們限制了理
性，我們之所以限制之，乃恐怕它若離開經驗條件底指導線索，
它必迷失而誤入"超離或超絕之境"，而採用了那些 "不能有任何
具體的表象"的"說明根據"，所以另一方面，我們亦限制了"知性
底純經驗使用之法則"，我們之所以限制之，乃恐怕它關於"事物
一般"底可能性擅自有所裁決，並恐怕它只依據"智思的存有在說
明現象中一無用處"而宣告這智思的存有是不可能的。

　　這樣，一切我們所已表明的乃是：一切自然物之通貫的偶然
性，以及一切這些自然物底經驗條件之通貫的偶然性，是完全與
一必然的然而卻又是純粹智思的條件之"隨意的假定"（optional
assumption）相一致；而由於兩背斷間並無眞實的矛盾可言，
是故它們兩者可以皆眞。這樣一個絕對必然的存有，由於爲知性
所思議，依其自身而言它或可是不可能的,但是這不可能決不能從
"屬於感觸世界的每一東西之普遍的偶然性與依待性"而推斷出,
亦不能從這樣的原則，卽 "禁止我們停止於感觸世界中之偶然分
子底任何一個分子上，並禁止我們訴諸感觸世界外的一個原因"
這樣的原則而推斷出。理性之進行一方面在其經驗的使用中依一
條途徑進行，而另一方面在其超越的使用中卻又依另一條途徑而
進行。

　　感觸世界所含有的不過是現象，而這些現象只是純然的表
象，此等表象總是感觸地被制約了的(有條件的)；在此領域中，
物自身從未對我們而爲對象。因此，在討論經驗性的系列底一個
分子中，不管這分子是什麼分子，我們決不能有理由跳出感性底

A 563
B 591

係絡之外, 這是不足驚異的。 設若去跳出感性底係絡之外, 那便是去視現象儼若它們眞是物自身似的, 所謂物自身是這樣的, 卽: 它們可以離開其超越的根據而存在着, 而且當我們對於它們的存在尋求一越乎它們以外的原因時, 它們能够仍然 存 在 在 那裏: 便是去視現象儼若眞是這樣的物自身似的。 設就偶然的事物而言, 最後必確然是如此, 但就這些事物底純然表象而言, 則不是如此, 這些表象底偶然性其自身就只是一現象, 它不能在那"決定現象"的後返之外引至另一種後返, 那就是說, 它只能引至經驗的後返。另一方面, 對於現象, 卽對於感觸世界, 去思一智思的根據, 並去思這智思的根據爲可免於現象底偶然性者, 這並不與現象系列中無限制的經驗性的後返相衝突, 亦不與現象底通貫的偶然性相衝突。要想去移除這表面的背反(這第四背反), 我們所已表明的那一切實在說來也就是這個意思; 而這個意思亦只能依此路而被表明。如果每一 "就其存在而言是有條件的"東西之條件總是感觸的, 因而也就是說, 總是屬於系列之內的, 則此條件其自身必須轉而復又是有條件的, 此如我們在第四背反底反題中所已表明者。 因此, 或者理性通過其對於無條件者的要求, 必須陷於與其自身相衝突中, 或者這個無條件者必須被安置於系列之外, 卽被安置於智思的東西中。如是, 這無條件者底必然性將不需要任何經驗的條件, 亦不允許有任何經驗的條件; 就現象而論(在關涉於現象中), 此無條件者之必然性將是無條件地必然的。

{ A 564
{ B 592

理性底經驗使用, 在涉及感觸世界中的存在之條件中, 是不因一純粹智思的存有之承認而受影響的; 它依照通貫的偶然性之原則從經驗的條件進到更高的條件，此更高的條件復又是經驗的。但是當我們所盼望的是理性之純粹的使用（在涉及目的中理性之純粹的使用）時，此軌約原則並不排除那"不存在於系列內"的一個智思的原因之假定，這亦同樣是眞的。因爲那時此智思的原因只指表"感觸系列一般"底可能性之超越的而亦不被知與我們的根據。此智思的原因之存在，由於它是獨立不依於一切感觸的條件的，而且亦由於在關涉於這些感觸條件中它是無條件地必然的，是故它並不與現象底無限制的偶然性不一致，那就是說，它並不與經驗條件底系列中的無底止的後返不一致。

A 565
B 593

關於純粹理性底全部背反

之結束語

當理性在其概念中只以感觸世界中的諸條件之綜體爲目的（爲對象），並在以此綜體爲目的（爲對象）中，它思量它能爲此諸條件得到什麼滿足，只要當理性是如此云云時，我們的理念便立刻卽是超越的與宇宙論的。但是，一旦無條件者（我們所實際關心者就是這無條件者）被置定於那完全處於感觸世界之外的東西中，因而也就是說，被置定於那完全處於可能經驗之外的東西中，則這些理念便變成超絕的。這些理念旣變成超絕的，如是，則它們便不再用來只爲理性底經驗使用之完整而服務（這一［完整性之］理念必須總是被追求的，雖然它從未完整地被達到）。正相反，它們完全把它們自己脫離了經驗，它們並且爲它們自己造成一些對象，對於這些對象，經驗不能供給之以材料，而這些

對象底客觀實在性亦並不基於經驗系列底完整上，但只基於純粹
的先驗概念上。「這樣的超絕的理念有一純粹智思的對象；而此
純粹智思的對象實可被承認爲是一超越的對象，但是我們承認之
爲一超越的對象是只當我們同樣亦承認：在關於此超越的對象
中，除知其爲超越的對象外，至於其餘，我們實無任何知識（實
一無所知），並且同樣亦承認：此超越的對象不能藉賴着特異的
內部謂詞（內在的謂詞）當作一決定性的東西而被思：只當我們
同樣有此兩層承認時，我們始可承認之爲一超越的對象。（案此
超越的對象實卽超絕的對象，因其理念爲超絕的故。）由於此超
越（超絕）的對象是獨立不依於一切經驗的概念的，我們遂斷絕
任何 "能建立這樣一個對象底可能性" 之根據，而且我們亦無絲
毫可辯說之理由 (Rechtfertigung) 以假定這樣一個對象。此
超越（超絕）的對象只是一個"思想物"」[1]。（案就思辨理性言，
它是如此。但若就實踐理性言，它的超絕性卽變成內在性，而我
們亦有根據建立其可能性，並亦有可辯說之理由以假定之。）縱
然如此，可是這宇宙論的理念，卽那曾引起第四背反的宇宙論的
理念，卻迫使我們必須去走這一步（冒險於這一步，冒險而進至
此超越卽超絕的對象）。因爲現象底存在，卽那 "從不是自本自
根的，但卻總是被制約的，有條件的" 那現象底存在，它需要我
們周遭去尋求某種不同於現象的東西，那就是說，去尋求一智思
的對象，在此智思的對象中，這種偶然性可以終止。但是一旦當
我們允許我們自己去假定一個 "自我潛存的實在" 完全在感性底
領域之外時， 則現象便只能被看成是這樣的諸偶然的變形， 卽
"其自身爲睿智體的諸存有所因以去表象智思的對象"的那諸偶然

{ A566
{ B594

的變形。因此，那留給我們的唯一辦法便是類比之使用，因着類比之使用，我們使用經驗底概念以便去形成某種智思物之概念，此種智思物，由於它們存在於其自身（不對我們而爲呈現），是故對於它們，我們並無絲毫知識。因爲偶然物除通過經驗外不能被知，而又因爲我們在此是關心於那些 "無論如何不能是經驗底對象"的東西，是故我們必須從那 "其自身是必然的"之東西中，即是說，從事物一般底純粹概念中，引生出那些 "不能是經驗底對象" 的東西之知識。這樣，我們所取以越過感取世界的那第一步迫使我們，在尋求這樣新的知識中，去拿一種研究，研究絕對必然的存有之研究，來作開始，並且迫使我們從這絕對必然存有之概念去引申出一切那些就其爲純粹智思的而言的東西之概念。此一層我們想在下章中去處置(2)之。

A567
B595

　　[註(1)]: 案此在原文是一長句，一氣下來。肯·斯密士之譯把它斷開，並稍有變動。*Max Müller* 是依原文直譯，但亦有不諦處。依原文譯似當如此：「這樣的超絕的理念有一純然智思的對象，此智思的對象實可被許爲是一超越的對象，關於此超越的對象，除知其爲超越的外，至於其餘，我們誠全然一無所知，但是，爲此之故，此外，如果我們想去思議它爲一 "經由其特異而內在的謂詞而被決定" 的東西，則我們既無這樣一個對象底可能性之根據（由於其獨立不依於一切經驗底概念故），而在我們這一邊，亦無絲毫可辯說的理由以假定這樣一個對象，而因此，此超越的對象是一純然的思想物。」案當以此爲準。肯·斯密士之變動不見佳。

　　[註(2)]: "處置" 原文是 "anstellen"。此動詞在此當譯爲 "處置"。肯·斯密士與 *Max Müller* 皆譯爲 "to do"（去作之），非是。

若譯爲"去作之"，則此層意思變成積極的，是我們所要去作的。實則此層意思並非康德所許可。下章對於"存有論的證明"之批判正表示其不許可此層意思之意。故譯爲"處置"爲妥。"此層意思（或此種作法），我們想在下章中去處置之"，正表示去批判之之意。*Meikle-ohn* 則譯爲"我們想在下章中去嘗試之（to attempt）"，此同于「去試作之」，亦不諦。

超越的辯證

卷　二

第 三 章

純粹理性之理想

第 一 節

理　想　一　般

　　由以上我們已見到：沒有對象能離開感性之條件，單通過知性之純粹概念，而被表象。因為若是那樣被表象，則此等純粹概念底客觀實在性之條件是虧缺了的，而亦沒有什麼東西可在此等純粹概念中被發見，除純然的思想之形式外。但是，如果此等純粹概念被應用於現象，則它們可具體地被展示，因為在現象中，「它們有了專屬而確實的材料以成為經驗底概念」[1] ──一經驗底概念沒有別的，不過就是一知性底概念之在具體中(在現實中)。但是"理念"甚至比範疇更為遠離了客觀實在性，因為沒有現象，即 "理念可具體地被表象於其中" 的那現象，能被發見出來。理念含有某種一定的完整性，沒有可能的經驗知識能達至此完整性。在理念中，理性只意在一系統性的統一，理性想使那經驗地可能的統一去接近此系統性的統一，然而卻從未完整地達到此系統性的統一。

{A568
{B596

〔註(1)〕：案此句依原文及參考其他兩英譯而譯。肯・斯密士之譯不達且有病，故不從。依其譯是如此："它們得到了經驗底概念上的專屬材料"。

但是，我所名曰"理想"者看起來似乎甚至又比理念更爲遠離了客觀實在性。所謂"理想"，我理解之爲理念之不只在具體中，而且亦在個體中，卽是說，我理解之爲理念之作爲一個體物，此個體物是可決定的，或甚至是單只因着理念而被決定。

〔當作一理念看的〕人之爲人之人義(1)（humanity），依其完整的圓滿性而言，它不只含有那"屬於人性(2)並構成我們的人性之概念"的一切基要性質(此等基要性質可擴展至與其目的完全相符合之境，與其目的完全相符合必應就是我們的"圓滿人義"之理念)，而且此外，它亦含有"人義"這個理念底"完整決定"上所需要的每一東西(3)。因爲在一切兩相矛盾的謂詞〔之每一對矛盾謂詞〕中，只有一個謂詞能應用於"圓滿的人"之理念（卽人之爲人之人義這個理念）。那對於我們而言是一"理想"（Ideal）者，依柏拉圖的想法，則是神的知性底一個理念（理型Idea），是神的知性底純粹直覺之一"個體性的對象"，是每一種可能的存有中之"最圓滿者"，是現象領域中的一切倣本之"基型"（archetype, Urgrund）。

〔註(1)〕：案 humanity（Menschheit）在此譯爲人之爲人之"人義"。"圓滿的人"（perfect man）之理念就是"人之爲人之人義"這個理念。"人之爲人之人義"就是人應成其爲人之人義。現實的人很

少能至此，故"人之爲人之人義"是一理念。

　　〔註(2)〕："人性"(human nature) 是 "生之謂性"的現實的人性。"人義"中含有構成此人性的一切基要性質。每一基要性質有其應有之目的。若每一基要性質皆能擴展至與其應有之極至目的完全相符合之境，這就形成"圓滿的人義"之理念。孟子云: "形色天性也，唯聖人爲能踐形"。

　　〔註(3)〕：人之爲人之人義亦含有圓滿的人義這個理念底完整決定上所需要的每一東西。此所需要的每一東西可就其所含有的 "構造我們的人性概念"的一切基要性質而想。設就此一切基要性質中之每一性質，我們寫成 a 與 ā 這樣的相矛盾的謂詞對，則此等諸矛盾的謂詞對之任一對中只有一個謂詞，不是 a，就是 ā，不是 ā，就是 a，能適用於人義之理念以決定之。此就是所謂 "含有圓滿的人義這個理念底完整決定上所需要的每一東西"。此只是籠統地形式地言之。

　　設若我們不翱翔得如此高遠，我們猶須承認人類理性不只含 {A 569 {B 597
有理念，且亦含有理想，此等理想，雖然它們像柏拉圖的理型那樣，不具有創造的力量，但猶有實踐的力量（作爲軌約的原則有實踐的力量），並且形成某些一定行動底可能圓滿之基礎。道德的概念，由於其基於某種經驗的東西上（如快樂與不快樂），是故它們並不完全是理性底純粹概念。可是縱然如此，在關於這樣的原則中，卽"因着此原則，理性把限制置於一「其自身無法則」的自由上"，這樣的原則中，道德的概念（當我們只注意其形式時）猶很可充作理性底純粹概念(或純粹的理性之概念)之範例。德性，以及與此德性相連的人類的智慧（依完整的純淨性而言的人類智慧），它們皆是理念。但是斯多噶所說的 "智者"卻是一

"理想"，即是說，是一個"只存在於思想中但卻與智慧之理念完全相符合"的人。由於理念給出規律，所以在此給出規律之情形中，理想堪充作做本底完整決定之"基型"；而我們對我們的行動而言，除這個在我們之內的神性的人之行爲可作爲標準外，亦不能有其他標準。我們以那在我們之內的神性的人之行爲來比較並判斷我們自己的行爲，並因而來改善我們自己的行爲，雖然我們從未能達至那因着在我們之內的神性的人之行爲而被規劃成的那種圓滿性。雖然我們不能把客觀的實在性(客觀的存在)許諾給這些理想，然而這些理想亦並不因此就被看成是腦筋底虛構；這些理想以一種標準提供給理性，此標準對於理性是不可缺少的，它們之提供此標準，如它們所作的，是以一個這樣的東西之概念，即"在其種類上是完全完整的"這樣一個東西之概念，來提供此標準，並因如此提供之標準，它們遂能使理性去評估並去衡量那不完整者底缺陷之程度。但是，要想去眞實化此理想於一範例中，即是說，去眞實化之於現象之領域中，例如去描畫[圓滿的]智者[之性格]於一傳奇小說中，這卻是不可實行的。在如此企圖中，實有某種荒誕的東西存於其中，而且是遠不足爲訓的，因爲種種自然的限制（此是經常地違犯理念之完整性者）使在這樣的企圖中所指望的幻想完全爲不可能，而且它們亦因而把一種懷疑投擲於善自身上（即有其根源於理念的那種善自身），以其似是一種純然的虛構物而投擲之以懷疑。

以上所說卽是理性底"理想"之本性，此"理想"必須總是基於決定性的概念上，並且可用來作爲一規律與基型，在我們的行動中與在我們的批判的判斷中皆同樣可用來作爲一規律與基型。想

A 570
B 598

像底產品是屬於一完全不同性質的；對於這些產品沒有人能說明之，或能給出一可理解的概念；每一想像底產品類似一種拼合物，只是一堆特殊性質之雜湊，此一堆特殊性質不為任何可指派的規律所決定，而且它似只形成一模糊不清的寫生畫，從紛歧的經驗中而畫出者，而卻並不形成一決定的影像（或形像），這種雜湊或拼合物只是這樣一種表象，卽如畫家與相士自認在其腦子中所有者那樣一種表象，畫家把此一表象視爲是其作品中之一不可傳達的陰影（Schattenbild），而相士則把此一表象視爲是其批判的判斷（品鑒）中之一不可傳達的陰影。這樣一些表象或可（雖不恰當）被名曰"感性底理想"，因爲它們被看成是可能的經驗直覺之模型（實不是可眞實化的模型），「然而它們卻又不能為說明與考察供給出合格的規律（fähige Regel）」[1]。 ⎰ A571 ⎱ B 599

[註(1)]：案此句依原文譯。*Meiklejohn* 譯："但它們不能爲說明或考察供給規律或標準"。此譯得之。肯·斯密士譯：「然而它們卻又不能供給出那"可被說明與可被考察"的規律」，此不通。*Max Müller* 譯同於肯·斯密士。

理性，在其理想中，正相反，它意在完整的決定，依照先驗的規律而來的完整的決定。依此，它爲其自己思考一對象，它視此對象爲依照原則而爲完全可決定的。但是，在這樣的決定上所需要的條件不是在經驗中可被發見的，因此，這概念其自身是超絕的。

第 三 章

第 二 節

超 越 的 理 想

（超越的基型）

每一概念，在關涉於那"不含於其中"的東西中，它是未被決定的，並且是隸屬於"可決定性之原則"的。依照此原則，凡兩矛盾地相反的謂詞，每一對中只有一個謂詞能屬於一概念。此原則是基於矛盾律的，因而亦是一純粹邏輯的原則。卽如其爲一純粹邏輯的原則而觀之，它抽掉了知識底全部內容，並且是只有關於知識之邏輯形式。

但是每一"事物"，就其可能性而言，它亦同樣隸屬於"完整決定之原則"，依照此原則，如果"事物"之一切可能的謂詞與它們的矛盾的反面謂詞聚和在一起而被取用，則每一對矛盾的相反謂詞中之一謂詞必須屬於此事物。此完整決定之原則不只是基於矛盾律；因爲，它不只是依事物之關聯於兩個相矛盾的謂詞來考量每一事物，此外，它復亦依事物之關聯於"一切可能性"之綜集，卽關聯於事物底一切謂詞之綜集，來考量每一事物。設預定此綜集爲一先驗的條件，則此完整決定之原則便要進而去表象每一事物爲由其於此一切可能性之綜集中所有之應分所得（股份）而引生其自己之可能性者[a]。因此，完整決定之原則有關於內容，而不只有關於邏輯形式。它是那"意想去構成一物之完整概念"的一切謂詞底綜和之原則,而不只是一分析的表象之原則,卽在只涉及兩個相矛盾的謂詞之一謂詞中而爲一分析的表象之原則。它含有一個超越的預設,卽是說,它含有一切可能性之材料之預設,而此材料復轉而又被看成是先驗地含有每一物底特殊可能性之"與料根據"者。

{ A 573
{ B 601

(a)處,康德有底注云:

依照此完整決定之原則,每一物是關聯於一共同的相關項,卽關聯於一切可能性之綜集。如果這個相關項（卽供給一切可能的謂詞的那材料)必應被發見於某一物之理念中,則它必可證明一切可能的事物底親和力,通過一切可能的事物底完整決定底根據之同一性而證明一切可能的事物之親和力。雖然每一概念底"可決定性"隸屬於排中原則之普遍性,然而一物之"決定"（完整決定)却隸屬於一切可能謂詞底"綜體"或"綜集"。

"每一存在着的物是完整地被決定了的",這一個命題並不只意謂"特定所與的"相矛盾的謂詞底每一對中之一謂詞必須總是隸屬於此一物,而是意謂一切可能的謂詞(1)中之一謂詞必須總是隸屬於此一物。藉賴着這個命題,不只是諸謂詞邏輯地互相被比較,而且是一物本身,依超越的樣式,與一切可能謂詞底綜集相比較。因此,這個命題所肯斷的是這一義,卽:要想完整地去知道一個物,我們必須知道每一可能的謂詞,並且必須卽因此每一可能的謂詞而決定此一物,或是肯定地決定之,或是否定地決定之。因此，所謂"完整的決定"乃是這樣一個概念，卽，此概念，依其綜體性而言，它決不能具體地被展示，完整的決定就是這樣的一個概念。完整的決定是基於一個理念上的，而此理念是只在理性之機能中有其地位，而所謂理性之機能卽是那"把知性底完整使用之規律規劃給知性"的那個機能。

[註(1)]：原文如此，不能表明完整決定義。肯·斯密士譯於此有所增補而譯為"諸可能謂詞[底每一對]中之一謂詞必須總是隷屬於此一物"。此亦不甚夠。其實當如此：一切可能的兩相矛盾的謂詞對之每一對中之一謂詞必須總是隷屬於此一物。

雖然"一切可能性之綜集"這個理念，當其充作每一物底完整決定之條件時，其自身是未被決定的，卽在關涉於那"可以構成之"的諸謂詞中，其自身是未被決定的，而且它是被我們思議為不過是一切可能謂詞之綜集，可是依更密切的檢查，我們猶可見到：這個理念，當作一個基源概念看，它排除了一部分謂詞（此一部分謂詞若當作引申的謂詞看是早已通過其他謂詞而爲被給與了的，或者此一部分謂詞是與其他謂詞爲不相容者，它是把那或是由其他謂詞而引申出的或是與其他謂詞不相容的這樣的一部分謂詞排除掉）；並可見到：這個理念，實在說來，它規定（提練或精簡）它自己爲一完全先驗地決定了的概念。這樣，這個理念變成"一個體對象"之概念，此個體對象是通過純然的理念而完整地被決定了的，因此，它必須被名曰純粹理性底一個"理想"。

當我們考慮一切可能的謂詞，不只是邏輯地考慮之，而且是

超越地考慮之，卽是說，涉及這樣的內容，就像那 "能先驗地被
思爲屬於這些可能謂詞" 者這樣的內容，而考慮之，當我們如此
考慮一切可能的謂詞時，則我們見到：通過一切可能謂詞中的某
些謂詞，我們表象一 "實有"，通過其他謂詞，則表象一純然的
"非有"。邏輯的否定，卽 "只通過「不是」這個字而被指示" 的那邏輯
的否定，恰當地說來，實並不涉及一概念，但只在一判斷中涉及
一概念之關聯於另一個概念，因此，它是完全不足以就概念之內
容去決定一個概念。"非有死" 這個詞語不能使我們去宣布說我們
可因着此詞語而在對象中表象一純然的 "非有"；這個詞語是讓一
切內容爲未被觸動者（未觸及一切內容）。另一方面，一超越的
否定依其自身而言卽指表 "非有"，並且是相反於 "超越的肯定"
者，而此超越的肯定也者其爲義之本身乃卽表示一實有者也。因
此，超越的肯定被名曰 "實在"，因爲單只通過此超越的肯定，並
且只就超越的肯定所及者而言，某物（或諸物）始是對象，而此 $\left\{ \begin{array}{l} \text{A 575} \\ \text{B 603} \end{array} \right.$
超越的肯定之反面，卽否定，則指表一純然的缺無，而只當此否
定被思時，此否定卽表象一切物之取消。

現在，沒有人能決定地思考一否定，除因着把否定基於其反
對面的肯定上。那些生而盲的人不能有絲毫黑暗之觀念，因爲他
們沒有光明之觀念。 野人對於貧困無所知， 因爲他無所知於財
富。無知的人沒有其無知之概念，因爲他們沒有知識之概念。諸
如此類甚多[a]。這樣說來，一切否定之概念皆是引申的；那 "含
有一切物底可能性與完整決定性之與料根據以及所謂材料或超越
的內容" 者乃正是諸實在。

(a)處，康德有底注云：

天文學家底觀察與計算已敎給我們很多奇異的東西；但是他們所敎給我們的最重要的一課則是顯露"我們的無知"之深淵，此無知之深淵，若非天文學家之敎告，我們從來不能想其是如此之深廣。對於這樣顯露出的無知之反省，在我們的對於目的之評估上（我們的理性必應為此評估而被使用），必產生一很大的變化。[在Ａ與Ｂ兩版中，此注之注號附在前一句處，即"野人"句處。此蓋因疏忽而然。]

因此，如果理性於事物之完整決定中使用一超越的基體，此超越的基體好像含有一全部材料庫，事物之一切可能謂詞皆必須取之於此"材料庫"，如是，則此超越的基體不能是別的，不過就是"一切實在底綜集"(Omnitudo realitatis)之理念。一切眞正的否定不過就是一些"限制"，可是設若這一切否定不是這樣基於"無限制"上，即是說，不是基於這"一切"（這綜集）上，則"限制"之稱號必應是不可應用的。

A 576⟩
B 604⟩

但是，那"具有一切實在"者之概念卻正是這樣一個物即"其自身爲完整被決定了的"這樣一個物之概念；而因爲在一切可能的"相矛盾的謂詞對"中，每一對中有一個謂詞，即是說，那"絕對地屬於一存有"的那個謂詞，是在此存有之決定中被發見，所以一個"最高眞實的存有"(ens realissimum)之概念就是一"個體存有"之概念。因此，一"最高眞實的存有"之概念是一超越的理想，此超越的理想足爲那"必然地屬於一切存在着的東西"的完整決定之基礎。此超越的理想是一切存在着的東西底可能性之最

高而完整的"材料條件"(1)——這一個材料條件乃卽是 "一切對象
底思想(就對象之內容而論)必須後返地被追溯到之"的那一個條
件。此超越的理想同時亦是人類理性所可能有的那唯一眞正的理
想。 因爲只有在此一眞正理想之情形中，一物之如此一概念(卽
一個依其自身而言是普遍的這樣一個概念) 始是在其自身而且
通過其自身而爲完整被決定了的， 而且始被知爲是"一個個體物
(Individuum)"之表象。 [案此一"最高真實的存有"卽意指一絕
對而必然的存有, 由"必然——偶然"這一範疇之超絕的使用, 對"
可變化者之偶然物"而超絕地引出一"元動者之必然"。此一"最高
真實的存有"之概念卽此"元動者之必然"之概念。]

[註(1)]： "材料條件"相應於上段所說的"材料庫"而言。

經由理性而成的關於一個概念之邏輯的決定是基於一析取的
三段推理上的， 在此析取的三段推理中，大前題含有一邏輯的區
分 (關於一普遍概念底範圍之區分)， 小前題則是把此範圍限於
一定的部分，而結論則是因着此部分而決定概念。 (案關此，讀
者須熟練普通邏輯中之析取推理或選言推理)。一"實在一般"之
普遍的概念不能先驗地被區分，因爲若無經驗，我們不能知道任
何決定性的實在之種類必會被含在那綱類之下。因此，在一切事
物之完整決定中所預設的那"超越的大前題"沒有別的，不過就是
"一切實在底綜集"之表象；此超越的大前提不只是在這樣一個概
念， 卽"就其超越的內容而言，它綜攝一切謂詞於其自身之下"，
這樣一個概念；它亦含有一切謂詞於其自身之內；而每一物之完

{A577
{B605

整的決定是基於此"整全實在"（一切實在之綜集）之限制上的，因爲此整全實在之一部分已被歸屬於所要決定之物，而其餘部分則被排除掉——此一方歸屬一方排除之程序是與析取的大前題中之"或此或彼"相契合的，並且亦足與"依小前題通過區分底分子之一而成的對象之決定"相契合。依此而言，理性，「在其使用超越的理想以爲一切可能的事物之決定之根據中」[1]，它是依這樣式，卽類比於"其析取的三段推理中之程序"之樣式而進行的——這一類比，實在說來，就是這一原則，卽"我以前曾把那平行於而且相應於三種三段推理的一切超越的理念之系統的區分基於其上"的那個原則[2]。

[註(1)]：案此句依原文譯，簡而明。依肯・斯密士之譯則如此：「在其使用超越的理想以爲這樣一個東西，卽"因着涉及此東西，它可決定一切可能的事物"，這樣一個東西中」。此則太迂曲。

[註(2)]：見本分引論第三節。

顯然，理性，在達成其"表象事物之必然的完整決定"這目的

A 578〕
B 606〕

中它並不預設一"相應於此理想"的存有之"存在"，但只預設這樣一個存有之"理念"，而其預設此理念亦只爲這目的，卽"從完整決定之無條件的（不被制約的）綜體中引生有條件的（受制約的）綜體，卽引生有限制者之綜體"之目的。因此，這個理想是一切事物之基型，而一切事物，當作不圓滿的做本看，盡皆從此基型中引生其所依以可能之材料，並且同時依種種程度想求接近此基型，可是總不能實際地達到此基型。

因此，一切事物底可能性（卽，就事物之內容而言，雜多底綜和之可能性），必須被看成是引申的(派生的)，只有一例外，卽那"於其自身中包含一切實在"的那個東西之可能性不能被看成是派生的。此後者之可能性必須被看成是根源的。因爲一切否定（這些否定是任何東西所由之以與"最高眞實的存有"區以別的那些唯一謂詞）只是一較大的實在之限制，而終極言之，亦卽是最高的實在之限制；因此，這些否定預設此最高的實在，而且就其內容而言，它們是從此最高的實在而被引生出。事物底一切雜多性只是"限制最高實在之概念"這種限制之之相應的種種模式（最高實在乃卽是那形成事物之共同基體者）：〔有如是多之事物卽相應地有"限制最高實在之概念"之種種限制模式〕，此恰如一切圖形之爲如此多之可能乃是如"限制無限空間"之不同模式那樣多而多：〔有多少"限制無限空間"之不同模式卽有多少圖形出現〕。因此，理性底"理想"之對象（此一對象卽是"只在理性中而且只通過理性而呈現給我們的那個對象"）可被名曰"根源的存有"（primordial being, *ens originarium*）。由於它無復有在其上者，所以它亦被名曰"最高的存有"（highest being, *ens summum*）；而由於那被制約的每一東西皆隸屬於它（服從於它），所以它又可被名曰"一切存有之存有"（being of all beings, *ens entium*）。但是，這些詞語並不是要被認爲是指表一現實對象對於其他事物底客觀關係，但只須被認爲是指表一個"理念"對於"諸概念"底客觀關係。因此，我們對於這樣卓絕特出的一個存有之"存在"仍然是完全無知識的。〔**案**最高真實的存有。根源的存有，最高的存有，一切存有之存有，皆一義之異名，皆意指

{A 579
{B 607

一絕對而必然的存有即上帝而言。）

我們不能說一個根源的存有是由一些引生的存有而組成，此蓋因為諸引生的存有預設根源的存有，所以諸引生的存有其自身不能構成此根源的存有。因此，根源的存有之理念必須被思為是單純的。

因此，從此根源的存有引生一切其他可能性，這種引生，嚴格言之，不能被看成是根源存有底最高實在性之"限制"，亦不能被看成似是其最高實在性之"區分"。因為若是這樣視之，則根源的存有必應被視為諸引生的存有之一純然的聚合；而這一點，如我們剛才所已表明的，乃是不可能的，雖然在我們的開始粗略的陳述中，我們已使用了這樣的語言（即"限制"以及"區分"等語言）。反之，最高實在性必須當作事物之根據而制約一切事物之可能性，而不是當作事物之綜集而制約一切事物之可能性；而事物底雜多性，因此，亦必須不是基於根源的存有自身之限制，而是基於一切"隨根源的存有而來"的那些東西上，所謂隨根源的存有而來的一切東西，此中亦包括一切我們的感性，以及現象領域中的一切實在，而現象領域中的一切實在是這樣一類存在，即它們不能當作因素而屬於最高存有之理念。〔案此段文之提醒甚為重要。先前，"一切實在之綜集"，"限制"，"區分"，等詞語，都是隨便那麼說，嚴格言之，它們是不妥當的。若如文著實以言，則必流於斯頻諾薩之泛神論，尚不是上帝變成聚合而已也。〕

在追求我們人類所有的這個理念中，如果我們進而把此理念實體化，我們將能通過最高實在性之純然概念去決定根源的存有，決定之為這樣一個存有，即它是一整一，是單純的，是一切

充足的，是永恒的，等等。總而言之，我們將能够依根源存有之
無條件的（不被制約的）完整性，通過一切正斷詞（範疇），去
決定此根源的存有。這樣一個存有之概念就是上帝之概念，依超
越的意義而被取用（被理解）的上帝之概念；而純粹理性之"理
想"，如上所規定者，就是超越的神學之對象。

　　但是，對於超越的理念，若作這樣的使用，則我們定須跨過
超越理念底本分⑴　（Bestimmung）之範圍以及其可允許性⑵
（Zulässigkeit）之範圍。因為，理性，在其使用此超越理念以
為事物之完整決定之基礎時，它只把此超越理念當作"綜實在"之
概念而使用之，而並不要求此綜實在須是客觀地被給與了的並且
其自身須是一物。"要求其須是一物"之"物"是一純然的虛構，在
此虛構中，我們把我們的理念中之雜多（內容）結合之並實化之
於一理想中，當作一"個體存有"看的理想中。但是，我們沒有權
利去作這一步，甚至亦沒有權利去假定這樣一個假設之可能性。
而從這樣一個理想而流出的任何後果對於事物之完整決定亦不能
有任何關係，而在事物之完整決定方面亦不能表現絲毫影響力；
可是超越的理念已被表明為是必然的，其所以被表明 為 是 必 然
的，乃是只因為其有助於事物之完整決定之故。

　　［註⑴］：案原文 Bestimmung 是 "本分"義，肯·斯密士譯為
"purpose"，不達。

　　［註⑵］：原文 Zulässigheit 是"可允許性"義，肯·斯密士譯為
妥效性（validity）非是。

但是只去描寫我們的理性之程序以及我們的理性之辯證（虛幻），這並不足够；我們必須亦要努力去發見這種辯證之根源，這樣，我們便可能够去解明理性所已引起的幻象，即那作爲"知性之一現象"(1)的那幻象。因爲我們現在所正說及的這個"理想"是基於一自然的理念上的，而並不是基於一純然地隨意的理念上的。因此，那須被問的問題只是這個問題， 即： 理性視一切事物之可能性爲從一獨個的基本可能性，即最高實在之可能性，而被引生出，並因此，理性遂預設此最高實在之可能性（基本可能性）須被含在一個體的（獨特的 besonderen）根源存有中，這是如何發生起的呢？

[註(1)]：原文及英譯皆是如此。其意是"理性的知解"上的一個現象。

依據 "超越分析部" 中的討論而言，這個問題之答覆是顯明的。感取底對象之可能性即是這些對象之關聯於我們的思想，在此思想中，某種東西（即經驗之形式）能先驗地被思，而那構成"材料"者，即構成現象領域中之"實在"者（實在是相應於感覺的那實在），則必須是被給與者， 因爲若非被給與者， 則此實在（此材料）甚至亦不能被思，而其可能性亦不能被表象。現在，感取底一個對象其能完整地被決定是只當它與那些 "在現象領域中爲可能" 的一切謂詞相比較時，它始能完整地被決定，而且藉賴着這些謂詞，它始可或肯定地被表象或否定地被表象。但是，因爲那"構成事物本身"者，即那"構成現象領域中之眞實物"者，

必須是被給與的，（非然者事物必不能被思議），又因為一切現
象底眞實物所由以被給與處就是經驗，就是視之爲一整一而擁攝
一切的那經驗，所以感取底一切對象之可能性上所需的材料必須
被預設爲是給與於一整全中（在一整全中被給與）；而一切經驗
對象底可能性，一切經驗對象底互相區別以及其完整的決定，是
只能基於"這整全之限制"上。除感取底對象外，沒有其他對象事
實上能被給與於我們，而對象之被給與於我們除在一可能經驗底
係絡中被給與外，亦無處可被給與；因此，我們亦可說，沒有什
麼東西它可對於我們是一對象，除非它預設一切經驗的實在之綜
集以爲其可能性之條件。現在，由於一種自然的幻象，我們遂視
此原則（卽"只應用於那些「當作我們的感取之對象而被給與」的
東西上"的那原則）爲一"必須在事物一般上爲有效"的原則。依
此，由於略去這個限制（卽略去只限於感取底對象這個限制），
我們遂把關於我們的當作現象看的事物底可能性之"概念"之經驗
的原則，視爲關於"事物一般底可能性"之一超越的原則。

　　如果我們因此進而去把"一切實在之綜集"之理念實體化，
則這是因爲以下的緣故而然，卽，因爲：我們辯證地以經驗全體
（當作一全體看的經驗）之"集合的統一"代替知性之經驗的使用
之"分布的統一"；並因此，遂把全部現象領域思之爲一獨個的東
西，卽一"含有一切經驗的實在於其自身"的那獨個的東西；復因
此轉而又藉賴着上面所說的超越的非法臆斷（非法偸轉），以"居
於一切事物底可能性之根源地位並爲此一切事物之完整決定而供
給眞實條件"這樣一個東西之概念來代替那獨個的東西：卽因爲
以上云云的緣故，如是，我們遂進而去把"一切實在之綜集"之理

A582
B610

A583
B611

念實體化（實體化之為一理想，為一個體的存有，即上帝）[a]。

(a)處，關於所以實體化之之緣故，康德加底注云:

這"最高真實的存有"(ens realissimum) 之理想，雖然實在說來它只是一個純然的表象，然而却首先被真實化，即是說，首先變成一個對象，然後又被實體化，而最後，又因着"理性之自然地向着統一之完整而前進"這種自然的前進，它遂如我們將即刻所要表示的，乃被人格化。因為經驗之軌約的統一並不是基於現象本身（並不是只基於感性），而是基於通過知性而成的雜多之連繫（在一統覺中的雜多之連繫）；因此，最高實在之統一以及一切事物底完整的可決定性（可能性）似乎即存於一"最高的知性"中，因而亦就是說即存於一"睿智體"中。

第 三 章

第 三 節

思辨理性之"證明一最高存有之存在"之論證

不管理性之迫切需要，需要去預設某種東西，此某種東西可把知性底概念之完整決定所基依的充分基礎(根據)供給於知性，不管理性是如此云云，可是它亦很容易覺識到這樣一個預設之理想的並純然虛構的性格，容易到它不允許其自己單憑此根據（單憑此迫切需要之根據）便確信：一個只是其自己的思想之產物者

A594
B612

即是一眞實的存有——設若不是理性被迫着從另一方向，在 "從
受制約者（有條件者，此是已被給與了的）後返至不受制約者
（無條件者）" 這後返中，去尋求一止息地。〔此一冗長的迂曲
的說法，其意是如此：儘管理性迫切需要預設某種東西云云，可
是設若理性不被迫着從已被給與了的有條件者後返至無條件者這
後返中去尋求一止息地，則理性便很容易意識到這樣一個預設之
理想的並純然虛構的性格，因此它不允許其自己單憑此根據（單
憑此迫切需要之根據）便可確信：一個只是其自己的思想之產物
者卽是一眞實的存有。那就是說，若理性被迫着從有條件者後返
至無條件者，卽在此後返中尋求止息地，它才不容易覺識到那個
預設之理想的並純然虛構的性格，因此，它遂許其自己單憑此根
據（單憑此迫切需要之根據）卽可確信思想之產物是眞實者。因
此，才需要批判的檢查：卽使在此後返中尋求止息地，此亦不足
以使我們確信這一止息地卽是一眞實的存有。〕從受制約者後返
至不受制約者，此不受制約者，實在說來，並不是當作 "其自身
是眞實者" 而爲被給與了的，亦不是當作有一 "隨其純然的概念
而來" 的實在性而爲被給與了的；但是，它卻是那唯一能把條件
底系列完整起來者，當我們去把這些條件追溯到其根據時。這種
追溯乃是我們人類的理性，以其本性而言，引導我們一切人，甚
至是最少反省的人，所去採用的一種程序，雖然並非每一人皆繼
續去遵循這種程序。這一種程序不是開始於概念，而是開始於通
常的經驗，因此，它把它自己基於某種現實地存在着的東西上。
但是開始於經驗以追溯有條件者之根據，如果此所追溯之根據並
不基於那絕對地必然者之不可搖動的磐石上，則它是不足取的。

而此後一支持點（卽絕對必然者這一支持點），如果在其外以及在其下尚有任何空的空間，又如果其自身不能廣布於（遍及於）一切東西以至無復有任何進一步疑問之餘地，卽是說，如果它在其實在性上不是無限的，則它復又轉而是懸空而無支持之者。

如果我們承認某種東西爲存在着的，不管這某種東西是什麼，則我們也必須承認有某種東西它是必然地存在着。因爲偶然物其存在着是只在作爲其原因的那某一其他偶然存在之制約之之下始存在着，而從此作爲其原因的某一其他偶然的存在，我們卻又須推斷另一原因，直至我們能至一原因它不是偶然的，因而它是無條件地必然的，而後止。這個論證就是 "理性把其前進而至於根源的存有這種前進基於其上"的那論證。（簡單地說是如此：這個論證就是"理性進至根源的存有"所基依的那個論證）。

現在，理性周圍尋求一個概念欲其符合於如此高的一種存在就像無條件的必然者之存在那樣一種最高的存在，其尋求此種概念不是爲"從此概念可先驗地推斷出此概念所代表的東西之存在"之目的（因爲如果這是它所想要去作的，則它應當把它的研究限於純然的概念上，而這樣，它必不需要一所與的存在以爲其研究之基礎），但只是爲的在它的種種概念間去找得一個概念在任何方面皆非與"絕對的必然性"爲不相容者。因爲，"玆必有某種東西它以絕對必然性而存在着"，這一點是被視爲已爲論證中的第一步所早建立起。如是，如果，在把那與此 "必然性"爲不相容的每一東西皆移除後，只有一個存在遺留下來，則此"存在"必須是"絕對必然的存有"，不管此存在之"必然性"是否是可理解的，卽是說，是否是可單從其概念而推演出的。

現在，一個東西，它若在其概念中對於每一"何以故"之問含有一"因此故"之答，它若在任何方面皆無缺陷，它若在每一路數中皆足夠爲一條件，則這個東西似乎確然就是這個存有，即"絕對必然性能適當地被歸屬給它"的那個存有。因爲，雖然它含有"一切可能的東西"之條件，然而其自身卻不需要有任何條件，而實在說來，它亦不能允許再有任何條件，而因此，它遂滿足了，至少即在其不需要有任何條件這一特徵上滿足了這無條件的必然性之概念。依此而言，一切其他概念皆必須遠不及乎它；此蓋因爲這一切其他概念皆是有缺陷的，而且皆有需於完整，所以它們不能有 "獨立不依於一切進一步的條件"這種獨立不依性以爲其特徵。我們實無理由辯說：凡不含有最高的而在一切方面又皆是完整的這樣一個條件者其自身在其存在方面亦因而就是有條件的。但我們實有理由去說：那不含有最高而完整的條件者它即不具有這樣一種特徵，即 "單通過此特徵，理性始能藉賴着一先驗的概念，在關涉於任何存有中去知道它是無條件的（不被制約的）"這樣的一種特徵。〔案此句較簡單地可如此說：那不含有最高而完整的條件者它即不具有那 "可使理性去知道它是無條件者（不被制約者）"之特徵。〕{A586 B614}

因此，在一切可能事物之概念中，"一個最眞實的存有"之概念就是那最符合於一"無條件地必然的存有"之概念者；而雖然此最高眞實存有之概念可以不是完全適當於（滿足於）那 "無條件地必然存有之概念"，可是，我們在此事上並無其他選擇，我們見到我們自己被迫着必須去堅持這最高眞實的存有之概念。蓋因爲我們不能輕易去廢除一"必然存有"之存在；而如果一旦必然存

有之存在已被承認，則在全部可能性之領域中，我們便不復能找
到任何別的東西它能作一〔比一最高眞實的存有所能作者爲〕更
有根據的要求，要求於在其存在之樣式中爲如此之卓越者。〔案
意卽：一旦一必然存有之存在已被承認，則在全部可能性之領域
中，只有此"最高眞實的存有"能有根據地作此要求，卽要求其
存在爲無條件地必然的存有之存在之要求，除此以外，再找不到
任何別的東西它能比此"最高眞實的存有"所能作者爲更有根據
地作此要求。是以"最高眞實的存有"之概念就是那最符合於一
無條件地必然的存有之概念者。除此以外，再無其他選擇。是故
我們必須堅持此最高眞實的存有之概念。〕

　　旣如此，則以下所說卽是人類理性底自然程序。人類理性以
"使其自己相信某一必然的存有之存在"來開始。此一必然的存
有，人類理性理解之（辨識之）爲有一種"不被制約"的存在者。

A 587
B 615

如是，人類理性周圍尋求那"獨立不依於任何條件"的東西之概
念，它在那"其自身是一切別的東西之充足條件"的東西中找到該
物之概念，卽是說，它在那"含有一切實在性"的東西中找到該物
之概念。但是，那"含有一切實在性（一切無所不含）而且無限
制"的東西就是這絕對的統一，而且那東西亦含着一獨一的存有
之概念，此一獨一的存有同時亦卽是最高的存有。依此，我們可
歸結說：這最高的存有，由於它是一切別的東西之根源的根據，
是故它必須以絕對必然性而存在着。

　　如果我們所存想的是"歸於一判決"，卽是說，如果某種必然
的存有之存在已被認爲是當然的，而又如果進而"關於此必然存
有之是什麼必須歸於一判決"這是已被同意了的，如是，則以上

所說的思考路數必須被允許其有某種中肯處（有足以使人信服的力量）。因為在這種情形下（即上如果云云之情形下），沒有較好的選擇可被作成，或勿寧說我們畢竟根本無選擇之可言，我們但見我們自己被迫着去判決以維護這"完整實在性之絕對的統一"維護之以為一切可能性底終極根源。但是，如果我們並不是被要求去歸於任何判決，但只寧願去讓這問題擺在那裏以為待決者，直至證明底重量足夠逼迫我們去同意為止；換言之，如果我們所要去作的只是去佔計我們在此事上實際所知的有多少，以及去估計我們只是諂媚我們自己說我們知道此事，這自吹有知之所知有多少，如是，則以上所說的論證是遠不能現為如此有利的一種面貌。 而要想去補償那論證底要求之缺陷， 特別的眷顧是必要的（須有待於特別的眷顧）。

因為如果我們認這問題為如這裏所陳述者，即，⑴從任何特定所與的存在（此或可只是我自己的存在）， 我們能正確地推斷 {A 588 / B 616 一無條件地必然的存有之存在；⑵我們必須視一"含有一切實在"的一個存有，因而也就是說，視一"含有每一條件"的一個存有，為絕對地不受制約者，而因此，在此一"最高真實的存有"之概念中，我們已發見這樣一個東西之概念，即"我們亦能以「絕對必然性」歸屬之"，這樣一個東西之概念──設即使承認這一切，我們亦無法隨之即可說：一個"沒有最高實在性"的有限制的存有之概念，即因其無最高實在性之故，它便與絕對實在性為不可相容者。因為雖然在此有限制的存有之概念中，我找不到那"含在條件底綜體之概念中"的無條件者（不被制約者），可是我們亦無理由歸結說：此有限制的存有之存在必須即因其為有限制的存有之故而卽爲有條件者（受制約者）；此恰如在一假然推理之情形中，我不能說：某一條件不成立，這有條件者（受制約者）亦不成立。（此所謂"某一條件"，在現在所討論之情形中，卽是依照[純粹]概念而成的完整性這條件。我們不能說：沒有完整性這條件便沒有絕對實在性；我們亦不能說：沒有無條件者之最高實在性便沒有絕對實在性，便是有條件的，不是無條件地必然的。）正相反，我們可完全有自由去主張：任何有限制的存有，不管它們是什麼，儘管它們是有限制的，它們亦可是無條件地必然的，雖然我們不能從"我們對於它們所有的普遍概念"來推斷它們的必然性。這樣說來，這論證（卽由無條件地必然的或必然的存有論證最高眞實的存有之論證）決不能把一必然存有底特性之絲毫概念供給給我們，而實在說來，那論證是完全無效果的。［案意卽由無條件地必然的，或由必然的存有，並不能使我們說這必然的存有卽是一最高眞實的存有，卽是上帝。因爲很有是必然的存有，有絕對實在性，而却並無最高實在性，絕對完整性。］

　　但是，這個論證仍然繼續有某種重要性，並且仍然繼續具有一種權威性，對此權威性，我們不能只依 "此客觀的不足够（缺陷）" 之根據便可立刻把它剝奪掉。因爲設若承認在理性之理念中有某種責成（案例如責成促進最高善之責成），此等責成是完全妥當的（正確的），但是在其應用於我們自己身上，除依據這假定，卽"有一最高的存有給實踐法則以效力與確認"這假定外，則此等責成必缺乏任何實在性，卽是說，對於此類責成，玆必無任何動力可言：設若是如此云云，則在這樣一種情況中，我們卽須被迫着非去追隨那樣一些概念不可，這些概念是這樣的，卽，雖然客觀地言之，它們可不是足夠的，然而依照我們的理性之標準而言，它們卻又是佔優勢的，並且與它們相比，我們亦不能知道有什麼東西是更好的而且是更足使人信服的。這樣說來，前文所說的"歸於一判決"這判決之之義務必因着一種實踐的增加（實踐方面的事之增加）而偏傾了(改轉了)那制衡狀態，即偏傾了那如此精細地為思辨[理性]底懸而不決所保持的那制衡狀態（即使此制衡停滯狀態有轉機而取決於實踐理性）。實在說來，理性，當它為這樣迫切需要的動力（即上文所說責成所需要的動力）所推動時，不管它的洞見是如何之不完整，如果它不能使它的判斷符合於那些要求，即至少比我們所知的任何其他要求為有更大重量的要求，則它必即在其自己之判斷中（而亦並無比其自己之判斷為更精密的判斷）被認為是不當的（該受譴責的）。[案此段所說是隱指實踐理性之批判如何肯定"上帝存在"一設準。]

雖然這個論證，由於其基於"偶然者之內在的不足性"上，它事實上是超越的，然而它卻又是如此之單純而自然，以至於它一旦被提出，它即為最通常的理解（大眾的理解）所接受。我們眼見事物更變，出現，以及消滅；因此，這些事物，或至少這些事物之狀態，必須有一原因。但是就那"可被給與於經驗中"的每一原因而言，同樣的問題亦仍可被發問。因此，有什麼地方我們可更適當地定"終極因果性"之位呢？有什麼地方比那亦有 "最高因果性"的地方為更適當呢？所謂亦有最高因果性的地方，意即在這樣一個存有處亦有最高因果性，即此存有它於其自身中根源地含有每一可能的結果底充足根據，而且我們亦能很容易地藉賴着"一擁攝一切（無所不擁）的圓滿性"這一屬性來對於此存有懷

{ A 590
{ B 618

有一概念。有什麼地方比亦有"最高因果性"的這樣一個存有處爲
我們所可更適當地安置"終極因果性"之處呢？我們只有將終極
因果性安置於亦有最高因果性之存有處，旣如是安置已，如是，
我們進而去把此最高的原因視爲絕對必然的原因，因爲我們見到
"我們定須上升到此最高的原因"這乃是絕對地必然的，而且我們
亦見到沒有可以使我們越過此最高的原因之根據。這樣，在一切
民族中，在最愚昧的多神論之狀況下，那裏仍閃爍着某種一神論
之曙光，各民族之被引至此一神論，並不是因着反省以及深奧的
思辨而被引至，但只是因着通常的理解之自然的傾向而被引至，
因爲通常的理解一步一步慢慢總歸能去了解其自己之需要。

因着思辨理性而證明上帝之存在，在這樣的證明中只有三個
可能的證明之路。

引至此目標（上帝）的一切途徑或是從決定的經驗以及因此
經驗而被知的感取世界底特殊構造開始，而且依照因果性之法
則，從這開始處上升至此感取世界以外的那最高原因；或是從那
純粹不決定的經驗，卽是說，從"存在一般"底經驗開始；或是最
後抽掉一切經驗，只從純然的概念，完全先驗地辯說至一最高原
因之存在。第一種證明是物理神學的證明，第二種證明是宇宙論
的證明，第三種證明是存有論的證明，藉賴着思辨理性以證明上
帝之存在，只有此三種證明，除此三者外，再無其他種證明，亦
不能有其他種證明。［案由實踐理性以證明上帝之存在，所謂道
德的證明，則不在思辨理性範圍之內。］

我想去表示：理性之不能依這一途徑卽經驗的途徑去前進亦
如其不能依其他途徑卽超越的途徑去前進，而理性在這樣想只因

A591}
B619}

着思辨底力量以翶翔於感取世界以上 中舒展其 雙翼是 全然 無效
的。關於這些論證所依以被處理的次序（卽"處理這些論證"所依
之次序），那將是相反於理性在其自己的發展之進程中所取的次
序，因而也就是說，相反於我們在上文的說明中所遵循的次序。
因爲我們將表示：雖然經驗是那首先引起這種研究者，然而卻正
是這超越的概念它在一切這樣的努力中，標識出"理性使其自己
所要去達到之"的那目標，而且實在說來它亦是理性在其努力想
去達到那個目標中之唯一的導引者。因此，我將開始於"超越的
證明"之考察，然後再進而去研究經驗的因素之增加在抬高這論
證底力量中所能有的結果是什麼。

第 三 章

第 四 節

上帝底存在之存有論的證明

之不可能性

從上面所已說者觀之， "一絕對必然的存有之概念是純粹理
性底一個概念，卽是說，是一個純然的理念，此理念之客觀實在
性很不能因着「理性要求之」這一事實而卽可被證明（意卽很不
能由其爲理性所要求而被證明）"，這是甚爲顯明的。因爲這個理
念只在關涉於一種不可達到的完整性中敎導我們，因而它寧只是
被用來去限制知性，而不是被用來去把知性擴展之於新的對象。

但是，在這裏，我們碰見了那既奇怪而又令人困惑的情形，卽是說，雖然"從一特定所與的存在一般推至某種絕對必然的存有"這種推斷看起來似乎既是不容異議的而又是合法的，然而那一切條件，卽"單在其下知性始能形成這樣一種必然性之概念"的那一切條件，卻又是我們之作此推斷中的許多障礙。

在一切時代，人們皆已說及一"絕對必然的存有"，而在如此說時，人們並不努力想去了解這一類的東西（這一類的存有）是否以及如何甚至可被思議，但卻已努力想去證明此類 存 有 之 存在。當然，在給此概念一名言的（口頭的）定義中，並無困難，卽是說，說它是這樣的某種東西卽"其不存在是不可能的"這樣的某種東西，這並無困難。但是，這名言的定義並產生不出一種洞見以洞見到一些條件， 這些條件足以使"去視一物之不存在爲絕對不可思議"這一點爲必然的[1]。這些條件確然正是我們所想要去知道的，知之以便我們可以決定在動用此概念中我們是否究竟思維了任何事。單只通過"不被制約"這個字之引出，把那些條件卽"知性所不可缺少地需要之以去視某物爲必然的"那些條件，皆予以移除，這種權宜辦法是遠不足以表示在"無條件地必然者"之概念中我是否仍然思維了任何事，抑或畢竟根本未曾思維任何事。

[註(1)]："必然的"，康德原文爲"不可能"，依 Noiré 改。

抑又有應知者，這一概念，卽在開始時是盲目地被冒險一試（碰運氣）而現在則變成是完全如此之熟習，這樣的一個概念，曾被設想可有其意義，而此意義可依若干例證而被展示；而因此之故，一切進一步的研究，卽研究其可理解性之研究，似已是完全不需要的。 如是， "每一幾何命題， 例如「一三角形有三個角」，是絕對地必然的"，這一事實已被認爲足以使我們有理由去說及一個"完全在我們的知性範圍之外"的對象，好像我們已完全了解了"我們因着那個對象之概念所想去傳達者"之是什麼。

一切被認爲確實的例證，無有例外，皆是取自於"判斷"，並不是取自於"事物"以及事物之"存在"。但是，判斷底 "無條件的必然性"並不同於事物底"絕對必然性"。判斷底 "絕對必然性"只足形成(1) 事物底"有條件的必然性"， 或者說只足形成(1) 判斷中的謂詞底"有條件的必然性"。上面那個幾何命題並不宣說 "三個角是絕對必然的"，但只宣說： "在有一三角形（卽一三角形是被給與了的）之條件下，三個角將必然地被發見於此所已給與的三角形中"。實在說來，有如此大的一種虛幻的影響力爲此"邏輯的必然性"所表現，以至於只因着一簡單的設計，設計去形成一事物之先驗概念是依這種樣式，卽如"在此概念底意義之範圍內包括存在"這種樣式，而去形成之，單只因着如此形成一事物之先驗概念之單純設計，我們便設想我們自己已證成了這結論，卽：因爲"存在"必然地屬於概念之對象（其必然地屬於此概念之對象總是在這條件下，卽"我們置定這事物爲所與者，爲存在着者"之條件下，而屬之)，所以我們必然地，依照同一律，必須去置定此概念底對象之存在，因而遂歸結說：這個存有其自身就是絕對地必然的，而其自身爲絕對必然的，再重複一遍，是因爲這個理由，卽此存有之"存在"早已被思於這樣一個概念中，卽那是隨意地被假定的，而且是根據"我們置定其對象"之條件而被假定的，這樣

{ A 594
{ B 622

一個概念中。

[註(1)]: "只足形成"，原文及三英譯俱是 "只是"。但若譯爲"只是"，不達，故意譯爲"只足形成"。意卽判斷底無條件的必然性（絕對必約性）只足使事物或判斷中的謂詞有那有條件的（被制約的）必然性。

在一自同的（分析的）命題中，如果當我保留主詞時，我卻拒絕謂詞，則矛盾便發生；因此，我說這謂詞是必然地屬於那主詞。但是，如果我們把主詞與謂詞皆同樣予以拒絕，則便無矛盾可言；因爲在這樣拒絕之下，沒有什麼能是矛盾的東西被遺留下來。去置定一個三角形，然而卻又去拒絕此三角形底三個角，這是自相矛盾的；但是，去把三角形連同着其三個角而一起拒絕之，這卻無矛盾可言。這意思對於一絕對必然存有之概念亦同樣有效或適用。如果此絕對必然存有之存在被拒絕，則我們卽拒絕此事物本身連同其一切謂詞；而此時，亦無矛盾之問題可發生。此時，沒有什麼"必會是矛盾"的東西外於此事物，因爲此事物之必然性並不是被設想爲是從任何外在的東西而被引生出；亦不能有"必會是矛盾"的任何東西是內在的（內在於此事物），因爲在拒絕事物本身中，我們已同時拒絕了其一切內在的特性。"上帝是無所不能的"，這是一必然的判斷。如果我們置定一"神體"，卽，置定一"無限的存有"，則"無所不能"便不能被拒絕；因爲這兩個概念（卽"神體"與"無所不能"這兩概念）是同一的。但是，如果我們說"茲並無所謂上帝"（上帝不存在），則"無所不能"一

謂詞固不是被給與了的，卽其一切謂詞中之任何其他謂詞亦不是
被給與了的；它們一切盡皆連同其主詞而被拒絕，因而此時在"上
帝不存在"這樣一判斷中亦無絲毫矛盾可言。

　　這樣，我們已見到：如果一判斷之謂詞連同其主詞而被拒
絕，則無內在的矛盾可發生，並見到：不管這謂詞是什麼謂詞，
這層意思總可成立。避免此結論底唯一路數便是去辯說：有些主
詞不能被移除，而且必須總是要存留下來。但是，這樣辯說必只
是說"玆必存有一些絕對必然的主詞"這說法底另一種說法；而正
是這一假定才是我所要認爲有問題的，而亦正是這一假定之可能
性才是上節所述的論證所自承要去建立的。因爲，對於這樣一個
東西，卽，它若連同其一切謂詞而一起被拒絕，而又可遺留下一 { A 596
{ B 624
矛盾，這樣一個東西，我不能形成絲毫的概念；而在矛盾之不存
在中，單只通過純粹先驗的概念，我並無關於"不可能性"之判
準。

　　不管這一切一般性的考慮（在這些一般性的考慮中，每一人
皆必須一致，不能有異辭），我們仍可因有一種實例而被詰難，
這實例乃是當作一種證明〔**案卽存有論的證明**〕而被提出，此當
作一證明而被提出的實例它證明：事實上，相反於這些一般性的
考慮之相反是成立的，卽是說，它證明：玆實有一個概念，而實
在說來，亦只有這一個概念，在涉及此概念中，"此概念底對象
之非有（不存在）"或"此概念底對象之被拒絕"其自身卽是自相
矛盾的，此一概念卽是"最高眞實存有之"概念。人們宣布說：此
"最高眞實的存有"擁有一切實在性，並宣布說：我們有理由去
假定"這樣一個存有是可能的"。"一概念不自相矛盾"這一事實

並不足以證明"此概念底對象之可能性"。但是眼前我暫時願意去承認這相反的肯斷，即姑認其可以證明(a)。）現在，〔這論證進而說〕"一切實在性"（"最高眞實的存有"所擁有的"一切實在性"，即"綜實在性"，一切存在者底實在性之綜體）亦包括"存在"；因此，"存在"是被含在一個"是可能的"的東西之概念中。如是，如果此一東西被拒絕，則此一東西之"內在的可能性"亦被拒絕——這是自相矛盾的。

A 599}
B 625}

(a)處，康德有底注云：

一個概念，如果它不是自相矛盾的，則它總是可能的。此是"可能性"之邏輯判準，因着此邏輯判準，概念底對象是可與"以無概念（概念不可能）而空無對象 (nihil negativum)(1)"區別開的。但是，縱然如此，此概念亦可仍是一空洞的概念，除非"此概念所經由之以被產生"的那"綜和之客觀實在性"已特別地被證明過；而所謂綜和底客觀實在性已被證明"之證明，如我們在以往所已表明的，是基於"可能經驗"底原則上的，並不是基於分析底原則（矛盾律）上的。這是一警告，此警告足以對抗從概念底"邏輯可能性"，直接辯說至事物之眞實的可能性。

〔註(1)〕：此詞之解釋參看 B 348，A 292。

〔對於以上的論證〕，我的答辯是如下。把"存在"之概念（不管此存在之概念在什麼名稱下被僞裝）介入於這樣一個事物，即"我們自認是只涉及其可能性而思之"這樣一個事物之概念中，在

這種介入中，早已存有一矛盾。如果那種介入可被允許爲是合法
的，則一表面貌似的勝利自可被贏得；但是，事實上，那種勝利
實並沒有什麼東西曾被說及：那種勝利中的肯斷只是一套套邏輯
（同語重複）。我們必須問："此物或彼物（卽被允許爲是可能
的此物或彼物，不管它是什麼物）存在着"這個命題是一分析命
題抑或是一綜和命題？如果它是一分析命題，則此物底存在之肯
斷並沒有把什麼東西增加到此物之思想上；但是，在這種情形
中，或者存在於我們之內的"思想"就是"事物本身"，或者我們已
預設了一存在爲屬於"可能者"之領域，如是，依據此口實，我們
已從此可能者之內在的可能性推斷了此可能者之存在，而此推斷
沒有別的，不過就是一可憐的套套邏輯。"實在"這個字（此字在
事物之概念中似乎並不同於謂詞概念中的"存在"這個字）在答覆
我此種反對中並無裨益。因爲，如果一切"置定之"之置定（不管
那被置定的是什麼）被名曰"實在"，則事物連同着事物之一切謂
詞實早已被置定於主詞之概念中，而且早已被假定爲是現實的；
而在謂詞中，說事物是存在的（現實的），這只是重複一遍。但
是，另一方面，如果我們承認(如每一通達的人所必須承認的)：
一切存在的命題皆是綜和的，則我們如何能裝作去主張說"存在
這一謂詞不能被拒絕而無矛盾"呢？[案意卽：若承認一切存在的
命題皆是綜和的，則拒絕"存在"這一謂詞，亦很可以無矛盾。
如何能強說拒絕之便不能無矛盾？]"存在這一謂詞被拒絕而卽矛
盾"，這一特徵只見之於分析命題中，而實在說來，這一特徵確
然亦卽是那"構成分析命題之分析的性格"者。

設若我不曾見到因着一邏輯的謂詞與一眞實的謂詞（卽與

{ A 598
{ B 626

"決定一物"的謂詞）相混擾而引起的幻象幾乎是越出糾正之外
（卽難以糾正，幾乎足以抗拒一切糾正），則我必已希望只因着
存在之概念之精確的決定，依一直接的樣式，去結束這些無謂而
又無結果的爭辯。〔但是現在因為我已見到了這由混擾而成的幻
象幾乎足以抵拒一切糾正，所以我不能這樣簡單地了當之，我必
須去揭穿這混擾。因為雖然難以糾正，然而畢竟是混擾而可糾正
的。〕⑴ 任何我們所欲的東西皆可被致使去充作一邏輯的謂詞；
甚至主詞亦可單以其自己而被謂述；因為邏輯抽掉了一切內容。
但是一有決定作用的謂詞則是一個 "被增加到主詞概念上而且是
能擴大主詞概念" 的謂詞。因此，它必不是早已被含在主詞概念
中者。

　　〔註⑴〕：案此為譯者所補，補之以足語意。

　　"存有"(being, Sein) 顯不是一真實的謂詞；卽是說，它不
是這樣的某種東西，卽 "能被增加到一物之概念上" 這樣的某種
東西之概念。它只是一物之置定，或只是當作依其自身而存在着
者看的某些決定之置定。 邏輯地說來， 它只是一判斷之係詞。
"上帝是無所不能的"這個命題含有兩個概念，卽"上帝"與 "無所
不能" 這兩個概念，此兩概念中之 "是" (is) 這個縮小的（無變
化的）字並不能增加一新的謂詞，它只足以去置定謂詞，卽依謂
詞之關聯於主詞而去置定謂詞。現在，如果我們取用"上帝"這個
主詞是連同着其一切謂詞（ "無所不能" 是其中之一個）而取用
之，取用之而說"上帝是"(上帝存在)，或說"有一上帝"，如果我

A 599
B 627

們是如此云云，則我們並沒有把一新的謂詞附着於上帝之概念
上，但只依這主詞自身連同着其一切謂詞而置定了這主詞，而實
在說來，我們置定這主詞是如其為一個對象，卽"和我的概念有
關係"的一個對象，而置定之。[在此情形下]，對象與概念這兩
者底內容必須是同一的；沒有什麼東西能已因着"我之思概念之
對象（通過"對象是"或"對象存在"這詞語而思概念之對象）為絕
對地被給與了的"而被增加到這概念上，卽被增加到那"只表示
可能的者"的概念上。換言之，"真實者"並不比"只是可能的者"
含有更多的東西。一百個真實的銀元並不比一百個可能的銀元含
有絲毫更多的錢。因為當後者指表概念，而前者指表對象以及對
象之置定時，設若前者比後者含有更多的東西，則在這情形中，
我的概念必不會表示這整全的對象，因而亦必不會是此對象底一
個恰當的概念。但是我的財政地位其為一百真實銀元所影響卻十
分不同於其為純然的一百銀元之概念（卽純然的一百銀元底可能
性之概念）所影響。因為對象（真實的一百銀元），由於它現實
地存在着，是故它並不是分析地含於我的概念中，而是綜和地被
增加到我的概念上（此所謂我的概念中之概念只是我的狀態之一
決定）；然而這所思的一百銀元其自身卻並不曾通過其這樣獲得
了"外於我的概念"的"存在"而絲毫有所增加。

　　不管我們用什麼謂詞以及用如何多的謂詞以思一物，（縱使
我們用之以完整地決定一物），可是當我們進一步宣說"此物存
在"時，我們對於此物實並未造成絲毫的增加。非然者，則此物
必不會恰正是那存在着的同一物，而是某種"比我們在概念中所
已思者為更多"的東西；而因此，我們亦不能說：我的概念之準

{ A 600
{ B 628

確的（絲毫不爽的）對象存在着。如果我們在一物中思考每一實在性（一切實在性），只除去一個實在性而不思，卽被漏掉，則此漏掉的實在性並不能因着我說"這有缺陷的物存在着"而得以被增加上。反之，此物存在着是以同樣的缺陷卽與"我曾缺陷地思之"時之缺陷相同的那同樣的缺陷而存在着，因爲若非然者，則那存在着的東西必是某種不同於我所已思的東西。因此，當我思一存有爲最高的實在時，它究竟是否存在抑或不存在，這問題仍然存而未決。因爲雖然在我的概念中，對於一"事物一般"之可能的眞實內容可以是一無所缺，然而依此事物一般之關聯於我的全部思想狀態而言，某種東西仍然是缺少了的，卽是說，［當我不能去肯斷說］[1] 此對象之知識也是後驗地（經驗地）可能的時，某種東西仍然是缺少了的。在這裏，我們見到我們現有的困難之根源。設若我們處理感取之對象，我們不能把事物之存在與純然的事物之概念混而爲一。因爲通過概念，對象只被思爲符合於可能經驗知識一般底"普遍條件"，然而通過對象之存在，則對象是被思爲屬於當作一整全看的經驗之係絡的。但是，在其這樣與全部"經驗底內容"相連繫中，對象底概念並未絲毫被擴大；此時一切所因以被致成者乃是這一點，卽：我們的思想（我們的概念）已因着對象之與全部經驗內容相連繫而得到了一額外可能的知覺。因此，如果我們想只通過純粹範疇去思考存在，則我們不能標擧出（凸顯出）任何一點標識足以使此"存在"與那純然的可能性區別開，這是不須驚怪的。

A601
B620

　　　［註(1)］：此爲 K.S.所補。若依原文不補，則當如此：「卽是說，

"此對象之知識必也是後驗地可能的", 這一點是缺少了的」。*M.M.*
卽如此譯。案補之爲是。 Meiklejohn 譯亦稍有補充: "卽是說, 爲
概念所指示的對象之知識是否是後驗地可能的, 我是無知的"。

因此, 不管我們的一個對象之概念所可含有的是什麼以及如
何之多, 如果我們要想去把"存在"歸給對象, 則我們必須走出此
對象底概念以外。在感取底對象之情形中, "存在之可被歸給對
象"是依照經驗的法則, 通過對象之與我們的知覺之某一知覺相
連繫, 而被達成[1]。但是, 在論及純粹思想底對象中, 我們卻沒
有什麼方法藉以去知此種對象之存在, 因爲此種對象之存在必須
依一完全先驗的樣式而被知。我們所有的"一切存在之意識"(不
管 這存在之意識是 直接地通過知覺而有者 抑或是間接地通過 那
"使某種東西和知覺相連繫"的推理而有者)皆只專屬於經驗底統
一之領域; 任何外於此領域[而被認爲確實]的存在, 雖實並非如
"我們所能宣布其爲絕對不可能者"那樣的存在, 然而它本性上實
只屬於一假定, 此一假定, 我們決無法證成之。

　　[註(1)]: "被達成", 康德原文是 geschieht, 此字在此是 "達
　　成"義, 非 "發生"義。*Meiklejohn* 譯爲"被達成"(is attained),
　　是; *Max Müller* 與 *Kemp Smith* 譯爲"發生"(takes place),
　　非。

一最高存有之概念在好多方面是一十分有用的理念; 但是恰
因爲它只是一純然的理念, 所以它全然不能單以其自己在關涉於

那存在着的東西中去擴大我們的知識。它甚至「關於任何這樣的存在，卽超出那"在經驗中而被知並通過經驗而被知"的東西以外這樣的存在之可能性」⑴ 亦不足以使我們有所啓悟。可能性之分析的判準，如存在於這原則，卽"赤裸的（單純的）諸置定物（諸實在）並不引起矛盾"這原則中者，我們固不能否決之。但是，因爲這樣置定的諸實在並不是依其特殊各別的性格而爲被給與於我們者；又因爲縱使它們已如此被給與於我們，我們必仍然無法對之作判斷（因爲只是置定物，不在經驗中故）；又因爲綜和知識底可能性之判準除在經驗中可以找得外決不能在別 處 可 被 找得，而一理念之對象卻又並不能屬於此所說之經驗：因爲以上諸原故，所以一物中的一切眞實的特性之相連繫乃是一種綜和，此綜和之可能性我們不能够先驗地去決定之。這樣說來，那有高名的來布尼玆在其以達成 "此莊嚴的理想的存有底可能性之先驗的理解"來自誇或自矜飾中是遠未成功的。

　　[註⑴]：「……」，此括號中之句，肯·斯密土注出康德原文是 "in Ansehung der Möglichkeit eines Mehreren"。*Max Müller* 譯此爲"關於其可能性"（其字似指上句中"那存在着的東西"說，是對於 eines 的翻譯），而把 Mehreren（更多者）則譯爲動詞底受詞，如是，他譯此整句爲："它甚至關於其可能性（那存在着的東西之可能性）亦不足以去教告或啓迪我們以任何更進一步者（更多一點者）"。案此譯或較簡明。肯·斯密土譯是把"eines Mehreren" 讀在一起，如是此句遂譯成"經驗中被知的東西以外的一個存在之可能性"。*Meiklejohn* 譯大體類此，譯爲"我們所不能知其存在的一個存

有之可能性"。如是，"更多者"不是受詞，而被化解爲"超出……以外"。案恐以 *Max Müller* 譯爲是。"那存在的東西"卽是上句中的"那存在着的東西"，亦卽理念（最高存有之概念）所指者。而此所指者亦正是上段末所說"外於經驗統一之領域的存在"只是一假定而無法證成之的存在。承此而言，遂有本段首兩句之所說：正因爲最高存有之概念只是一理念，所以它固不能單以其自己在關涉於那存在着的東西中去擴大我們的知識（擴大之以至知其所指者之存在），它甚至在關涉於那存在着的東西之可能性中亦不能教告我們以什麼更多一點的東西（教告我們它是否是一眞實的可能）。

因此，想因着笛卡兒底那有名的"存有論的論證"去建立一個最高存有底存在，這種企圖實只是空費勞力；我們並不能因着純然的理念就可更擴展我們的[知解的]洞見之資本，亦如一個商人不能因着把若干零數增加到其現金賬簿上卽可使其更爲富有。

第 五 節

上帝底存在之宇宙論的證明

{ A 603
{ B 631

之不可能性

企圖想從一純粹隨意的理念中去抽引出一個"相應於此理念"的對象之存在，這種企圖是一完全不自然的辦法，而且是一純然的經院精巧之新發明。如果，在我們的理性方面，玆不曾先有這需要，卽"去假定某種必然的東西（在此必然的東西中我們的後返追溯可以終止）以爲存在一般之基礎"這需要；又如果理性不曾因爲"此必然者必須是不被制約的而且必須是先驗的"之故，遂被迫着去尋求一概念，此概念（如若可能時）必應可滿足這樣一種要求（即要求去假定某種必然的東西之要求），而且必能使我們依一完全先驗的樣式去知道一個存在，則這樣一種企圖必不能被作成。適所說那被迫着所去尋求的那一個概念曾被假設爲已被發見於一"最高眞實的存有"之理念中；而因此，此最高眞實存有之理念只是爲那必然的存有之更確定的知識而被使用，而關於那必然的存有之必然的存在，我們是早已依其他根據而已深信之而無疑矣。但是，理性底這種自然的程序（即先信有必然的存有之程序）是被隱蔽了的，而且人們遂不以此概念（即最高眞實存有這一個概念）爲終結，而卻造成一種企圖以此概念爲開始，因而遂想從此概念中去推演出那種"存在之必然性"，即"此概念所只想去補充之"的那種"存在之必然性"。這樣，不幸的存有論的證明遂得興起，此存有論的證明旣不能對於自然而健全的知性給與滿足，亦不能對於更爲學院性的嚴格證明之要求給與滿足。

A604)
B632)

宇宙論的證明，即我們現在所正要去考察的這"宇宙論的證明"，它保持住絕對必然性與最高實在性之相連繫，但是，它不像存有論的證明那樣，從最高實在性推到存在之必然性，它是從先前已被給與了的"某種存有之不被制約的（無條件的）必然性"推到此某種存有之無限制的實在性。這樣說來，宇宙論的證明已進入了如此一種推理之軌道(1)（Geleis），即此推理之軌道，不管它是合理的抑或是假合理的，無論如何，它總是自然的，而且它是最足令人信服的，其最足令人信服不僅是對常識而言，且甚至亦對思辨性的知性而言。宇宙論的證明復亦描畫出自然神學中的一切證明之首出的綱要，此一首出的綱要，不管它是因着多餘的增益而如何被裝飾以及如何被僞裝，它總是已被循持者，而且亦總是將要被循持者。此宇宙論的證明，來布尼兹名之曰"起自世界底偶然性"之證明 (the proof a contingentia mundi)，我們現在將進而去展示之並去考察之。

[註(1)]: "軌道"，康德原文是 Geleis ，此字是軌道、常軌、軌轍之意，肯・斯密士譯爲"Course"，不很恰，相當於 Course 者，德文是 Gang 。

此證明這樣說: 如果有任何東西存在着，則一絕對必然的存有亦必須存在着; 現在，至少我存在着; 所以一絕對必然的存有必須存在着。在此三段推理中，小前題含有一個經驗，大前題含有這推斷，卽"從任何經驗（經驗一般）推斷到必然者之存在"這種推斷[a]。因此，這個證明實是起自經驗，它不完全是先驗的或存有論的。 爲此之故， 而又因爲一切可能經驗底對象被名曰世界， 所以此證明乃被名曰"宇宙論的證明"。因爲在論及經驗底對象中，此證明抽掉了一切特殊的特性（通過此一切特殊的特性此世界可以不同於任何其他可能的世界）， 所以"宇宙論的證明"這個名稱亦足以使此證明與"物理神學的證明"區別開，此物理神學的證明是基於 "世界之特殊特性之觀察" 上的，而所謂 "世界之特殊特性" 乃是因着我們的感取而被揭露給我們者。

{ A605
{ B633

(a)處，康德加注云：

此推斷盡人皆知，不需要詳細的陳說。它依靠於所謂(1)
"超越的自然因果性之法則"上。此法則是如此：每一偶然的東
西皆有一原因，此原因，如果其自身亦是偶然的，它必須同樣
亦有一原因，如此後返，直至諸隸屬原因底系列結束於一"絕
對必然原因"處而後止，若無此絕對必然的原因，此系列必不
會有完整性。

[註(1)]："所謂"，康德原文是 vermeintlich＝angeblich,其意
是據稱，所謂，亦有臆想，表面等義，在此只譯爲"所謂"即可。肯·
斯密士譯爲設想地（supposedly, 臆想地），此尙可。*Max Müller*
譯爲 "apparently"（表面地），在此不很通。*Meiklejohn* 譯爲
"spurious"（僞造的，不正當的），顏色太重，不可用。依據 "超
越的自然因果性之法則"而推斷 "必然者之存在"當然有毛病（有欺騙
性），如後文所列舉，但此法則亦是很自然的。故加之以臆想地，或
表面地，或僞造的，皆失指。若如英譯而譯之，總覺不順適。

如是，此證明進行如下：必然的存有只能依一個路數而被決
定，卽是說，因着每一對可能的兩相反謂詞（如 a 與-a）中之一
謂詞而被決定。因此，必然的存有必須通過其自己之概念而完整
地被決定。現在，玆只有一個可能的概念，此一可能的概念完全
先驗地決定一物，此概念卽是"最高眞實的存有"之概念。因此，
此"最高眞實的存有"之概念卽是這唯一的概念，卽 "通過之一必
然存有始能被思"的那唯一的概念。換言之，一 "最高的存有"必

然地存在着。

在 此宇宙論的論證中， 有如此多的假合理的原則被結合 起
來， 以至於思辨理性在此情形中已使其一切辯證技巧之資產有了
力量足以去產生最大可能的超越幻象。此論證之檢查可暫置於後，
我們可依次先詳細說一說那詭計 (eine List)， 因着這詭計， 一
舊的（存有論的）論證可被僞裝成一新的論證， 並因着這詭計，
"訴求兩種證人之同意"這種訴求便可被作成， 一種證人備有純粹
理性底憑據， 而另一種證人則備有經驗底憑據。實際上， 那唯一
的證人就是那"憑純粹理性之名而說話"的證人； 此唯一的證人，
在其力求冒充爲第二證人中， 它只想變更其服裝與聲音。此宇宙
論的證明， 它爲的要想去爲其自己建立一安全的基礎， 它立足於
經驗， 而因其立足於經驗， 它遂以爲它不同於存有論的證明， 那
存有論的證明是把它的全部信賴置於純粹先驗概念中。但是， 此
宇宙論的證明其使用經驗只是爲論證中之唯一的一步而使用之，
卽是說， 它使用之以便去歸結（推斷）一"必然存有"之存在。至
於此必然存有可有些什麼特性， 這經驗的前題並不能告訴我們。
因此， 理性遂全然廢棄經驗， 而力求從純然的概念中去發見: 一 $\{$A607 B635
絕對必然存有必須有些什麼特性， 卽是說， 於一切可能的事物
中， 此一絕對必然存有其自身卽含有一些條件 (requisitia)，
這些條件對於 "絕對必然性" 而言乃是本質的（基要的）者。現
在， 這些本質的(基要的)條件除在一 "最高眞實的存有" 之概念
中被發見外， 是無處可被發見的； 因此， 這結論遂被引出， 卽:
最高眞實的存有卽是絕對必然的存有。但是， 在這裏， 我們顯然
預設了這一點， 卽: "最高實在性之概念"是完全適合於"存在底

絕對必然性之概念"的，卽是說，我們是預設了這一義，卽：
存在底絕對必然性之概念可從最高實在性之概念而被推斷出。現
在，"存在底絕對必然性之概念可從最高實在性之概念而被推斷
出"這一命題乃正是存有論的證明所主張的命題；在這裏，此命
題乃被假定於宇宙論的證明中，而實在說來，它被致使成爲宇宙
論的證明之基礎；然而這一假定卻又正是"宇宙論的證明所自認
要去廢棄之"的一個假定。因爲"絕對必然存有之存在"⑴乃是一個
"依純然的概念而被決定"的存在。如果我說：最高眞實的存有之
概念是一個而且是唯一的一個"專屬於並適合於必然的存在"之概
念，則我亦必須承認：必然的存在能從此最高眞實的存有之概念
中被推斷出。這樣說來，所謂宇宙論的證明其所可有的任何令人
信服的力量實皆歸功於從純然的概念而成的存有論的證明。"訴
求於經驗"之訴求是完全多餘的；經驗或可把我們引至"絕對必
然性"之概念，但它卻不能夠去證明此必然性爲"屬於任何決定
性的東西"者。因爲設若一旦我們努力想去作這一步（卽去證明
此必然性爲屬於任何決定性的東西者），則我們必須廢棄一切經
驗，而且必須在純粹概念間試求去發見此諸純粹概念中是否有一
個概念它含有一絕對必然存有底可能性之條件。如果在此路數
中，我們能決定一必然存有之可能性，則我們同樣亦能建立此必
然存有之存在。因爲，這樣一來，我們所說的實正是這一點，
卽：在一切可能的存有中，有一個存有它隨身帶有絕對必然性，
卽是說，此存有是以絕對必然性而存在着（或：此存有其存在着
是絕對必然地存在着）。

A608
B636

〔註⑴〕："絕對必然存有之存在"，<u>康德</u>原文是"絕對必然性"(die absolute Notwendigkeit)。<u>肯・斯密士</u>與*Max Müller* 俱如文譯。但說"絕對必然性是一個「從純然的概念而被決定」的存在"，不很通。*Meiklejohn* 改譯爲"絕對必然存有之存在"，兹從之。

「諸論斷中的一切謬妄（詭詐）是很容易被檢查出來的，如若我們依經院風範或規律整然的樣式（案卽邏輯方式）去把這些論斷置於眼前（陳列出來）。這裏正是這樣的一種展示。」〔案此依康德原文譯。依肯・斯密士譯如下：　"謬誤而誤引人的論證是很容易被檢查出來的，如若此諸論證是依正確的三段推理之方式而被陳列出來。我們現在卽要在這所討論的事例中（卽宇宙論的證明之事例中）進而去作此列出之工作"。案此中"依正確的三段推理之方式"爲誤譯，而且下文亦無三段推理之樣式。此或許一時把"經院"字誤視爲"三段推理"字（兩字形似而訛）。其餘改動與增補都無所謂。〕

如果 "每一絕對必然的存有同樣亦是一切存有中之最眞實的存有" 這個命題是正確的，（而此命題亦是宇宙論的證明之強有力者），則它亦如一切肯定判斷一樣，必須是可換位的，至少可因着減量 (per accidens) 而換位。因此，我們可說：有些最眞實的存有 (some entia realissima) 同時亦卽是絕對必然的存有。但是，一個最眞實的存有 (ens realissimum) 在任何方面皆無不同於另一個最眞實的存有，而在此概念下凡對於"有些"爲有效的，對於"一切"亦有效。因此，在此情形中，我能以簡單的方式（卽單純換位法）將那個命題換位，而不只是因着減量而

換其位，如是，我可說：每一最眞實的存有是一必然的存有。但
是，因爲這個命題是單只從其先驗的概念而被決定，所以純然的
"最眞實的存有"之概念必須隨身帶有最眞實的存有底絕對必然
性；而此一義確然正是那"存有論的證明所要肯斷而宇宙論的證
明所要拒絕去承認之"者，然而宇宙論的證明之結論卻又實是偸
偸地基於此義上。

A 609
B 637

這樣說來，思辨理性在其想去證明一最高存有之存在中所進
入的第二條途徑不只是如第一條途徑之同爲欺騙的，且有一新增
的缺陷，此卽犯"論點不中肯"（ignoratio elenchi）之過。它
裝着以新的途徑來引導我們，但經過略一紆廻之後，它又把我們
帶回我們依其囑咐所已放棄的途徑。

我已說過，在此宇宙論的論證中，隱藏一全部的"辯證臆斷
之巢穴"，此一巢穴，超越的批判很容易能把它檢查出來並能把
它拆毀掉。我現在將只把這些欺騙性的原則列擧出來，而把"進
一步地研究它們以及駁斥它們之工作"遺留給讀者，讀者此時在
這些事情上將是够熟練的。

〔所謂把這些欺騙性的原則列擧出來〕，例如，我們見到：

⑴這超越的原則（案卽"每一偶然者皆有一原因"這超越的
原則），依此超越的原則，我們從偶然者推斷一原因。此原則只
在感觸世界中是可應用的；超出此感觸世界以外，它不能有任何
意義。因爲純然理智的"偶然者之概念"不能像因果性之概念那樣
可使任何綜和命題被產生出來（被作成）。因果性原則除"只在
感觸世界中可有意義並可有其應用之判準"外，它不能有意義，
亦不能有其應用之判準。但是，在宇宙論的證明中，因果性原則

之被使用確然正是爲的要使我們能去前進而越過感觸世界，它始被使用。

(2)我們復見到"推斷第一原因"之推斷，卽"從感觸世界中一個又一個陸續被給與的諸原因底一個無限系列之不可能性而推斷一第一原因"這種推斷。理性底使用之原則並不能證成"有一第一原因"之結論，甚至在經驗底世界內亦不足以證成之，至若超乎此世界而在一"此原因系列不復再能擴展到之"的領域中更不能證成之。 { A610
 B638

(3)我們復見到在關於此原因系列之完整中理性之不能被證成的（無根的虛假的）自我滿足。一切條件之移除（所謂一切條件卽是"若無之則沒有必然性之概念是可能的"那一切條件，這樣的一切條件之移除）是被理性誤認爲系列概念之完整，因爲旣移除已，則我們便不能再思議任何進一步的東西，卽依據此根據理性遂視條件之移除爲原因系列底概念之完整。

[案]：在順原因向後追溯中，這原因系列(亦曰條件系列)本是不能完整起來的。 但是想到第一原因， 這又須是無條件的，此卽是"一切條件之移除"。可是若移除一切條件，我們不能思議任何進一步的東西，不能形成任何確定的概念，必然性之概念當然亦不能形成。此必然性卽隱指"絕對必然的存有"之必然性而言。可是這樣的一切條件之移除並不等於原因系列（條件系列）之完整。移除一切條件， 我們固不能再思議任何進一步的東西，因而亦不能思議一第一原因，一絕對必然的存有，因此，這移除亦並不等於原因系列之完整。若誤認之爲原

因系列之完整，於此完整處而想一第一原因以為停止處，這便是理性之假滿足，無根的自我滿足。若知背反章之所云，便可明白此義。因為宇宙論的證明是開始於經驗，從經驗中所與的現實存在（偶然存在）追溯其原因。一落於此後返追溯中，此原因系列便不能完整。而一切條件之移除並不卽是此原因系列之完整。由一切條件之移除而想一最高存有很可能是存有論的證明中之想法。宇宙論的證明想於此想法搭上一原因系列以啣接之，那是徒然而無效的。

(4)最後，我們復見到"一切實在性之被統一於一個實在性而無內在的矛盾"這一個概念之邏輯的可能性與這樣一個整一實在性之超越的可能性之相混擾。在這樣一個整一實在性之超越的可能性之情形中，我們需要有一個原則去建立這樣一種綜和之可實行性，但是這樣一個原則其自身只能應用於可能經驗之領域，乃至其他云云。

[案]：意卽越過可能經驗之領域，於最高存有處，一切存有之存有處，統一切實在性於一整一實在性這整一實在性處，我們不能有那足以建立起綜和的原則。但只有綜和被建立起，這樣一個整一實在性之超越而真實的可能性始可被證成。否則只有邏輯的可能性，分析的可能性。而一個概念之邏輯的可能性並不函其實際存在。邏輯的可能性與超越而真實的可能性之相混早已見於存有論的證明中，而此宇宙論的證明復又犯此病而不覺。索有直覺處始有綜和可言。對此最高存有，感觸直覺

不能及，而由於吾人又無智的直覺，故此處無任何綜和可言。故一言綜和必限於感觸直覺，故使綜和可能的那原則只能應用於可能經驗之領域。

宇宙論的證明之程序是很工巧地被設計出來，設計出來以使我們能夠去避免"必須通過純然的概念去證明一先驗的必然存有之存在"。只通過純然的概念以證明先驗必然存有之存在，這種證明必需要依存有論的樣式而被作成，而這"依存有論的樣式而被作成"之證明卻亦正是這樣一種事業，即"我們覺得我們自己對之是全然無能為力"的一種事業。依此，我們取一現實的存在（一經驗一般）以為我們的推理之起點，並依我能所能依的樣式而進到此現實存在底某種絕對必然的條件。如是，我們便不需要再去表明此絕對必然的條件之可能性。因為，如果此一絕對必然的條件已被證明實存在着，則關於其可能性之問題便完全是多餘的。現在，「如果我們需要更充分地去決定此"必然存有"之本性」[1]，則我們並不能力求依那"實是充足的"樣式而去作此決定，即是說，並不能因着"從此必然存有之概念去發見其存在之必然性"這種辦法而力求去作此決定。因為，設若我們能這樣去作此決定，則我們必不會有需於一經驗的起點。我們決不可這樣去作，我們所尋求的那一切實只是這消極的條件（無之必不然而有之不必然的那種條件即是消極的條件，亦即是不可少的條件，必要的條件），若無此消極的條件（必要的條件），一存有必不會是絕對必然的存有。而在一切其他種推理中，即"從一特定後果推至其根據"這樣的其他種推理中，依充足樣式作決定自應是合法的；

{ A611
{ B 639

但是在現在的情形中，不幸有這情形發生，卽：對絕對必然性而爲必要的那條件是只在一獨一的存有中被發見。因此，此獨一的存有（卽最高眞實的存有）必須在其概念中卽含有絕對必然性所需要的那一切條件，因而它能使我先驗地去推斷此絕對的必然性。因此，我必須亦能去逆轉這推理而說：這樣的任何東西，卽"此（最高實在性之）概念可應用於其上"的那任何東西，亦卽是絕對必然的東西。如果我不能作此逆轉之推理，（因爲如果我想避免承認存有論的證明，我必須承認我不能作此逆轉之推理），則我必在我所遵循的新途徑上已受了挫折而失敗，而復重回到我的起點（卽起於經驗之起點，根本未能由此起點前進一步，如是，宇宙論的證明便根本不能成立，其似是一證明者實只是那存有論的證明之僞裝。）最高存有之概念實可滿足那一切先驗問題，卽"關於一物之內在的決定所能發問"的那一切先驗問題，因而它是一個理想，一個完全是獨一無二無與倫匹的理想，蓋因爲此概念雖是普遍的，然而它同時亦指表一個個體物(ein indivi-duum)，指表之爲存有於一切可能的事物中間者。但是此最高存有之概念卻並不能給出這滿足，卽關於其自己之存在之問題之滿足，雖然這關於其自己之存在之問題實是我們的研究之眞實目的；而如果任何人已承認了一必然的存有之存在但卻又想去知道在一切[存在着的]事物中間那一個事物可同一於此必然的存有，則我們並不能回答說："這一個，而非那一個，就是這必然的存有"。

A 612
B 640

[註(1)]：案此句依康德原文當爲："如果我們需要依必然存有之本性更充分地或更準確地去決定此必然的存有（如進而去決定其存

在）。"

若爲的想去減輕理性之工作，卽其在尋求 "說明底根據之統一" 中之工作，則我們實可被允許去設定一個一切充足的存有之存在以爲一切可能的結果之原因。但是若是如此過甚地去專斷就如去說"這樣的一個存有必然地存在着"這樣過甚地去專斷，則我們便不再是對於一可允許的假設給與一溫和的表示，而是斷然地對於"必然的確定性"置有要求。因爲關於這樣一個東西，卽 "我們聲言要去知之爲絕對必然的" 這樣一個東西之知識其自身必須帶有絕對必然性。

超越的理想之全部問題就等於這樣的問題，卽：或是設絕對必然性已被給與，試去找出一個概念有此絕對必然性，或是設某物之概念已被給與，試去找出此某物是絕對地必然的。如果此兩種工作中任一種是可能的，則其他一種亦必須是可能的；因爲理性單只承認那必然地隨其概念而來者爲絕對地必然的。但是，這兩種工作皆完全超出"我們之在此事上極力去求滿足我們的知性" $\{ \begin{smallmatrix} A\,613 \\ B\,641 \end{smallmatrix}$ 這種極度努力之外；而一切試想去誘導知性去默認其無能，這一切試想亦同樣皆歸無效。

不被制約的必然性（必然存有之必然性），卽 "我們如此不可缺少地需要之以爲一切事物之承擔者"的那必然性（必然存有之必然性），對人類理性而言，是一個眞正的深淵。"永恒性"，依其一切可驚的莊嚴（如哈勒[1] Haller 所描寫者）而言，其自身亦遠不能在心靈上造成與此"必然性"相同的不可抗拒的壓力；因爲"永恒性"只衡量事物之久歷（持久），它並不支荷事物。今設

一個存有，卽"我們表象之爲一切可能事物中之最高者"這樣一個
存有，它好似必對其自己而言曰：　"我是從永久以來直到永久總
是存在着，而且在我以外，除那通過我的意志而存在者外，再沒
有什麼別的東西可言，但是旣如此，我存在於何處呢"？這層意
思，我們固不能把它擱起，置諸不理，但我們亦不能忍受之。在
這裏，一切支持者皆使我們失望（無助於我們）；而最大的圓滿，
亦如最小的圓滿，對純然地思辨理性而言，皆同樣是不實的，而
且是無基礎的，思辨理性不須費絲毫的努力以去保留此兩種圓滿
中之這一種或那一種，而讓它們完全消滅它亦實不覺有任何損
失。

　　［註⑴］：肯·斯密士注云：哈勒（Albrecht Von Haller, 1708
—1777）是醫學問題以及類似醫學問題之作家，*Die Alpen* 以及其
他諸詩之作者。

好多自然中的力量，只通過某種結果而顯示其存在者，對於
我們仍然是不可測度的；因爲我們不能很足夠地經由觀察而追踪
它們。又，居於現象之基礎地位的那超越的對象（並隨同着此超
越的對象，我們的感性爲什麼只服從某種終極條件而不服從其他
條件之理由）亦同樣對於我們是不可測度的，而且對於我們將永
遠仍是不可測度的。事物本身實是被給與了的，但是我們不能有
任何洞見以洞見到事物之本性。但是，就純粹理性之理想而言，
情形卻完全不同；純粹理性之理想決不能被說爲是不可測度的。
何以故如此，這是因爲以下的緣故而然，卽：因爲除理性方面

A 614〕
B 642〕

"只需要藉賴着此理想去把一切綜合的統一完整起來"這一需要外，去對於此理想之實在性給出任何憑據這並不是需要的；因而又因爲此理想決無法當作一可思的對象而爲被給與了的：卽由於以上兩層緣故，所以此純粹理性之理想不能依這樣式，卽"一對象所依以爲不可測度"的那樣式之樣式而爲不可測度 的 。 正 相反，此一純粹理性之理想，當作一純然的理念看，它必須在理性之本性中找得其地位以及其解答，因而它亦必須許可予以研究。因爲"我們定須能够依客觀的根據或在純然幻象之情形中依主觀的根據去對於我們的一切概念、意見、以及肯斷，給與一說明"這乃正是理性之本質。

一必然存有底存在之一切超越的證明中的
辯證幻像之發見與說明

以上已有的兩種證明皆是超越的，卽是說，皆是企圖獨立不依於經驗的原則而試作成的。因爲雖然宇宙論的證明預設一"經驗一般"，然而它卻並不基於此經驗之任何特殊性質，但只是基於純粹的理性之原則，其基依於純粹理性之原則，乃是在「關涉於一個"通過經驗意識一般而被給與"的"存在"」這種關涉之中而基依之[1]。進一步，它又立刻放棄此種指導(此種依經驗一般而成的指導)而單只信任純粹的概念。然則，在這些超越的證明中，什麼是這辯證的但卻又是自然的幻象之原因呢？（那辯證而自然的幻象把必然性之概念與最高實在性之概念連繫於一起，而且它把那只能是一理念者眞實化並實體化，什麼東西是這種幻象之原因

{ A615
{ B643

呢？）我們爲什麼被迫着去認定：在存在着的諸事物中間有某一個事物其自身是必然的，但同時我們卻又被迫着從這樣一個存有之存在而縮回，就好像從一深淵而縮回？我們又如何去擔保理性在此事上可以與其自身相契合（相一致），並擔保理性從其遲疑不定的贊同（總是復又撤回其贊同）之搖擺不定的狀態中而可達至一安定的洞見呢？

〔註(1)〕：此句依原文譯。 K.S. 譯爲：其所基依的純粹理性之原則爲可應用於一個"通過經驗意識一般而被給與"的存在者。把"在關涉於"句改爲"爲可應用於"句，此則非是。

"一旦我們認定某種東西存在着，我們便不能避免去推斷說某種東西必然地存在着"，這是十分可注意的事 (es ist etwas überaus Merkwürdiges) (1)。宇宙論的論證卽基於此種完全自然的推理上(此推理雖是很自然的,然而卻並不因此卽是確定的)。而另一方面，如果我取用任何物之概念，不管我所取用的是什麼物之概念，我卽見到：此物之存在決不能被我表象爲是絕對必然的，並見到：不管那存在着的東西是什麼，沒有什麼東西可以阻止我使我不想其"非存在"。這樣說來，雖然我實可被迫着去認定某種必然的東西爲一般存在的東西之一條件，然而我卻並不能思任何特殊的東西爲依其自身而言是必然的者。換言之，我決不能把追溯到存在之條件這後返追溯完整起來，除因着認定一"必然的存有"以完整之外，但是我卻又決不能以這樣的一個存有來開始。

A616
B644

[註(1)]: 依德文原句,當爲"這是十分可注意的事"。肯·斯密士譯
爲"在這一事實中,存有某種十分奇怪的事",不達。"Merkwür-
diges"在此應譯爲可注意的事,"不應譯爲"奇怪的事"。*Mar Müller*
亦譯爲"奇怪的事",非是。惟 *Meiklejohn* 譯的對。

如果我被迫着去思某種東西爲諸存在着的東西之一條件,但
我卻不能够去思任何特殊的東西爲依其自身而言是必然的者,則
那不可免地隨之而來者便是: 必然性與偶然性並無關於事 物 本
身; 非然者, 必有矛盾發生。 因此, 必然性與偶然性這兩個原
則, 沒有一個能是客觀的原則。但是, 它們可被視爲理性底主觀
原則。必然性之原則要求我們去尋求某種必然的東西爲一切 "當
作存在者而被給與" 的東西之一條件, 卽是說, 直至我們已達到
一種先驗地完整的說明爲止, 否則我們無處可以停止; 而偶然性
之原則則總是禁止我們去希望這種完整, 卽是說, 禁止我們去視
任何經驗的東西爲不受制約者, 並禁止我們因視之爲不受制約者
而去使我們自己免除追溯其進一步的由來之辛苦。以 此 樣 式 來
看, 則此兩原則, 由於只是啓發性的（誘導性的）與軌約性的原
則, 並由於只有關於理性之形式的興趣, 所以它們兩者很可以並
存。必然性之原則規定云: 關於自然, 我們須去作哲學的推究,
好像對一切"屬於存在"的東西而言, 玆存有一必然的第一根據,
但是, 這樣去作哲學的推究, 只是爲的這目的, 卽 "把系統的統
一帶進我們的知識中" 之目的, 我們之能把系統的統一帶進我們
的知識中是因着 "我們總是追求這樣一個理念就像可以之作爲一
個想像的終極根據這樣一個理念" 之辦法而把它帶進於知識中。

A 617
B 645

而偶然性之原則則警告我們說：不要去把諸存在着的事物之任何決定(不管是什麼決定)視爲這樣的一個終極根據，卽是說，視爲絕對地必然的，但只應爲進一步的追溯事物之由來留有餘地，因而可以去把每一決定視爲總是爲某種別的東西所制約者。但是，如果在事物中被覺知的每一東西皆必須必然地被我們視爲受制約者，則便沒有什麼"許其爲經驗地被給與者"的東西而能被視爲是絕對地必然的。

因此，因爲絕對必然者，由於它是一切現象之終極根據，是故它只意在充作一原則以便我們可以去得到現象中最大可能的統一，又因爲我們在此世界內決不能達到此統一（這是因爲 "上述第二條規律，卽偶然性原則所警戒吾人者所示之規律，它總是命令或吩咐我們須去把統一底一切經驗的原因視爲其自身是被引生者"之故而然），所以我們必須視 "絕對必然者"爲在此世界之外者。

雖然古代哲學家們視自然中之一切形式（形態）爲偶然的，可是依其視物質（材質）爲根源的而且是必然的而言，他們卻又遵循普通人之判斷。但是，如果他們已依物質之在其自己（卽絕對地）視物質，並就此在其自己之物質之存在視物質，而不是相對地視物質，視之爲現象之 "基體"（托體），則 "絕對必然性"之理念必立刻消滅而不見。因爲茲並沒有什麼東西它絕對地強使理性去承認這樣一種存在：正相反，理性總能在思想中消滅這樣一種存在而並無矛盾；絕對必然性乃是一種 "須只在思想中被發

A 618
B 646

見"的必然性。因此，絕對必然性這個信念（Uberredung 勸誘使人相信有此絕對必然性這種勸誘）必已是由於某種軌約原則而

然（必已是以某種軌約原則為其根據）。事實上，廣延與不可入性（只此兩者造成物質之概念）構成"現象底統一"之終極的經驗原則；而此原則，就其不是經驗地被制約的而言，它便有一軌約原則之性格。縱然如此，可是因為這物質即"構成那在現象中是真實者"的這物質之每一決定，因而遂亦包括不可入性在內，就是一種結果（活動），此結果必須有其原因，因而它亦總是在性格上是派生的（有其所由以生的），因為物質之每一決定是如此云云，所以物質並不是可與當作"一切派生的（次級的）統一"底原則看的必然存有之理念相容的。（因為物質底諸真實特性，由於它們是派生的，是故它們盡皆只是有條件地必然的，因而亦盡皆是可被移除的，此而既可被移除，則物質之全部存在亦必隨之可被移除。）如果物質並非不可與必然存有之理念相容（意即可與必然存有之理念相容），則我們必已「因着經驗的資具（手段）」
[1] 而達到了那統一之終極根據， 此則為第二軌約原則所不許 。（案此所謂第二軌約原則即前文所說偶然性之原則）。因此， 物質， 以及一般言之， 凡屬於此世界的任何東西， 並不是可與 "一必然的根源存有"之理念相容的， 縱使此必然的根源存有之理念只被視為"最大的經驗統一"之原則， 物質亦不是可與之相容的。此一必然的根源存有或終極原則（終極根據）必須被置於此世界之外， 這樣， 便可讓我們有自由以可靠之信心去從其他現象引生出此世界中之諸現象以及此諸現象之存在， 恰似茲並無必然的存有之可言， 而同時我們復亦有自由不停止地去向追溯現象之由來這種追溯之完整性而努力， 恰似這樣一個存有真已當作一終極的 {A619 {B647 根據而被預設。

　　〔註(1)〕：康德原文只是"經驗地"一副詞。

　　依以上那些考慮而言，最高存有之理想不過只是理性之一軌約原則，此軌約原則指導我們去視世界中一切連繫儼若從一 "一切充足的必然原因"而發生。我們能把 "那種連繫之說明中的系統性的，而依普遍的法則而言，又是必然性的統一之規律"基於那個理想上；但是那個理想卻並不是一個 "依其自身而言爲必然的"這樣一個存在之肯斷。同時，我們「又常難以」(1)避免超越的非法偸轉，經由此非法偸轉，此形式的（軌約的）原則是當作構造的原則而被表象的，並且經由此非法偸轉，上句中所說的那系統性的而又是必然性的"統一"是被實體化了的。在這裏，我們所作的恰如我們在空間處所作的。空間只是一感性之原則，但是因爲它是一切圖形之基本根源與基本條件（所謂一切圖形只是空間自身之許多限制），所以它被誤認爲某種絕對必然的東西，依其自己之權利而存在着（獨立而自存着），又被誤認爲這樣一個對象，卽 "依其自身而先驗地被給與"這樣的一個對象。在這裏亦然。因爲自然底"系統性的統一"，除當我們預設一最高眞實的存有之理念以爲最高原因時，它便不能被規定爲我們的理性底經驗使用上之一原則，是故 "此最高眞實的存有之理念一定要被表象爲一現實的對象"這是完全很自然的事。那最高眞實的存有之理念旣很自然地被表象爲一現實的對象，則此一現實的對象，依其爲最高條件之性格而言，它復亦是一必然的對象。這樣，我們遂把一軌約原則變成一構造原則。當我們視此最高的存有（此最高的存有就其關涉於世界而言，它是絕對地必然的，意卽無條件地

A 620
B 648

必然的）爲一依其自己而且因其自己而爲一物之物時，“這樣一種代替（卽以構造原則代軌約原則這種代替或將軌約原則偷轉爲構造原則這種偷轉）已被造成”這便成爲十分顯明的。何以故如此？蓋因爲旣然視此最高存有爲一依其自己而且因其自己而爲一物之物，則我們便不能够去思議什麼東西可爲此一最高存有之必然性所意謂。卽因此故，顯然當吾人視此最高的存有爲如此之一物時卽有一種代替或偷轉已被造成。必然性之概念，作爲思想底一個形式條件，只能在我們的理性中被發見；它並不可被實體化，實體化之而爲存在底一個實際條件（material condition）。

[註(1)]：案康德原文在造句上用的是"不可避免"一詞，英譯造句俱譯爲“不能避免”，嫌太着實，故改爲“常難以避免”。若眞不能避免，或說這是不可避免，則亦用不着批判了。

又案：必然性之概念，若只作爲思想底一個形式條件而只能在我們的理性中被發見，則那爲此必然性之概念所意謂的東西始可被思議。若把它實體化而爲存在底一個實際條件，則此必然性之概念所意謂的東西便不可被思議。此時所謂必然性之概念自指最高眞實的存有之爲一必然的存有而言。此最高眞實的存有若只作爲一個理念看，則其必然性只是思想之一形式條件。理念自是軌約原則中之理念。若把此理念實體化而爲一依其自身而存在着的眞實存有，則其必然性亦被實體化而爲其存在底一個實際條件。此則其所意謂者便不可被思議。此亦如前文所說超越的對象（物自身）等之不可測度，而純粹理性之理想則是可測度，可允許之以研究。故"理想"不等於這樣一個存在之肯斷，卽"依其自身而爲必然的"這樣一個存在之肯斷，卽並不等於一

個必然的存在之客觀的肯斷。我們預設一最高真實的存有之理念以使
自然底系統性的統一可爲理性底經驗使用之原則，其爲原則只是爲一
軌約的原則。若把此軌約原則變爲構成原則，則一個最高真實的存有
之理念卽變成一現實而必然的對象，卽客觀地對其存在有所肯斷，其
爲"必然的"這必然性亦成其存在底一個最高的實際條件。如是，這便
不是我們的理性所能及，卽成爲不能被思議者，亦成爲不可測度者。
當然，如果我們轉到實踐理性，而承認我們有智的直覺，則此理念之
爲現實而必然的對象自可被思議，實亦是無思之思地被思議。但康德
此處只就知解理性說，故云其爲不可被思議。此義深遠，試讀中國哲
學當能知之。但康德先分軌約與構成之不同，此在第一關甚爲重要。
過此一關，轉至實踐理性， 若再承認智的直覺， 便是圓實之敎。 若
轉至實踐理性，不能承認有智的直覺，則只能如康德實踐理性批判中
之所說，非圓實敎。

第 三 章

第 六 節

物理神學的證明之不可能性

如果， 如上所述， 既非"事物一般"之概念亦非"任何存在
一般"之經驗能供給所需要者， 則只有去試一試: 一"決定性的
經驗"， 卽現存世界中底事物之經驗， 以及此等事物之構造與秩
序，是否不能供給這樣一種證明， 卽"可幫助我們去達至一最高
存有之存在之確信"這樣一種證明之基礎。這樣的證明，我們想
名之曰"物理神學的證明"。如果這一企圖亦失敗，則我們便可

說: 對於一種"相應於我們的超越理念"的存有之存在, 沒有任何
滿意的證明能因着純粹思辨理性而爲可能。

依所早已說過者而觀之, 顯然對於此種探究（卽企圖由決定 {A621 B640
性的經驗去找證明之基礎這種探究）我們能信賴一十分容易而又
決定的答覆。因爲如何能有一經驗它可適合於一理念？理念之特
有的本性正在這事實, 卽: 沒有經驗可適合於它。一個"必然的而
又一切充足的根源存有"之超越理念是如此壓倒一切地偉大, 是
如此之高而越在任何經驗的東西以上（此經驗的東西總是受制約
的）, 以至於它使我們困惑爲難, 不知如何才好, 它所以使我們
如此, 這是一部分因爲我們決不能在經驗中找得材料足以滿足這
樣一個概念, 一部分又因爲我們總是在受制約者（有條件者）之
範圍內進行我們的研究, 我們總是在這範圍內無效地尋求那不受
制約者（無條件者）, 卽是說, 在這範圍內, 沒有經驗綜和底法
則它可給我們一關於任何這樣不受制約者之例證, 或說它可在關
於這樣的不受制約者之追求中供給絲毫的指導。

如果最高存有其自身定須處於條件鍊子中, 則它必亦是那條
件系列中之一分子, 而且它亦如 "它爲之前" 的那些較低分子一
樣, 必要求進一步的研究, 研究 "其所由之以來" 的那較高的根
據。如果另一方面, 我們想去把這最高存有與那條件 鍊 子 分 離
開, 並去思議它爲一純粹智思的存有, 離開自然原因之系列而存
在着, 如是, 則埋性能因着什麼橋樑而可想法過渡到它那裏去
呢？因爲 "管轄「從結果過轉到原因」這種過轉" 的那一切法則,
我們的知識底一切綜和與擴張, 其所涉及的皆不過只是可能的經
驗, 因而也就是說, 它們只涉及感觸世界中之對象, 而若離開了 {A622 B650

這些對象，它們皆不能有任何意義。

這個現有之世界把如此不可測量的一個變化性，秩序性，合目的性，以及美麗性之舞臺（幕景），就像那同樣亦被展示於此世界之無限範圍中者以及被展示於此世界底部分之無限制的可分性中者那樣的如此云云之舞臺（幕景），呈現給我們，以至於卽使以我們的微弱知性所能得到的這樣的知識而言，我們亦是面對着如此多的不可測度地偉大的奇景，所面對的偉大奇景旣是如此之多，是故逐使一切言語皆喪失其表達力（多至非言語所能表達），一切數目皆喪失其測量之作用（多至非數目所能測量），我們的諸思想自身亦喪失其一切確定性（多至非思想所能確定地思之），並亦因其如此多之故，我們的對於全體（整全）之判斷亦融解其自身於一種驚異中（意卽對於此全體奇景亦根本不能有判斷，而只有驚異），此驚異是無言的，而亦正因其是無言的，是故它亦是雄辯的。到處我們見到有一種結果與原因之鍊索或目的與工具之鍊索，見到有一種創生與化解中的規則性。世界中沒有什麼東西它能以其自身自行進入這樣的一種狀態（情況）中，卽"我們於其中見到它存在"這樣的一種狀態中，任何東西它總是指點到某種別的東西以爲其原因，而此某種別的東西轉而又使我們從事於這同樣研究底重複（卽使我們又須去尋求其原因）。這樣說來，除非在此偶然物之無限鍊子以上，我們能認定有某種東西去支持此宇宙，能認定有某種東西它是根源的而又是獨立地自存的，而且當作宇宙底起源之原因看，它同時亦能確保此宇宙之永續性，除非是如此云云，否則此全部宇宙必沉沒於虛無之深淵中。設承認此最高原因，其爲最高是就世界中一切東西而言其爲最高，如是，我們將要把什麼樣的偉大歸屬給此最高的原因呢？
我們不曾熟知此世界底全部內容，我們亦不能知如何因着與那一
切是可能的世界相比較而估量此世界底量度。但是，就因果性而
言，因為我們不能廢棄一終極而又最高的存有，然則又有什麼東
西能阻止我們使我們不把一種圓滿底程度卽"將此存有置於那是
可能的每一其他東西之上"的那圓滿程度歸屬給此存有呢？我們
很容易作到這種歸屬，卽因着把此存有表象為結合一切可能的圓
滿於其自身中好像結合之於一獨個的本體中而作到這種歸屬，雖
然這樣作此歸屬是只通過一抽象概念之薄弱的大綱而作之。這個
抽象的概念是符合於"我們的理性之要求於原則數目之節省"這種
要求的，它並不自相矛盾，而且它亦決不確然為任何經驗所反對
（意卽並不確然和任何經驗相矛盾）；而且它同時亦有這樣一種
性格，卽：它有貢獻於經驗範圍內的理性之使用之擴大，卽通過
它所給出的那指導，卽在秩序性與適合目的性之發見中可以作指
導的那指導，而有貢獻於理性使用之擴大。

　　此種證明總是值得被人以敬意稱說之。它是最古老、最清
晰，而又與人類底通常理性最相符合的一種證明。它使自然底研
究有生氣，恰似它自己卽從自然底研究這個源泉中而引出其存在
並得到其永遠常新的活力。它在我們單以觀察發見不出目的與意
向的地方暗示出目的與意向，它又藉賴着一種特殊的統一，卽其
原則存在於自然之外這樣一種特殊的統一之指導概念而擴大我們
的自然之知識。此知識復又回應其原因，卽回應那"引至此知識"
的理念，並且此知識又如此強化了"最高造物主"之信仰以至於此
信仰獲得"一不可抗拒的信服"之力量（獲得一令人不能不信服之

力量）。

因此，要想去減低此證明之權威性，那不只是令人不安，而且是完全無效。 理性， 由於它經常為這種不斷增加的證據所支持， （這種證據雖是經驗的， 卻亦是如此之有力），是故它並不能經由那些為微妙而深奧難解的思辨所提示的懷疑而如此之被壓抑， 以至於它不能因着瞥見自然之奇異以及宇宙之莊嚴而立刻從一切抑鬱的反省之不決狀態中而覺醒， 就好像從夢中 而 覺 醒 一樣， 覺醒了， 它乃從某種高度上升至某種高度，直升至最高者而後止， 從有條件者上升至此有條件者之條件， 直升至那最高而又無條件（不被制約）的造物主而後止。 ［案此一長句從"它不能……如此之被壓抑以至於它不能……"起以下須一氣讀。其意是說理性雖經由思辨所引起的懷疑而受壓抑， 然而它亦能因着瞥見自然之奇異以及宇宙之莊嚴而從不決中覺醒， 好像從夢中覺醒一樣， 覺醒了，它卽能從某高度升至某高度， 直升至最高度而後止， 從有條件至升至此有條件者之條件， 直升至最高而無條件者而後止。肯・斯密士譯為兩否定語句一氣讀， 它不能因某某而受壓抑而卽不興起， （不覺醒），意卽雖受壓抑而可興起。前兩譯者則斷為兩句， 首句為否定句（不能被壓抑或被沮喪）， 次句則重新提起為正說。］

但是， 雖然我們並沒有帶來什麼東西以反對 "此種論證程序之合理與功用"， 而實毋寧去稱讚了並推進了此種論證之程序，可是我們仍然不能贊許這要求（此種論證必衷心願意去提出這要求）， 卽要求於 "必然確定性" 之要求， 以及要求於這樣一種同意， 卽"並不基於從其他地方而來的特殊眷顧或支持"這樣一種同意之要求。如果自負的智者（辯者）之獨斷的語言降低其音調，降至這樣一種信仰，卽"適合於緩和我們的懷疑，雖然並不適合於命令吾人以無條件的服從"這樣一種信仰所需要的較爲溫和而謙虛的表示，則那種論證之程序並不能有傷於善擧。因此，我主張：物理神學的證明決不能以其自身來建立一最高存有之存在，但它必須總是要投靠或仗恃存有論的論證以彌補其不足。它只可充作存有論的論證之一引論；因此，存有論的論證含有唯一可能的證明根據（倘若一思辨的證明竟是可能的時），此唯一可能的證明根據乃實是人類理性所決不能行經或沿傍[1]（vorbeigehen）之者。

[註(1)]：案康德原文 "vorbeigehen" 是行經或沿傍的意思，但一般大體引申而爲忽視或忽略義， 肯・斯密士卽依忽視義而譯爲"廢棄"（dispense），如是，此一整句便成"因此，存有論的論證含有人類理性所決不能廢棄的那唯一可能的證明根據 （只要一思辨的證明竟是可能的時）。"（*Max Müller* 譯略同）。如此譯亦通，但不甚合原文語法，原文 vorbeigehen 句是重提正說。玆如原文譯，于義理較順。*Meilklejohn* 略此正說句未譯，此句文法上或有難處。

物理神學的證明之要點如下：

(1)在此世界中，我們到處見到一種 "依照一決定性的目的以偉大智慧而完成" 的安排之清晰的信號並見到此種安排之清晰的信號是在一個 "在內容上是不可名狀地變化多端而在範圍上又是無限制的"這樣一個宇宙中見到之。

(2)此種合目的的安排是完全外於此世界中之事物的（意卽來

自此等事物以外的），而且只是偶然地屬於此等事物；那就是說，此千差萬別的事物，設若它們不曾因着一個"依照作爲根據"的理念而成的有布置作用的理性原則爲一些決定性的目的而被選擇出來並被設計出來，則它們決不能以其自身因着種種不同工具之如此繁多的結合就已合力互助以去實現那些決定性的最後目的。

(3)因此，玆存有一個莊嚴而明智的原因（或多個原因），此原因必須是此世界底原因，其爲此世界底原因不只是當作一個盲目地工作着而有全力的"自然"，因着"多產"而爲此世界底原因，而是當作一睿智體，通過"自由"，而爲此世界底原因。

(4)此原因底統一可以從存在於世界中底諸部分間的交互關係之統一而被推斷出，（此所謂世界中底諸部分是當作一巧妙地安排好的結構之分子看的），其如此被推斷出是以確定性而被推斷出，只要當我們的觀察在其證實上爲足够時，而若超出這些限制（卽我們的觀察所及的限制），則是依照類比之原則，以概然性而被推斷出。

在這裏，我們不需就自然理性之結論過分嚴格地批評自然理性，此所謂自然理性之結論是這樣推得的，卽從自然產品與我們人類技藝所產生者之間的類比而推得的結論，而我們之就此兩者間作類比是當"我們對於自然作了冒犯而歪曲了自然，並且強使自然不依其自己之目的而進行而依我們的目的而進行"時始有此類比，自然理性之結論卽依由這樣作成的類比而推得，卽是說，是訴諸這些特殊的自然產品與房子、船、鐘錶等之相似性而推得的。在這裏，我們不需就自然理性之這樣的結論過分嚴格地批評

自然的理性。 我們亦不需致疑自然理性底這個結論， 卽： 在自
然底基礎處存有一種因果性相似於對人造品負責之因果性， 卽是
說，在自然底基礎處存有一種知性與意志〔相似於人造品處人之
知性與意志〕； 並亦不需致疑這個結論， 卽： 因以上所說的相似
的因果性之故，一自我活動(自由活動)的自然(卽"使一切人類技
藝甚至或可說使人類理性自身爲可能"的那自然)之內在的可能性
可從另一種技藝，雖是超人類的技藝，而被引生出──"這種自
然由超人類的技藝而被引生出"這一種推理它或許不能經得起徹
底搜索的超越批評。 在這裏我們亦不需致疑自然理性底這些結
論。我們雖不需就自然理性底那樣云云的結論而過分嚴格地批評
自然理性並亦不需致疑自然理性底這些結論，可是無論如何我們
必須承認： 如果我們要想去詳明一個原因，則我們在這裏除以類
比卽類比於"那些合目的的產品"之類比（單只是這些合目的的產
品底原因與活動之方式始充分被知於我們）來進行外，我們不能
有別法使我們更安全地來進行。理性決不能有理由爲那隱晦的，
理性對之無任何知識的，因而亦是不可能有證明的 "說明上之根
據" 之故而丟棄其所知的因果性。 〔如果理性放棄其所知的因果
性而求助於或依靠於它所不知的那隱晦而不可證明的 "說明之原
則"， 這必無求諒理由可說。── 依 Max Müller 譯。理性，
如果她從她所知的因果性越過而歸到她所不知的那隱晦而不可證
明的 "說明之原則"， 她必不能够去滿足她自己的要求。──依
Meiklejohn 譯。〕

依據此種論證之方法，自然中的如許多之合目的性以及諧和
的適應性只足够表明⑴ 形式（形態）之偶然性，並不足够表明物

質（材質）之偶然性，卽是說，不足表明世界中的"質體"之偶然性。要想表明物質（材質或質體）之偶然性，我們必須表明：世界中的事物必不會以其自身就能夠依照普遍法則而有這樣的秩序與諧和，設若這些事物就其本體而言不是最高智慧之產品。但是，要想表明這一點，我們必須在那些"從類比於人類技藝而引生出的"的證明根據外復需要有完全不同的其他"證明之根據"。因此，這個論證所能證明的至多是一個世界底"建築師"，此建築師總是甚爲其工作時所依據的那材料之"適合或不適合"⑵所困累，而並不是一個世界底"創造者"，此創造者懷有理念，每一東西皆隷屬於其所有之理念。但是，"至多證明一建築師"這一點完全不適合於我們眼前所有的崇高目的，卽是說，完全不適合於"一個一切充足的根源存有"之證明。要想表明物質（材質或質體）之偶然性，我們定須要依靠於一超越的論證，而此超越的論證卻正是我們在這裏開始時所要避免的。

[註⑴]：案原文 beweisen 雖有證明義，但在此常取"表明"義。英譯爲 prove（證明），與證明根源存有之證明混。

[註⑵]：原文只"適合性"一個字。

因此，這推理實是這樣的，卽：通貫全世界到處所可觀察的那秩序性與合目的性（或設計性 Zweckmäβigkeit）可以被看成是一完全偶然的安排，而我們由此可以推至一個"相稱於此偶然的安排"的原因之存在。但是這個原因之概念必須使我們能去知道關於此原因之某種十分決定性的東西，因此，此原因之概念不能是別的，不過就是這樣一個存有之概念，卽 "此存有具有一切權力，一切智慧，等等，總之，它具有專屬於一個一切充足的存有的一切圓滿"，這樣一個存有之概念。因爲 "十分偉大"，"異常"，"力量與優越之不可測量"，這些謂詞並不能給出決定性的概念，而且它們亦實並不告訴我們其所形容的那個東西其自身是什麼。這些謂詞只是關於 "這對象底偉大" 底一些相對的表象 (relative representations, Verhältnisvorstellungen)，此所謂 "對象底偉大" 中的對象卽是這個對象，卽 "觀察者在其默想此世界時把它拿來與其自己相比較並與其自己之理解能力相比較" 的這個對象，而那些只是相對的表象（關於對象底偉大底相對的表象）的謂詞亦皆同樣只是一些頌揚之詞，不管我們把這對象偉大化，抑或是在關聯於那個對象中把這作觀察的主體加以貶抑。在我們論及一物（底圓滿）底偉大處，玆並無什麼決定性的概念，除那 "綜攝一切可能的圓滿" 的概念外；而在此 "綜攝一切可能的圓滿" 的概念中，亦只有實在性之整全 (allness, omnitudo) 是完全被決定了的。

{ A 628
{ B 656

現在，我確信沒有人敢冒險宣說：他了解了世界底弘大與繁富（如其在世界底範圍與內容兩方面所已觀察者）對於一無所不能者之關係，世界底秩序對於最高智慧之關係，世界底統一對於 "世界之創造者底絕對統一" 之關係，等等。因此，物理神學對於世界底最高原因不能給出任何決定性的概念，因而它亦不能充作一種神學之基礎，此一種神學卽是 "其自身轉而又須去形成宗教之基礎" 者。

"要想經由經驗的途徑進到絕對綜體"，這是完全不可能的。

A 629 }
B 657 }

可是這正是那物理神學的證明中所企圖者。然則去渡過這廣濶的深淵，所已被採用的工具是什麼呢？

物理神學的論證實能把我們引到 "讚美世界底創造者之偉大，智慧，力量，等等" 這讚美之境，但它卻不能使我們再前進一步。既然如此，結果我們放棄了那從"經驗的證明根據"而來的論證，而退回來去求助於偶然性，此偶然性，我們在此論證底第一步中已由世界中之秩序性與合目的性來論斷之或表明之(1)。以此偶然性作爲我們的唯一前題，如是，我們單因着超越的概念，便進到一絕對必然存有之存在，而最後復又從第一因底絕對必然性之概念進到那個必然存有之完全決定的或可決定的概念，卽是說，進到一"擁攝一切"的實在性之概念。這樣說來，物理神學的證明，由於在其所從事者中已失敗，在面對此困難中，它忽然又退回來而投靠於宇宙論的證明；而因爲宇宙論的證明只是一僞裝的存有論的證明，所以物理神學的證明實已單因着純粹理性而達成其目的，雖然在開始時，它拒絕與純粹理性發生任何親切的連繫而裝作要依據那 "從經驗而被引生出" 的可令人信服的證據去建立其結論。

[註(1)]: 原文是"geschlossenen"，此字等於 "schliessen"，有終局結束、論斷等義，在此是論斷或斷定義，卽呼應前A627-B655處之表明義，故亦卽是表明義。肯・斯密士譯爲 "inferred"，如字譯爲推斷，亦不順。

因此，那些提出 "物理神學的論證" 的人們並沒有什麼根據

可使他們在其對於"超越的證明模式"之態度中顯出如此之輕蔑，
並使他們裝做明智的自然研究者，而自滿地輕視超越的證明模式
爲隱晦的思辨精練之工巧產品。因爲設若他們眞願意去檢查他們
自己的論證程序，則他們必會見到：在"他們立足於堅實的自然
與經驗之基地上已提出或貢獻出某種可重視的道路，而復又覺得
他們自己仍然如以前一樣距離那對象卽「把其自己顯露於他們的 {A 630
理性」的那對象甚遠"之後，他們忽然又離開了那個堅實的根 {B 658
據，而進入了那"純然可能性之"領域，在此可能性之領域處，他
們希望憑依理念之雙翼去接近那對象，卽"其自身已拒絕⑴他們
的一切經驗的研究"的那對象。因爲在此極大的使人震驚的跳躍
之後，當他們，如他們所想的，已發見一穩固的立足地時，他們
卽把他們的概念（決定性的概念，卽"他們現在始得有之，但他
們不知如何得有之"的那決定性的概念）擴展而至覆及天地萬物
底全部領域。而這理想，卽［"此種推證所這樣包含着"的那理
想，並且］"完全是純粹理性底一個產品"的那理想，經過那樣擴
展後，他們便以涉及於經驗來說明之，雖然其如此說明之是很不
適合很不足够地說明之，並且是依一種"過甚降低或有損於此理
想底對象之尊嚴"的樣式而說明之；而且他們又徹頭徹尾堅持不
承認：他們之達到這種知識或假設是因着一種"完全不同於經驗
之道路"的道路而達至之。

　　［註⑴］：案原文是"避離或遠離"（entzogen）。

　　這樣說來，一個根源的或最高的存有底存在之物理神學的證

明是基於宇宙論的證明的，而宇宙論的證明又是基於存有論的證明的。而因爲除此三種證明外，再沒有其他途徑留給思辨的理性，所以從純粹的理性之概念而成的存有論的證明便是這唯一可能的證明，如果"如此之甚地高舉在知性底一切經驗使用以上"的一個命題之任何證明實畢竟是可能的時。

第 三 章

第 七 節

基於理性底思辨原則上的一切神學

之批判

如果所謂神學我理解之爲關於根源存有之知識，則它或是只基於理性(theologie rationalis)，或是基於啓示 (revelata)。前者之思考其對象或是通過純粹理性，只藉賴着超越的概念（根源的存有，最高眞實的存有，一切存有之存有，這類超越的概念）而思之，在此情形下，它卽被名曰"超越的神學"，或是通過從自然（從我們的靈魂之本性）假借得來的一個概念（一個作爲一最高睿智體的根源存有之概念）而思之，旣如此而思之，則它必須被名曰"自然的神學"。那些"只承認一超越的神學"的人們被名曰"理神論者"(deists)；那些 "復亦承認一自然的神學"的人們則被名曰"智神論者"[1] (theists)。理神論者承認：我們能只通過理性而知一根源存有之存在，但他們卻主張說：我們的關於此根源存有之概念只是一超越的概念，即是說，只是一個"擁有一切實在性，但我們卻不能够依任何較為更特殊的樣式而去決定之"這樣一個存有之概念。智神論者肯斷說：理性是能够通過類比於"自然"而更準確地決定其對象，即是說，更準確地決定其對象為這樣一個存有，即此存有通過知性與自由，於其自身中即含有每一別的東西之終極根據。這樣說來，理神論者表象此存有是只表象之為"世界之一原因"（至於是否依此存有底本性之必然性而表象之為世界之一原因抑或是通過自由而表象之為世界之一原因，則是存而不決者），而智神論者之表象此存有則是表象之為"世界之創造者"。

{ A632
{ B660

[註(1)]： 依康德此種規定，理神論者的超越神學，我們亦可名之曰形式的超越神學，而智神論者的自然的神學，我們亦可名之曰"實際的神學"。實際之所以為實際即在他視那個根源的存有為一最高的睿智體，類比於我們的靈魂之本性（自然）而思之，思之為具有智性與自由者，此即比只通過理性而思之為一超越的概念而卻不能有任何進一步的決定者為較具體，即較實際。是則實際之所以為實際即在規定那個根源的存有為最高的睿智體，為具有知性與自由者，不只是通過理性而思之為一超越的形式的概念，為一最高存有之理上為如此這般者。如是，如果我們類比宋明儒者之思路而思之，則 deism 既可譯為理神論，那麼，theism 即可譯為"心神論"或"智神論"。普通以"有神論"或"一神論"譯之，猶嫌泛也。"心神論"易起誤會，故收心為智，譯為"智神論"較恰。理神論中的最高存有只可說

為"世界之一原因"，原因或根據是形式詞語。智神論中的最高
存有是"世界底創造者"；而創造者之所以為創造者卽在其為一
睿智體，為具有知性與自由者；知性與自由是指謂心靈之詞
語，心始可有創造性。但不管是理神論或智神論，俱是思辨地
言之也。理神，智神，依天臺宗詞語言之，俱是"六卽"中之
"理卽神"，智神亦猶是理上言之也。不過此理上所言的比"理
神"之理上所言的為多一點而已。

又，超越的神學，它或是想從一"經驗一般"（沒有依任何較
特殊的樣式決定經驗所屬的世界之本性）去推演出根源存有之存
在，如是，它卽被名曰"宇宙論的神學"（Cosmo-theology）；
它或是相信它通過純然的概念，而無任何經驗之助，卽能知道這
樣一個存有之存在，如是，它卽被名曰"存有論的神學"（Onto-
theology）。

自然的神學推斷一"世界底創造者"之特性與存在是從那"被
展示於世界"中的構造，秩序，與統一而推斷之，所謂"被展示
於世界中云云"，此中所謂世界卽是這樣一個世界，卽"我們於
其中須承認有兩種因果性"這樣的一個世界，而所謂兩種因果性
卽是連同着各自之規律的兩種因果性，此卽自然因果性與自由因
果性是。自然神學從"其中有那兩種因果性"這樣一個世界上升到
一最高的睿智體以為原則，其為原則或是為一切自然的秩序與自
然的圓滿之原則，或是為一切道德的秩序與道德的圓滿之原則。
在前一種情形中，自然神學卽被名曰"物理神學"（ physico-
theology)，在後一種情形中，它卽被名曰"道德的神學"(moral

theology）⁽ᵃ⁾。

(a)處，康德有底注云：

"道德的神學"並不是"神學的道德學"。因為神學的道德學含有道德法則，此道德法則預設世界底最高統治者之存在。另一方面，道德的神學則是一最高存有底存在之確信，而此一確信是把其自己基於道德法則上的。〔案：此註語甚重要。道德的神學是神學基於道德，最高存有底存在之確信是基於道德法則。此即康德本人之主張。神學的道德學是道德基於神學，道德法則基於最高統治者之存在。（"道德法則預設世界底最高統治者之存在"，所謂"預設"即預先假設之以為道德法則之根據。）依康德，吾人可有"道德的神學"，而不能有"神學的道德學"，蓋此後者使道德為他律故。吾依此分別，於儒家言"道德的形上學"，而道德的形上學並非是"形上學的道德學"也。故吾只言"道德的形上學"（此並不同於康德所謂"道德「底」形上學"），並不言"形上學的道德學"。〕

因為所謂上帝之概念，我們並非慣常理解之為只是一盲目地工作着的"永恒的自然"，以為一切事物之根源，而是理解之為一最高的存有，此最高的存有通過知性與自由而為一切事物之創造者；又因為只在如此理解之之意義下，上帝之概念始使我們感興趣：因為以上兩層緣故，所以嚴格地言之，我們能否認理神論者有上帝之信仰，而只承認他有一根源的存有或最高的原因之肯斷。但是，因為沒有人以其否決其所只不敢冒險肯斷者而應受責難，所以若說理神論者只相信一上帝，而智神論者則相信一活的

〔A633
〔B661

上帝（有生命的上帝，最高的睿智體），這或許較少粗澀難聽而且亦比較更爲公正。

[案："沒有人以其否決其所只不敢冒險肯斷者而應受責難"語中"所只不敢冒險肯斷者"意卽理神論者不敢冒險進一步復肯斷其所肯斷之根源的存有或最高原因爲一睿智體，具有智性與自由者。他不敢肯斷如此之上帝，但他可相應其所肯斷之根源的存有而肯斷一形式的，理的上帝。如是，他否決其所不敢肯斷者而只肯斷一理上帝則是很可以的。因此說他只信一上帝（理上帝），而智神論者則信一活的上帝，有生命的上帝，作爲最高智體的上帝，則是較爲和緩（較少急切難聽）而且較爲公允，不必定說他不信上帝也。]

我們現在將進而去研究理性底一切此等努力底可能根源是什麼。

爲此研究之目的，知解的知識可被界定爲關於"存在者"之知識，而實踐的知識則被界定爲關於"應當存在者"之知識。依此界定而言，理性底知解使用是這樣一種使用，卽因着此使用，我先驗地（必然地）知道"某物存在着"，而理性之實踐的使用則是這樣一種使用，卽因着此使用，"那應當發生者"是先驗地被知了的。現在，如果"某物存在着"或"某物應當發生"，這是不可爭辯地確定的，但此不可爭辯之確定性同時又只是有條件的，如是，則"此不可爭辯之確定性"底某種決定性的條件或者是絕對地必然的條件，或者「只是一隨意的（可能的）而且是偶然的預設」[1]。

在前一情形中，這條件是 "定設了的" (postulated, per the-in) ； 在後一種情形中，它是"假定了的" (assumed, per hy-pothesin)。 現在，因爲玆實有一些實踐法則是絕對地必然的，即是說，實有一些道德法則是絕對地必然的， 是故那必須隨之而來者便是: 如果這些實踐法則（道德法則）必然地預設 "任何存有"之存在以爲它們的 "責成力量" 底可能性之條件（決定性的條件），則此所預設的任何存有之"存在"必須是"定設了的": 而此任何存有之存在之所以爲"定設了的"， 則是因爲這充足的理由，即: 那被制約者，即 "由之以推至任何存有之存在以爲道德法則底責成力量底可能性之決定性的條件"的那被制約者(有條件者)，其自身已先驗地被知爲是絕對的必然的: 即因爲此充足理由，所以那任何存有底存在之設定才是定設了的。在某一將來的時間中，我們將表明: 道德法則不只是預設"一最高存有"之存在，且由於諸道德法則其自身在另一連繫中是絕對地必然的， 所以它們亦使我們有理由定設此最高的存有， 雖然實只是由一實踐的觀點而定設之。但是， 在現在，我們可將此論證置而不論(2)。

{ A634
{ B662

　　[註(1)]: 該句，依康德原文是如此: "或者只是當作隨意的（可能的）而且是偶然的條件而被預設"。當以此爲準。

　　[註(2)]: 案康德在實踐理性批判中視自由，靈鬼不滅，上帝存在爲設準，彼處所說之設準卽是此處所說之 "定設" 之設，而不是隨意的，偶然的"假設"之設。此處所說"任何存有之存在"切實言之卽隱指 "上帝存在"說; 所謂實踐法則（道德法則）底"責成力量"卽指道德法則責成吾人必須去促進最高善（圓善）說。卽在此種責成上吾人必須

設定"上帝存在"，設定之以為此責成力量底可能性之決定性的條件。"那被制約者其自身已先驗地被知為是絕對地必然的"，此所謂 "被制約者"卽隱指"最高善"說。

當我們只處理"那存在者"（而不處理"那應當存在者"）時，則那受制約的者，卽"在經驗中被給與於我們"的那受制約的者，總是被思為同樣亦是偶然的者。因此，那"制約此受制約的者"之條件並不是被知為是絕對必然的條件，但只用來充作某種相對必然的條件，或無寧說是只用來充作"所需要的條件"；此一條件依其自身而言，並且先驗地言之，它只是一隨意的預設，在我們之想以理性去知這"受制約者"中為我們所假定。因此，如果在知解知識之領域中，一物之絕對必然性真要想被知道，則其被知只能由先驗的概念而被知，決不能因置定它為一 "關聯於一給與於經驗中的存在"之原因而被知。

如果知解的知識有關於一個 "不能在任何經驗中被達到"的對象，或一對象之諸概念，則此知解的知識便是 "思辨的"。「它之所以被名曰"思辨的"，是為的要想去把它與"自然之知識"區別開」[1]，此自然之知識只有關於那些 "能在一可能經驗中被給與"的對象或對象之謂詞。

A635}
B663}

　　［註(1)]：該句，依康德原文是如此： "它是相反於自然之知識的"

"我們所因以從那當作一結果看的生起者（經驗地偶然的者）

推斷一原因"的那原則乃是一自然知識之原則，但卻並不是思辨知識之原則。因為，設若我們從此原則之所是，卽從其為一"含有一切可能經驗底條件"的原則之所是，而作一抽象，（意卽不再使用之為一"含有一切可能經驗底條件"的原則），並且把那一切是經驗的東西者置諸不顧，而想去肯斷它為關於"偶然物一般"之原則，如是，則玆不再存有絲毫根據而可以使我們有理由去說任何綜和命題，就像那可以表示如何從那存在於我們眼前者過轉到那某種完全不同的東西名之曰原因者，這樣的綜和命題。在這種純然地思辨的使用中，不只是偶然物之概念喪失其一切意義，卽原因之概念亦同樣喪失其一切意義，所謂喪失其一切意義卽喪失其客觀實在性，此客觀實在性之可被致使成為可理解的是只在具體中（在現實經驗中）始然。

[案]：意卽在那原則之純然思辨的使用中，原因之概念與偶然物之概念皆喪失其一切意義，卽喪失其在經驗中為可理解的客觀實在性。案我們所因以從結果推原因的那原則本是自然知識之綜和原則，卽依因果範疇所成的先驗綜和原則，其中含有一切可能經驗底條件，此條件卽因果範疇是。今若就此原則作一抽象，抽離此原則之所本是，置一切是經驗的東西者於不顧，視之為關於"偶然物一般"之原則，如是，則此原則便不復再是一自然知識之原則，而乃成一思辨知識之原則，如是，我們便不能再有任何綜和命題，而原因之概念以及偶然物之概念亦必喪失其客觀實在性，而無任何具體而現實的意義，只成一思辨上的空概念。此如"分析部"所說，覆看便可了解此段文之

所說。

如果我們從世界中的"事物"之存在推斷此諸事物底原因之存在，則此時我們之使用理性便不是在"自然之知識"中使用之，而是在"思辨"中使用之。因爲自然之知識並不是視事物本身（本體物）爲經驗地偶然的者，但只視那"生起"者，即事物（本體物）之"狀態"，爲經驗地偶然的者，亦不是把那事物本身（本體物）涉及一原因，而是只把那"生起"者，即事物（本體物）之"狀態"涉及一原因。"本體（物質）依其存在而言其自身是偶然的"，這一點必須依一純粹思辨的樣式而被知。復次，縱使我們只說及世界中之形式（形態），只說及"事物所依以被連繫而且起變化"之樣式或路數，而想由此所說及之形式或樣式去推斷一"完全不同於此世界"的原因，此推斷必復仍是一純粹思辨理性之判斷，因爲我們所要推斷的那對象並不是一可能經驗底一個對象。因果性原則只在經驗領域內有效，超出此領域以外它便無任何應用，不，實在說來，它實是無意義。如此之因果性原則，若是思辨地被使用，必完全從其恰當的使用而轉向（意卽離開其恰當的使用）。

[案]："從世界中事物之存在推斷其原因之存在"語中之"事物"卽上段所説之"偶然物一般"之事物，卽不是在時間條件下被表象之事物，而是離開感性當作個體物一般看的事物，卽當作一"本體物"看的事物。此本體物，我們意許它是被造物，所以它亦應是偶然物。就此偶然物而推斷其超越的原因，便是思

A 636
B 664

辯知識，不是自然知識；在此，理性之使用是思辯的，不是經驗的，因而亦不能形成一綜和命題。此當作本體物看的偶然物亦可說是"物質"。此"物質"亦不是如康德所說當作現象看的物質，即不過是一類表象的物質，而是不在空間中被表象的物質，因而它只能依純粹思辯樣式而被知。這樣看的事物，偶然物，本體物，物質，統皆是抽離了感觸直覺者，如上段之所說。我們就這樣的事物思辯地推斷其最後的原因，這是思辯知識中之推斷，不是自然知識中之推斷。若在感觸直覺範圍內，則是自然知識中之推斷。因為在此範圍內，事物不是這樣看的事物："不是視事物本身（本體物）為經驗地偶然的者，而是只視那生起者，即事物之狀態，為經驗地偶然的者，亦不是把那事物本身涉及一原因，而是只把那生起者，即事物之狀態，涉及一原因"。因此，在此有綜和命題可言，而"本體"則是當作一範疇看，是決定經驗現象之一條件，不是當作事物本身看的本體物。此如"分析部"所說云云。

現在，我主張："一切試想在神學中依任何純然思辯的樣式去使用理性"這一切試想皆全然是無結果的，而依這一切試想之本性而言，它們亦全然是虛無而空洞的，我並主張：在自然之研究中理性底使用之諸原則亦並不引至任何種神學。「結果，那"唯一是可能"的屬於理性之神學（或理性的神學）便是那"基於道德法則或由道德法則而尋求指導"的神學」[1]。知性[2]底一切綜和原則只允許有一"內在的使用"（內在是與"超絕"相對的內在）；而要想有一最高存有之知識，我們定須把一切綜和原則委之於一"超絕的使用”，對於此超絕的使用，我們的知性是決不適宜的（決不能勝任的）。如果經驗地有效的因果法則要引至根源的存有，則此根源的存有必須隸屬於經驗底對象之鍊索，而在此情形下，它必像一切現象一樣，其自身復又是被制約的。但是，縱使藉賴着結果對於原因底關係之力學法則而跳出經驗底範圍之外，這種跳出之跳躍被看成是可允許的，那麼我們因着此種辦法或程序，能得到什麼樣一種概念呢？這種跳出之辦法甚不能供給一最高存有之概念，因爲經驗從來不能把一切可能的結果中之最大的結果給與於我們，而要想爲那種最大結果底原因去供給證據，這樣的最大結果必應是必要的。設若我們想藉賴着［一具有］最高圓滿性與根源的必然性［的存有］之純然的理念而去彌補我們的概念中這種決定之缺無（缺無“一最高存有之概念之決定”之缺無——想以最高圓滿性與根源必然性之理念去彌補這缺無），則這實可當作一種偏愛而被承認；可是它不能依一種不可爭辯的證明之力量當作一種權利而被要求。［如果我們只爲的想在我們的理性中不留有空虛，而要求被允許因着最高圓滿性之純然的理念以及根源的必然性之純然的理念去補充那個原因之完整決定中的缺陷，則這當作一種偏愛或可能被承認，但決不能依一種不可抗拒的證明之力量而被要求。（依 Max Müller 譯）。］物理神學的證明，由於它結合思辨與直覺，所以它或可把一種附加的（額外的）重量給與於他種證明（如果有他種證明時）；但是單獨地視之，它只能用來去使知性準備好以便理解神學知識（爲知性之理解神學知識鋪路），並且在此方向中把一種自然的偏傾給與於知性，但它卻不能依其自身而且因其自身卽能去完成此工作(此證明之工作)。

A 637}
B 665}

　　〔註(1)〕：該句，依康德原文是如此："結果除非我們基於道德法則或爲道德法則所指導，否則玆不能存有任何理性之神學（屬於理性之神學或理性的神學）"。

　　〔註(2)〕：康德原文是"知性"，肯‧斯密士誤譯爲"理性"。

　　凡此一切皆清楚地指點到這結論，卽：超越的問題只允許超越的解答，卽是說，只允許一種"專基於先驗的概念而無絲毫經驗的混雜"的解答。但是，現在所考慮的問題顯然是綜和的，它要求我們的知識之擴張於一切經驗限制（範圍）以外，卽是說，擴張到一個"相應於我們的一純然理念"的存有之存在，而我們的這一個純然的理念乃是一個"在任何經驗中不能有與之相匹敵者"的理念。現在，如我們所早已證明者，先驗綜和知識其爲可能是只當它表示一可能經驗底形式條件時，它才是可能的：因此，一切原則只可有"內在的妥效性"，卽是說，它們只可應用於經驗知識底對象，卽只可應用於現象。這樣說來，一切想通過純然地思辨的理性，藉賴着一種超越的程序，去構造一神學，這一切試想（企圖）皆是無成果的。

{ A638
{ B666

　　但是，縱使任何人寧願致疑已被給與於"分析部"中的那一切證明（表明），而不願允許其自己被剝奪其所長期信賴的論證之確定性之信服，可是他仍然不能拒絕去面對我的要求。我的要求卽是這要求，卽：他定須至少給一滿意的說明，說明他如何並以什麼樣的內部照明相信他自己能够憑依純然理念之雙翼而如此高遠地飛翔，飛翔至一切可能經驗之上。新的證明，或試想去改進舊有的證明，我必會懇求請原諒我（意卽對不起，算了罷！）在此領域內，實無很多的選擇餘地，因爲一切純然思辨的證明結局皆總是使我們回到這同一證明，卽存有論的證明；因此，我並無眞實的理由去恐懼超感性的理性（自感性束縛中解脫出來或脫離感性束縛的理性）底獨斷的維護者之豐富的發明才能。但是，我將不謝絕這挑釁工作，卽"去發見此類企圖中的謬誤，因而去使其要求歸空"這種挑釁工作（揭發工作）；關於此種挑釁工作，我實能不顧慮我自己爲一特別好戰之人而堪爲之。但是，用這種手段（挑釁的手段），我從來未能成功去斷絕那些曾習慣於獨斷的說服（勸誘）方式者之較好幸運之希望；因此，我只限我自己於這溫和的要求，卽要求他們以普遍的詞語而且以基於人類知性之本性以及我們的一切其他知識來源之本性上的詞語，來對於以下這一個問題給出一滿意的答覆，卽：我們如何能着手進行此所提議之工作，卽"去擴張我們的完全先驗的知識，並去把此完全先驗的知識帶進於這樣一個領域中，卽「在此領域處，沒有經驗對於我們是可能的，因而在此領域中亦沒有辦法來建立我們自己所已發明的任何概念之客觀實在性」這樣一個領域中"這種所提議的工作：要求他們對於如何着手進行此所提議的工作之問題給一滿意的答覆。不管知性以什麼樣式達到一概念，此概念底對象之存在決不是因着分析之程序而可在此概念之內被發見；因爲對象底"存在"之知識確然卽存於這事實，卽：對象之被置定是超出關於此對象底〔純然〕思想之外而依其自身而被置定。可是要想走出我們的概念之外而卻又並不追隨經驗的綰結（經由經驗的綰結只現象可被給與）以去達至新的對象與過分誇奢的存有之發見，這是完全不可能的[1]。

A639}
B667}

［註(1)］：案此一整句依康德原文譯。依肯·斯密士之譯是如此：
"單只通過概念，要想進至新的對象與超自然的存有之發見，這是完全不可能的；而去訴諸經驗，這亦是無用的，因爲經驗在一切情形中只給出現象"。此譯與原語意不合，而把"過分誇奢"(überschwenglicher)一形容詞改爲"超自然"亦不必要。

依 Max Müller 譯是如此："事實上，我們不能走出概念之外，而除非我們追隨經驗的連繫（經由經驗的連繫除現象外沒有什麼東西可被給與），否則，我們亦不能希望去發見新的對象與想像的存有"。此於語意稍合，雖不全合。"過分誇奢"譯爲"想像的"亦不恰。

依 Meiklejohn 譯是如此："但是要想去走出我們的概念之外，而無經驗之助（經驗除現象外不能把任何什麼東西呈現於心靈），或要想只因着純然概念之助去達至新的對象種類或超自然的存有之存在之確信，這是完全不可能的"。此於語意更較合，雖亦不全合。此譯亦把"過分誇奢"譯爲"超自然"。

但是，雖然理性，依其純然地思辨的使用而言，它很不足以勝任如此偉大的一種事，卽"去證明一最高存有之存在"這樣偉大的事，可是依其足以糾正那"由其他源泉而來"的任何關於此存有之知識而言，依其足以使此存有與其自身相一致以及與"那個可理解的目標（意向）(1)"相一致而言，並依其足以使此存有從那"與一根源存有之概念不相容"的每一事中解脫出來並從一切經驗限制底混雜中解脫出來而言，它猶有很大的功用。 {A 640 {B 668

［註(1)］："那個可理解的目標或意向"原文是 "jeder intelligibilen Absicht"。肯·斯密士與 *Meiklejohn* 俱譯爲 "intelligible objects"，"objects" 雖有時亦有 "目標" 意，但在此卻不顯，依慣例，人可想爲是"智思的對象"，太泛。*Max Müller* 譯爲"每一可理解的想法"（every intelligible view），尤泛。原文旣是目標（Absicht），則"那個可理解的（智思的）目標"，康德未明言，很難明白指什麼說，然依實踐理性之批判，康德以上帝之存在（最高存有之存在）保證最高善，使我們促進最高善爲可能，則 "那個可理解的（智思的）目標"很可指最高善（圓善）說。思辨理性雖不足以證明此最高存有之存在，但它提出這個概念來使其自身一致（不矛盾）並使其與"最高善"這個智思的（可理解的）目標相一致（不矛盾），這是很有功用的（是其有大功之一）。此句依肯·斯密士譯是如此：

"使此存有與其自身相一致以及與每一觀點卽智思的對象由之而被注視的那每一觀點相一致"。這便完全不達。依 *Max Müller* 譯是如此： "使此存有與其自身相一致並與每一可理解的（智思的）想法相一致"，這更莫明所以。依 *Meiklejohn* 譯是如此："使此存有與其自身相一致並與一切其他智思對象之概念相一致"，這雖稍表意，然太泛，亦失原文"目標"意。

因此，超越的神學，不管其如何之無能，它仍然在其消極的使用中有很大的重要性，它並可充作 "我們的理性" 底一個持久的監察官，當我們的理性只處理諸純粹概念時，而所謂諸純粹概念是這樣的，卽如其爲純粹概念而觀之，它們是不允許有不是超越的判準者(意卽只承認一超越的判準)。因爲，如果，有一天，在其他處，或許卽在實踐的關涉中(卽在關涉於實踐的事中)⑴，一最高而一切充足的存有（當作睿智體看者）之預設已毫無疑問地建立起其妥效性，則 "依據此概念之超越邊，準確地去決定此概念爲「一必然而又是最高眞實的存有」之概念，去使此概念從那「不合於最高實在性」的任何東西中解脫出來（這任何東西由於屬於純然的現象故不合於最高實在性，此如較廣義之神人同形論），並且同時又去處置一切敵對方面的肯斷，不管是無神論的，理神論的，抑或是神人同形論的”，這必有最大重要性。（案此一長句與 A640, B668 處之長句相呼應）。這種批判的處理，實在說來，並不很困難，因爲那 "已能使我們去證明人類理性之無能，無能去肯斷這樣一個存有之存在" 的那同一根據必亦足以去證明一切敵對方面的肯斷之不妥實(無效)。因爲，我們通過理性之一純粹地思辨的使用能從什麼地方得來這種理會或鑒別[2]，即: "茲並無最高的存有以爲一切事物之終極根據"這種理會或鑒別（**案此爲無神論者之所主**），或又從什麼地方得來這種理會或鑒別，即: "此最高存有絕無這樣的諸屬性，即「從其後果而辯，我們把它們當作類比於一思維存有底諸力學的實在性而表象給我們自己」這樣的諸屬性"這種理會或鑒別（**案 此爲理神論者之所主**），或又從什麼地方得來這種理會或鑒別，即: "在一最高存有有其類比於一思維存有底諸力學的實在性之屬性之情形中，此諸實在性（或諸屬性）必須服從這一切限制，即「感性不可免地把它們安置於那些 '通過經驗而被知於我們' 的睿智體上」的那一切限制"這種理會或鑒別[3]（**案此爲神人同形論者之所主**）。

{ A641
{ B669

[註(1)]: "有一天，在其他處，或許即在實踐的關涉中（即在關涉於實踐的事中）"，此諸片語依康德原文譯。<u>肯·斯密士</u>譯爲: "在某種其他關係中，或許依實踐的根據。"不達。

　　[註(2)]： "理會或鑒別"，康德原文是 "die Einsicht"，肯·斯密士譯爲"知識"，*Max Müller* 譯亦然，*Meiklejohn* 譯爲"證明"。案知識，證明，在原文（無論德文英文）皆另有其詞。康德在此用了這個字，其實是理會、識別，鑒識等義。知識或證明太重了。

　　[註(3)]： 此最後一可能依康德原文譯。肯·斯密士譯稍有變動，其譯是如此：或又從什麼地方得來這種知識（理會或鑒別）， 卽："（如神人同形論者所主張），此最高存有必須服從這一切限制，卽「感性不可免地把它們安置於那些‘通過經驗而被知於我們’的睿智體上」的那一切限制"這種知識。

　　案： 此一長而複雜的質問句大意是如此， 卽： 只經由理性之思辨使用，我們從什麼來源能引生出像無神論者之所主這樣的理會，像理神論者之所主這樣的理會，像神人同形論者之所主這樣的理會。無神論者很簡單，他們根本不承認有最高存有以為萬物之終極根據。理神論者可承認有一最高存有，但不承認它是一具有知性與自由的最高睿智體，卽他們可信仰一上帝，但不信仰一活的上帝（有生命的上帝，最高睿智體的上帝，卽人格神的上帝）。故他們所信的上帝（最高的存有）絕無類比於一思維的存有(人的靈魂)之知性與自由這類的屬性。有這類的屬性，始能說最高存有是一造物主，是萬物之創造者，否則不能說它是造物主，只能說它是萬物之根據。此一點卽是此類屬性之後果， 故文中有"從其後果而辯"之語。而此類屬性是 "類比於一思維存有底諸動力學的實在性（如知性與自由等）" 而被表象者。神人同形論者則認為此最高存有可以有其類比於一思維存有底諸動力學的實在性之屬性，但是此諸屬性（諸動力學的實在性）却必須服從一些限制，此等限制乃是我們的感性所不可免地安置於那些有限的睿智體（卽通過經驗而被知於我們的那些睿智體）上者。卽，其所受的限制與有限的睿智體（如我們人類）所受的限制同，故為神人同形論。通過理性之純粹思辨的使用，吾人固不能證明智神論者所肯斷的作為最高睿智體的最高存有之存在，但同樣亦不足以證明敵對方面的肯斷，如無神論者的肯斷，理神論者的肯斷，神人同形論者的肯斷之為妥實。

如是，對理性之純然思辨的使用而言，最高存有雖仍是一純然的"理想"，然而它却是一"無瑕疵"的理想，是一個"把全部人類知識完整起來並使之登於極位"的概念。此最高存有底客觀實在性固不能因着純然思辨的理性而被證明，但它亦同樣不能因着純然思辨的理性而被否證。既然如此，是以如果茲必有一道德的神學它能彌補此缺陷（彌補"最高存有底客觀實在性不能被證明"之缺陷），則超越的神學，以前曾只是或然的者，將證明其自己為不可缺少的，卽依其足以決定此最高存有之概念而言，並依其足以經常地檢驗理性而言，它將證明其自己為不可缺少的。（所謂"檢驗理性"，此中所謂理性乃是"時常為感性所欺騙或蒙混"的理性，而又"時常不與其自己之理念相諧和"的理性。）必然性，無限性，統一性，外於世界而存在的"存在性"（非如"世界靈魂"之為在世界內存在者之存在性），從時間條件中解脫出來而不受其制約的"永恒性"，從空間條件中解脫出來而不受其制約的 "無

{A642
{B670

所不在"之遍在性，以及"無所不能"之萬能性，等等，凡此皆純粹是超越的謂詞，而亦正因此故，所以關於此等謂詞之純淨化了的概念，每一神學見其爲如此之不可缺少者，只能從超越的神學中而被得到。

超越辯證部份之附錄

I

純粹理性底理念之軌約的使用

純粹理性底一切辯證的企圖之終局不只是穩固了我們在"超越的分析"中所早已證明了的那一點，卽：一切我們的那些"裝作要去引我們超出可能經驗領域之外"的結論皆是虛僞的而且是無基礎的；而且它同樣亦以此進一步的一課教給我們，卽：人類理性有一自然的趨向，趨向於去越過這些限制，而超越的理念對於理性之爲自然的亦恰如範疇之對於知性之爲自然的——雖然有這差別，卽：當範疇引至於眞理，卽引至於我們的概念之符合於對象時，而理念則卻產生那"雖是一純然的幻象然而卻又是一不可抗拒的幻象"者，「而對於這不可抗拒的幻象之有害的影響，我們甚至藉賴著嚴厲的批評亦僅能作到中和之而使之無礙」(1)。

　　[註(1)]：案此句，依康德原文是如此："而對於這不可抗拒的幻象之欺罔或迷惑（Täuschung），我們幾乎只有經由嚴厲的批判始能使我們遠離之而不爲其所妨礙"。

那"在我們的諸能力（Kräfte）之本性中有其基礎"的每一東西必須適當於此諸能力之正當使用，而且必須與此諸能力之正當使用相一致——只要當我們能抵禦某種誤解並且因此抵禦而能發見此諸能力之固有方向時。因此，我們有權利去假設超越的理念有其自己之好的，恰當的使用，因而亦就是說，有其"內在的"使用，然而當它們的意義被誤解時，而且當它們被誤認爲眞實事物之概念時，則它們卽於其應用中變成超絕的，而亦正因其於應用中變成超絕的之故，它們始能成爲虛妄的。因爲那並不是理念本身它能是超絕的或內在的，但只是理念底使用才能是超絕的或內在的（卽理念或漫蕩於一切可能經驗之外因而成爲 超 絕 的 使 用，或在經驗底範圍內找得其使用因而成爲內在的使用），理念底使用之或爲超絕的或爲內在的是依照"理念或是被應用於那「被假設來以相應於它」這麼一個對象上，或是在關涉於那些爲知性所處理的對象中它只被引向於知性使用一般"這兩種情形而或爲超絕的（依前者）或爲內在的（依後者）。一切非法偷轉之錯誤皆應被歸屬於判斷能力之缺陷，決不應被歸屬於知性或理性。

理性從未直接地關聯於一個對象，但只直接地關聯於知性；而亦只有通過知性，它始有其自己之［明確而有特效的］經驗使用。因此，理性並不創造（對象之）概念，但只整列它們，而且把一種統一給與於它們，此一種統一是這樣的，卽：此諸對象之概念之所以能有此統一是只當它們依其最廣可能的應用而被使用時始能有之，卽是說，只當它們爲的要去得到種種系列中的綜體時始能有之：理性是把這樣的一種統一給與於諸對象之概念。知性自身並不有關於此種綜體，但只有關於那種連繫，卽通過此連繫，依照概念而成的種種條件系列始可有其存在（始可被建立起來）：知性只有關於這樣的連繫。因此，理性是以知性以及知性

之 "有效的應用" [1] 爲其唯一的對象。恰如知性藉賴着概念把對
象中之雜多統一起來，所以理性亦藉賴理念把概念之雜多統一起
來，而正當其如此統一之之時，它遂置定一種"集合的統一"，以
之爲知性活動之目標，若非然者，知性底活動只有關於 "分布的
統一"。

　　[註(1)]: 案依康德原文是 "知性之適當的委派或安放" (zweck-
　　mäβige Anstellung) 。

　　依此，我主張: 超越的理念決不許有任何"構造的使用"。當
依那種錯誤的樣式（卽依構造使用之樣式）而視之時，因而也就
是說，當視之爲可供給某種對象之概念時，它們不過只是 "假合
理的" (vernünftelnde 詭辯的) 概念，卽只是辯證的概念。可
是另一方面，它們有一優異的，而實在說來亦是不可缺少地必要
的"軌約的使用"，卽是說，有一 "指導知性趨向於某種一定的目
標"之使用，此一定的目標是由知性底一切規律所標識出的路線
所向之輻輳者，好像是向着其交割點而輻輳一樣。此一交割點實
只是一純然的理念，一想像的焦點，知性底概念實並不從此想像
的焦點開始着手進行，蓋因爲此焦點居於可能經驗底界限之外
故; 可是縱然如此，此焦點卻足以去把那"與最大 [可能的] 擴展
相結合"的最大[可能的]統一給與於這些概念（卽知性之概念）。
因此，遂發生了這幻象，卽: 好似那些路線在一 "處於經驗地可
能的知識領域之外"的眞實對象中有其根源一樣——恰似反映於
鏡子中的對象看起來好像是在鏡子背後似的。縱然如此，這種幻

象（不至允許其欺騙我們）亦是不可缺少地必要的，如果我們要去指導知性超出每一所與的經驗之外（此所與的經驗是可能經驗底綜集之部分），並因而去獲得其最大可能的擴張時，此恰如在鏡像之情形中，那所含有的幻像（影像）是不可缺少地必要的，如果，在那些擺在我們眼前的對象之外，我們亦要去看看那些處在我們背後某距離外的對象時。

如果我們依知識之全部範圍而考慮知識（考慮那因着知性而被得到的知識或知性所供給于我們的知識），則我們見到理性在其對於此全部知識的態度中之特別顯著者便是這一點，卽：它規劃此全部知識之系統化，並去達到此全部知識之系統化，卽是說，它想依照一簡單的原則去展示此全部知識底各部分之相連繫。理性底這種統一作用總是預設一理念，卽知識底整全相之理念，此所謂"知識底整全相"之整全乃是那"先於各部分底決定性的知識而存在"的那整全，而且亦是那"含有「對於每一部分先驗地決定其位置並先驗地決定其對於其他部分之關係」的條件"的那整全。依此，這個理念在知性所得到的知識中定設一完整的統一，因着此完整的統一，知性所得的知識並非只是一偶然的聚合，而是一個"依照必然法則而被連繫起來"的系統。我們不可說這個理念是對象底一個概念，但只可說它是"諸對象概念之通貫的統一"之概念，只要當這統一可以對知性充作一規律時。理性底這些概念（這些"表示諸對象概念底通貫統一"的概念卽理念）並不是從自然中引生出的；正相反，我們是依照這些理念來發問自然，並且我們認爲我們的知識是有缺陷的，當其不適合於這些理念時。依一般所承認，純粹的土，純粹的水，純粹的風，等等，並不是能被發見的。但是，爲的要想恰當地去決定這些自然因素中之每一個因素在產生現象上所有的股分，我們又需要純粹的地水風火等之概念（卽地水風火等之理念），雖然當論及其完整的純淨性時，它們只在理性中有其根源。這樣說來，要想依照一機械性之理念去說明物體底化學性的交互作用，則每一類物質是被還原到土（作爲純然重量看的土），還原到塩類與易燃體（當作力看的火），以及還原到水與風以爲運載工具（此好像是車乘器械，因着此種車乘器械，首兩種因素可以產生其結果）。通常所使用的表達方式自是不甚相同；但是理性之影響於自然科學家之分類工作仍然是很容易被檢查出的。

如果理性是一"從普遍者推演特殊者"這種推演之機能，又如果普遍者早已依其自身卽是確定的，而且早已是被給與了的，如是，則于施行歸屬之手續時只判斷力是需要的，（只需要有判斷能力以去施行歸屬，歸屬特殊者於普遍者之下之歸屬），而因此歸屬手續，特殊者是依一必然的樣式而爲被決定了的。這一種程序我將名之曰"理性之確然的使用"。但是，如果普遍者是只當作"或然的"而被承認，而且又只是一純然的理念，如是則特殊者是確定的，但是"特殊者爲其一後果"的那規律之普遍性卻仍然是一問題。由此規律之普遍性有問題而論，若干特殊事例，盡皆是確定的者，卽需被檢查，檢查一下，看看它們是否是從這規律而來。經過這檢查後，如果這規律現爲是這樣的，卽：一切可被徵引的特殊事例皆從這規律而來，如是，則我們卽可由此辯說至此規律之普遍性，而從此規律之普遍性復又可辯說至一切其他特殊的事例，甚至辯說至那些尚未被給與的事例。這一種程

{A647
{B675

序，我將名之曰"理性之假然的使用"。

理性之假然的使用，基於當作或然概念看的理念者，恰當地言之，並不是"構造的"，卽是說，它並不是有這樣一種性格者，卽："依一切嚴格性來判斷，我們能視之爲可證明「普遍規律之眞理性」者（普遍規律卽是我們用之以爲假設者）"，這樣一種性格者。因爲我們如何去知道一切那些"能證明原則（普遍規律卽假設）底普遍性"的可能後果呢？（所謂一切可能後果卽是那些當作實際上從所採用的原則而來者"看的可能後果）。理性之假然的使用只是軌約的；它的唯一目的便是盡可能地去把統一帶進我們所有的詳細知識（特殊知識）之全部中，並因此統一之帶入遂可使這規律去接近普遍性。

因此，理性之假然的使用是以知性底知識之系統性的統一爲其目的，而此統一卽是知性底知識之規律底眞理性之判準（試金石 Probierstein）。但是，這系統性的統一（由於是一純然的理念）只是一設計的統一，它不能被視爲其自身是被給與了的，但只應被視爲是一問題。這種設計性的統一可幫助我們去爲知性，卽那在衆多而又特殊的使用模式中之知性，發見一原則，並去把知性底注意引至那些尚未被給與的事例上，因而遂可使知性更爲通貫（更爲有系統 zusammenhängend）。

A648}
B676}

但是我們從以上那些考慮所可有理由以抽引出的那唯一結論便是這一點，卽：知性底雜多知識之系統性的統一，如爲理性所規劃者，乃是一邏輯的原則。此作爲一邏輯原則的系統性的統一是藉賴着理念去幫助知性，卽在那些"知性於其中不能以其自己建立規律"的諸情形中，它藉賴着理念去幫助知性，「它並同時在一簡單的原則下使知性底各種不同的規律獲得諧一性（Einhellig-keit，系統性的諧一性），並經由這諧一性，遂亦使之獲得通貫性（關聯性 Zusammenhang），卽如其爲可實行的那樣的通貫性或關聯性」(1)。但是，若說：對象底構造(本性)或"卽如此等對象之作爲對象而知之"的那知性之本性其自身就已被決定至系統性的統一，並說：不須涉及理性底任何這樣特有的興趣，我們就幾乎能先驗地設定此統一，並說：因爲我們能先驗地設定此統一，所以我們便可去主張知性之一切可能的知識（亦包括經驗的知識）就有理性所需要的統一，並且亦處於公共的原則下，由此等公共原則，一切種知識，不管其如何千差萬別，皆能够被推演出：若是這樣去說時，則這必是要去肯斷理性之一超越的原則（不只是一邏輯原則），而且必使系統性的統一之成爲必然的不只是當作方法看成爲主觀地並邏輯地必然的，而且亦使之成爲客觀地必然的。

[註(1)]：「　」號中者依康德原文譯。依肯・斯密士譯是如此："它並同時在一簡單原則下去把統一或系統給與於知性底衆多而又紛歧的規律，這樣，它便可依每一可能的路數去獲得一貫"。案此譯不諦，尤其最後一句不諦。另兩英譯較合。

我們可用理性底使用底一個例子來說明這個意思。在那些"符合於知性之概念"的種種統一中，有一種統一便是一本體底因果性之統一，此一統一被名曰"力"(力之統一)。同一本體底種種現象初看表示出如此之紛歧，以至於在開始時我們必須去假定許

多不同的力，其不同之多恰如有許多不同的結果那麼多。舉例來
說，在人類心靈中，我們有感覺，意識，想像，記憶，機智，識
別力，快樂，欲望，等等。現在，玆有一邏輯格言，此一邏輯格
言要求這一點，卽：我們定須盡可能因着把這些心象互相比較以
及檢查出它們的隱藏的同一性來化歸或減少這種表面看起來似乎
是差異的差異。我們要求研究那與意識相結合的想像是否不可以
與記憶，機智，識別力等爲同一物，是否不可以或許甚至同一於
知性與理性。雖然邏輯不能够裁決（發覺或探悉）一基本的力量
是否現實地存在着，然而一基本力量之理念卻至少是那"被包含
於力量底複多性之系統的表象中"之問題。理性底邏輯原則要求
我們盡可能完整地去完成這樣的統一；而此一力量與彼一力量底
諸現象被見爲互相同一，若見之愈多，則"它們只是同一力量底
不同顯現"這一點就變成更爲概然（意卽概然率愈高），此同一
力量，相對於較特殊的力量而言，可被名曰"基本的力量"。在此
力與彼力底諸現象處是如此，在其他諸力處亦然。

　　這些"相對地基本的力量"必須轉而又被互相比較，它們這樣
被比較，爲的是要去發現它們的諧和，如此，便可去使它們更接
近於一獨一的本質力量，卽是說，更接近於一 "絕對地基本的力
量"。但是，此理性底統一只是假然的。我們並非肯斷說這樣的
一種力量必須必然地被發見，但只肯斷說我們必須依理性底興趣
去尋求它，卽是說，我們必須依 "爲種種規律卽經驗所可提供給
我們的種種規律而去建立某種原則"這種建立原則之興趣而去尋
求它。我們必須努力（只要是可能的）依此路去把系統的統一帶
進我們的知識中。

但是如若轉到（注意到）知性之超越的使用，我們便見此一
基本力量之"理念"不只是當作理性之假然使用上的一個問題而被
討論，而且它聲言要有客觀實在性，此蓋由於它設定一本體底種
種力量之系統性的統一之故，並亦由於它表示(設立)一確然性的
原則之故。因為設卽未曾試想去表明種種力量之諧和一致，不，
甚至在"試想去表明其諧和一致這一切試想皆已失敗"之後，我們
猶可預設：這樣一種統一實現實地存在着，而我們之如此預設不
只是如在上面所引用的事例中因為本體底統一之故而如此預設，
而且甚至在以下所說那樣的諸情形中亦如此預設，卽："於其中，
如在物質一般之情形中那樣，我們可遭遇到這樣的許多力量，卽
「雖然它們有幾分是同質的，然而卻同樣亦是差異的」，這樣的許
多力量"這樣的諸情形中亦如此預設。在一切這樣的諸情形中，
理性預設種種力量底系統性的統一，其預設此系統性的統一是依
據 "諸特殊的自然法則可概括在較一般的法則之下"這個根據而
預設之，並亦依據 "原則之節省（簡易）不只是理性之一經濟的
要求，而且亦是自然自己所有的諸法則中之一法則"這個根據而
預設之。

除非我們同時亦預設一超越的原則（因着此超越 的 原 則，
諸規律底系統性的統一可先驗地被假定為必然地固具 於 對 象 中
者），否則要想去了解玆如何能有一邏輯的原則（因着此邏輯的
原則，理性可規劃諸規律底統一），這實在說來是很困難的。因
為，以什麼權利，理性，在其邏輯的使用中，能要求我們去視顯 ⎰A651
⎱B679
示於自然中的諸力量之複多性為只是一化了裝的統一（只是統一
之化裝為眾多），並要求我們盡可能去從一基本力量中引伸出此

統一？即是說，如果理性逕直去承認“一切力量可是異質的”這同樣為可能，而“推源由來（推源此一切力量之由來）這種推源所示之系統性的統一可不符合於自然”這亦同樣為可能，則它在其邏輯的使用中如何能要求我們去視顯示於自然中的諸力量之複多性為只是一化了裝的統一，並要求我們盡可能去從一基本力量中引伸出此統一呢？蓋因為那樣一來，理性必違反其自己之天職（本分），此蓋由於那時它提議一個“與自然之構造（本性）完全不一致”的理念為其目的故。我們亦不能說：理性，當其依照其自己之原則而進行時，它已通過“自然底偶然構造之觀察”而達到了這種統一之知識。要求我們去尋求此種統一的那“理性之法則”是一必然的法則，因為設無此法則，我們亦畢竟無理性可言，而若根本無理性可言，則亦不能有知性之貫通的使用，而若知性之貫通使用不存在，則亦不能有經驗真理之充足判準。因此，在關涉於此後者（即經驗真理之充足判準）中(1)，除去預設“自然之系統的統一”為客觀地妥當的並且是客觀地必然的外，我們決無選擇之餘地。

[註(1)]：案此片語依康德原文是"in Ansehung des letzteren"（在關涉於此後者即經驗真理之充足判準中）。肯·斯密士改動一下譯為“要想去獲得一經驗的判準”，非是。

雖然哲學家們甚至對其自己亦常不曾承認這個超越的原則（超越的預設），或實在說來，實亦常不曾意識到已使用了此超越的原則，可是縱然如此，我們見到此超越的原則已依顯著的樣

式偷偷地被函蘊於"他們所依據以進行"的諸原則中。個體物所依
以互異的各種差異相並不排拒種目底同一性，而各種目亦必須只
被看成是少數綜綱(綱類)底不同決定，而此少數綜綱轉而復又是
更高的綜綱底不同決定，依此類推，繼續前進；總之，只要當一
切可能的經驗概念能夠從較高而又較一般的概念中被推演出時，
我們卽必須尋求這些可能的經驗概念之某種系統的統一：凡此云
云，這乃是一邏輯原則，是經院學者底一個規律，設無此規律或
原則，便不能有理性之使用。因為我們之能從普遍的歸結到特殊
的，是只當普遍的特性如其為特殊的特性所依據的基礎那樣而被
歸給事物時，我們始能從普遍的歸結到特殊的。

　　"這樣的統一可被發見於自然中"，這一樣是哲學家們在以下
這個著名的經院格言中所預設者，卽：　"基要或原則必不可不必
要地被加多"(entia praeter necessitaten non esse multi-
plicanda)。這個格言宣布說：諸事物，依其本性而言，它們卽
可為理性之統一供給材料，並宣布說：表面無限的變化並不一定
阻礙我們使我們不能去假定：在這無限變化後面存有諸基本特性
底一種統一，所謂諸基本特性是這樣的一些特性，卽"一切差別
能夠從它們那裏通過重複的決定而被引生出"，這樣的一些特
性。這種諸基本特性底統一，雖然它只是一純然的理念，然而在
一切時它卻已是如此熱切地被尋求，以至於：只須去緩和或調節
對於此統一之渴望，而不須再去鼓勵此渴望。當化學家把一切塩
類的東西化歸至兩個主要的綱類，卽酸性與碱質，其如此化歸已
成功時，這已是前進了一大步；但不止於此，他們且努力想去表
明甚至這兩主要綱類底差別亦只是同一基本質料之變種或不同顯

現。化學家逐步又想去把不同的土類（石頭底質料以及甚至金屬底質料）化歸至三類，最後又化歸至兩類；但是他們仍不以此爲滿意，他們又不得不這樣想即：在這些變種（卽三類或兩類）後面必只存有一個綱類，不，他們不得不這樣想，卽：對土與塩而言，甚至很可只存有一個公同的原則。人們或可這樣設想，卽：這種化歸只是一種經濟的設計，以此設計，理性可免於一切可能的麻煩，又只是一種假然的企圖，此企圖，如成功時，它將通過這樣經由化歸而得到的統一去把概然性給與於這所假定的"說明之原則"。但是［這樣的設想只表示化歸之目的是一種自便自利的目的，而］這樣自便自利的目的能够很容易與理念區別開。因爲在符合於理念中，每一人皆預設：理性底這種統一是與自然本身相契合的，並預設：理性在此實並非在請求，而是在指揮，雖然它實不能去決定這種統一之極限。

如果在那些"把其自己呈現給我們"的諸現象之間眞存有如此複雜的一種差異變化（所謂差異變化，我不是說形態上的差異變化，因爲在形態方面，現象很可互相相似，而是說在內容上，卽在存在着的事物之雜多上，有如此複雜之差異變化），複雜到甚至最敏銳的人類知性亦不能因着對於現象之比較發見出些微的相似性（此相似性乃是"完全可思議"者），如是，則邏輯的類屬法則必毫無立足處（必完全不能成立[1]）：我們甚至亦必無綱類之概念，或實在說來必無任何一般性的（allgemeiner）[2] 概念；而那"只有事於這樣的概念"的知性自身亦必不能成立[3]（根本不能有知性自身之可言）。因此，如果邏輯的類屬原則可被應用於自然（所謂"自然"我在此只意謂那些"被給與於我們"的對象），

A 654
B 682

則它卽須預設一超越的原則。而依照此超越的原則，同質性是必然地被預設於可能經驗之雜多中（雖然我們無法先驗地去決定此同質性之程度）；因爲在同質性之缺無中，沒有經驗的概念，因而也就是說，沒有經驗，會是可能的。

　　〔註(1)〕：依康德原文當譯爲"必完全不能成立"（ganz und gar nicht stattfinden）。

　　〔註(2)〕：原文 "allgeneiner" 是一般性"或"概括性"之意。肯・斯密士譯爲"任何其他普遍的概念"，在此用"普遍的"不很妥，而 "其他"字更不必要。

　　〔註(3)〕：依原文是"不能成立或存在"（kein……stattfinden）。肯・斯密士譯爲"必會是非存在的"。"非存在的"在此不達。

　　設定"同一性"的那 "邏輯的類屬原則" 是爲另一個原則卽"種目原則"所平衡，此種目原則，不管事物之在同一綱類下之相契合爲如何，它總是要求事物中之雜多與差異，因此，它把 "知性之注意於差異性並不亞於注意於同一性"這一點規定給知性。這個辨別性的觀察之原則， 卽區別能力之原則， 它對於前一原則（卽機智(1)能力之原則)中之可能的粗率給與一限制；這樣，理性顯示一雙重性的，互相抗衡或背馳的(einander widerstreiten-des) (2) 興趣，一方面它就類屬而感興趣於 "外延"（範圍卽普遍性），另一方面它就種目之複多而感興趣於"內容"（決定性）。在前一情形中，知性多想一點概括在知性底概念之下者，在後一種情形中，知性多想一點包含於其概念之中者。此雙重性的興趣 ｛A 655 B 683

復亦顯現其自己於自然之研究者間思路之差異。那些"較特別是思辨性格"的人，我們幾乎可以說，他們皆是敵視"異質"者，而且他們總是注視於綱類之統一；另一方面，那些"較特別是經驗頭腦"的人，他們又經常不停止地努力於依這樣雜多的樣式，就如幾乎要去滅絕"能夠依照普遍原則去決定自然中之現象"之希望，這樣的雜多之樣式，而去分化自然。

　　[註(1)]："機智"，肯·斯密士注云：康德在其人類學 1.§42 中規定機智為這樣一種能力，即因着此能力，我們可決定普遍者之適當於特殊者。此與判斷力相反。判斷力是這樣的，即因着此判斷力，我們可決定特殊者符合於普遍者。

　　[註(2)]：肯·斯密士譯為"自我衝突"，非是。此無所謂衝突，加"自我"更不行。

　　"依照普遍原則去決定自然中之現象"這一種思想模式顯然是基於一個"意在於一切知識之系統的完整"的邏輯原則，這一邏輯原則規定以下一點，即：我們以綱類為開始，由此下降於那些可概括在此綱類下的雜多，我們之如此下降於這樣的雜多是依這樣式即如"去獲得系統之推擴或擴展（廣延的展開）"這樣式而下降於這樣的雜多，此恰如在另一種程序即上升於綱類之程序中，我們努力去獲得系統之[上升的（收攝的）]統一。因為如果我們把我們的注意只限於那"標識出一綱類"的概念之範圍，則我們便不能決定（不能看清）"去進行此綱類概念之範圍之[邏輯的]區分"之為可能可能到什麼程度，此恰如只從一物體所佔有的空間中，

我們不能判斷（不能看清）"去進行此空間底部分之［物理的］區
分"之爲可能可能到什麼程度。因此，每一綱類要求有種目之差
異，而每一種目復轉而又要求有副屬種目之差異；而因爲這些副
屬種目中沒有一個副屬種目其自身沒有一範圍（意卽必須有一定
的範圍，如一普通概念所有者），所以理性在其十足充分拓展中
(in ihrer ganzen Erweiterung)[1]，它要求：沒有種目可
被看成其自身是最低者。 何以故如此， 這是因爲以下的緣故而
然，卽：由於種目亦總是一概念，它只含有那"公共於不同的東
西"之公共者，是故它並不是完整地被決定了的：卽以此故，它
不能是最低的。因此，種目不能直接地關聯於一個"個體"，而其 ｛A656
B684
他概念，卽是說，其他副屬種目，必總是被包攝於此種目之下。
這種層層分化(特殊化)底法則可被程式爲是這原則，卽："種目
差異之繁多不應無故被減少"(entium varietates non temere
esse minuendas)。

［註(1)］：依康德原文當如此譯。肯・斯密士譯爲 "在其被帶至完
整中"(in being carried to completion)，不達。Max Müller
譯爲"在其極度的擴展中"，此較合。

但是那是很容易被看出的，卽：這個邏輯法則，設若它不曾
基於一個"超越的分化法則"上，它必無意義，亦必無應用，所謂
"超越的分化法則"是這樣的，卽，它實不要求那 "對於我們能是
對象"的諸事物中之差異之一 "現實的無限性"，（邏輯原則，由
於它只就可能的區分肯定邏輯範圍之"不決定性"，所以它不能爲

任何這樣的肯斷即現實無限差異之肯斷給與一機會或根據），它雖不要求差異之現實的無限性，但它卻把"在每一可發見的種目之下尋求副種目，在每一差異之下尋求較小的差異"這種尋求之義務賦與於知性。因為設若沒有較低的概念，則亦不能有較高的概念。現在，知性只通過概念始能有知識，因此[就區分說]，不管知性進行"區分之歷程"進行得如何遠，它從來不是只通過純然的直覺而進行其區分之歷程，但總是一次又一次地須通過"較低的"概念而進行其區分之歷程。依現象之完整決定而說的現象之知識（現象之完整決定是只通過知性始可能）在我們的概念之特殊分化中要求一無底止的進程，並要求"前進於其他而猶有其他餘下的差異"這一種前進，對於這些差而又差的差異，我們在種目之概念中已把它們作了相當的抽象抽掉了，更復進而在綱類之概念中已把種目中之差異作了相當的抽象把它們抽掉了。

A657}
B685} 　　這種特殊分化之法則不能從經驗中被引生出，經驗決不能把任何這樣廣大之遠景展示於我們的眼界上。經驗的特殊分化，如果它不為先行的"超越的特殊分化法則"所指導，它在雜多之區別中不久即停頓而不能前進。超越的"分化法則"，當作理性之一原則看，它引導我們總是去尋求進一步的差異，並引導我們總是去揣測此等進一步的差異之存在，即使當感覺不能揭露出此等差異時，它亦引導我們去揣測（vermuten）[1]其存在。"有吸收力的土有不同種類（白堊粉以及氯化土）"，這一發見是只在一先行的理性規律之指導下始可能。理性依據這假定而進行，即：自然是如此繁富地被差異化了的，以至於我們可預定這樣繁富的差異之存在，而因此，它又把尋求這樣的差異之工作規定給知性。**實**

在說來，只有依據"自然中的[對象之][2]種種差異"之假定，我們始能有任何知性機能之可言，此亦恰如只有在"自然中之對象顯示同質性"之條件下，我們始能有任何知性機能之可言。因爲那在一概念下被理解"的東西之差異性確然正是那爲概念之使用以及知性之操作而給予以機會或根據者。

[註(1)]：原文 vermuten 是"揣測"的意思。肯・斯密士譯爲"suspect" 不如譯爲 "conjecture"。

[註(2)]：依 Meiklejohn 譯補。

這樣說來，理性爲知性預備場所是(1)通過較高的綱類下的雜多之"同質性"之原則而預備之，(2)通過較低的種目下的同質者之"種變（差異）"之原則而預備之，(3)爲的要想去完整起此系統性的統一，復通過一進一步的法則，卽一切概念之"親屬性（攝屬性或引曳性）"之法則而預備之（此親屬性之法則它規定：我們依差異性之逐漸增加從每一種目進行到每一其他種目）；〔總之，理性是通過這三個原則（兩原則一法則）爲知性預備場所（預備知性運用之場所）〕。這三個原則我們可名之曰"同質性"原則，"特殊分化"原則，以及"形式（形態）底連續性"之原則。此最後一個原則是從其他兩原則之聯合（合一）而發生，因爲只有通過"上升於較高類"這上升之歷程以及"下降於較低種目"這下降之歷程，「理念中的系統性的連繫始能被完整起來」[1]。蓋那樣一來，一切繁多的差異始是互相關聯起來的，因爲這一切繁多的差異盡皆從一最高的綱類而發出，卽通過一較廣而又較廣地擴展的決定

{A 658
{B 680

中之一切等級從一最高的綱類而發出。

[註(1)]：此句依原文並參照 Max Müller 譯而譯。肯・斯密士譯稍變通一下，譯爲"我們始能得到完整性中的系統的連繫之理念"，不諦。

這系統性的統一，爲那三個邏輯原則所規定者，可依以下的樣式而被說明。每一概念可以被視爲是一個點位，此點位，當作一觀察者之站臺看，它有其自己之地帶（視界），卽是說，它有一大堆事物（變化多端的事物），此一大堆事物可由那個立足點而被表象而且好像是被鳥瞰。這個地帶必須是能含有一無限數的點位者，此無限數點位中每一點位皆有其自己之較狹的地帶；卽是說，每一種目依照分化原則皆含有副種目，而邏輯的地帶則專以較小的地帶（副種目）而組成，決不會以那無範圍的點(個體)而組成。但是，對不同的地帶而言，卽是說，對不同的綱類而言（此諸不同綱類中每一綱類皆爲其自己之概念所決定），玆能有一公共的地帶，由此公共的地帶(1)，如同由一公共的中心點，那些不同的地帶(諸不同的綱類)皆可一起被鳥瞰；而從此較高的綱類，我們仍可繼續前進，直至達到一切綱類中之最高者而後止，因而也就是說，直至達到普遍而眞實的地帶而後止，此一普遍而眞實的地帶是依最高概念之立場而被決定，它並綜攝一切雜多（綱類，種目，副種目）於其自身之下。

[註(1)]：依康德原文是"由此公共地帶"，*Meikeljohn* 亦如此

A659}
B687}

譯，肯・斯密士譯爲 "在關涉於此公共地帶中"， 不通順， 而 *Max Müller* 則譯爲 "在此公共地帶中"，亦不通順。

我們是因着"同質性法則"而被運載至最高的立場，因着 "分化法則" 而被運載至一切較低的立場以及此諸較低立場之最大可能的種變差異。而因爲， 這樣說來， 在一切可能概念底全部範圍中玆並無空隙可言， 又因爲若外於此全部範圍便不能有什麼東西可被發見， 所以從此普遍的地帶之預設以及此普遍地帶底完整區分之預設逐發生出這原則，卽： "諸形式間無有空隙"(non datur vacuum formarum)， 此卽是說， 玆並沒有諸不同的， 根源的， 第一（最高的）綱類，它們互相孤立， 好似爲一虛空的居間空間所分離； 情形但只是這樣的， 卽： 一切雜多綱類皆只是一個簡單的最高而又普遍的綱類之區分。從此原則便有以下的原則以爲其直接的後果，此卽： "諸形式間有連續"(datur continuum formarum)， 此卽是說，一切諸不同的種目皆互相隣接， 並不允許經由跳躍 (Sprung, per Saltum) 從此一種目過轉到另一種目，但只允許通過那"居於彼此兩種目間"的一切小而又小的差異等級來從此一種目過轉到另一種目。總之，這裏並無種目或副種目它們互相間是可能最接近的； 其他居間的種目仍然總是可能的， 這些居間的種目之不同於前說的種目或副種目中之每一個， 其不同總是較小於前說的種目或副種目自身間的不同。

{ A 660
{ B 688

[案]: 任取兩個較低的種目或副種目，我們不能説它們兩者是最接近的，再沒有比它們兩者之接近更爲接近的了。依同

質性法則，上同有最高的綱類；可是依分化原則，下異便無最低的種目，除是個體。但無論如何低的種目，它總不能直接關聯於個體，因此，無最低的種目。因此，無論如何低的兩種目或副種目，其間必仍有可能的居間種目（居間而又居間）。這些居間的可能種目其不同於原兩種目或副種目總比原兩種目或副種目自身間的不同（差異）為較小。

這樣說來，上述第一法則（卽同質性原則）使我們不以過多的不同的根源綱類為滿足，並吩咐我們對於同質性予以適當的注意；第二法則（卽分化法則）則轉而又對於"趣向於統一"之趨向賦與一節制，並堅持：在我們進而去把一普遍的概念應用於個體以前，我們須區別此普遍概念內的副屬種目。第三法則（卽形式或形態底連續性之法則）則結合前兩法則，其結合之也，是因着規定以下一點而結合之，卽：卽使在極端的繁多之間，我們亦能在從此一種目過轉至另一種目之逐步過轉中觀察出"同質性"，而這樣我們便可認知不同支派間的一種親屬關係，蓋由於這一切不同的支派皆發自同一根源故。

但是，"種目（邏輯形式）底連續"這個邏輯法則預設一超越的法則（自然中連續之法則 lex continuni in natura），設無此超越的法則，則該邏輯法則必只把知性誤引入歧途，使它去遵循一"或許完全相反於為自然本身所規定的途徑"之途徑。因此，這個邏輯法則必須基於純粹超越的根據上，而並不基於經驗的根據上。因為如果它基於經驗的根據上，則它必比系統較為晚來，然而事實上卻正是它自己使那一切 "在我們的自然知識中是系統

性的東西"者被產生出來。這些法則之形成並不是由於"任何秘密
設計作一試驗，因着把它們只當作試驗性的提議而提出來"這個
緣故而然。「這樣的諸預測（意卽這些法則所表示的預測），當
其被穩固時」[1]，它們卽給出堅強的證據以支持這看法卽：這假 {A661
                                                           {B689
然地被思議的統一是很有根據的；而這樣堅強的證據亦因而在此
方面有某種一定的利益。但是，"這些法則注視或默察基本因素
之節省，結果之繁多，以及由此兩者而來的自然底各部分之親和
性，默察之爲其自身卽是既與理性相符合又與自然相符合者"，
這卻是很顯明的。因此，這些原則是直接地依其自身就帶有其推
薦書（就可被推舉），並不是只當作方法學上的手法或技巧而帶
有其推薦書（而可被推舉）。

[註(1)]：依康德原文是："無疑，這樣的連繫（意卽這些法則所
表示的連繫），當其有所切中時"。

但是"這種'形式底連續性'是一純然的理念，對於此理念，
沒有與之相合的對象能夠在經驗中被發見"，這是很容易被看出
的。因爲第一點，自然中的諸種目是現實地被分割了的，因此，
它們必須構成一"不連續量"（quantum discretum）。設若在
追尋諸種目底親和性（吸引力，引曳性）中的"前進"是連續的，
則在任何兩所與的種目之間必會存有一眞正無限數的居間分子，
而此是不可能的。復次，第二點，對於此法則我們不能作成任何
決定性的經驗使用，因爲此法則只在完全一般的詞語中教告我們
說：我們須去尋求親和性底諸等級（諸級度），而關於我們以何

樣式去從事尋求這些等級，並從事尋求這些等級能尋求到如何遠（尋求至何種程度），此法則並不能給出任何判準，不管是什麼判準。

　　如果我們把這些關於系統性的統一底原則依適合於其經驗的使用之次序而排列之，則它們將是這樣地依次而立，即：雜多性，親和性（引曳性），統一性，每一個當作一理念，依其完整性之最高度而被取用。理性預設那"因着知性而被得到並和經驗有直接關聯"的知識，它並依照那"越過一切可能經驗"的理念而尋求這種知識底統一。雜多，即不管其差異性如何，它總處於統一之原則下，這樣的雜多其親和性（引曳性）實不只(1)涉及事物，且更涉及事物之特性與力量。試舉例以明之。如果在開始時，我們的「尚未完全被糾正」(2)的經驗引我們去視星球底軌道為圓形的，又，如果我們繼而復檢查出星球之由圓形而越軌，如是，我們把這種越軌追尋到那"能够依一固定的法則，通過無限的居間等級，把圓形軌道改變成諸歧出的軌道中之一"者。那就是說，我們假定：那些"不是圓形軌道"的星球之運動將多或少接近於一圓形之特性；而這樣我們遂有一橢圓形之理念。因為彗星，就觀察所能及，在其這樣的行程中，它們是不能轉回的，所以它們的途徑仍顯示出更大的越軌。如是，我們所要作的便是去

假設：它們是依一拋物線的行程而進行，此拋物線的行程有類乎橢圓形，而且依一切我們的觀察而言，它與那"其長軸不定地擴張"的橢圓形是區別不開的。這樣，在這些原則底指導之下，我們在軌道形式底種類中發見一種統一，並因此軌道形式底種類之統一，復在一切"星球運動底法則"之原因中發見一種統一，此即

是吸引力。如是，我們又把我們的所得仍作進一步的擴張，努力以同一原則去說明一切種變以及那些似乎離開（越出）這些規律者；最後，我們甚至進而去作一些"經驗所永不能確立"的增益，卽是說，依照親和性（引曳性）之規律，復去思議彗星之雙曲線的途徑，在此種雙曲線途徑之行程中，這些星球完全離開了我們的天體系統，並且我們又由於從太陽過到太陽，把宇宙底最遠部分聯合於一起，所謂宇宙卽是這樣一個宇宙，卽雖然它對於我們是無限制的，然而它卻是徹底地爲同一運動力所維繫於一起者。

〔註(1)〕：康德原文有"不只"二字，肯・斯密士譯略。

〔註(2)〕：此依康德原文譯，肯・斯密士譯爲"不圓滿"的（有缺點的）其他兩英譯亦然，皆不甚諦，蓋太籠統而泛故。

這些原則之可注意處，以及那在這些原則中單與 我 們 有 關者，便是這一點，卽：這些原則似乎皆是超越的，又雖然這些原則含有純然的理念以爲理性底經驗使用之指導（理念就是這樣的理念，卽 "理性只似是漸近線地追隨之，卽是說，只是永遠更接近地追隨之，而卻永遠達不到之"這樣的理念），然而這些原則，當作先驗的綜和命題看，卻猶有客觀而卻不決定的妥效性，並且它們可用來充作可能經驗之規律。又，它們亦能在經驗底經營勞作 (elaboration, Bearbeitung) 中，以極大的利益，當作啓發性的原則 (heuristic principle)，而被使用。但是，關於這些原則底一種超越的推證卻不能被作成；在理念之情形中，如我們上面所已表明者，這樣的推證決不是可能的。

{A 664
{B 692

　　﹝譯者案﹞：範疇，吾人可對之作一超越的推證，因而它們
有客觀而決定的妥效性，此如"概念之分析"中之所說。但是吾
人對於理念却不能有超越的推證，因此，它們雖可有客觀妥效
性，但却又是不決定的妥效性。表示"系統性的統一"的雜多性
之原則，親和性（引曳性）之原則，統一性之原則，凡此皆是
超越的原則，皆含有純然的理念。（雜多性本身不是超越原
則，雜多而至無窮分無限多始是超越原則。親和性而至無窮的
連續是超越原則，統一性而至絕對的完整是超越的原則。）它
們的客觀妥效性見之於同質性原則，特殊分化原則，以及種目
連續之原則（這些原則亦名曰邏輯法則）之運用之有效。但是
在此雖足見它們有客觀的妥效性（在經驗所及範圍內有效），
但却又是不決定的妥效性（它們只引經驗向前進，而不是如範
疇之為構造的，故其妥效性為不決定的，引經驗向前進而無止
境，不能至於極，故為不決定的。）蓋因為它們含有理念故，
經驗中無對象與理念相應故，它們是邏輯法則所預設的超越根
據故，它們只是啟發性的(軌約的)原則（引發經驗向前進趨於
統一），而非構造原則故。但據下附錄Ⅱ開頭第二段，康德說
理念雖實不能有如範疇處所作的超越推證，但因其亦有客觀而
却不決定的妥效性，是故亦應有一種超越的推證，儘管其超越
的推證大不同於範疇之超越的推證。因此之故，此處直說對於
理念不能有超越的推證，稍欠簡別，顯得矛盾。又這些原則雖
可當作先驗綜和命題看，然而却實不是構造的先驗綜和命題，
如範疇處之所成者。

　　在"超越的分析"中，我們已把知性底力學原則，只作為 "直
覺底軌約原則" 者，與知性底數學原則，在關於直覺中，是構造
原則者，區別開。縱然如此，可是這些力學法則在關於經驗中，
卻又是構造的，因為它們使概念（即"若無之則不能有經驗"的那
概念）為先驗地可能的。但是，純粹理性底諸原則在關於經驗概
念中，決不能是構造的；此蓋由於以下的緣故而然，即：因為沒
有"相應於這些原則"的感性規模（屬於感性的規模）可被給與，
所以這些原則決不能有一具體現實中的對象：即因此故，它們不
能是構造的。如是，如果我們不允許這些原則之作為構造原則之
經驗的使用，然則我們將如何去為它們確保一"軌約的使用"，並
隨同此軌約的使用去為它們確保"某種客觀妥效性"呢？而這樣的
軌約使用又能有什麼意義呢？

　　[譯者案]：康德此段所說甚為重要。他亦知"原則底分析"
中所說的知性底力學原則雖是軌約的，但在關於經驗中，却又
是構造的，因為它們使範疇之應用為先驗地可能的，而範疇是
經驗可能之條件。故力學原則（經驗之類推）一往說其為軌約
的是不很周足的，至少亦與純粹理性底原則之為軌約的不同，
因為此後者只能為軌約的，而不能為構造的。故吾曾指出知
性之力學原則之為軌約的與純粹理性底原則之為軌約的，此兩
"軌約的"其意義不一致。實則 "軌約的" 一詞之恰當意義，依
康德之使用，當該以於純粹理性底原則處所說者為標準。詳見
吾 "現象與物自身" 一書。又康德此處說知性底力學原則是"直
覺底軌約原則"，"直覺" 是經驗直覺。經驗直覺給吾人以 "存

在"，而力學原則如"經驗底類推"之所示者則不能構造此存
在，只能軌約此存在。軌約在此是規則義，意卽只能規則之而
將其納於關係法則中，此卽是說，不管我們直覺到此存在或未
直覺到此存在，只要它是現象之存在，它卽須在此關係法則中
存在。力學原則之為"直覺底軌約原則"只表示此義。意卽在關
於直覺中，知性底力學原則只是軌約的。至於知性底數學原則
（直覺底公理與知覺底預測）在關於直覺中則是構造的，因為
它們是直接表象一直覺之量的。在此，表象之卽構成之。直覺
公理表象直覺之形式面之廣度量，知覺預測表象直覺之材質面
之強度量。凡此俱見於"原則底分析"中。又，知性底力學原則
除"經驗底類推"外，還有順程態範疇而言的"經驗思想之設
準"。此"設準"之為軌約的與"類推"之為軌約的，其意義亦不
同，而設準與類推亦為不同層次者，康德俱名之曰軌約原則亦
不恰。凡此詳論俱見於吾"現象與物自身"中。

　　知性對理性而言可作為理性之一對象，恰如感性對知性而言
可作為知性之一對象。"去使知性底一切可能的經驗活動之統一成
為有系統的"這乃是理性之事，恰如"藉賴着概念去把現象之雜多
連繫起來，並去把此雜多帶至(或置於)經驗法則之下"這乃是知性
之事。但是，知性底諸活動，設無感性之規模(圖式)，便是未被決
定的；恰如理性之統一在關於以下所說之條件中依其自身而言亦
是未被決定的，所謂以下所說之條件乃卽是這樣的條件，卽"知性
須應在此條件下依系統的樣式去結合其概念，並應如此條件所至
之程度那樣廣而去結合其概念"這樣的條件：理性底統一卽在關於

這樣的條件中依其自身而言是未被決定的。[案意即：理性底統一它根本缺乏了"知性須應在其下系統地結合其概念"的那條件，即是說，它根本無感性之條件(規模或圖式)，故依其自身而言，它是未被決定的。知性亦須在"規模"或"圖式"這感觸條件下，並應如此感觸條件所至之程度那樣廣（即感觸條件廣至何度知性亦如之），它始能依系統性的樣式去結合其概念。若無此條件，它的諸活動（諸運用）便是未被決定的。雖在此情形下，其活動不曾為被決定的，但並非一往永為不被決定的，是故其諸活動仍可以為被決定的。因為知性雖與感性為異質，它却是相即於感性的，因而它可有"規模"以迎接之而使之下達。在此情形下，它即可系統地結合其概念，如是其活動便成被決定了的。但是理性底統一却根本不能有這樣的感觸條件，故依其自身而言，它是未被決定的；是故總云：就這條件即"知性須應在其下並如其同廣那樣始能系統地結合其概念"這條件而言，理性底統一其自身是不被決定的。] 但是，雖然我們不能夠在直覺中去為"知性底一切概念之完整的系統統一"找得一規模，然而這樣一個規模之"類似物"(analogon) 却必須必然地可被給與。此一"類似物"即是在一個原則下"知性底知識之區分與統一"中之"最高度"（極度 maximum）這個理念。因為由於一切限制條件，即"引起一不決定性的雜多"的那一切限制條件，之被略去（或置而不論），那"是最大而又是絕對完整"的東西始能決定地被思想。這樣說來，理性底理念便是一感性規模之一類似物；但是雖可作一類似物，却有這差別，即：知性底概念之應用於理性底規模實不能產生關於對象自身之知識（就像範疇之應用於其感性規模之情形中所產生者），但只能爲知性底一切使用之系統性的統一產生一規律或原則。現在，因爲每一原則，卽"把知性之使用中的通貫的統一先驗地規劃給知性"的那每一原則，在經驗之對象上亦有效（雖然只是間接地有效），所以純粹理性底諸原則在關涉於經驗之對象中，必須亦有其客觀實在性，但是它們之在關涉於經驗之對象中而有客觀實在性並不是爲的要想去決定該對象中之任何什麼事因而始有客觀實在性，乃只是爲的要想去指示出一種程序，卽"知性之經驗而決定的使用所因以可被置於與其自身（卽此使用自身）完全相諧和中"的那種程序，因而始有客觀實在性。而這一層意思則是因着把知性之使用盡可能帶進與"通貫的統一底原則"相連繫而被達成，並因着依照此原則而去決定知性之程序而被達成。

B 694
A 666

[譯者案]："現在，因爲每一原則"云云，這一長句其意如下。知性底原則如直覺之公理，乃至經驗之類推等，對於經驗對象有所決定，但是理性底原則對於經驗底對象無所決定。此等原則只使知性之經驗而決定的使用歸於通貫的統一。知性底原則是第一序上的，理性底原則却是第二序上的。此第二序上的諸原則把知性之一切使用之通貫的統一先驗地規劃給知性，因此它們是間接地在經驗之對象上有效，因此，就經驗之對象而言，它們亦應有其客觀實在性。可是這客觀實在性不是因它們對於經驗之對象有所決定而然，乃是因它們指示一種程序卽"使知性之一切經驗而決定的使用處於自身相諧和中"之程序而然。而此種程序卽是"使知性之一切使用處於通貫的統一卽系

統性的統一中"之程序，因此，指示此種程序者卽是理性底原則，此等原則是主觀的原則。

我名這一切主觀原則，卽"不是從一對象之構造(本性)而被引生出，但只在關涉於對象底知識之某種可能的圓滿中從理性之興趣而被引生出"的那一切主觀原則，曰"理性之格準"(maxims of reason)。因此，玆有一些思辨理性底格準，這些格準是完全基於理性之思辨的興趣上的，雖然它們看起來似乎是一些客觀的原則。

當純然軌約的原則被視爲構造的原則，因而亦當作客觀的原則而被使用時，它們卽可互相衝突。但是，當它們只被視爲 "格準"時，玆便無眞實的衝突可言，它們但只是理性底興趣中的一些差異，這些差異引起思考方式之分歧 (Trennung)。事實上，理性只有一獨一的興趣，而其諸格準之衝突則只是諸方法中的一種差異，而且亦只是諸方法底一種互相限制，此所謂諸方法乃卽是"此興趣所因以努力去求得滿足"的那些方法。

這樣說來，某一思想家可更特別地感興趣於"雜多"(依照分化原則)，而另一思想家亦可更特別地感興趣於"統一"(依照聚合原則)。每一人皆相信：他的判斷已通過"有所見於對象"而被達成，然而他的判斷實只完全基於對於那兩原則中之一原則之較大或較小的執着 (attachment, Anhänglichkeit)。而因爲此兩原則中沒有一個原則是基於客觀的根據上，它們中之任一個但只基於理性底興趣上，所以 "原則"之名，嚴格言之，不是可應用的；它們可更合適地被名曰"格準"。當我們見到明智的人們就

{A667 B695}

人，動物，或植物之顯著的特徵，甚至就無機物領域中的物體之顯著的特徵，而起爭辯時，（例如某些人假定：在每一民族中皆有某些一定的特殊的遺傳特徵，在家族、種族等等中皆有某些一定的規定好的固具的差異，而另一些人則想堅持：在一切這些情形中，大自然對於一切皆確然已作成同一或相同的準備，並堅持：諸差異實只由於外在的偶然條件而然，並不由於遺傳而然，亦非由於固具的差異而然），當他們如此起爭辯時，我們只須去考慮："他們對之作這些肯斷"的那個對象究是什麼樣一種對象，只須去知道：此對象隱藏得太深了，以至於不允許他們的說法是從 "有所見於此對象之本性" 而來。這種爭辯實只由於理性底雙重興趣，一部分人一心迷戀於此一興趣，或至少可說其採用此一興趣，而另一部分人則一心迷戀於另一興趣，或至少可說其採用另一興趣。這樣，自然中的雜多之格準與自然中的統一之格準此兩種格準間的差異是很容易容許其被融合而爲一的。但是，只要一旦這些格準被認爲可產生客觀的洞見，「則它們便不只足以引起（或招致）爭辯，且亦將引起或招致障礙，此障礙足以長期稽延眞理之發見，直至有一種辦法已被發見，發見之足以使此等爭辯的興趣融而爲一，並且足以使理性在此方面有一滿足，爲止」[1]。

A 668}
B 696}

[註(1)]: 案「　」號內依康德原文譯，已很通順。 *Max Müller* 譯大體亦如此。但依肯·斯密士之譯則如此：「但是，只要一旦這些格準被認爲可產生客觀的洞見，而且除非直至有一種辦法已被發見，發見之足以去調整這些格準之相衝突的要求，並且足以使理性在此方面

有一滿足，否則，這些格準便不只足以引起爭辯，且將是一積極障
碍，並且足以長期稽延眞理之發見。」此不見佳。

關於爲來布尼玆所提出並爲邦奈特（Bonnet）所支持的"這
廣泛被討論的被造物底連續等級之法則"之肯定或否決，上面那
些觀察亦同樣是切合的。這個法則實只是遵循或依照那"基於理
性底興趣上"的親和性（引曳性）之原則而成者[1]。因爲觀察以
及"洞見於自然之構造"之洞見皆不能使我們有理由對於這法則作
客觀的肯斷。連續等級這個梯子之級次，如其在經驗中被呈現給
我們那樣，是互相離得很遠的；而那看起來似乎是一些很小的差
異者卻經常在自然自身中是一些如此廣濶之間隔罅隙，以至於從
任何這樣的觀察中我們在關於自然之終極設計中不能 有 任 何 裁
決，特別是當我們記住： "在事物之如此繁多中去找出相似性與
近似性並無甚困難"時爲然。可是另一方面，依照這樣一個原則
（卽親和性原則或連續性原則）去尋求自然中之次序，這尋求之
方法，以及那格準，卽規定"我們視這樣的次序爲基於「自然一
般」[2] 者"（但是這次序擴展至何處或[3] 何度這仍然是存而不決
的），這格準，確然皆是理性之一合法而優異的軌約原則。依此
軌約的身分（只依此軌約原則之如其爲軌約的），此原則卽可遠
超出"經驗或觀察所能證實者"之外；而雖然此原則自身不能決
定任何事，然血它猶足以去標識出那"引向系統性的統一"之途
徑。

[註(1)]：案此句是稍微變通一下而意譯。依康德原文及肯·斯密

士之直譯則當如此：“這個法則實只是由那「基於理性底興趣上」的親和性（引曳性）之原則而來的一個遵循而相隨者（eine Befolgung, the following）”。此甚別扭，故把“遵循而相隨者”這個名詞改爲述語“依照或遵循⋯⋯而成者”。*Meiklejohn* 把它簡單化意譯爲：“此法則不過是由親和性（引曳性）之原則而推得的一個推論”，此則甚順，故傚此而意譯，如文。

〔註(2)〕：康德原文是“自然一般”，肯·斯密士把“一般”改爲 “as such”，如是則成 “自然之如其爲自然”或“自然本身”。然此皆多餘，故 *Meiklejohn* 把“一般”字略而不譯。

〔註(3)〕：康德原文是“或”(oder)，肯·斯密士譯爲“與”(and)。*Meiklejohn* 只譯“何度”一項，“何處”則略。

超越辯證部份之附錄

II

人類理性底自然的辯證〔之批判〕

{ A 669
{ B 697

之終極目的

　　純粹理性底諸理念其自身決不會是辯證的；這些理念所引起的任何欺騙性的虛幻必須只由於這些理念之誤用。蓋因這些理念卽從我們的理性之本性而發生；而若說理性這個最高法庭，卽關於「思辨底一切權利與要求」之最高法庭，其自身必定是欺騙與虛幻之根源，這乃是不可能的。因此，姑且假定說，此等理念本有其自己之良好而適當的天職（本分或定分）如爲我們的理性之天然本性所決定者(1)。但是，一羣辯士們卻向理性發出 "荒謬與矛盾" 這常見的呼聲，而雖然他們不能參透或深入於理性之最內部的意匠或設計，可是他們猶仍猛烈攻擊理性之規劃。他們雖猛烈攻擊理性之規劃，可是他們之得有其自己的"自我堅持或獨斷"（己見之維護）之可能性，實在說來，也就是他們之得有那種教養，卽 "使他們能去責備理性所要求於他們者並去定理性所要求於他們者之罪〔如宣告其爲荒謬與矛盾而定其罪〕" 的那種教養(culture, kultur)，實皆應歸功於爲理性所表現的那有利的影響力（有恩惠的影響力）。

〔註(1)〕：案此句依康德原文是：此等理念本有其自己之良好而適當的天職於我們的理性之天然本性中。

設我們對於一先驗概念不能首先給與一"超越的推證"，則我們便不能以任何確定性來使用此先驗概念。純粹理性底理念實不能有如在範疇處爲可能的那種"推證"。但是，如果此等理念要想有絲毫客觀的妥效性（不管這妥效性是如何之不確定），而並不是要成爲純然的"空洞的思想物"(empty thought-entities: Gedankendinge: entia retionis ratioeinantis)，則對於它們的一種"推證"必須是可能的，不管此推證（如我們所承認）是如何之大異於我們先前對於範疇所能作者。"對於此等理念能作一「不同於就範疇所作的推證」之推證"這一點將把純粹理性之批判工作完整起來，而且亦是我們現在所想要去從事之者。

某種東西是否簡單逕直地(1)當作一對象而被給與於我的理性，抑或是只當作"理念中的對象"而被給與於我的理性，這其間有一很大的差異。在前一種情形中，我們的概念是被用來去決定對象；在後一種情形中，事實上只存有這樣一種規模(2)，卽"對之沒有對象是直接地被給與了的，甚至也沒有一個假然的對象是直接地被給與了的"這樣一種規模，而這樣一種規模只使我們能夠依一間接的樣式去把其他諸對象表象給我自己，卽是說，使我們能夠依此其他諸對象之系統性的統一，藉賴着此諸其他對象之關聯於此理念，去把此諸其他對象表象給我自己。如是，我說：一最高睿智體之概念只是一純然的理念，那就是說，此概念之客觀實在性並不是可被認爲是存在於"其直接地涉及一對象"中者（因

A 670
B 698

爲若是依此意義去了解此概念之客觀實在性，則我們決不能證成
此概念之客觀妥效性）。此一概念只是一個〝依照理性底最大可
能的統一之條件而被構造起〞的規模，卽它只是〝一事物一般〞底
概念之規模，此規模只足以去得到我們的理性之經驗的使用中的
最大可能的系統性的統一。既然如此，則我們便好像是可從此理
念之設想的對象（視之爲經驗底對象之根據或原因）來引生出經
驗底對象。例如，我們宣說：此世界中的諸事物必須被視爲是這 〔A 671
樣的，卽好像〝它們已從一最高睿智體中取得了其存在〞似的。 〔B 699
這樣說來，理念實只是一啓發性的概念，而不是一〝有實物可指〞
的概念（ostensive concept）。它並不把〝一個對象如何被構
成（如何有如此這般之性質）〞這一層表明給我們，但只把〝在其
指導下，我們應如何去探究⑶經驗一般底對象之構造與連繫〞這
一層表明給我們。如是，如果我們能表明：這三個超越的理念
（卽心理學的理念，宇宙論的理念，以及神學的理念），雖然它
們並不直接地關聯於任何與之相應的對象，或決定任何與之相應
的對象，然而若當作理性底經驗使用之規律看，它們卻猶可在這
樣一個〝理念中的對象〞之預設下引我們至於系統性的統一；又
如果我們能表明：既可引我們至於系統性的統一，如是，它們便
可有貢獻於經驗知識之擴張，而決不會違反於經驗知識；如果我
們能作如上兩層表明時，則我們便可歸結說：〝總應去依照這樣
的理念而進行〞這乃是理性底一個必然的格準。這一義，實在說
來，卽是思辨理性底一切理念之〝超越的推證〞，此思辨理性底一
切理念不是當作〝構造原則〞看以便去把我們的知識擴張至比經驗
所能給的對象爲更多的對象，乃是只當作〝經驗知識一般〞底雜多

之系統性的統一之"軌約的原則"看，依此軌約的原則，此經驗知識必可更適當地被確保於其自己之範圍內，並可更有效地被改進，卽比在這樣的理念之缺無中，通過那純然知性底原則之使用，所可能確保與所可能改進者爲更適當地被確保於其自己之範圍內以及更有效地被改進。

〔註(1)〕："簡單逕直地"依康德原文是"schlechthin"這個副詞，此詞是率直、坦白、簡單明瞭等義，故如此譯。三英譯皆譯爲"絕對地"，此則與"schlechthinnig"（絕對的，全然的，無條件的）這個形容詞相混。若依英譯之"absolutely"而譯爲"絕對地"則無意義。

〔註(2)〕："規模"（圖式），在此，嚴格講，實不是規模，而是規模之"類似物"。重看前附錄 Ｉ A665, B693。

〔註(3)〕：依康德原文是"應如何去探究"，肯・斯密士譯爲"想去決定"，非是。

A672}
B700}

以上所說作爲軌約原則的理念底超越推證之義，我將努力使之成爲更清楚一點。依照這些作爲原則的理念，我們首先第一在心理學中，在內部經驗底指導之下，想把我們的心靈底一切現象，一切活動，以及一切感受，統統把它們連繫起來，儼若心靈眞是一單純的本體，此單純的本體以其自己的同一性始終不變地存在着（至少在今生是如此），而此本體底諸狀態（身體底諸狀態只當作外部情況而隸屬於此本體底諸狀態）則是存在於連續不斷的變化中（是連續不斷地變化着的）。其次，第二，在宇宙論中，我們必須窮追內外部自然現象底條件，我們之窮追之是在這樣一種研究中窮追之，卽此一研究須被視爲決不允許有完整之境者，我們如此窮追之，儼若現象底系列其自身眞是無底止的，並無任何第一分子或最高分子。在如此窮追中，我們自不須否決在一切現象之外存有現象底純粹智思的根據；但是由於我們對於此等純粹智思的根據並無知識，所以我們必不可試想於自然底說明中去使用此等純粹智思的根據。最後，第三，在神學領域中，我們必須視每一東西皆能屬於可能經驗底係絡，儼若此經驗已形成一絕對的統一但卻同時又是完全依待的而且是感觸地受制約的統一，復亦同時儼若一切現象底綜集（感觸世界自身）已有一獨一的，最高的，一切充足的根據在此綜集之外，卽是說，有一自我潛存的，根源的，創造性的理性在此綜集之外。因爲那正是依照 "創造性的理性" 這個理念，我們始如此指導我們的理性之經驗的使用就像要去獲得或確保理性之最大可能的擴張那樣去指導之，卽是說，就像因着視一切對象儼若 "它們已從這樣一個基型汲得其起源" 那樣而去指導我們的理性之經驗的使用。換言之，我們不應從一 "單純的思維本體" 去引生出靈魂底內部現象，但只應依照 "一單純的存有" 之理念，從靈魂之現象之互相間交互相生來引生出靈魂之內部現象；我們不應從一最高睿智體去引生出世界底秩序以及系統性的統一，但只應從 "一最高智因" 之理念去得到一個規律，依照此一規律，理性在其連結世界中的經驗的原因與結果中可以最有利益地（最好地）被使用，並可依 "去獲得其自己的要求之滿足" 之樣式而被使用。

{ A 673
{ B 701

　　現在，沒有什麼東西可以阻止我們使我們不去認定這些理念亦爲客觀的，卽是說，使我們不去把這些理念實體化，除在這樣

的宇宙論的理念之情形中，即，在此等宇宙論的理念處，理性，
依其認定這些理念亦爲客觀的並把它們實體化而言，它遂陷於背
反中：除在這樣的宇宙論的理念之情形中因有背反出現是故可以
阻止我們云云，除此以外，再沒有什麼東西可以阻止我們云云
者。心理學的理念以及神學的理念並不含有背反，亦不含有矛
盾。然則人們如何能抗辯或反抗此兩理念底［可能的］客觀實在
性呢？"否決此兩理念底可能性"的人其於此否決中［對於此可能
性底］知識之少恰如我們在肯定之之中所能有的知識之少。［**案
意即對於此兩理念底可能性，無論我們肯定之或否決之，皆對之
很少有知識。**］但是，若只說沒有積極的阻碍足以阻止我們去認
定某種東西，這並不是去認定任何東西之充足根據；我們並無理
由只依據一"專想完成其自己所安置之工作"的思辨理性之權威便
可去引出一些"思想物"（超越乎一切我們的概念以上然而卻又不
與我們的一切概念相矛盾的那些思想物）以爲是眞實的對象而且
又是決定性的對象。這些"思想物"不應被認定爲是依其自身而
存在着者，但只應被認定爲是"有一規模（規模之類似物）之實
在性"者，規模即是自然底一切知識之系統性的統一之軌約原則
之規模。它們定須只被視爲眞實事物之"類似物"（analoga），
它們必不可被視爲依其自身而言即是眞實的事物。我們從理念之
對象上把那些條件移除了，所謂那些條件是這樣的，即它們可以
限制我們的知性所供給的概念，但亦單只是這些條件才使"對於
任何東西有一決定性的概念"這一事對於我們爲可能。既把這樣
的條件從理念之對象上移除了，如是，則我們於理念中所思維的
乃是這樣一個某物，即，對於此某物，如其存在於其自身者，我

A 674〕
B 702〕

們是沒有任何概念的，但是縱然如此，我們卻又把此某物表象給我們自己，表象之爲與現象之綜集有關係者，其與現象之綜集有關係這種關係是類比於"現象互相間有關係"之關係而說成的。

　　[譯者案]：我們把理念之對象表象爲與現象之綜集有關係的某物，此某物與現象之綜集所有之關係雖由類比於現象互相間之關係而成，然而却實不同於現象之互相間之關係。現象互相間之關係，由於知性原則如"經驗底類推"這一原則之有效的使用，乃是決定了的。但現象之綜集與此某物之關係却並無一構造原則使之爲決定的，因爲對此某物吾人無任何概念故。

　　依此而言，如果我們假定了這樣一些理想的存有，我們實並未擴張我們的知識以越過可能經驗底對象之外；我們只擴張了這樣的經驗之經驗性的統一，卽藉賴着一種系統性的統一而擴張之，對此系統性的統一而言的規模（規模底類似物）乃是爲理念所供給者——理念，卽因其只供給一規模（規模底類似物）之故，所以它無資格成爲一構造的原則，但只有資格成爲一軌約的原則。因爲"去允許我們置定一物，一某物，一眞實的存有，以相應於理念"，這並不是去說：我們想藉賴着超越的⑴概念要去擴張我們的"事物之知識"。因爲此相應於理念的"存有"是只依理念而被置定，而不是依其自身而被置定；而因此，它亦只如其表示系統性的統一那樣而被置定，其所表示之系統性的統一乃卽是那"爲理性之經驗的使用充作一規律"的那系統性的統一。如此被置定之存有，在關於"此統一之根據"中，或關於"此統一所依以爲

{ A675
{ B703

其原因的那存有之內部性格可是什麼”，它是裁決不了什麼的。

[註(1)]: 肯·斯密士注云 ：依第四版改“超絕的”爲“超越的”。

案若如是，則第四版以前原爲“超絕的”。*Max Müller* 亦注云:
“早期各版爲「超絕的」，而非「超越的」。「超越的」 見之於第五版
之正誤表中。但是，要想指示此等概念之不合法的使用，康德存心用
「超絕的」一詞，這亦並非不可能”。案此說是。*Meiklejohn* 仍照
舊依爲“超絕的”。

這樣說來，純粹地思辨的理性所給與於我們的那個關於上帝
之超越的而且是唯一決定性的概念，依其嚴格的意義而言，它只
是理神論的；卽是說，理性實不能決定這樣一個概念之客觀的妥
效性，但只產生那 “是一切經驗的實在性之最高而必然的統一之
根據”的某種東西之理念。此某種東西，我們不能有別法以思
之，除依據那“依照理性之法則而爲一切事物之原因”的一個眞實
本體之類比而思之。只要當我們敢去思此某種東西爲一特殊的對
象，而並不寧願以理性底軌約原則底純然的理念爲滿足,亦不置思
想底一切條件之完整於一邊而不顧（由於此種完整對於人類知性
而言實是太大之故而置之於不顧）， 只要當我們是如此云云時，
我們卽必須思此某種東西，而那依一眞實本體之類比之方法而思
之實在說來卽是 “我們之如何必須去思之”之方法。（上說亦不置
思想底一切條件之完整於一邊而不顧，須知置之不顧這種辦法乃
是與我們的知識中的那種完整的系統統一卽 “理性對之至少並沒
有置下一限制或界限”的那種完整的系統統一之追求不相一致的。）

　　既然在那種情形下，我們必須依一眞實本體之類比方法而去思某種東西，如是，則此一義卽是那如何必有以下這種事者，卽：如果我們假定有一神性的存有，則我們對此神性存有底最高圓滿之內部的可能性或對此神性存有底存在之必然性實皆不能有任何概念；但是，另一方面，我們卻可對於一切那些"關聯到偶然物"的問題給與一滿意的答覆，並亦可供給理性以最完整的滿足，卽就着理性在其經驗的使用中所尋求的最高統一而給與理性以最完整的滿足。但是，"我們不能在關於這假定自身中去滿足理性"這一事實卽可表明：那正是理性底思辨興趣，而不是其任何眞實的洞見，使它從一遠過其範圍的地方作開始點，並使它因着這種辦法努力去通覽其一切對象爲構成一完整的全體者。 { A 676 B 704

　　[譯者案]：思辨是虛的，洞見是實的。思辨之虛是軌約的，洞見之實是構造的。假定有一神性的存有，這存有只是一理神論的理念，我們對其最高圓滿之內部的可能性與其存在之必然性並無任何概念，此卽是說無任何洞見，亦卽是說，"我們不能在關於此假定自身中去滿足理性"。在此情形下，理性之得滿足只是在軌約原則下向最高統一去追求。因此，它從一遠過其範圍的地方作開始點，並從此開始點而努力去通覽其所面對的一切對象爲構成一完整的全體者，這乃正是它的思辨興趣，而不是它的任何眞實的洞見。我們固不能置思想底一切條件之完整於不顧，然順完整之追求而須假定一神性的存有（不只是理性底軌約原則底理念），則此所假定者亦只如此而已。

在此，我們碰見了一種區別，此種區別是有關於 "處理同一假定" 這處理中的思想之程序的，這一種區別乃是一 "多或少有點纖細微妙，但在超越的哲學中卻是十分重要的" 一種區別。我可以有充足的根據依一相對的意義去假定某物 （suppositio relativa），但我卻沒有權利絕對地去假定某物 （suppositio absoluta）。此種區別在一純然軌約原則之情形中須被計及。我們認知了此原則底必然性，但我們對於此原則底必然性之根源卻沒有知識；而若我們要假定此原則有一究極的根據，則我們之作此假定只是爲的可更決定地去思其普遍性。這樣，例如，當我思一 "相應於一純然的理念，實在說來，相應於一超越的理念" 的存有爲"存在着者"時，我並沒有權利去假定任何這樣的東西爲依其自身（在其自身）而存在着者，因爲在這裏沒有這樣的概念，即"通過之我能去思任何對象爲決定了的"這樣的概念，爲這樣的目的而備足了的——此蓋因爲我的概念底客觀妥效性上所需要的條件已爲這理念自身所排除故。實在，本體，因果等概念，甚至存在中的"必然性"之概念，設若它們離開了它們的使用以去使一對象底經驗知識爲可能，它們便無任何意義，就像 "足可去決定任何對象" 這樣的任何意義。因此，它們可被用來去說明感取世界中的事物之可能性，但不能被用來去說明 "宇宙自身" 之可能性。說明宇宙自身之可能性這樣一種說明之根據必應存在於世界之外，因而它亦不能是一可能經驗底一個對象。可是縱然如此，然而雖然我不能假定這樣一個不可思議的存有 [爲] 在其自身[而存在着者]，我猶可相對於感取世界而假定它爲一純然理念之對象。因爲，如果我的理性底最大可能的經驗使用是基於一個理念

A 677 }
B 705 }

上(即基於一個系統地完整的統一之理念上,對於此理念我即刻將
會於下文更準確地規定或詳說之),其所基依之理念是這樣一個理
念, 即"雖然其自身不能適當地被展示於經驗中,然而要想我們可
以接近於經驗統一底最高可能的程度, 它卻又是不可缺少地必要
的"這樣的一個理念, 如是,則我將不只是有權利, 且亦將被迫着
(有義務)去眞實化此理念, 即是說, 去爲此理念置定一眞實的對
象。但是, 我可爲此理念置定一眞實的對象, 是把這對象只當作
一"某物"而置定之, 此某物我畢竟不能即依其自身而知之, 而我
又是把這樣的一些特性, 即"類比于在經驗範圍中爲知性所使用
的諸概念"的那些特性, 歸屬給此某物, 此某物即是那"作爲那種
系統性的統一之根據"的某物, 我是在關聯于此種統一中把那些
"類比于在經驗範圍中爲知性所使用的諸概念"的特性歸屬給此某
物。依此, 在類比于世界中的諸實在(實在性之概念屬于質者),
諸常體(本體之概念屬關係者), 因果性(因果概念亦屬關係
者), 以及必然性(必然性之概念屬程態者)中, 我思一"存有"
它具有這一切特性, 其具有之是依最高圓滿而具有之; 而又因爲
此一"存有"之理念只基于(1)我的理性上, 所以我能思此存有爲
"自我潛存的大(2)理性", 此自我潛存的大理性, 通過"最大的諧
和與統一之理念", 它即是宇宙之原因。這樣, 我把那"可以限制
理念"的一切條件皆略去, 我之略去這一切條件, 只是爲的在這
樣一個根源的根據之贊助(庇護)下, 去使宇宙中的雜多之系統
性的統一爲可能, 並因此系統性的統一, 復使理性底最大可能的
經驗使用爲可能。我之略去限制理念的一切條件是因着把[世界
中的]一切連繫表象爲好像是一究極理性之法令而略去之, 而所

{ A 678
{ B 706

謂究極理性乃是這樣的一個理性，卽它是原本，而我們的理性則不過只是它的一個微薄暗淡的做本。如是，我進而去思此最高的存有是專通過那些"恰當地言之只可應用于感取世界"的概念而思之。但是因爲對于此超越的假定，我所作的沒有別的，不過只是作一相對的使用，卽是說，使此超越的假定爲可給出最大可能的"經驗底統一"之基體者，因爲是如此，所以我當然很可思一有別于感取世界的存有，我之思這樣一個存有是通過那些"只屬于感取世界"的特性而思之。因爲我並不想依照"我的理念之對象在其自身是什麼"去知此對象，我亦並無理由想如此去知此對象。茲並無"對于任何這樣的目的爲可合用"的概念；甚至實在，常體，因果等概念，不，甚至存在中的"必然性"這個概念，亦皆喪失其一切意義，它們皆只是概念之空頭銜（意卽此時此等概念皆只有概念之空名而無概念之實），其自身完全無內容，當我們這樣敢冒險以它們越過感取領域以外時。我只思"一存有（其自身完全不被知于我們的那個存有）對于宇宙底最大可能的系統性的統一之關係"，我之思此一存有對于此統一之關係是只爲這目的，卽"用此存有以爲我的理性底最大可能的經驗使用底軌約原則之規模"(3) 這目的，而思之。

[註(1)]：康德原文是"基于"，肯・斯密士譯爲"依靠"或"依賴"稍疏。"只基于我的理性上"意卽只以我的理性爲基礎，言此一存有之理念只由我的理性而形成，故 *Meiklejohn* 卽意譯爲"此一存有之理念唯是我的理性之產物"。

[註(2)]："大"字乃譯者所加，以期有別于我的理性或我們的理

性。此即下文所說作爲原本的究極理性或最高理性，如是，在此加
"究極"或"最高"字亦可。

[註(3)]："規模"仍如前只是規模之類似物，而實並不可說規模。
只在知性之概念處始可正式說規模或圖式，在理念處只是借用。

如果我們心中所想的或所考慮的乃是我們的理念之超越的對
象，則這樣我們便不能藉賴着實在、常體、因果等概念，只依此
超越的對象之自身，來預設此超越的對象之實在性，這是甚爲顯
然的，因爲此等概念不能有絲毫的應用——"應用于任何「完全
不同于感取世界」的東西"之應用。因此，理性對于一最高存有
（作爲最高原因者）所作的那假設只是相對的；那假設只爲感取
世界中的系統性的統一之故而被設計出來，而且它只是理念中的
一個純然的某物，對於此某物，就其在其自身是什麼而言，我們
並沒有概念。此義即說明了何故，在關聯于"當作存在着者而被
給與于感取上"的東西中，我們雖需要一個"依其自身而言爲必
然的"這樣一個根源存有之理念，然而對于此根源存有或對于此
根源存有之絕對必然性卻又不能形成絲毫的概念。

現在，我們對于全部超越辯證之成果能有一清楚的看法，並 { A680
{ B708
且能準確地去界定純粹理性底諸理念之終極目的，此純粹理性底
諸理念是只通過不留意（不謹愼）與誤解始變成辯證的。純粹理
性事實上只不過有事于其自身。它不能有其他的職務。因爲那被
給與于純粹理性者並不是(1)那些"須被帶至經驗概念底統一下"的
諸對象，但只是(1)那些"要求被帶至理性底概念之統一下，即，要
求被帶至依照一原則而來的連繫之統一下"的諸知識（即爲知性所

供給的諸知識）。理性底統一是系統底統一；而此系統性的統一實並不能客觀地充作那"可以把理性底應用擴張至對象"這樣一個原則，但只可主觀地充作那"可以把理性底應用擴張至對象底一切可能的經驗知識"這樣一個格準。可是縱然如此，然而因為"理性所能給與于知性底經驗使用"的那系統性的連繫不只是促進了知性底經驗使用之擴張，且亦保證了知性底經驗使用之正確，是故這樣的系統性的統一之原則言至此亦可說是客觀的，但須知其為客觀的是只依一不決定的樣式（principium vagum）而為客觀的。它不是一個"使我們能够在關于其直接對象中去決定任何什麼事"的構造原則，「它但只是一個純然軌約的原則或格準，此原則或格準能使我們無限定地（不決定地 in infinitum, inde-terminately）去促進並加強理性底經驗使用——其促進並加強之也決不違反理性底經驗使用之法則，而同時卻又開設了一些不在知性底認知之內的新途徑」[2]。

[註(1)]: 依康德原文譯， 其他兩英譯亦如此。 肯·斯密士譯為"並不在于"（does not consist in），反不明，至少亦鬆泛。

[註(2)]: 此一整句，依康德原文似當如此："它但只是一個純然軌約的原則或格準，此原則或格準能使我們經由知性所不知的新途徑之開設無限定地(不決定地)去促進並去加強理性底經驗使用，而又至少不曾違反于理性底經驗使用之法則"。如此亦甚順，其他兩英譯亦如此。肯·斯密士譯稍加調整，雖不能說錯，亦不見佳。當以原文為準。又"它但只是一個純然軌約的原則或格準"，"或"字依康德原文是"與"（and）字。*Meiklejohn* 改為"或"字，案此改是。

但是理性之思此系統性的統一只能 因着"給與此統一之理念 {A681 B709
一個對象"而思之，除此以外，它不能有別法以思之；而因爲經
驗決不能對此完整的系統性的統一給與一例證，所以 "我們所要
指派給此統一之理念"的那個對象並不是像 "經驗所能供給者"那
樣的對象。"我們所要指派給此統一之理念"的這個對象，如這樣
爲理性所懷有者 (dieses Vernunftwesen, ens rationis rati-
ocinatae)，固只是一純然的理念；它並不是要被認定爲是這樣
一個某物，卽"是絕對地眞實的而且是依其自身而爲眞實的"這樣
一個某物，它但只是或然地被設定了的（因爲我們不能通過知性
底概念之任一個而達到之），其爲或然地被設定是因爲設定之我
們便可視感取世界中的事物底一切連繫儼若它們在這樣一個存有
中有其根據。在如此進行中，我們的唯一目的便是去確保那系統
性的統一，此系統性的統一對於理性是不可缺少的，而且它雖從
各方面看足以去促進那爲知性所可得到的經驗知識，然而它卻亦
決不能有干擾以去阻礙或妨碍此經驗的知識。

如果我們視理念爲一眞實物之肯斷，或縱使退一步，視之爲
一眞實物之假定，這樣，我們便可進而去把世界底系統性的秩序
之根據歸因于此眞實物，如果我們是如此云云時，則我們便誤解
了此理念之意義。正相反，那 "逃避了我們的概念（意卽爲我們
的概念所不及）"的那個根據依其自己所有的固具構造（本性）
而言可是什麼，這乃是完全存而不決的；理念只當作一個觀點而
被置定，單由此觀點，那種統一，卽 "對于理性是如此之基要而
對于知性又是如此之有利"的那種統一，始能進一步被擴張。總 {A682 B710
之，此超越的東西只是軌約原則底規模（規模底類似物），因着

此規模（規模之類似物），理性，就其處于其力量之內而言，它把系統性的統一擴張至全部的經驗領域。

第一個這樣的理念之對象便是"我自己"的"我"，卽那只被視爲"思維的自然"或"靈魂"的"我"。如果我要想去研究一思維的存有其自身所具有的諸特性，我必須商之于經驗。因爲我甚至不能把任何一個範疇應用于此對象，除當範疇之規模（圖式）是在感觸直覺中爲被給與了的時。但是，我決不能因着"範疇之規模之在感觸直覺中爲被給與了的因而範疇可應用于此對象"便可達到內部感取底一切現象之系統性的統一。因此，理性不取用"靈魂現實上所實是者"之經驗的概念（此經驗的概念不能使我們及于甚遠），而卻取用"一切思想底經驗的統一"之概念；而因着思維此"統一"爲不受制約者而且是根源的，理性遂從此"統一"形成一"理性之概念"，卽是說，形成"一單純本體"之理念，此一單純本體，卽"其自身是不變的(是一己地同一的)"這一單純本體，它是和那在它以外的其他眞實事物相聯合者；總之，理性從此"統一"形成一單純的自我潛存的睿智體之理念。但是在如此情形中，理性除籌畫"靈魂底現象之說明中的系統性的統一之原則"這一事外，它不再籌畫任何什麼其他事。它努力想去把一切"決定"表象爲"存在于一獨一的主體中"者，把一切"力量"盡可能表象爲"從一獨一的基本力量而引生出"者，把一切"變化"表象爲"屬于同一常住的存有之狀態"者，把空間中的一切"現象"表象爲"完全不同于思想之活動"者。此一本體之單純性以及其他諸特性（如人格性及不滅性等）須被意想爲此軌約原則（卽系統性的統一之原則）之規模，它們並不可被預設爲是靈魂底諸特性（諸經驗特性或作爲現象的諸特性）之現實的根據。因爲此等經驗特性很可基于完全不同的其他根據上，而對于此等其他根據，我們不能知任何什麼事。"靈魂之在其自己"不能够通過那些被假定的謂詞（單純性等）而被知，縱使就靈魂而言，我們視那些謂詞爲絕對地有效的，那"靈魂之在其自己"亦不能通過它們而被知。因爲那些被假定的謂詞只構成一純然的理念，此理念是不能被表象于具體現實中的（或不能具體現實地被表象）。只要我們注意：這樣被思議的心理學的理念不能被看成比一純然的理念爲多，又注意：由于這理念只是一純然的理念，是故它之被認爲是有效的是只相對于理性之系統性的使用（在決定我們的靈魂底諸現象 中 理 性 之系統性的使用）而被認爲是有效的，只要我們注意此等云云，則[我們將見]除便利外，決不會有什麼其他東西能由這樣被思議的心理學的理念而致成。因爲那樣注意時，便沒有身體現象底經驗法則（完全屬于異類者）將干擾或介入于那"專屬于內部感取"的東西之說明中。關于靈魂，沒有世代，消滅，以及新生這些輕率浮躁的假設可被允許。這樣，關于這個"內部感取底對象"之考慮將完全被保持爲純淨的，而且將不因着異質的特性之介入而被混擾。復次，理性所有的研究將被指導去把此領域中的說明之根據盡可能化歸于一簡單的原則。凡此一切皆將通過這樣一種規模，即被視爲儼若"它眞是一眞實的存有"這樣的規模，而很好地被達成；實在說來，凡此一切亦不能依任何其他辦法而爲可達成的。這個心理學的理念除指表一軌約概念底規模外，不能指表任何東西。因爲設若我去究問"靈魂在其自己"是否屬于一精神的自然，此問題必無意義。在使用這樣一個概念（卽"靈魂在其自己"之槪

⎰A 684
⎱B 712

念）中，我不只抽離"軀體的自然"（色體自然），且亦抽離自然一般（抽離一切自然），卽是說，抽離任何可能經驗底一切謂詞，因而也就是說，抽離一切條件，卽爲這樣一個概念思維一對象時所需要的一切條件：　"但是，只由于關聯于一個對象，概念始能被說爲有一意義"(1)。

　　［註(1)］：譯者案：此一承上"抽離一切條件"而說的句子，康德原文是 "als welehes doch einzig und allein es macht, daβ man sagt, er habe einen Sinn"。*Meiklejohn* 如此譯：　"但是，如果這些條件不存在，則概念是無意義的，這甚爲顯然"。*Max Müller* 則如此譯："而在那種情形（卽抽掉一切條件之情形）中，概念必無任何意義"。案此兩譯，意義相同，與肯・斯密士譯異，此兩譯皆表示：抽掉一切條件，概念無意義。而肯・斯密士譯則表示："只由于關聯于一個對象，概念始能被說爲有一意義"。此中"關聯于一個對象"，以義理衡之，不甚諦。重點不在關聯于對象，而在條件。依此，若參考彼兩英譯，原文似當如此譯："但是，惟由于這些條件故，人們始能說概念有一意義"。

　　純然思辨理性底第二個軌約理念便是"世界一般"之概念。因爲"自然"，恰當地言之，就是這唯一被給與的對象，關于此唯一被給與的對象，理性需要軌約原則。此"自然"有兩方面，它或是思維的自然，或是色體自然 (corporeal nature)。就此色體自然之內在可能性而去思此色體自然，卽是說，去決定範疇之應用于此色體自然，我們不需要有理念，卽是說，不需要有超越經驗以外的表象。實在說來，在此方面，亦無任何理念是可能的，因

爲在處理色體自然時，我們只爲感觸直覺所指導。這情形是不同
于基本心理學的概念（"我"）之情形的，此基本心理學的概念先
驗地含有一種思想之形式，卽先驗地含有思想之統一。因此，在
色體自然處，除自然一般以及依照某一原則而來的自然中的諸條
件之完整外，再沒有什麼東西爲純粹理性而存留下來。在這些條
件底分子之引生中，這些條件底系列之絕對綜體是一個理念，此
一理念從來不能完全被實化于理性之經驗的使用中，但是它猶可
充作一規律來規定我們在處理這樣的系列中應當如何去進行，卽
是說，來規定我們在說明現象中，不管是依此等現象之後返的次
序抑或是依其上升的次序以說明之，我們總應當去視此系列儼若
其自是真是無限的（無底止的），卽，儼若它真是無限定地 (in
indefinitam) 前進的。但是，另一方面，當理性自身被看成是
有決定作用的原因時(此如在自由中，卽在實踐原則之情形中)，
則我們卽須這樣去進行，卽儼若我們已有一純粹知性之對象，而
非一感取之對象，在我們眼前。在此實踐的範圍中，諸條件不再
存在于現象底系列中；它們能在此系列之外而被置定，而狀態底
系列亦因而能被視爲儼若它有一絕對的開始，卽通過一智思的原
因而有一絕對的開始。 凡此一切皆表明諸宇宙論的理念沒有別
的，不過只是一些軌約原則，它們很不足以依構成原則之樣式去
置定這樣的系列底一個現實的綜體。關于此論題之較充分的討論
已見于"純粹理性之背反"章。

純粹理性底第三個理念，卽那"含有一個「爲一切宇宙論的系
列之唯一而充足的原因」的存有之一純然地相對的假設"的這個
理念，便是上帝之理念。〔案此是說此第三理念含有一個"爲一切

A 685
B 713

宇宙論的系列之唯一而充足的原因"這樣的存有之假設，而此一
假設是一純然地相對的假設。"相對"云者意卽關聯着宇宙論的系
列而爲其原因之謂。我們只在此相對的關聯中假設之，故只是一
純然地相對的假設。〕我們沒有絲毫根據依一絕對樣式去假定此
理念之對象（卽在此理念之對象之自身中去假定此對象）；因爲
有什麼東西能使我們只在一存有之概念之基礎上去相信或去肯斷
一存有爲屬于最高圓滿之存有並屬于卽依其本性而爲一絕對必然
者之存有？或如果我們如此相信了或肯斷了，我們又如何能證成
我們之如此相信或肯斷使之爲有理？只有依此存有之關聯于世
界，我們始能試想去建立此假設之必然性；如是，此甚顯然，
卽：這樣一個存有之理念，亦如一切其他思辨的理念一樣，「它
只想去程式出以下所說之理性之控制或指揮」(1)，卽：世界中一
切連繫須依照一系統性的統一之原則而被觀看——儼若一切這樣
的連繫有其根源于一獨一的擁攝一切的存有中，一個作爲最高而
一切充足的原因這樣一個獨一的擁攝一切的存有中。如是，此亦
甚顯然，卽：理性在此除爲其經驗使用之擴張（並非爲其越過一
切經驗使用之限制以外的任何擴張）去規劃其自己之形式的規律
外，它沒有其他目的。因而結果，此亦甚顯然，卽：此理念並不
能依任何隱蔽的樣式含有任何這樣的原則，卽"在其應用于可能
經驗中要求成爲性格上是構造的"這樣的原則。

[註(1)]：案此句依 *Max Müller* 譯是如此："它只不過意謂這意
思，卽：理性要求我們依照一系統性的統一之原則去考量世界中的一
切連繫，因而儼若……"。案康德原文只是"die Vernunft gebiete"

一譯爲"去程式出理性之控制或指揮"，一譯爲"理性要求我們"云云。案"gebiete"有控制，命令，吩咐等義。肯·斯密士譯取"控制"義，"程式出"乃補充之以成句者。*Max Müller* 取命令，吩咐等義轉而爲要求，補之以 "我們" 以成句。*Meiklejohn* 譯亦取"要求"義，而譯爲 "它本質上不過只是理性上的一種要求，卽：云云（此多意譯不足取）"。單就此語言，三譯似皆可通，但不知何者爲較切耳。

"僅只基于理性之概念" 的那最高的形式的統一乃是事物底"適合于一目的"的統一。理性之思辨的興趣使 "去視世界中一切秩序儼若皆已根源于一最高理性之目的" 這一點成爲必然的。這樣一個原則，當其被應用於經驗底領域中時，它卽把完全新的觀景，卽關於"世界中之事物如何可依照目的論的法則而被連繫"這完全新的觀景，展示給我們的理性，並因而能使理性去達到此諸事物之最大的系統性的統一。因此，作爲宇宙之唯一原因的一個最高睿智體之假定，雖然僅是理念中之假定，然而它卻總是能有益於理性，而決不會有損於理性。如是,如果在研究地球之形狀中（地球之形狀是圓的但有點扁平）[a]，在研究山、海，等等之形狀中，我們假定此等形狀是世界底創造者方面的明智目的之產品，則我們依此路便能够去得到許多新發見。而若我們把我們自己限制於此原則之一純然地軌約的使用，則卽使是錯誤亦不能對於我們有任何嚴重的傷害。因爲那所能發生的最壞的事必應是這樣的，卽：我們期望一目的論的連繫 (nexus finalis) 的地方，我們卻只見到一機械的或物理的連繫 (nexus effectivus)。在這樣一種情形中，我們只不過沒有找得這額外的統一而已；我們

{A687
{B715

{A688
{B716

並沒有破壞"理性在其經驗的使用中所堅持"的那種統一。但是，卽使有這種挫折（失望，失敗），這種挫折亦不能影響一般意義的目的論的法則之自身。因爲，雖然一個解剖學家當他把一目的指派給一動物身體底某一部分，而此某一部分能清楚地被表明它卻並不能有助於此目的，當他是如此云云時，他可被定爲是錯誤的，雖然如此，可是要想在任何特定所與的情形中去證明"自然底安排，不管是什麼安排，決不能有助於任何目的"，這卻亦是完全不可能的。因此，醫藥生理學遂憑藉一個"單只是純粹理性對之負責"的原則來擴大其關於目的（爲一有機體底關節所適合的目的）之十分有限的經驗知識；而且他把如此樣的一個原則推廣得如此之遠就像"很有信心地而且一般同意地去假定一動物中的每一部分皆有其用處並且皆可有助於某種好的目的"那樣遠。如果這個假定被視是構造的，則它卽遠超過觀察迄今所已能去證成者之外；因此，我們必須歸結說：這個假定不過只是理性底一個軌約原則，用以有助於我們去獲得或達至最高可能的系統性的統一，卽因着世界底最高原因之適合目的的因果性之理念來達至此最高可能的系統性的統一，而所謂世界底最高原因乃是這樣一個存有，卽作爲最高睿智體，依照一最高明智的目的而活動，這樣的一個存有，夫旣如此，如是我們遂可說：儻若這樣一個存有眞是一切事物之原因。

(a)處，關於地球之形狀圓而扁平，康德有底注云：

由地球之球形而出現的好處是大家所周知的。但是很少有人能知道單只是其扁平而成一個扁圓體之形狀始能阻止陸地的升高，或甚至阻止小山，卽或許由地震而隆起的小山，使之不繼續不斷地而且在較短時間內實完全可感知地來更變地球軸心之位置。地球在赤道上之突起形成如此廣大的一個高山廣大到以至於使一切其他高山之推動力皆決不能產生任何可觀察的結果以改變地軸之位置。但是，此種明智之安排(明智如此者)，我們猶仍可無任何遲疑以地球之以前的流體質量之均衡狀態來說明之。〔案如此說明之是自然科學之說明，而由明智的安排以作目的論的說明，那只是理性之軌約原則下的說明，不可思辨地認為宇宙在其自身卽是客觀地如此圓成也。縱有此理境，亦不能由思辨理性而達之。〕

但是，如果我們忽略了把理念限制於一純然軌約的使用，則理性便被誤引入錯誤的途徑中。因為那樣，理性便離開了經驗底根據(只此經驗底根據始含有那"標識理性之恰當程序"之信號)，並且它越過經驗之根據而冒進至不可理解與不可探究之境，上升至令人迷亂的高處，在此等高處，它見其自己完全離開了那"符合於經驗"的一切可能的活動。 {A689 B717

如若我們使用一最高存有之理念是依一"相反於理念之本性"之樣式而使用之，卽是說，是構造地使用之，而非只是軌約地使用之，則從此種使用而發生出的第一錯誤便是"理性無用" (ignava ratio,[a] indolence of reason, 理性懶散，理性閒置，理性麻木，無痛無癢) 之錯誤。

(a)關於"ignava ratio" (理性無用)，康德有底注云：

　　古代辯證家把此名稱給與於一詭辯的論證。此詭辯的論證
是如此：如果從病中復原是你的命運，則不管你就醫或不就
醫，你總是要復原。西塞洛（Cicero）說：此種論證已被名曰
"理性無用"，因為，如果我們依從此論證，則理性必會被留在
生命中而無任何用處。依此同一根據，我亦把此名應用於純粹
理性底詭辯論證。

　　任何一原則，如果它使我們視我們之對於自然之研究，不管
A690}
B718}　在什麼論題上，爲絕對地完整的，使理性從進一步的研究中停止
（不再作進一步的研究），儻若理性在其自己所已安置的工作中
已經完全成功了，任何一原則如果是如此云云，即我們即可以
"理性無用"說此原則。這樣說來，心理學的理念，當它作爲一構
造原則（一圓成原則）而被使用，被使用來以去解明我們的靈魂
之現象，並因而去擴大我們的關於自我之知識以越過經驗之範圍
（擴大至自我死後之狀態），當此心理學的理念是如此云云時，
則它實是簡單化了理性之工作；但它亦妨碍了並且毀壞了我們的
理性之"在經驗指導下處理自然"之使用。獨斷的精神論者由思維
的本體之純一（他相信他在"我"中對此思維的本體有直接的知
覺），來說明那"通貫一切狀態之變化"的人格之常住而不變的
純一；或他藉賴着我們的"思維主體底非物質性之意識"來說明
我們何以感興趣於那"只在我們的死後所能發生"的東西；並依同
樣方式說明其他等等（參看前"純粹理性之誤推"章）。這樣，他
便廢棄了關於此等內部現象底原因之一切經驗的研究，只要當那
原因須在物理的說明根據中被發見時；而爲其自己之便利之目的

（雖亦帶有一切眞實的洞見之犧牲），他好像是經由⑴一"超離的理性之威權（或裁決）"，便自認有權利不去理會"那些「屬於經驗」的內在的知識根源"⑵。這些有害的（不利的）後果甚至在一最高睿智體之理念之獨斷的處理中，並在那"錯誤地基於此最高睿智體上"的神學的自然系統（物理神學）中，是更爲顯然的。因爲在此研究之領域中，如果我們不在關於物質機械性之普遍法則中尋求原因，而卻直接地訴諸不可探究的"最高智慧之命令"（天意），則一切"被展示於自然中"的目的，連同着那些"只被我們歸屬給自然"的目的，自必使我們之對於原因之研究成爲一十分容易之工作，因而亦使我們能夠去視理性之辛勞爲已完成了的，卽事實上，當我們實只是已廢棄了理性之使用時，我們卻視理性之辛勞爲已完成了的，而所謂廢棄了理性之使用，這所廢棄的理性之使用乃是這樣一種使用，卽它是「依照自然之秩序以及自然底變化之系列所顯示的普遍法則」⑶ 而完全依靠此自然之秩序以及自然底變化之系列以爲指導的。可是如果我們依目的論的觀點不只是考慮自然之某部分，例如陸地之分布以及其結構，山嶺之構造與位置，或不只是考慮植物與動物之有機的組識，而是在關聯於一最高睿智體之理念中要使自然之系統性的統一成爲完整地普遍的，則上述之錯誤（卽廢棄理性之使用之錯誤）便可被避免。因爲那樣時，我們是依照普遍法則視自然爲基於一"合目的性"上者，沒有自然之特殊的安排可脫離此"合目的性"，不管在任一特定事例中去建立此"合目的性"是如何之困難。如是，我們關於目的論的連繫之系統性的統一有一軌約的原則，但是此目的論的連繫，我們不能預先決定之。我們所可敢想去作的便是：

{ A691
{ B719

{ A692
{ B920

在希望去發見"目的論的連繫實際上是什麼"中，去依照普遍法則
而追踪那"物理機械的連繫"。只有依此路，"合目的的統一"之原
則始能總是有助於在關涉於經驗中去擴張理性之使用，而亦並沒
有在任何情形中爲害於此使用。

　　　[註(1)]：依康德原文是"好像是經由"，*Max Müller* 亦如此譯。
此句依肯·斯密士譯是如此："他在信賴一超離的理性之假定的權威
（或裁決）中"。把原文之"好像是經由"改爲"信賴"是可以的，但於
"權威"上增加"假定的"一形容詞，則多餘。依原文譯已甚明。超離的
理性意卽空懸而隔絕經驗的理性。

　　　[註(2)]："那些「屬於經驗」的內在的知識根源"，康德原文是 "die
immanenten Erkenntnisquellen *der Erfahrung*"。此中 "der
Erfahrung" 可譯爲"屬於經驗"，此表示"內在的知識根源"皆是屬於
經驗的，是經驗性的。肯·斯密士把此句譯爲"那些「在經驗中是內在
的」的知識根源"，如此反不明，易令人起誤解。*Meiklejohn* 譯爲"經
驗中的內在的知識根源"，把 "der Erfahrung" 譯爲"經驗中"亦同樣
令人生誤會。*Max Müller* 把此句譯爲"爲經驗所給與的內在的知識
根源"，此較好。"der" 在此類情形中通常都是譯爲 "of"，但在此則
不通，故須另有表達。其實在此只是"屬於"的意思。英文之 "of" 亦
多歧義。

　　　[註(3)]：此句依康德原文譯當該是 "依照自然之秩序以及自然底
變化之系列所具有的內部的而且是普遍的法則"，肯·斯密士稍變爲
"……所顯示的普遍法則"，他亦注出原文。*Max Müller* 依照原文
把此整句譯爲如下："這一理性的使用，它除依照自然之秩序與變化
之相續所具有的內部的而且是普遍的法則，而卽在此自然之秩序與變

化之相續處供給其適當的指導外，它無處可找得其適當的指導"。

又案：此一整段文是說，理念，如一最高存有之理念，吾人須依理念之本性而使用之，即應當軌約地使用之，不應當構造地（圓成地）使用之。如構造地（圓成地）使用之，則理性便成無事矣。此即名曰"理性無用"之錯誤。軌約地使用之，則理性底辛勞無了期，永不能視爲已完成者。蓋此時，理性之使用是順經驗中物理機械的連繫而上追，故一方理性有事，一方亦永不能追至完整之境。但以有理念故，雖不能完整，而卻向此完整而趨，以期得系統性的統一。故軌約意義的理念可以在關涉於經驗中**擴**大理性之使用。然吾人不能以此理念爲構造的原則，即不能認爲理性所要求的完整即是客觀地已實有的圓成之完整，而可以客觀地肯斷之。若以爲可以如此，則是由上而下，一了百了，理性無事矣。當然，此由上而下，一了百了，一切現成，亦並非絕對不可能。但在思辨理性範圍內，則絕不可能。思辨理性只能由下而上，實踐理性則是由上而下。而且即在實踐理性處，亦只有在圓教下，理性始能有眞實的構造原則之出現。此已超出<u>康德</u>全部系統之外矣，此非<u>康德</u>之所能及。以上一段文大義如此，其他隨文了解。

由對於以上所說的 "系統性的統一之原則" 之誤解而發生的第二個錯誤便是"歪曲了的（顚倒了的）理性"(perversa ratio, perverted reason) 之錯誤。"系統性的統一"之理念定須只當作一軌約原則而被使用，用以指導我們依照普遍的自然法則，於事物之連繫中，去尋求這系統性的統一；因而我們應當相信：我們在此原則之使用中已接近於完整性是只比照着我們依經驗的樣式能够去證實這樣的統一而接近之——這所要接近的完整性當然決不是可達到的。設不如此，則逆反或倒轉的程序遂被採用。如是，"合目的"的統一之原則之實在性不只是被預設，而且是被實體化；而因爲一最高睿智體之概念其自身是完全超出我們理解能力之外，所以我們進而要依神人同形的樣式（擬人地）去決定此概念，因而遂去把"目的"粗暴地並獨裁地加諸自然上，而卻不因着物理研究之途徑去追求那較爲合理的"尋求目的之程序"。這

樣，目的論，即"只想幫助我們依照普遍法則以完成自然之統一"的那目的論，不只是傾向於取消這樣的統一，且亦阻礙理性使之不能完成其自己所宣稱之目的，即"依照這些普遍法則從自然方面來證明一最高睿智因之存在"之目的。因爲如果最完整的合目的性不能先驗地被預設於自然中，即是說，不能先驗地被預設爲屬於自然之本質者，則我們如何能被要求去尋求這合目的性，並如何能被要求通過這合目的性之一切等級去接近於一切事物底一個創造者之最高的圓滿，一個由於是絕對必然的圓滿是故亦必須是先驗地可知的圓滿呢？此軌約原則規定：那作爲自然中的一種統一的系統性的統一（此種系統性的統一不只是經驗地被知，且亦是先驗地，雖然依一不決定的樣式，而被預設）須是絕對地被預設，因而結果亦就是說，須是被預設爲由事物之本質而來者。但是，如果我開始於一最高的合目的的存有，以之爲一切事物之根據，則自然之統一，由於其完全外於事物之本性，而且對於事物之本性而言，它完全是偶然的（偶然地加在事物之本性上），並且由於它不能依事物之本性自己所具有的普遍法則而被知，因此，它乃實是被放棄了的。如是，遂有一惡劣的循環論證發生出來；我們正是假定了那需要爭辯的論點（假定了那實際上應被證

明者）。

[譯者案]：此段所説"歪曲或顛倒了的理性"之錯誤，或可
類比"理性無用"之錯誤而説爲"理性逆用或倒用"之錯誤。倒用
者即是顛倒其應有之程序之謂。其應有之程序乃是在視理念爲
軌約原則下之自下而上者。倒用則成自上而下，視理念爲構造
原則，並把它實體化。

去把自然之系統性的統一之軌約原則誤認爲構造原則，並去
把那"只在理念中充作理性底諧和一致的使用之根據"的東西實體
化(1)，並預設之爲一原因（案意即爲一客觀地被肯斷了的原因，
而不只是理性底諧和一致的使用所要求的一個形式的根據），這
簡單說來，只是使理性陷於纏繞混亂中。自然之研究有其自己獨
立的程序（途徑），它依照自然原因之普遍法則緊守着此諸自然
原因之鍊子。它在如此緊守中，它實是依照宇宙之創造者之理念
而進行，但是其如此進行不是爲的想從此"合目的性"去得到關於
這樣一個創造者底存在之知識。而由於在自然中的事物之本質中
尋求此"合目的性"，而且如若是可能的，則亦在"事物一般"之
本質中尋求此"合目的性"，所以自然之研究又想去知道此最高存
有之存在爲絶對地必然的。此事不管成功不成功，此理念總仍依
其自身而爲正當的，而其使用亦同樣是正當的(2)（如分而無虛妄
的），設此理念被限制於一純然軌約原則之條件時(3)。

[註(1)]：案康德原文是"hypostatisch"，作副詞用，"把……

實體化地預設之為一原因"。肯·斯密士譯作動詞用，與"預設"分說為兩動詞。

　　[註(2)]：案此句依康德原文譯，很簡明。肯·斯密士譯為"而且此理念於其使用中亦被證成為有理"，此則反失原意，故不從。

　　[詞(3)]：案此"條件"一詞即指軌約原則說，是順"限制"之行文而說上去的，即以軌約原則為限制條件也，不是說軌約原則還有條件。*Meiklejohn* 把此整句如此意譯："而其使用，當其只是軌約的時，亦必須總是伴之以真實的而且有利益的成果"，此雖不忠實，然把原文之"設若"句意譯為"當其只是軌約的時"卻可把那 "條件" 一詞之麻煩（令人生誤會之麻煩）免去。

　　完整的合目的的統一構成那種"是絕對意義的圓滿"之圓滿。如果我們不能在事物之本質中找得此統一（此所謂事物乃即是那"構成經驗底全部對象"的事物，亦即是說，是那 "構成我們的一切客觀地有效的知識之全部對象" 的事物），因而也就是說，不能在普遍而必然的自然法則中找得此統一，則我們如何能自認由此統一直接地去推斷 "一「作為一切因果性之根源」的根源存有之最高而絕對必然的圓滿之理念" 呢？最大可能的系統性的統一，因而也就是說，合目的的統一，乃是理性底使用之訓練所，而實在說來，亦就是理性底最大可能的使用底可能性之基礎。因此，"這樣的統一"之理念是不可分離地與我們的理性之本性結縛於一起的。因此之故，此同一理念對於我們而言是一個立法的理念（有立法作用的理念）；因而這也是很自然的，即：我們必須假定有一與之相應的"立法的理性"（intellectus archetypus），

由此立法的理性，自然底一切系統性的統一，作為我們的理性之
對象者，皆可被引生出。

在討論純粹理性之背反中，我們已說：為純粹理性所提出的
諸問題在任何情形中皆必須允許有一答覆，並說：就這些問題而
言，去藉口我們的知識之限制以求諒，這不是可允許的（這一種
藉口求諒，在有關於"自然"的許多問題中，是不可免的，其為不
可免一如其為切當）。「蓋因為在這裏（卽在背反處），我們不
是就事物之本性發問題，但只是發這樣的問題就像由理性之本性
而發生者這樣的問題，這樣的問題只有關於理性自己之內部的構
造⑴」。現在，我們可就着純粹理性所最感興趣的兩個問題〔一是
超越神學的，一是理性心理學的〕去穩固住這種肯斷（這種肯斷
初看似乎顯得輕率）；而這樣，最後我們亦能去完整起我們關於
純粹理性底辯證之討論。

〔註⑴〕：案此一整句依康德原文似當如此譯： "蓋因為在這裏
（卽在背反處），發生在我們眼前的問題並非是有關於事物之本性者，
而是唯由理性之本性而發生，而且是僅只有關於理性自己之內部的設
置（Einrichtung）者"。案"Einrichtung"是安排，設置，組織等
義。康德在此所用的是這個字，而不是"Beschaffheit"這個字。此
後者，英譯一貫地譯為"constitution"（構造，本性），是"如此這
般構成的本性或性質"之意。若將此句中之"Einrichtung"譯為"構
造"（本性），則與"唯由理性之本性而發生"中之"本性"相重複，故
知此字不應如此譯。也許這兩個字差不多，但總有差異，故在此應如
字譯為"設置"，此是由理性向外說"施設"，說理性之安排設立之作

用，而不是向裏收縮，說理性自己之本性。三英譯俱譯爲"constitu-
tion"，稍失之。

A 696
B 724

就一超越的神學而言[a]，第一，如果我們問：是否有任何
"不同於世界"的東西，它含有世界底秩序之根據以及世界之依照
普遍法則而成的連繫之根據，則答曰：無疑確然有。因爲世界乃
是一切現象之綜集；因此，對於現象，玆必須存有某種超越的根
據，卽是說，必須存有一個"只依純粹知性而爲可思"的根據。
第二，如果這問題是這樣的，卽：此存有是否是一"本體"，是否
是屬於"最偉大的實在"者，是否是"必然的"者等等，則我們便答
覆說：此類問題是完全無意義的。因爲一切範疇，卽"通過之，
我們能試想去形成這樣一個對象之概念"的那一切範疇，皆只允
許有一經驗的使用，而當其不被應用於"可能經驗之對象"，卽
不被應用於"感取之世界"時，它們便無任何意義。若外於此領
域（卽感取之世界），它們只是概念之空名（虛銜，只有概念之
名，無概念之實），此種概念之空名，我們可承認之，但是通過
它們，我們不能理解任何事。第三，如果這問題是這樣的，卽：
我們是否不可以至少依"類比於經驗之對象"之類比而思此存有，

A 697
B 725

思此不同於世界之存有，則答曰：確然可以，但是只當作理念中
之對象而思之，而不是當作實在中之對象而思之，卽是說，只當
作是"世界底安排之系統性的統一，秩序，以及合目的性"之一基
體（不被知於我們的基體）而思之——此一基體卽是一個理念，
此一理念乃是"理性被迫着要去形成之"的一個理念，形成之以
爲"理性之研究自然"之軌約原則。不止於此，我們甚至且可「無

所畏怯地而且不受責備地」⑴ 允許某些神人同形的東西進入此理念，這些神人同形的東西是有助於「我們所念念不忘的（所總是提及的）軌約原則」的⑵。因爲這所說的基體總不過只是一理念，此一理念並不直接地關聯到一個不同於世界的存有，但只直接地關聯到世界底系統性的統一之軌約原則，而且其關聯到世界底系統性的統一之軌約原則是只藉賴着"此統一之規模"，卽是說，只通過"一最高睿智體之爲規模"⑶，而關聯到之（所謂一最高睿智體乃卽是那 "在創始世界中總是依照明智的目的而活動"的那睿智體）。此世界底統一之根源的根據其自身是什麼，我們決不要認爲因此理念卽可去裁決之，我們因此理念所可裁決的只是在關涉於就着世界中的事物而言的理性底系統性的使用中我們應如何去使用此根源的根據，或勿寧說應如何去使用此根源的根據之理念。

(a)處，康德有底注云：

關於心理學的理念以及其恰當的本分，卽"作爲理性之只是軌約的使用之一原則"之本分，我前已論說過，在此所已論說過者之後，對於這超越的幻象，卽 "內部感取底一切雜多之系統性的統一所因以被實體化"的那超越的幻象，我卽不須再有詳論。處理之之辦法極似於我們之對於神學理想之批評中所遵循者。 [案"所遵循者"，"遵循"這個動詞康德原文是 "beobachtet"，此字有兩意：一爲觀察，一爲遵守或遵循，相當於英文之 "observe"，在此不取觀察義，取遵循義。*Meiklejohn* 及肯・斯密士譯爲"討論"，非是。 *Max Müller* 譯爲"遵循"，是。又，純粹理性所最感興趣的兩個問題一是超越神學方面的，一是理性心理學方面的。此處只就超越神學而言。至於關於心理學的理念以及其恰當的本分，即"作為理性之軌約使用之一原則"之本分，前文已講過，故此方面之幻象不須再有詳論，處理辦法同於處理神學方面者。]

文中譯者註：

(1)依康德原文譯。肯·斯密士譯為"自由地，而亦不使我們自己受責難地"。此亦切合。

(2)亦依康德原文譯。肯·斯密士譯為"軌約身分的原則"，此則稍變，亦很好。

(3)依肯·斯密士之譯是"一最高睿智體之規模"，此中"之"字無實義，與前文"此統一之規模"不同。"此統一之規模"表示"統一"需要有一個規模（規模之類似物）以實之，但"一最高睿睿體之規模"却並不表示"一最高睿智體"還需要有一個規模。實則此最高睿智體即是規模，以之為"統一"之規模，故譯為"一最高睿智體之為規模"，加"為"字，或譯為"一最高睿智體這個規模"亦可，"之"字無實義。英文之"of"是有歧義的，德文類此者如"der"亦然，當隨文領取。

但是以下之問題仍可被追問，即：依據這樣的諸根據（即依據上文所說者為根據），我們能認定一明智而無所不能的世界創造者嗎？無疑地，我們可以認定；我們不只可以認定，而且必須認定。但是，若如此，我們便可擴張我們的知識以越過可能經

驗領域之外嗎？決無由以至此。一切我們所已作者只是去預設一
某物，預設一純然超越的對象，關於此超越的對象，如其在其自
身所是者，我們並無任何概念。那只是在關聯於世界底系統性的
而且是合目的的排列中（如果我們要去研究自然，我們便被迫着
必須去預設此種排列），我們始思此不被知的存有，卽依類比一
睿智體（一經驗的概念如人）之"類比"而思此不被知的存有；卽
是說，在關涉於那"基於此不被知的存有上"的目的與圓滿中，
我們始把那些"依照我們的理性之情況(1)（本性）能被視爲含有
這樣的系統性的統一之根據"的諸特性歸屬給此不被知的存有。
這樣說來，此理念是只在關涉於"我們的理性之使用——涉及世
界的理性之使用"中始完全被建立起來(2)。如果我們把一"絕對
而客觀的妥效性"(3) 歸屬給此理念，則我們必是忘記了我們此時
所思的只是理念中的一個存有；而由於我們既這樣從一個"不是
通過世界底觀察而爲可決定的"的根據取得我們的起點，所以我
們必不復能依一"適合於理性之經驗使用"的樣式去應用此原則。

{ A 698
{ B 720

[註(1)]："情況"康德原文是"Bedingungen"（conditions），
此詞在此可不譯作"條件"，可取"情況"義，Meiklejohn 譯爲"本性"
（nature），亦因譯作條件不易理解故也，很可令人生誤會。

[註(2)]：依康德原文動詞是"ganz gegründet（始完全被建立
起來)，肯‧斯密士譯爲"始有效"。Meiklejohn 亦如此譯。Max
Müller 則將此整句如此譯："因此，此理念是完全基於「我們的理性
之世界中的使用」上"。

[註(3)]："絕對而客觀的妥效性"，依康德原文是 "schlechthin

objektive Gültigkeit"，此嚴格地應當譯爲 "率直地客觀的妥效性"， schlechthin 是副詞，不是與"客觀的"分開爲兩個形容詞。三英譯俱譯成兩個形容詞，把 schlechthin" 譯爲"絕對的"。實則此詞是副詞，是率直，坦白，簡單明瞭等義，而 "schlechthinnig" 才是形容詞，是絕對的，全然的，無條件的等義。三英譯都把這兩詞混用了。

又案：此段文最後一長句是說：如果我們把一 "簡單逕直地客觀的妥效性"歸給此理念，則此理念所意指的存有不只是理念中的存有（對象），而是實在中的存有。這樣思之，我們便是以它作我們的起點。如果以此作起點而視之爲世界底系統性的而且是合目的的排列之根據，則此根據是不能通過世界之觀察而爲可決定的。既如此，我們便不復能依一"適合於理性之經驗使用"的樣式去使用此原則（卽此理念所表示之原則。）依"適合於理性之經驗使用"的樣式去使用此原則乃是把理念視爲一軌約的原則，卽軌約原則才是適合於理性之經驗使用者。今既從一視之爲一有逕直地客觀妥效性的理念（卽其所意指的存有是實在中的存有，不是理念中的存有，這樣的理念）開始，則此理念便成爲一構造原則（圓成原則），而不復是一軌約原則，因而它亦不能適合於理性之經驗的使用。可是， "此理念之有效（被建立）是只在 "關涉於我們的理性之涉及世界中的使用（此卽是其經驗的使用）"中始有效（始能被建立）。

但是，以下之問題將仍然要被發問，卽：在世界之合理的考慮中，我們能使用一最高存有之概念以及一最高存有之預設嗎？曰：能。確然正爲世界之合理考慮之目的，理性始動用此理念。然則我可以進而去視那似合目的的安排爲一種眞有意匠運於其中

的目的（或設計），因而去從神意中而引生出這些似合目的的
安排，我可以這樣作嗎？（所謂從一神意中引生出，此種引生自
是間接地通過某種特殊的自然工具而引生，這些自然工具其自身
之被設立是在助成那種神意中被設立。）答曰：可。我們實能如
此去視並如此去引生；但是我們之如此去視並如此去引生是只依
"我們視以下兩義爲不相干"這條件或情況而如此去視並如此去引
生，卽：是否"神智已依照其最高的目的安排了一切事物"這一
義已被肯斷了，抑或是否"此神智之理念是自然之研究中之一軌
約原則並且是依照普遍的自然法則而爲自然之系統性的而且是合
目的的統一之原則，甚至在那些「我們不能於其中檢查出這種統
一」的情形中，它亦仍可依照普遍的自然法則而爲自然之系統性
的而且是合目的的統一之原則"這一義已被肯斷了：不管此兩義
之那一義被肯斷，這皆不相干，我總能如此去視並如此去引生。
換言之，當我們覺察到這系統性的並合目的的統一時，不管我們
說上帝在其智慧中已意欲此統一爲如此者，抑或說自然已明智地
安排此統一爲如此者，此皆完全不相干。因爲那"使我們有理由
去採用一最高睿智體之理念以爲軌約原則之規模"者確然正是這
最大可能的系統性的而且是合目的的統一，這一種統一乃是我們
的理性所要求之以爲一軌約原則者，此軌約原則必須居於一切自
然之研究之基礎地位以其根據。因此，我們在世界中發見"合目
的性"發見得愈多，則我們的理念之"合法性"就愈充分地被穩
固。但是，因爲那原則底唯一目的本是指導我們去尋求自然之必
然的統一，而且是在最大可能程度中的統一，是故雖然當我們
一旦達到那種統一時，我們實可把此統一歸功於一最高存有之理

A 700
B 728
念，然而設若我們忽略了（不理睬）自然之普遍法則（此理念單為發見普遍法則而被採用），並視自然之合目的性在其根源上為偶然的（為偶然地自外加諸此自然上）並且是超物理的（在自然以上的 hyperphysical），則我們不能不把我們自己陷於矛盾中。因為我們並無理由在自然以上認定一個存有為具有那些性質者（例如具有目的性等(1)），但只有理由採用這樣一個存有之理念以便「去視現象為依照一因果決定之原則而互相系統地相連繫者(2)」。

[註(1)]：為譯者所加，肯·斯密士譯如原文無，人不知"那些性質"是什麼性質。Meiklejohn 譯為"為具有不同於自然而且是在自然以上的性質"，Max Müller 譯為"為具有在自然以上的那些性質"。案此整句是說：如果自然本身無合目的性，我們亦不能在自然以上認定一個有目的設計的存有。如果認定之，而又視自然之合目的性為偶然的，此則便是矛盾。若知此意，則知所謂"並無理由在自然以上認定一個存有為具有那些性質者"，即是為具有目的性，設計性，如理安排性等性質者。

[註(2)]：此句，肯·斯密士注明依 Hartenstein 有所改動。此句中之現象，康德原文是 "der Erscheinungen"，繫屬於 "因果決定"之後，是則成為 "現象之因果決定"，依 Hartenstein 改為 die Erseheinungen"，作為動詞 "視"之受詞。又句中之"依照"，康德原文是"類比"，肯·斯密士譯改為 "依照"。Meiklejohn 依原文譯，不通。Max Müller 譯於 "現象" 處已改動矣，但"類比"字未動，亦不順。

　　依同一理由，在思維世界之原因中，我們亦很有理由在我們
的理念中表象此原因，我們之在理念中表象此原因不只是藉賴着
某種巧妙的神人同形論而表象之（如無此神人同形論，我們對於
此原因不能思維任何事），卽是說，不只表象此原因爲一如此之
存有，卽"有知性，有快樂與不快樂之情，並有「相應於此快與不
快之情」的欲望與意願"這樣的存有，而且亦依"把一種圓滿歸屬
於此原因"之方式而表象此原因，所歸給此原因的那種圓滿，由於
是無限的圓滿，是故它遠超過"我們的對於世界秩序之經驗知識
所能使我們有理由歸屬給此原因"的任何圓滿之上。因爲系統性
的統一之軌約法則規定我們研究自然定須這樣研究之，卽：儻若
系統性的而且合目的的統一（與最大可能的雜多相結合者）眞可
以無限地到處被發見。因爲雖然我們在發見世界之此種合目的的
圓滿中有點成功但成功得不多，可是縱然如此，"我們必須總是
去尋求這種圓滿並去揣測這種圓滿"，這乃是我們的理性底立法
所要求的；而依照此原則去指導我們之對於自然之研究，這必須
總是有益的，而決不會是有害的。但是，顯然，在依此路表象此
原則爲含有一"最高創造者之理念"中，我並不是把此原則基於
這樣一個存有之"存在"上，並基於對這樣一個存有之"知識"上，
但只基於這樣一個存有之"理念"上，而我亦實並不從此存有引申
出任何什麼事，但只從此存有之"理念"引申出任何什麼事，卽是
說，依照這樣一個理念，從世界中的事物之本性引申出任何什麼
事。對於這個"理性底概念"之眞正使用之一種確實的，雖是未
正式完成的[1]意識，實在說來，似乎已引發了或鼓舞了各時代哲
學家底謙和而合理的語言，因爲他們說及"大自然之智慧與深慮

{ A 701
{ B 729

（前識 Vorsorge，天意providence）並說及"神的智慧"，恰似
"大自然"與"神智"是相等的辭語——實在說來，只要當他們只處
理思辨理性時，他們是偏取於前一種辭語（卽 "大自然之智慧與
深慮" 這一種辭語），其偏取於前一種辭語是依據這根據，卽：
前一種辭語它能使我們避免作更多的肯斷（Behauptung, prof-
ession宣說），卽比我們有理由去肯斷者爲更多的肯斷或宣說，
而且它同樣亦能把理性引向於其自己之適當的範圍（領域），卽
引向於"自然"。

　　[註(1)]："未正式完成的"德文是 "unentwickeltes"，肯‧斯密
　　士譯爲 "unformulated"（未程式化的），*Max Müller* 譯爲"unde-
　　veloped"（未發展成的）， *Meiklejohn*譯爲 "dim"（微暗不明的）。

　　這樣說來，純粹理性，卽 "在開始時似乎無異於要去許諾知
識之擴張以越過一切經驗之限制"這樣的純粹理性，如若恰當地
理解之，它所包含的實不過只是一些軌約原則，此等軌約原則，
雖則它們實規定一較大的統一，卽比知性底經驗使用所能達到的
統一爲較大的統一，然而它們因着這事實，卽 "它們把知性底努
力之目標置於如此遼遠之處" 這一實事，它們猶仍可藉賴着系統
性的統一把知性自身之一致（知性之與其自身相符順）帶至最高
可能的程度。但是另一方面，如果這些軌約原則被誤解，並被視
爲超絕知識底構造原則（圓成原則），則它們便因着一種耀眼然
而卻是欺騙的虛幻而產生了"遊說"（Überredung, persuasion）
以及一種純然虛構的知識，因而同時亦產生了矛盾與永恒的爭

A702｝
B730｝

辯。

*　　　　*　　　　　*

這樣說來，一切人類知識皆開始於直覺，由此進而至於概念，最後終結之以理念。雖然在關涉於此三種成素中，人類知識有先驗的知識根源（此先驗的知識根源初看似乎要嘲笑或蔑視一切經驗之限制），然而一徹底的批判使我們相信：理性，在其思辨的使用中，決不能以此三種成素越過可能經驗之領域，並使我們相信：此最高的知識機能（卽理性）之恰當的職分便是只爲"依照每一可能的統一原則（此中目的之統一是最重要者），深入於自然之最內部的秘密"之目的而去使用一切方法以及此一切方法之原則，但卻決不是要去高飛於可能經驗範圍之外，越此範圍，對於我們而言，玆不復存有任何什麼東西，除空的空間外。對於一切那些"似乎可以把我們的知識擴張至現實經驗以外"的命題之批判的考察，如在"超越分析部"中所完成者，無疑地足可使我們 {A703 B731 相信：那些命題決不能引至什麼"多過可能經驗"的東西。設若我們對於抽象而一般的學理，甚至是最清楚者，無所懷疑，又設若虛假而迷人的遠景不曾誘惑我們去逃避這些抽象而一般的然而卻是清楚的學理所加諸吾人的約束，則我們很可對於超離的理性在支持其虛僞的要求中所提出的那一切辯證的證據免作辛苦的究問。因爲我們從開始卽已完全確定地知道：一切這樣虛僞的要求，雖或是眞誠地被圖謀的，然而卻是絕對無根據的，因爲它們關聯到一種"人們所決不能達到之"的知識。但是，倘若我們不能深入於幻象底眞正原因（卽 "甚至最明智的人亦因之而被欺騙" 的那幻

象底眞正原因），則對於這樣的討論決無休止之時。又，一切我
們的“超離的知識”之化解，卽化解成其成素之化解（當作我們
的內在本性之研究看的化解），其自身卽是最有價値的（卽其價
値並非淺鮮），而對於哲學家而言，這種化解工作實在說來乃是
一種義務之事。依此，雖然思辨理性底一切這些努力是如此之無
結果，然而我們猶見到"去把這些努力追尋到其基本的根源"這乃
是必要的。而因爲辯證的虛幻不只是在我們的判斷中欺騙我們，

且由於我們對於這些判斷感興趣之故，它亦有一種自然的吸引力
（此種自然的吸引力，它將總是繼續去具有之），因爲是如此云
云，所以我們認爲以下之作法乃是適當的，卽：“爲阻止這樣的
錯誤在將來出現起見，去把「我們所可描述爲是這訴訟（公案）之
記錄者」詳細寫出來，並把它們寄存於人類理性之檔案保管所”，
這乃是適當的。

國家圖書館出版品預行編目資料

康德：純粹理性之批判（下冊）

牟宗三譯註. – 修訂再版. – 臺北市：臺灣學生，民 75-77
冊；公分

ISBN 978-957-15-0423-0(平裝)

1. 康德（Kant, Immanuel, 1724-1804） – 學識 – 哲學
2. 哲學 – 德國 – 18 世紀

147.45   81004339

康德：純粹理性之批判（下冊）

譯　註　者　牟宗三
出　版　者　臺灣學生書局有限公司
發　行　人　楊雲龍
發　行　所　臺灣學生書局有限公司
地　　　址　臺北市和平東路一段 75 巷 11 號
劃 撥 帳 號　00024668
電　　　話　(02)23928185
傳　　　真　(02)23928105
E - m a i l　student.book@msa.hinet.net
網　　　址　www.studentbook.com.tw
登記證字號　行政院新聞局局版北市業字第玖捌壹號
定　　　價　新臺幣五〇〇元

一 九 八 三 年 七 月 初版
一 九 八 八 年 二 月 修訂再版
二 〇 二 一 年 十 一 月 修訂再版五刷